U0117791

尤淑君 著

清朝的社会与文化

社会科学文献出版社
SOCIAL SCIENCES ACADEMIC PRESS (CHINA)

本书承蒙浙江大学董氏文史哲研究奖励基金资助出版

导　读

中国是个多民族国家，国家的治乱与政治制度、经济发展、民族融合、边疆开拓、文化发扬有密切关系。清朝在建立政权之初，以满洲贵族为主体的满汉官僚联合执政，其制度既有中原传统王朝的共性，又有满洲特色，保持游猎民族的进取之勇，并用灵活的方法，渐进推行政策，接受各族的优良文化，让各族精英共同分享政治权力，使其统治得以维系近三百年。因此，清朝历史有很多是值得我们关注并深入探索的。

本书以“长时段”的研究视角，突破清史与晚清史的研究界线，以政治文化与社会文化为两大主轴，纳入不同领域的讨论及其研究成果，并用浅显直白的文字，配以许多图片的辅助说明，介绍清代政治、社会、经济、文化等面向，说明清代社会各阶层的生活情形、不同需求及其思想文化。

本书上半部是从皇帝、皇权、朝廷、国家的角度，探讨清朝崛起、糅合各部及其统治手段的优缺点，说明清代皇权专制及其权限，八旗制度的优缺点，旗人特权与满汉关系的变化，清朝宫廷文化的多元性，雍正皇帝的政治改革，地方政府的管理，地方士绅权力性质，司法检验与清代法律文化，妇女权益与社会地位的提升，清代会党的形成及其社会影响等议题，借以探讨近代中国政治、社会、经济、军事实力、司法权益及思想文化的发展趋势。下半部是从地方官、士绅、胥吏、商人、讼师、妇女、秘密会党的角度，探讨清代地方社会及其发展趋势，从而说明清代政治、经济、社会、学术、文化的特殊之处及其时代意义。因此，本书一开始介绍明末清初的政治文化，讨论明清易代的多种因素，再分析清朝统治的上中下层结构，延伸探讨少数民族、移民群体及不同社会阶层的妇女群体如何纳入清朝体系之中，获得政治权力与法律保护，而作为秘密会社的社会边缘人又如何从民间信仰团体变成反清的革命先锋，借以分析清代政治制度、社会运作、经济发展、满汉冲突及思潮变迁之时代趋势。尤其说明近代中国民族主义的嬗变，让许多士民要求政治改革，争取救亡图存，使清朝难以为继，最终承认辛亥革命的正当性，宣统皇帝选择退位，显示传统中国的君主专制政体终结，开创新时代、新文化、新中国的革新趋势。

本书属通识读本，有助于理解传统中国转向现代中国的文化发展，可作为基础课程、通识课程及专业课程之用，希冀能作为桥梁，让读者了解清朝的多元性，并将读者带入历史的丰富世界，培育人文精神与独立思想。

第一章
从后金到清朝：清代政治体制的改革

一　清朝建立

清朝为满族所建立。皇太极在1635年（天聪九年）改族名“女真”为“满洲”。女真族居住在鸭绿江与图们江流域一带，汉代以前称肃慎，汉代以后称为挹娄、勿吉、靺鞨等，辽朝称女真、女直，又有生女真、熟女真之分。1115年，完颜阿骨打统一女真各部，建立金朝政权，屡扰宋境，渐与汉族融合。1234年，金朝为蒙古所灭，女真诸部散居辽东半岛，至明初，只剩下三万户。明朝将辽东一带分为许多卫所，并吸收许多女真部落，任命部落首领为明朝官员。明朝时，建州女真部落居住在长白山东南一带。清皇室的始祖是布库里雍顺，以爱新觉罗为姓，“爱新”与汉语的“金”字同意。布库里雍顺为三姓族人拥为首领，呼为“贝勒”，为建州女真之一部。

万历十一年（1583），明军袭击古勒寨阿台的驻地时，误杀了努尔哈赤的父亲塔克世和祖父觉昌安。为了安抚努尔哈赤，明朝任命努尔哈赤承袭建州左卫都指挥使一职。当时的努尔哈赤年仅24岁，誓报亲仇，但因自身实力弱小，仅有遗甲十三副，遂隐忍不发，与明朝合作，渐渐培植实力，次第征服建州五部，统一建州女真。又打败海西女真的九部联军，削弱了海西女真的力量，并建立八旗制度，将其部卒编制为正黄、正红、正蓝、正白、镶黄、镶红、镶蓝、镶白八旗，有兵6万余人。编入八旗的各旗人民，也是部

说明：努尔哈赤像。

队，八旗是兵民合一的社会组织。除了军事外，八旗制度还兼有行政、生产、司法、宗族等功能，得以整合这些来自不同地区、凝聚力涣散的女真部民，成为一个组织纪律性很强的社会整体。八旗士兵们平时待在家里，过着游猎生活，战时出兵打仗，劫掠财物，掳人为奴，促进了女真社会的发展，增强了女真各部的向心力，巩固了努尔哈赤的统治地位，但战争杀戮与残酷奴役，带给辽东人民很大的苦难。

万历四十四年（1616），努尔哈赤建立后金政权，自立为汗。万历四十六年（1618），努尔哈赤以“七大恨”誓师告天，公开向明朝问罪，并准备劫掠明军驻地，转移后金内部由饥荒而加剧的社会矛盾，成功将女真人的不满情绪引向了明朝。为了惩处努尔哈赤，明军集结全国精锐 20 万士兵和朝鲜军队，号称 47 万大军，兵分四路，向辽东发起进攻。未料，努尔哈赤集结优势兵力，在萨尔浒一带连破西、

说明：山海关。

北、东三路明军，歼灭明军约5万人，缴获大量军用物资，只有南路的李如柏部队败退幸存。努尔哈赤乘胜追击，发兵征伐叶赫部，并吞海西女真，大体控制了女真诸部。至此，明朝已无力主动征伐后金，转攻为守，并在1619~1622年连失抚顺、开原、铁岭、沈阳、辽阳、广宁、锦州等重镇，辽东局势岌岌可危。明朝势力后撤至山海关，唯有镇守宁远的袁崇焕坚不撤兵，成为明朝孤悬关外的防御力量。1626年，努尔哈赤率大军攻击宁远城，却大败而归。自抚顺失陷后，宁远之战是明军首次击败八旗军的大胜仗，成功阻止努尔哈赤进击山海关的脚步，努尔哈赤气愤抑郁、旧病复发，不久病逝。

1626年皇太极经过推举继承汗位时，后金内部不稳，矛盾丛生，局势严峻。针对努尔哈赤时期的社会矛盾，皇太极进行了一系列革新，不但加强了皇权，铲除了威胁汗位的三大贝勒势力，并仿明制，改文馆为内国史院、内秘书院、内弘文院，还继续完善和扩大蒙古八旗、汉军八旗，又设立理藩院管辖蒙古等地事务，促进了后金政权的封建化进程。此外，皇太极通过添加圈点、创制特定字母、创制连写切音形式、规范字体等方式，改进了努尔哈赤创造的"老满文"，而"新满文"消除了过去一字多体的混乱现象，也解决了音译人名、官名、地名和物名等词汇时容易出现差错的问题，更利于满洲、蒙古诸部的沟通联系，使其治下部民相互交流、书写公文、记载政事、翻译汉籍等方面更为便利。

值得注意的是，满洲来自辽东半岛南部，不像蒙古那样需要跨越游牧与农耕之间的文化鸿沟，得以更快适应汉人的农耕文化体系。皇太极极力学习汉族文化，振兴文教，并联合蒙古科尔沁部，突入关内。他攻打北京失利，但施反间计，得以借崇祯皇帝之手除掉了明朝蓟辽督师袁崇焕，让明朝自毁长城，防御线内缩到山海关。皇太极也接纳明朝降兵降将，将其编入汉军八旗，增强八旗军的力量。1635年，多尔衮等人平定察哈尔部，统一了漠南蒙古，扫除了满洲的后患，获得元朝传国玉玺，并将其作为获得天命的象征。在1636年（明崇祯九年，后金天聪十年）后金群臣三次请上尊号后，皇太极受尊号"宽温仁圣皇帝"，改国号"大清"，改元"崇德"，旋即以"朝鲜败盟逆命"为由，发兵讨伐朝鲜，势如破竹。1637年，在南汉山城避难的朝鲜仁祖李倧出城投降，向皇太极请罪称臣，并交出明朝册印，与明朝断绝宗藩关系，更将昭显世子与凤林大君送到盛京，当作质子，向皇太极宣示效忠。至此，朝鲜成为清国（1636 年皇太极改国号为大清，但因清军尚未入关，明朝仍在，故称清国）的属藩。清国不但能免除后顾之忧，还能全力攻击明朝，更从朝鲜掳回 50 万朝鲜匠民，得以充实清国的劳动力。

说明：韩国首尔松坡区三田渡“大清皇帝功德碑”。1639 年竖立于三田渡。碑文用满文、蒙古文和汉文写成，正面为满文和蒙古文，背面为汉文，其内容为颂扬皇太极征伐朝鲜、朝鲜仁祖向清朝投降一事。汉文版本为朝鲜官员李景奭撰写。此后，每当清朝敕使抵达朝鲜，都会前往三田渡拜谒大清皇帝功德碑。现被列为大韩民国指定史迹 101 号。

明末败亡的主因为国家财政困难、土地兼并、因农村破败而出逃外地的农民起义。崇祯十七年（1644），李自成攻陷北京，崇祯皇帝自缢煤山，史称“甲申之变”。当时，李自成本想招降明朝山海关总兵吴三桂，但因李自成部队勒逼吴三桂家属，让吴三桂“冲冠一怒为红颜”，决心返回北京为崇祯皇帝复仇。李自成率兵6万，与吴三桂部队在一片石战斗，吴三桂部队渐渐不支，遂投降后金乞援，两军联手击溃李自成。李自成部队撤回北京，仅剩3万余人。李自成见军心涣散，竟怒杀吴三桂家大小34口，并仓促登基称帝，后又焚烧宫殿，席卷财物，率众撤出北京。农民起义军首领李自成和张献忠都曾试图拉拢读书人帮忙建立政权，但两人都未成功，最后只能以失败收场。打着“为明复仇”的旗帜，多尔衮率八旗精锐顺利进入山海关内，并命吴三桂不得进入北京，直接追击李自成军队。五月初一，清军入据北京，立即为崇祯皇帝戴孝发丧，赢得北京官民的赞许和信任。九月，顺治皇帝率文武百官，由盛京迁都北京。十月初一，顺治皇帝在北京南郊祭天，即位于太和门，正式入主中原，是为清朝。

清朝能成就大业的根本原因在于满人建立了政治性的体制，并从部落政权的状态进一步发展为中央集权的政治体制。早在1601年，他们已开始在辽东半岛设置统一的行政单位，并将可作战的兵力纳入八旗之下。归顺的蒙古人和汉人也按此编制，分属蒙古八旗和汉军八旗。在八旗组织内，不仅有满人、蒙古人、汉人，还有朝鲜人、俄罗斯人、达斡尔人等。这二十四旗都是直属清帝指挥的战力。努尔哈赤派诸子率领八旗，但统率权要受国务大会（议政王大臣会议前身）的控制，由满蒙贵族们共同商议政务。如此，君主、八旗旗主及旗人之间的人身依附关系便制度化了。美国学者柯娇燕（Pamela Crossley）认为清帝与八旗军的关系不是儒家式的父与子，而是游牧风格的主与奴。战时八旗军可以享用战利品，平时则有钱和米粮可领。而君主也有照顾八旗军士的义务。军士们珍视这种高度仪式化的奴隶身份，因为这是“他们对朝廷重要地位与密切关系的象征”，要求他们最高度的忠诚。

清军入关前，八旗中的正黄、镶黄两旗由汗王（皇帝）直接统领，其余六旗分别由汗王的子侄统领。1651年摄政王多尔衮去世后，顺治皇帝亲政，将多尔衮管辖的正白旗收归皇帝统领，于是形成了皇帝直辖的上三旗与各旗主管辖的下五旗。旗军组织号称是满洲八旗、蒙古八旗、汉军八旗共15万人（登籍册者不超过169000人），实际上在1648年的八旗军阵容中，汉人占了75%，蒙古人占8%，满人只占16%。总之，旗军作为皇帝倚重的侍从和内廷助手，比明季的太监或特务组织要强得多。他们不只是皇帝的亲信，也形成一个可以从中拔擢文官的人才储备库。然而，历顺治一代，清朝不但面临满汉关系紧张的难题，统一大业也未完成，反清复明的势力聚集在西南地区与台湾岛，而明朝降将吴三桂、尚可喜、耿仲明获封为藩王，各自拥兵而成一股割据势力。1673年，以吴三桂为首的三藩叛变，起兵反清，势如破竹。亲政不久的康熙皇帝调兵遣将，耗了八年时间，终占上风，于1681年平定三藩。

二　参汉酌金

满族为何能成功统治中国？许多学者各自提出主张，大概分为汉化理论、“征服王朝”理论、“满洲中心”论。这些理论各有其道理，其差别在于学者们看待满洲主体性的程度不同，也连带讨论“汉化”的范围及其程度。有些学者对“汉化”采取宽松定义，即非汉民族与汉族接触后，接受了汉文化的成分，如艺术、风俗等。有些学者对“汉化”采取严格定义，即从属群体放弃其原有文化，全盘接受汉族文化。在不同定义的假设下，主张“征服王朝”理论者重视满汉并存的特征，而主张“满洲中心”论者偏重于满洲的主体地位，连带批判汉文化对满洲文化的作用力。比起这些论点，主张“参汉酌金”的论点更强调各种文化互相调和，即参酌满洲传统并系统地吸收汉文化的优长之处，或能解释清朝政治文化的多元性。

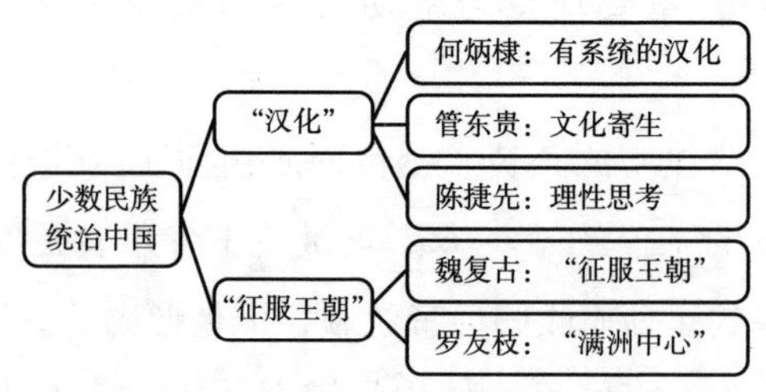

说明：学者解释少数民族政权的多种主张。

“参汉酌金”一词，并非由现代学者创设，乃由出身汉军正红旗的文馆议政大臣宁完我（1593~1665）提出。“参汉酌金”作为后金政权的基本国策，对于后金政权性质的转换、统治政策的拟定、满汉族群关系的调整、文化发展的走向等方面产生了影响。值得注意的是，此处“参汉”的“汉”，不是单指汉文化，更多的是对外来文化的统述。宁完我认为，后金与明朝的文化背景与立国条件有着明显的差异，后金不可一味移植明朝制度，必须通权达变、循序渐进，并由满洲统治者居于主导地位，根据现实需求不断地进行调试与检验，吸收其他文化的优秀之处。因此，“参汉酌金”成为清朝统治中国的指导思想，以充分掌握文化的选择权与主导权，也显示满洲统治者对其他文化具有高度的接受力与包容性，得以将后金拓展为多民族国家。这正是满洲文化自主意识的展现，也是清朝能成功统治中国的关键原因。

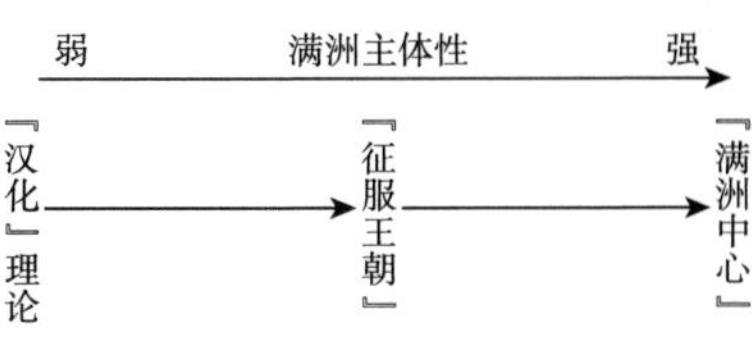

说明：学界对满洲主体性的假设与解释。

后金时期，皇太极已在盛京组织了仿照明朝的政治体制，设有内三院、六部等机构，分别任用了满、蒙、汉族的官员。等到入关领受天命之时，其已经有了充分准备，可以按汉人的方式来统治，同时仍不失满洲本色。和金朝、元朝等前例一样，清朝皇帝扩大政治格局的最后一步，就是运用儒家的术语、形式、观念，支撑并维持政治权威。康熙（1662~1722）、雍正（1723~1735）、乾隆（1736~1795）三朝，共115年，打下强固的行政领导基础，并提倡研读四书五经与敬拜祖先，制定祭孔之礼，宣讲、书写“圣谕”。他们接受了儒家文化中“天子以德服人”的观念，于是强调自身勤政爱民、精读儒家经典、事必躬亲、苦民所苦的一面。在文官行政方面，清朝采用满汉双任的制度，内阁大员满汉各半。共同统治（synarchy）的策略用得彻底。不仅将蒙古人、汉人都编入八旗制，连京里的六部都是采双首长制，满汉尚书各一人，地方总督、巡抚也是满汉并行。史景迁（Jonathan Spence）曾指出，清政府一开始的策略是起用辽东半岛、归附清朝的汉人，这些人大多被编入汉军八旗或成为各旗包衣，必须依靠清朝、效忠清朝。清军入关后，清朝的策略改为“以汉治汉，满汉节制”，即任用有才干的汉官办事，再由八旗出身的满官监督。常见的情形是，由一位八旗精英担任总督，兼辖两省军政，而总揽民政的巡抚由汉人士大夫出任，负责管理汉人百姓。总督与巡抚都有直接上奏皇帝的密奏权，各省内各级机构将例行报告层层递进，呈交六部。六科与都察院所属的科道官，负责纠察弹劾大小官吏，也可以直接上奏、劝谏皇帝。在北京，出身八旗的将领与官员多于汉人士大夫；在地方各省里，汉人官吏的数目远多于旗人。为了吸引最有才能的汉人精英，清朝特别防范科场舞弊的发生，坚持科举制度必须以最具威信、最为公正、最有效率的形态运作，从而为朝廷选出最优秀的汉人精英，使其担当大任，也可以争取汉人士大夫的支持与合作，使其加入清政府的管理队伍之中。

为了拉拢蒙古王公、维持满人的活力，皇帝坚持让八旗旗人维持说满语、勤骑射的习惯，并借由木兰巡狩、避暑的名目，举行大规模的行围活动，维持满人骑射的传统。在内亚，清政府的第一步策略是按明朝的方式将蒙古人分编为盟，各有其放牧的草场。如此一来，蒙古人被固定在某一草场、相互分离，再也不可能集合统一于另一个“成吉思汗”之下了。清朝支持藏传佛教的黄教，使之传入蒙古，并以拉萨为宗教中心，得以影响西藏、蒙古、青海、四川等地。这些涉及内亚的事务都归理藩院主管，但从邻近的越南、朝鲜及经海路而来的贡使事务仍由礼部主管。在“参汉酌金”政策里，重要的机构还有内务府，其位于紫禁城武英殿与慈宁宫之间，包含造办处、内库、库房等处。内务府人员都是皇帝直辖的镶黄、正黄、正白上三旗包衣。这个与北京正式官府并列的隐秘机构，从皇庄经营、独占贸易（包括辽东半岛的人参）、海关税收（包括广州贸易在内）、盐税、织造、借贷典当、罚金、贡品转卖等获取大量收入，使皇帝有利可得。内务府初设原因，乃鉴于明代宦官乱政之弊，不愿让宦官插手宫廷事务，杜绝宦官贪污舞弊问题。但绝对的权力导致绝对的腐败。时日一久，内务府也逐渐腐败起来。不过，清朝皇帝用这个法子，确实可直接控制庞大资源而不让宦官染指。

康熙皇帝生性仁厚，晚年施政已过于宽松。每当有官员犯过，康熙大多睁一眼闭一眼、宽容优免，使不肖官员肆行无忌，屡有贪污舞弊、亏空钱粮、结党营私、官官相护、政务废弛之弊病。雍正元年正月初一，雍正皇帝即向全国各知州、知县发布整顿吏治的谕旨，并在谕旨中，语重心长地劝谕官员们：“民惟邦本，本固邦宁。夫所以固邦本者在吏治，而吏治之本在州县。苟州县之品行不端，犹基不立，则室不固。”知州、知县，属于国家基层行政官员，即一般所称的“亲民之官”“父母之官”，职司地方钱粮刑狱，品阶虽低，却与地方民生利害休戚相关。因此，雍正皇帝明确要求地方州县官员必须洁己奉公、实心尽职、正直节俭，并警告说：若仍继续贪污自肥、朘削民膏、玩忽职守而不知悔改者，必将严厉惩处。雍正皇帝在谆谆告诫知州、知县的同时，开始大刀阔斧整顿吏治，并出台一系列的整顿措施，包括清查亏空、严惩贪官、禁革陋规，推行“养廉银”制度，提高官员待遇等。

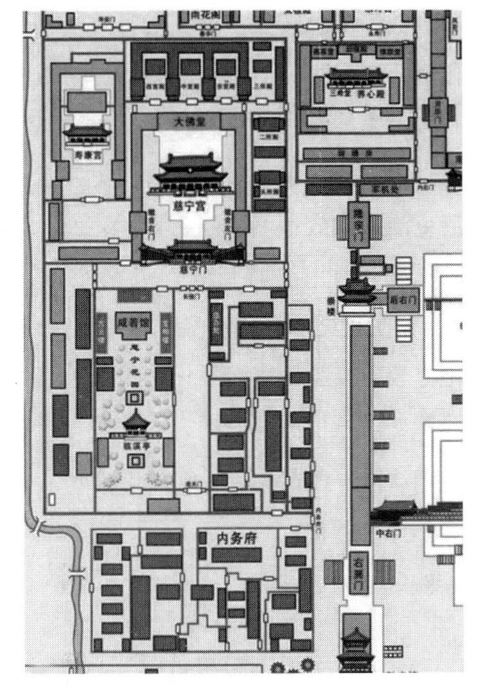

说明：内务府在紫禁城的位置。

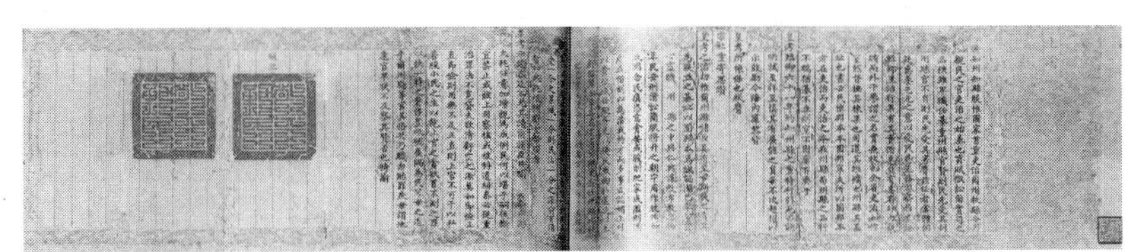

说明：雍正元年正月初一日雍正皇帝谕知州知县为国家首重吏治事。

雍正皇帝以极大的魄力和勇气，裁革陋规、破除朋党，特别是士民一体纳粮当差、摊丁入亩等改革，触犯了地主士绅的既得利益，免除了无地贫民的人头税，极大地减轻了无地百姓的负担。他还拒绝晋升庸官、懒官、太平官，大胆起用田文镜、李卫、鄂尔泰、杨文乾、诺敏等一批有作为的封疆大吏，更平定青海的罗卜藏丹津叛乱，增设军机处，提高行政效率，加强对西南少数民族地区的统治，实行改土归流，有效促进西南边疆的社会稳定与文化融合。雍正朝对吏治的整饬，采取恩威并施的手段，同时推进“养廉银”政策与肃清贪污，让官员无后顾之忧，不必贪，更不敢贪，收到吏治一新、贪风收敛的效果。对此，清代史家章学诚（1738~1801）相当赞许雍正朝澄清吏治的成效：“我宪皇帝澄清吏治，裁革陋规，整饬官方，惩治贪墨，实为千载一时。彼时居官，大法小廉，殆成风俗，贪冒之徒，莫不闻风革面。”据此可知，雍正皇帝雷厉风行革新吏治的政策，成功扭转了康熙晚年地方政务废弛、吏治恶化的现象，官场风气为之一清。可以说，雍正皇帝的改革，增强了清朝的国力，在稳定社会、安定民生、加强军事效能、促进文化融合等方面都发挥了积极的作用。

三　“华夷之辨”与清代天下秩序观

殷人认为上天主宰世界，殷王是上天派到人间的代表人，于是自居优越，把四周部落视为附庸。周取商代之，继承此一观点。周代实施封建制度[①]，“天下秩序观”以达完备，重点在于如何实践德、礼、政、刑四大要素，并依国力强弱而确定不同程度的实践范围。苏联汉学家佩雷拉蒙夫（L. Perelomov）根据《诗经·商颂》中《玄鸟》与《长发》两篇内容，认为中国本位的世界观形成于此，并指出自汉至清，中原王朝莫不泛称“中国”，并以“中国”自居，与东夷、南蛮、西戎、北狄对应，不断向四周边陲扩张，四周边陲也不断向中原汇聚。可以说，“普天之下，

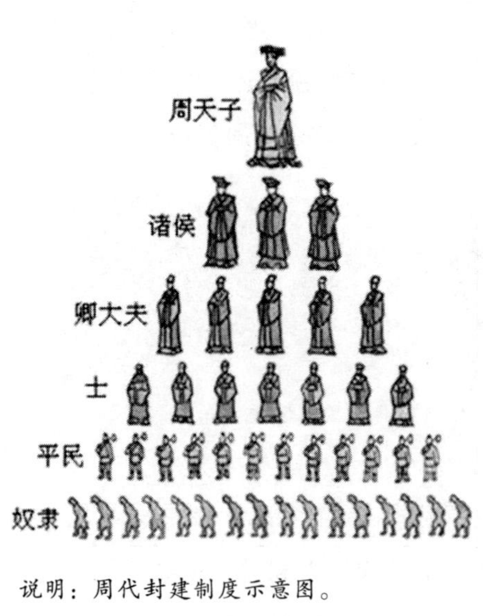

说明：周代封建制度示意图。

① 封建制度，本义为分封建制，本文采用其本义。

莫非王土，率土之滨，莫非王臣”，简单的几个字道尽中国人对世界的看法。

在引入国家主权概念之前，中国的范围相当抽象，几同“天下”。“天下”一词首见于《尚书》，但《尚书》并未有明确的解释。《周礼》将畿服、朝觐、进贡等概念具体化，以天子所在的“王畿”为核心，各诸侯、蛮夷所在的“服”环绕于外，并以“礼”界定天子、诸侯的位阶，规范天子、诸侯的义务和权力范围，“天下秩序”成为天子统治天下的正当性基础。封建制度是基于宗法而建立的政治制度，本质上以血缘为骨干；对于异姓，则以婚姻予以结合，于是天下一家、四海皆兄弟的伦常关系乃告完成。汉代以后，复活了部分封建制，所以社会结构中的血缘纽带，乃至拟制血缘纽带的结合，成为传统王朝统治必须掌握的重要原理。天子具有君、父双重身份。在这样的前提下，于君臣关系之外，再讲求父子关系，甚至舅甥关系（如与外族之和亲关系），始成为天下秩序的重要原理。因此，“天下秩序”成为传统中国政治文化的重要概念之一，不但是皇权的正当性基础，也是“宾礼”的制礼基础，并通过宾礼的运作，确定君臣名分，建构双方不对等的主从关系。

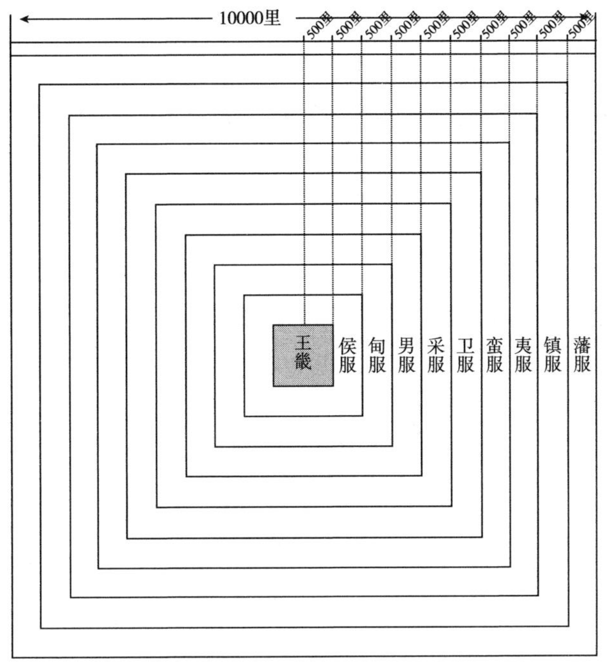

说明：《周礼》封建制度示意。

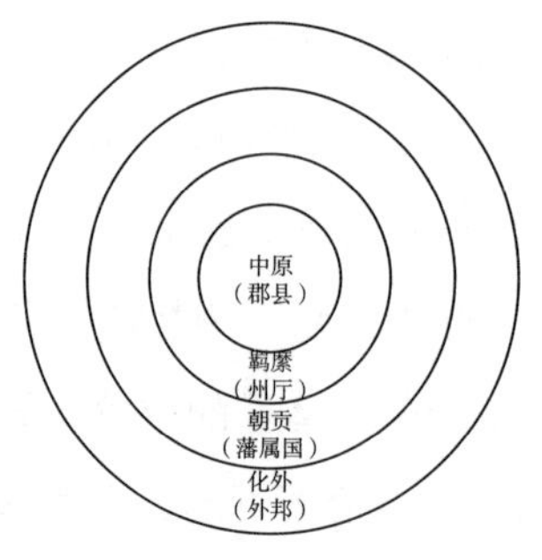

等级制中心-边缘结构

郡县+封国（省部-路府）
州厅（理藩院-宣抚司）
藩属国（鸿泸寺）
化外（远交，不征）

说明：天下秩序=等差位阶。

根据高明士的研究，按照统治力度的强弱，将天下秩序分成内臣地区、外臣地区、暂不臣地区。内臣地区指的是以税、刑直接统治之地区，对全国人民实行个别人身统治。外臣地区可分为羁縻府州与慕义地区两种，前者有封有贡，乃是政、德、礼到达的地区；后者则有贡无封，乃靠利益驱使来贡，于是只进行君长人身统治，不下刑令、不收租税，很少用兵，若有用兵也只是处罚其君长而已。暂不臣地区可分成兄弟国、敌国、荒远三种，中国基本上无法管束，但视其时势变易，中国会尽量扩大其影响力，使其变成外臣。至此，皇帝册封外族君长之举，便有其政治文化的意涵，即外族君长在中国享有官职头衔，并以此品级为标准，决定中国接待他们的规格，即“外臣内臣化”。利用这种加封的头衔，外族君长掌控的外地及其臣民，在某种程度上也被视为天子的臣民，延伸为中国的一部分，故称之为属邦、外藩、藩部。

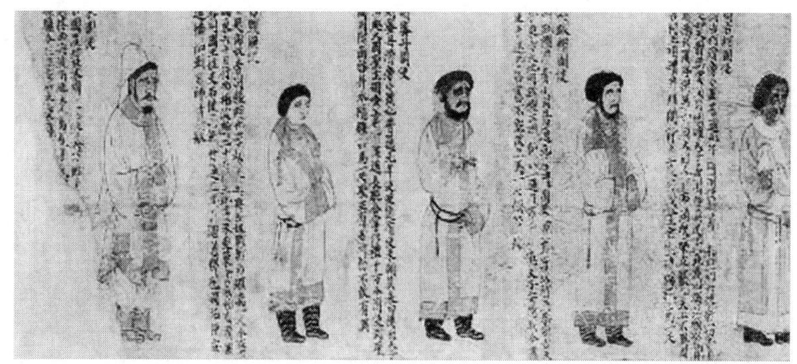

说明：四夷图。

所谓“华夷秩序”，就是以中国为中心的古代东亚国际秩序。此制度可追溯至先秦，当时的中原王朝凭借先进的文化、技术、制度成为东亚世界的中心。值得注意的是，《汉书》、韩愈、苏轼、朱熹、明太祖朱元璋皆提出“华夷之辨”的概念，但他们对华、夷的界定标准不完全相同，不可相提并论。华与夷的区别在于文化，不在种族，夏可变夷，夷可变夏，越近于华，文化越相近，越远越不相像。朝鲜、日本一如中国，为儒家文化的冠带之境，东南亚或中亚地区不是儒家文化强盛之地。若以华人眼光而论，前者自然较为亲近，易有文化共同体之感。在“华夷两分”的概念上，再利用“亲疏原理”，创造了一个以亲疏分蛮夷的同心圆，天下秩序就是同心圆的扩大与再应用，形成了“中华文化圈”。由此可知，“天下”是抽象的空间概念，即王畿与九服，亦如华与夷。故“天下”具有政治上与文化上的意义，并以“礼”作为认定华、夷的标准。“礼”不是简单的礼仪制度或衣冠服饰，而是儒家文化及其价值体制的泛称，其中包含了道德文化的“理”、政治经济利益的“利”及军事实力的“力”，互相作用、互相协调，共同组成天下秩序理念得以施展的基础。

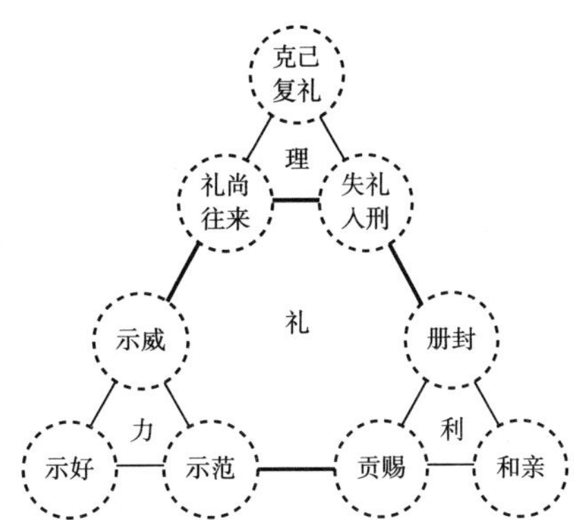

说明：“礼”“理”“利”“力”四种因素互相作用，共构天下秩序的基础。

在古代中国资源文化强过东亚诸国的情况下，形成了一个以中国为中心的“中华文化圈”，并配合礼教、道德、刑法、军事的运用，形成了以皇帝

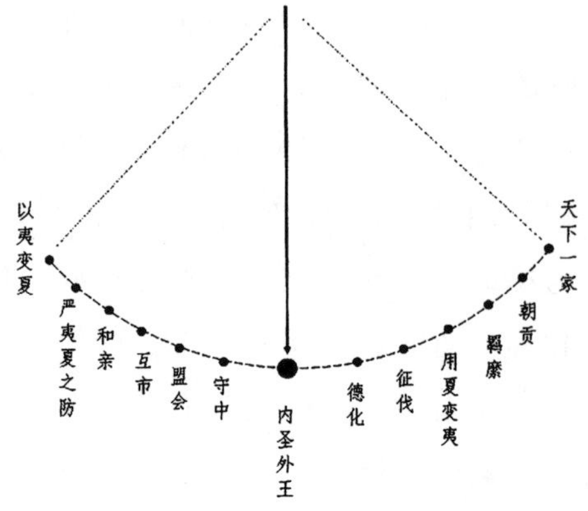

说明：华、夷界定标准及其政治文化图，华夷秩序的最高理想是最右端的“天下一家”，儒家文化无法容忍的是最左端的“以夷变夏”，例如清初强令汉人改行满人发式，遂引起江南社会士民激烈反抗。

为顶点的等差位阶之天下秩序。宋代以降，受到契丹、女真、蒙古的侵扰，宋儒对华、夷的界定标准趋向血统论，华与夷被简化为汉人与非汉人，并强调夷夏之防，华夷之间的界限被固定下来，不再是可变的、双向的。中国周边国家，也仿效中国，建立一套自己的“中华文化圈”。例如，17 世纪明清易代后，朝鲜的儒者们认为满洲是蛮夷，没有资格继承中华文明，中华文明随着明朝一起灭亡了。于是朝鲜王朝宣称：“吾东方自箕子以来，教化大行，男有烈士之风，女有贞正之俗，史称小中华。”“小中华”思想促成了朝鲜民族主义的萌芽，1897 年建立的大韩帝国以此为豪，认为“中华文明之最优等生的朝鲜理当为正统中华文明的继承者”和“朝鲜应当去完成中华的作用”。在东南亚一带，越南以“中国”“华夏”自居，蔑称他国为“夷狄”，并仿照清朝，施行“改土归流”“以夏变夷”等手段，更向柬埔寨、老挝、缅甸等国提出朝贡要求，欲建立中南半岛上的“中华秩序圈”。又如，明清鼎革时期，日本称之为“华夷变态”，即中华“由夏变夷”，并指出“清朝人虽在中原但已胡化，遂成为夷，而我日本虽处东夷，却由夷变夏”，是“中华”，所以日本也自称“中国”“华夏”。1871 年《中日修好条规》缔结前，中日官方绝无交往，而江户幕府也建立了锁国制度，并以儒学为官方思想，统治日本民众，使日本人认为自己接受的是最正统的中华

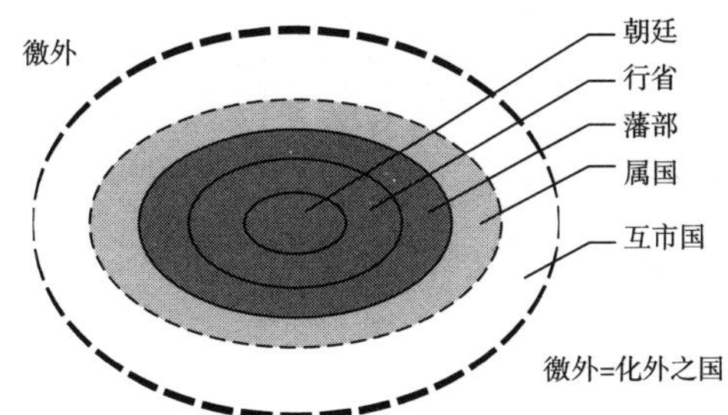

说明：帝国的“内”用深灰色，界线用实线表示，分别为朝廷、行省、藩部。帝国的“外”则用浅灰、白色，界线用虚线表示，分别是属国、互市国。虚线间距越宽，表示清朝的控制力越低。在互市国之外区域，则为文教未及的徼外，表示化外之国不施行宾礼。

出处：尤淑君：《宾礼到礼宾》，社会科学文献出版社，2013。

儒学，而中国学习的儒学则是宋儒篡改过的儒学，所以中国地位在日本之下，西洋诸国不学儒学，所以是丑夷。日本学者桂岛宣弘将其称为“日本型华夷秩序”思想，这种思想在很大程度上影响了日本近代文化的构成，再加上帝国主义与军国主义刻意扭曲，最终产生了日本争夺东亚霸权、将“中华”的核心从中国转为日本的东亚国际秩序观。可以说，江户时期的“日本型华夷秩序”思想是日本军国主义“大东亚共荣圈”思想形成的远因之一。

1500 年，世界诸国有三大国际体系并存，分别是欧洲国际法秩序、伊斯兰宗教体系及东亚朝贡体系。1644 年明清易代时，清朝继承了明朝在朝贡体系中的中心地位。根据距离远近和中华文明的辐射程度，从内到外，可以把朝贡体系分为三环。第一环是明朝故土，行汉法，设总督、巡抚管理。第二环是清朝入关前后陆续统治的地区，由理藩院管理，实行“因俗而治、分而治之”的策略。第三环是朝鲜、浩罕、尼泊尔、缅甸、越南、泰国、琉球等外围朝贡国，接受册封，向清朝进贡，是松散型的宗藩关系。

从清代五部会典、《大清通礼》、《清史稿》等书，整理了礼部所辖属国、理藩院所辖属国、藩部及互市之国的范围，发现几个特点。一，《康熙会典》到《雍正会典》的变化：原本在《康熙会典》被列为属国的西番各寺、洮岷番寺、河州番寺、西宁番寺、西纳番寺、金川寺番僧，在《雍正会典》

政书	礼部所辖属国	理藩院所辖属国	理藩院所辖藩部	互市之国
康熙会典(1690)	朝鲜、吐鲁番、琉球、荷兰、安南、暹罗、西洋国(卷七二,第3b-18页a)、西番各寺(乌斯藏)、洮岷番寺、河州番寺、西宁番寺、西纳番寺、金川寺番僧(卷七三,第1a-12页a)	喀尔喀、厄鲁特(卷一四四,第1页a)	外藩蒙古四十九旗(卷一四三,第1页a)	无此分类
雍正会典(1732)	朝鲜、琉球、荷兰、安南、暹罗、西洋诸国、苏禄、吐鲁番(卷一〇四,第4a-38页a)、西番各寺(乌斯藏)、陕西边地番寺(洮岷、河州、庄浪、西宁、肃州诸番寺、西纳番寺)、四川省边地番寺(金川寺番僧)(卷一〇五,第1a-15页a)	无此分类	外藩蒙古四十九旗(《理藩院则例(乾隆朝)》,第233页)	无此分类
大清通礼(1759)	朝鲜、安南、琉球、缅甸、暹罗、荷兰、苏禄、南掌、西洋国(卷四三,第1b-2页a)	无此分类	外藩(卷四四,第1b-2页a)	无此分类
乾隆会典(1764)	朝鲜、琉球、苏禄、安南、暹罗、西洋、缅甸、南掌(卷五六,第1a-11页a)	哈萨克、布鲁特、安集延、玛尔噶朗、霍罕、那木干、塔什木、拔达克山、博罗尔、爱乌罕、奇齐玉斯、乌尔根齐(卷八〇,第14页b)	漠南蒙古(卷七九,第19页b)、喀尔喀蒙古、青海、厄鲁特、西藏、准噶尔(卷八〇,第1页a)	俄罗斯(卷八〇,第7页b)
嘉庆会典(1818)	朝鲜、琉球、越南、南掌、暹罗、苏禄、荷兰、缅甸、西洋诸国(卷三一,第1a-12页a)	布鲁特、哈萨克、霍罕、博罗尔、巴达克山、塔什罕、爱乌罕(卷五三,第18a-19页a)	内蒙古(四十九旗)、外蒙古(喀尔喀)、青海蒙古、西套厄鲁特、额济纳土尔扈特、杜尔伯特、土尔扈特、和硕特、回部(卷四九,第1a-14页a)	日本国、港口国、柬埔寨、宋居劳国、柔佛国、亚齐国、吕宋国、莽均达老国、噶喇吧国、干绵腊国、法兰西国、喘国、嗹国(卷三一,第12a-14页a)、俄罗斯(卷五二,第22b-24页a)

光绪会典(1899)	朝鲜、琉球、越南、南掌、暹罗、苏禄、缅甸(卷三九，第 2a－3 页 a)	布鲁特、哈萨克、霍罕、博罗尔、巴达克山、塔什罕、爱乌罕(卷 67，第 7a－8 页 a)	喀尔喀、杜尔伯特、土尔扈特、和硕特、辉特、绰啰斯、额鲁特、和托辉特、哈柳沁、托斯、奢集鲁特、古罗格沁(卷 66，第 1a－2 页 a)	余国则互通市焉(卷三九，第 3 页 a)
清史稿(1927)	朝鲜、越南、南掌、缅甸、苏禄、荷兰、暹罗、琉球(卷九一，第 2673 页)	廓尔喀(卷九一，第 2677 页)、布鲁特、哈萨克、浩罕、博罗尔、巴达克山、塔什罕、爱乌罕(卷一一五，第 3299 页)	蒙古、喀尔喀、西藏、青海(卷九一，第 2673 页)、回部(卷一一五，第 3298 页)	西洋诸国(卷九一，第 2673 页)

资料来源：《大清会典（康熙朝）》卷七二、七三、一四四；《大清会典（雍正朝）》卷一〇四、一〇五；《钦定大清会典（乾隆朝）》卷五六、八〇；《钦定大清会典（嘉庆朝）》卷三一、五二、五三；《钦定大清会典（光绪朝）》卷三九，启文出版社，1963 年影印本；《清史稿》卷九一、一一五；赵云田点校：《理藩院则例（乾隆朝）》，第 233 页。

出处：尤淑君：《宾礼到礼宾》，社会科学文献出版社，2013。

却整合为西番各寺、陕西边地番寺、四川省边地番寺，表示这些番寺与番僧逐渐被整合入内地的管理体系。二，《乾隆会典》的变化：原在《康熙会典》《雍正会典》中被列为属国的喀尔喀、西番各寺、厄鲁特、西宁各寺归入《乾隆会典》的藩部，并从礼部管辖移交理藩院管辖，意味着乾隆朝是清朝边界大为扩张的时期，喀尔喀、西藏、厄鲁特、回部纳入清朝版图。三，在《嘉庆会典》有别于康熙、雍正、乾隆三朝会典，首次出现“互市诸国”专栏，这些与互市国交易的事务由地方官管理，户部总其成，脱离礼部与理藩院的管理。据上可知，清朝视对象的不同，不拘旧制，或据双方势力消长，变动“属国”的认定标准。尤其是当“属国”的身份转为“外藩”时，表示这些国家被归在“化内”，成为清朝的藩部；当身份由“属国”变成“互市国”时，就表示这些国家被归于“化外”，成为清朝的“不臣之国”。对这些“不臣之国”，清朝承认既有事实，不再设法将之变为属藩，只维持通商关系，断绝与这些国家的政治关系，从而形成了清朝的疆域轮廓及其对外政策的基调。

四　“满蒙一体”与平定准部

明清之际的蒙古人分为三部：漠南、漠北、漠西。漠南即内蒙古，漠北即外蒙古，漠西蒙古在西域。努尔哈赤逐步统一女真诸部的同时，做好了与明朝抗衡的准备，不得不考虑如何解决以林丹汗为首的察哈尔部。努尔哈赤首先考虑与蒙古科尔沁部联盟，分化蒙古察哈尔部的势力，以消除后患。迎娶科尔沁部首领明安女儿后，努尔哈赤继续推动满蒙通婚，形成了第一次与蒙古诸部联姻的高潮。清军入关前，漠南蒙古的科尔沁、杜尔伯特、郭尔罗斯等部因战败、联姻、部族冲突、被满洲经济势力吸引等，在努尔哈赤、皇太极时期纷纷归附满洲。皇太极时期，更是将政治联姻的作用发挥到了极致。在皇太极的 9 位后妃中，有 6 位是蒙古后妃，而且所立五宫皇后全是蒙古女子。先娶后嫁，皇太极又将 10 名亲女、2 名养女嫁给了蒙古贵族。也就是说，这时的满蒙联姻实质上是满洲贵族爱新觉罗氏与蒙古贵族博尔济吉特氏之间相互婚嫁的“世婚”。这样，满蒙上层贵族联姻成为传统与祖制。从清朝与蒙古出嫁女子的数据分析，可知在满蒙之间多达 595 次联姻中，出嫁到蒙古的清皇室公主和宗室格格多达 432 位，占整体数量的 73%，蒙古王公之女多达 163 人，占整体数量的 27%。可以看出，皇太极时期为收服和利用蒙古诸部，通过政治联姻做出了很多努力。皇太极正是在历史的关键时期，成功地控制和利用了蒙古诸部的强大军事力量，才最终合力击败了明朝。

满蒙联姻女性数量比对			
阶段	满族出嫁蒙古的女子数量(位)	蒙古出嫁满族的女子数量(位)	总计(位)
入关前到康熙中期	59	91	150
康熙中期到乾隆晚期	246	27	273
乾隆晚期到清末	127	45	172
总计	432	163	595

说明：满蒙联姻女性数量比对表。

努尔哈赤和皇太极时期，漠南蒙古属于联姻的重点，科尔沁部更是重中之重，许多蒙古氏族被编入八旗。天聪九年（1635），皇太极下令，按照满洲八旗的建制将许多蒙古壮丁编排在一起，正式形成了蒙古八旗。1635 年，当清朝还是后金的时候，皇太极便击败了漠南蒙古的林丹汗。林丹汗是大蒙古国的最后一任大汗。林丹汗去世后，林丹汗之子额哲彻底归降皇太极，献上了传国玉玺等物，标志着漠南蒙古正式并入后金版图，从此皇太极兼任蒙古大汗。此后清朝皇帝不但是满洲之主，也是蒙古大汗，开始形成“满蒙一体”的格局。于是在崇德三年（1638），喀尔喀三部——车臣汗部（左翼）、土谢图汗部（左翼）、札萨克图汗部（右翼）“遣使来朝”，自此以后每年各贡“白驼一，白马八，谓之九白之贡”。蒙古牛录、蒙古八旗的成立，都是打造新兴满洲共同体的结果，漠南蒙古的贵族与百姓成为满洲共同体的重要成员。蒙古八旗的编立，基本完善、全面确立了八旗制度，不但极大地扩充了清朝的兵源，有利于向明朝作战，也从根本上加强了对东北多民族地区的行政管理与文化融合，促进了清朝政治、经济和文化的发展，壮大了清朝的实力。

清军入关后，漠西卫拉特蒙古的盟主——固始汗与卫拉特蒙古各部首领等 22 人在顺治三年（1646）联名奉表朝贡，清朝赐以甲胄弓矢，确定了双方之间的君臣关系。但此时的清朝皇帝只是名义上的君主，无法有效控制漠西蒙古，漠西蒙古真正有影响力的是准噶尔部。明代的瓦剌分裂为准噶尔部、和硕特部、土尔扈特部和杜尔伯特部四部，也统称为漠西卫拉特。所辖地区北至额尔齐斯河、鄂毕河、叶尼塞河上游地区，南至天山，东到阿尔泰山和蒙古杭爱山分界线，西至巴尔喀什湖地区。1676 年准噶尔部首领噶尔丹（Galdan，源自藏语“甘丹”，意为兜率天）打败卫拉特盟主鄂齐尔图汗后，把松散的联盟体制一步步改变为集权政体，并获得达赖喇嘛赠号“丹津博硕克图汗”，标志着卫拉特蒙古重新独立。在噶尔丹的支持下，札萨克图汗与土谢图汗的摩擦日益激烈。分裂的喀尔喀蒙古，势必会吸引准噶尔的扩张，加大清朝的边防压力。1687 年，土谢图汗突袭了札萨克图汗的营地，杀死了札萨克图汗，又杀了噶尔丹的亲弟弟，双方矛盾彻底爆发。1688 年春，噶尔丹征讨喀尔喀蒙古，喀尔喀蒙古大败，其部众或遭俘杀、或逃散。俄国乘虚而入，诱劝喀尔喀蒙古贵族投降俄国，寻求保护。但在哲布尊丹巴呼图克图的倡议下，喀尔喀蒙古的王公们最终选择投清，让清朝极大地加强了自身在漠北蒙古的军事实力。

康熙三十年（1691），康熙皇帝与喀尔喀蒙古诸部王公和内蒙古四十九旗王公贵族举行了多伦会盟，不但调节了蒙古诸部的纷争，也让清朝与喀尔喀蒙古的隶属关系制度化。会盟规定喀尔喀蒙古遵行清朝法令，保留喀尔喀三部首领的汗号，另按清朝典制，依次授以汗、亲王、郡王、贝勒、贝子、镇国公、辅国公的爵位，其行政体制从此也和内蒙古一样，实行札萨克制，依四十九旗例编族，分左中右三路，设盟，实行盟旗制度。噶尔丹败亡后，他的侄子策妄阿拉布坦继任准噶尔部台吉，准噶尔部又逐渐强大起来。乾隆二十年（1755），乾隆帝趁准噶尔内乱出兵进占伊犁，击溃达瓦齐军。1757 年，清军平定阿睦尔撒纳的叛乱，阿睦尔撒纳逃往哈萨克、俄国，最后感染天花病死。俄国将阿睦尔撒纳的尸体交还清朝，清朝完全控制了卫拉特地区。不过，清朝彻底扫除准噶尔部的势力后，天山地区人口稀少，维吾尔族孳生人口，西域变成了“回疆”。至此，天山南北两路尽并入清朝版图，乾隆取“旧疆新附”之意，将其命名为“新疆”，原属准噶尔的唐努乌梁海也纳入清朝版图，让本来觊觎蒙古之地的俄国，不得不避开清朝的锋芒，与清帝国和平相处，通商往来。

清军入关后，满蒙联姻制度逐步完善，如特旨指婚、处罚性法规的制定及主动遣嫁等。清朝收服漠北蒙古、平定漠西蒙古后，满蒙联姻的重要性逐渐下降。满洲贵女虽仍不断下嫁蒙古王公，但清朝皇帝所娶蒙古女子的数量逐渐减少，且因蒙古王公的作用日益降低，满洲贵族选择蒙古额驸的数量锐减，选择的地域、部族范围也不断缩小。事实上，满蒙结盟是联姻的动机，也是联姻的成果。姻盟的成立，让双方原本的会盟互惠关系向上提升，表明双方平等；其内容从本质上反映了北方民族的部分共同传统；稳定满洲政治文化中的蒙古因素。

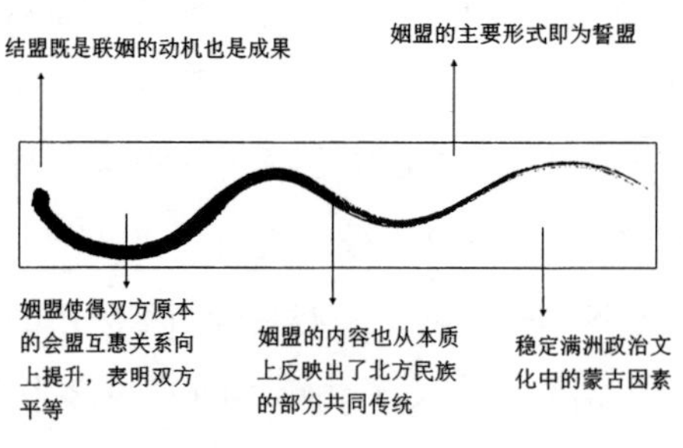

说明：满蒙联姻的优点。

从清帝巡幸次数表，可见康熙、乾隆、嘉庆常常北巡热河，进行木兰秋狩。所谓“木兰”，本系满语“哨鹿”

之意，即捕鹿的意思。一般情况下，木兰秋狩在每年阴历七月、八月进行，又称“秋狝”。为了举行“木兰秋狝”，清政府还专门在内蒙古昭乌达盟、卓索图盟、锡林郭勒盟及察哈尔蒙古四旗的交界处，设置了木兰围场。木兰围场北控蒙古（今指内蒙古与蒙古国），南拱京师（今北京），东通盛京（今沈阳），西临察哈尔（今张家口），是北京通往内蒙古、喀尔喀蒙古、辽东半岛的重要通道。康熙四十二年（1703）开始修建承德避暑山庄，至乾隆五十五年（1790）建成。此后，清代皇帝每年夏季都到承德避暑山庄避暑并处理朝政，直到秋狝之后再返回北京。

皇帝年号	东巡盛京（次）	西巡五台（或西安）（次）	南巡江南（次）	北巡热河（木兰秋狝）（次）
康熙（1662-1722）	3	6	6	48
乾隆（1736-1795）	4	5	6	49
嘉庆（1796-1820）	2	1	0	19
道光（1821-1850）	1	0	0	0
咸丰（1851-1861）	0	0	0	1
同治（1862-1874）	0	0	0	1
光绪（1875-1908）	0	1	0	0

说明：清代历朝皇帝巡幸次数表。

清代帝王秋狝木兰时，还要会聚蒙古各部王公，以笼络蒙古上层贵族。在行围结束后，清帝与蒙古贵族礼宴往来。在盛宴上，满蒙王公大臣、文武官员陪同皇上宴饮，席间还进行号称“塞宴四事”的诈马（赛马）、什榜（蒙古传统演奏）、相扑（摔跤）、教跳（驯马）等极富民族特色的活动。与此同时，清朝皇帝还会赏赐蒙古贵族大量的绫罗布匹、金银瓷器、鞍马弓箭等。通过木兰秋狝等一系列活动，清政府展示了强大的国力，又加强了同蒙古贵族之间的联系。对此，清代史家赵翼曾评价：“上每岁行狝，非特使旗兵肄武习劳，实以驾驭诸蒙古，使之畏威怀德，弭首帖伏而不敢生心也。”清代学者魏源也认为“我朝抚绥蒙古之典，以木兰秋狝为最盛”。

说明：被称为“小布达拉宫”的普陀宗乘之庙。

外八庙因为分为八处管理，且地处塞外，叫外八庙，但实际上是12座寺庙，即溥仁寺、溥善寺（已无存）、普宁寺、安远庙、普乐寺、普佑寺（大部分无存）、普陀宗乘之庙、广安寺（已无存）、殊象寺、罗汉堂（大部分无存）、须弥福寿之庙、魁星楼（原楼已毁）。外八庙的所有寺庙都体现着清朝皇帝的深谋远虑，不只有被称为“小布达拉宫”的普陀宗乘之庙、汉藏结合的普宁寺，还有仿照扎什伦布寺修建的“班禅行宫”须弥福寿之庙，象征清政府尊崇藏传佛教，借以绥抚蒙藏，实现民族共融的多元性。对此，美国学者拉铁摩尔（Owen Lattimore）认为清朝的成功原因很多，不只是吸收了儒家文化的要素，还依赖其满洲特性，得以融合蒙古传统的精华，即满蒙一体。这让清朝不但在疆域上超出了传统中国的界线，也可能完全异质于以往汉人中心的同心圆式文化辐射之统治逻辑。

乾隆皇帝在北京、热河等处兴建藏传佛教寺庙，并赏赐喇嘛土地、口粮、衣单等。藏传佛教在蒙藏地区有长久历史，乾隆皇帝在位期间，巧妙地利用藏传佛教，并借助黄教领袖的社会地位与政治影响力，号令蒙藏各部，整合与稳定蒙藏社会，维护国家统一。面对新的财政支出，乾隆皇帝并未增加以田赋为主的税收，而是凭借权力撷取商业上的利益，用这些资源在北京、热河建造藏传佛寺，打造另一个藏传佛教中心。除了宗教上的意义外，乾隆皇帝修建藏传佛寺也有经济上的意义——以宗教的力量吸引蒙古人到北京、热河、五台山等地朝圣，寺庙成为集市和进香活动的中心，促进了商品交换和地方经济发展。宗教与贸易，如同乾隆皇帝的双翼，用得好可以有效地统治边疆，解决中国长期的边患问题，比起明代和蒙古战争每年动辄耗费七八百万两白银来说，更显现乾隆皇帝统治政策之成功。但在清朝外患问题变少的同时，各项税收所引起的内部问题也层出不穷，种下清朝衰败的远因。

“满蒙结盟，以治汉地”是清朝的国策，清皇室也尽量优容蒙古王公，与其分享政权。19 世纪中叶在抗击英法侵略军、平定陕甘回民起义中，蒙古各部纷纷出兵，履行满蒙联盟之义务。但随着蒙古名将僧格林沁败死，蒙古骑兵也无法抵御洋枪火炮，满蒙联盟开始让位于满汉联合，逐渐丧失其优越地位。为了防止列强侵略边疆，清政府采取“移民实边”政策，开放汉族迁徙边疆，并以“郡县制”强化管理边疆地区，引起了部分蒙古王公贵族的疑虑，无形中加剧了满蒙矛盾。例如，哲布尊丹巴呼图克图是藏传佛教在喀尔喀蒙古诸部的最大活佛兼政治领袖，向来倾心内附清朝，自觉贯彻清朝的治蒙方略，有助于清政府治理蒙古地区，更在稳定漠北蒙古的秩序上发挥了重要的作用。然而，1840 年以后，哲布尊丹巴再未受到清朝皇帝的召见。宗教上的紧密感逐渐削弱，也未能得到任何荣誉称号与特殊权力，使哲布尊丹巴相当不满，象征着满蒙联盟彻底名存实亡了。

说明：18 世纪铜鎏金二世哲布尊丹巴像。

五　从驿递到电报：清朝的信息传递

明清中国统治着庞大的疆域。在没有铁路、飞机、电话、电报等设施的情况下，如何有效地传递信息，便利统治，就成为一大问题。驿递与奏折是两个重要的建置。所谓“传宣政令”，就是将中央政府的文件传送至各地方机关，及传送政府官报“邸抄”。公文传送的方式有两种，普通公文交由各地方来京公干的员役于回还时顺赍，紧急公文则或由兵部发火票差专人飞驰递送，或给予各地差回人员以较快捷的交通工具，使其迅速传送。这些传递过程，都需要经由驿站额设的马、驴、船只等交通工具来完成。至于邸抄的

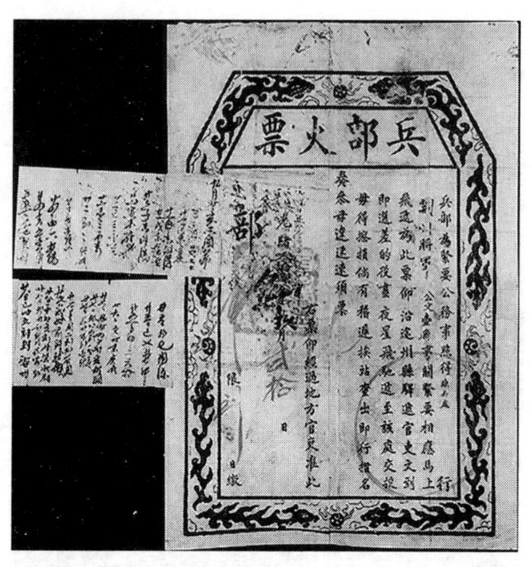

说明：光绪年间兵部火票。

传送，则驿站为更重要的媒介。凡驿路通达之处，即可有邸报传到。而邸报中所载的朝中大事与逐日批发的章疏内容，经由京中传抄及驿站递送之后，均可普遍而深入地传达各处，充分达成中央政令的传宣任务。此外，各地驿站皆有船马以供往来，有馆舍以安顿使客，供应廪给铺陈，无微不至。虽使行万里，亦无远弗届。其接待四方宾客的功能，亦极为明显。

根据苏同炳《明代驿递制度》的整理，每个驿站相距约 70 里，若是丘陵或山地等不易通行之地形，相邻驿站距离则为 40~50 里，可见驿递制度之弹性。清制，凡马上飞递公文皆用兵部火票，令沿途驿站接递，其外地达京师及京外彼此互达者，则各粘连排单，附于公文封套上，随文传递。排单，又称滚单、信牌，是清代驿递公文使用的凭单，沿途按程填写驿站名称，到达和出发的日期、时刻，以明责任。清代设驿、站、台，专事邮政传递。其程限规定是：凡限马上飞递者，为日行三百里（华里），即昼行夜宿，每日以六个时辰计，每时行五十里。其紧急公文，则标明日行四百里、五百里及六百里等，按限驰递。一般非军情文书或非拿获重要案犯文书，均不准擅用日行六百里之驿递。三藩之乱时，从昆明到北京，近 3000 公里的路程，清朝驿夫仅用 9 天完成快递签收。马递的速度由日行 600 里提高到日行 800 里。

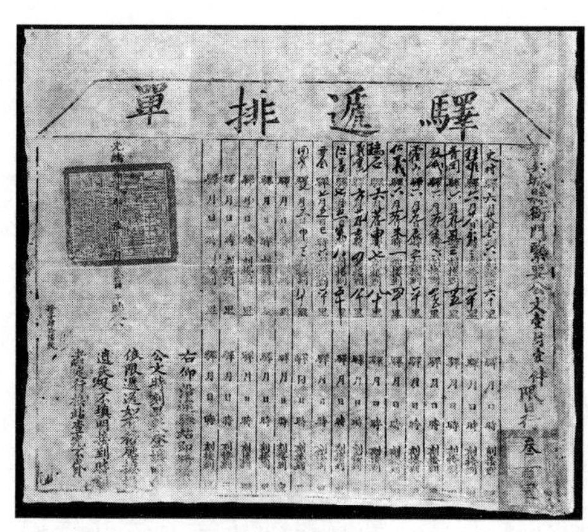

说明：光绪年间驿递排单。

清朝驿递公文主要是将题本、奏折等文书装在报匣、折匣及本箱中寄送。驿递木箱等木质匣子，其配备制作的尺寸都是为了方便驿夫长途携带，大小适中。这些报匣、折匣都会登记数量，如有损坏都须上报，再由户部另发新匣。用于寄递题本的本箱也会有详细的编号，登记在案。本箱外层贴有封条，确保在驿递沿途不会被任何人任意拆启。一旦随意开启，必追究责任。本箱外层还会加装皮革护套，保护箱匣中的文书不受雨水潮气的侵损，所以有时这些箱子也被称为“送本皮箱”。这些装载重要皇命的文件，需要依赖驿站与马匹运送。由于涉及军国大事，事关重大，时间紧急，不容发生任何意外。但俗话说得好，行船走马三分险。驿递马夫们在传达军情文书的过程中，常常发生不少意外。《史语所藏明清内阁大库档案》中就记载了多起驿递马夫在递寄军机文书的过程中，不慎发生遗失公文报匣、折匣、本箱的事件。这些事件有的是马匹半途受到惊吓使公文报匣跌落受损；有的是渡江过河发生意外，使奏折、本箱掉入滚滚江河中。这些情况，使清政府时常修整维护本箱、报匣，避免递寄的文书潮湿霉损。报匣、折匣、本箱若递寄迟误，相关负责的官员、马夫和弁员等都会连坐，交部议处，依例处罚。

说明：光绪年间报匣。

19 世纪上半叶，贪污腐败和效率低下开始削弱国家的通信基础设施。太平天国战争使中国满目疮痍，全国重要的交通运输线路也遭到破坏，清政府没有足够的资源购备新马匹、重建驿站，以及提供人员和牲畜补给。与此同时，胥吏们从邮驿系统中侵吞资金，偷取粮食、草料和钱财，他们饲养的驿马也少于法律要求的数量。各省官员也在滥用这一体系，他们收受贿赂，快马加急递送私信。例如，1838 年从广州寄到北京的奏折平均用时 32 天，但在 1861 年寄送时间竟延长到 55 天。从贵阳寄到北京的官方通信要花费 117 天，再等七个半月后才能收到北京的回信，可见其效率低下的程度。1913 年 1 月，北洋政府鉴于近代邮政业已取代驿传制度，宣布撤销驿站，延续数千年的驿传制度走到了终点。

早在1861年，俄国大使就要求总理衙门批准在北京和西伯利亚的恰克图之间铺设电缆。清朝拒绝了这一请求，而英国和丹麦公司随后也要求获权将国际电报线延至中国。19世纪60~70年代，清政府担忧电报技术的引入，可能会助长外国探查中国政治、进行经济渗透，遂以“不便”为由拒绝了电报技术的引入。19世纪70~80年代，一连串边疆危机改变了清政府的想法，减少了电报技术引入中国的猜疑。例如，沈葆桢摒弃了自己早先对于电报的怀疑猜忌，指出：“由津而沪而粤，洋人均有电报，而我无之。外国消息外国知之，而中国不知，犹之可也。中国消息外国知之，而中国不知，可乎哉?”1875年，清政府批准了福州至厦门的电缆建设，但因福建士绅的反对，大北公司被迫取消了福州—厦门线的电缆铺设工程。1877年，福建巡抚丁日昌见反对者众，只好利用这些电缆、木材和设备在台湾建起一个小型电报网。

说明：光绪年间中国电报总局发电报者照片。

李鸿章等有识之士明白，中国的生死存亡不仅取决于枪炮和财富，还取决于迅速获取信息。19世纪80年代中期，为将中国和国际电报网连通，中国电报局和大北公司及英国的大东公司签订合同。这些合同交涉时，清政府依据自己对于权利、主权、独立自主和国际法的理解进行完善。最终的合同使中国融入了全球信息秩序中，最终三方都是赢家。电报使总理衙门转变为帝国官僚体制内的信息纽带，并有助于北京与其前线指挥机构进行实时沟通。1895年后，通电对政府完善、塑造和控制合法的政治话语的活动提出了挑战。中国东南沿海主要城市的精英们，利用电报这一新媒体来谈论时事，并由《申报》等报纸向中国读者揭载他们的观点。他们的言论影响了公共政策的规划，并有助于在共同的政治目标下对精英阶层进行组织动员。这些政治讨论虽未削弱国家的建构事业，但打破了清政府对帝国晚期信息秩序的垄断。

六　从题本到奏折：清代文书制度的变化

清代官方文书依其性质可分为三类：一是由皇帝或以皇帝名义发布的诏令类，例如制、诏、诰、敕、册、祭文、祝文、谕、旨等；二是由臣下上呈皇帝的奏疏类，例如题本、奏本、奏折、表、笺等；三是官府间往来的文章，有上行的详文、验文、禀、状，平行的启、移会、移、关牒，及下行的牌、票、札、示等。清初臣工的报告有题本和奏本两种，乃沿袭前明旧制而来，凡弹劾、钱粮、兵马、命盗、刑名等用题本，钤印具题。中国第一历史档案馆馆藏1000余万件档案中，清代题本多达200余万件。到任、升转、代属官谢恩及本身私事用奏本，概不用印。清制，奏本文字不得超过三百字，奏本正文之后，须注明全文的字数及用纸张数。文字为满汉合璧，经由内阁票拟贴黄，照录朱笔后，送六科发抄施行。官员常分不清公私事务，题奏用法上亦多混淆。乾隆十三年（1748）废奏本后，奏折与题本成为官员向皇帝言事的主要文书。此外，尚有部本、通本的名称：前者是京官的，径送内阁；后者是地方官的，经通政使司转送内阁，上达天子。

根据中国第一历史档案馆的整理可知，有奏事之权的官员上题本后，先送通政使司衙门，再由通政使司转送内阁的汉本房、满本房登记。如为汉文，则会另译一份满文，核对后送到汉票签处。如果是各部院衙门的题本，直接送到内阁，由汉票签处接收。汉票签处收到题本后，会由侍读校阅，汉中书则按规定样式，票拟草签并备以说帖，再交满票签处中书翻译为满文，呈大学士阅定，最后则将汉、满文的票签夹入题本内送到批本处。批本处再按进题本日期送内奏事处，由记档太监登记后送给皇帝阅览。皇帝看完核准票签意见后，题本会下发到批本处，由批本处的翰林中书，照皇帝批定的满文票签意思用红笔批满字于本面，再交回内阁，由汉学士照票签批写汉文，至此题本又被称为红本，会送到红本处。红本每日由六科给事中到内阁领出，传抄各部执行，到了年终则要将红本汇集缴回内阁。由上述可知，题本有两个缺点。一是繁复迟缓，因规定用宋体字缮写，须附有称为“贴黄”的摘要，须备副本，并先由内阁审核拟旨，呈送皇帝核准后，复用满汉文字誊清。手

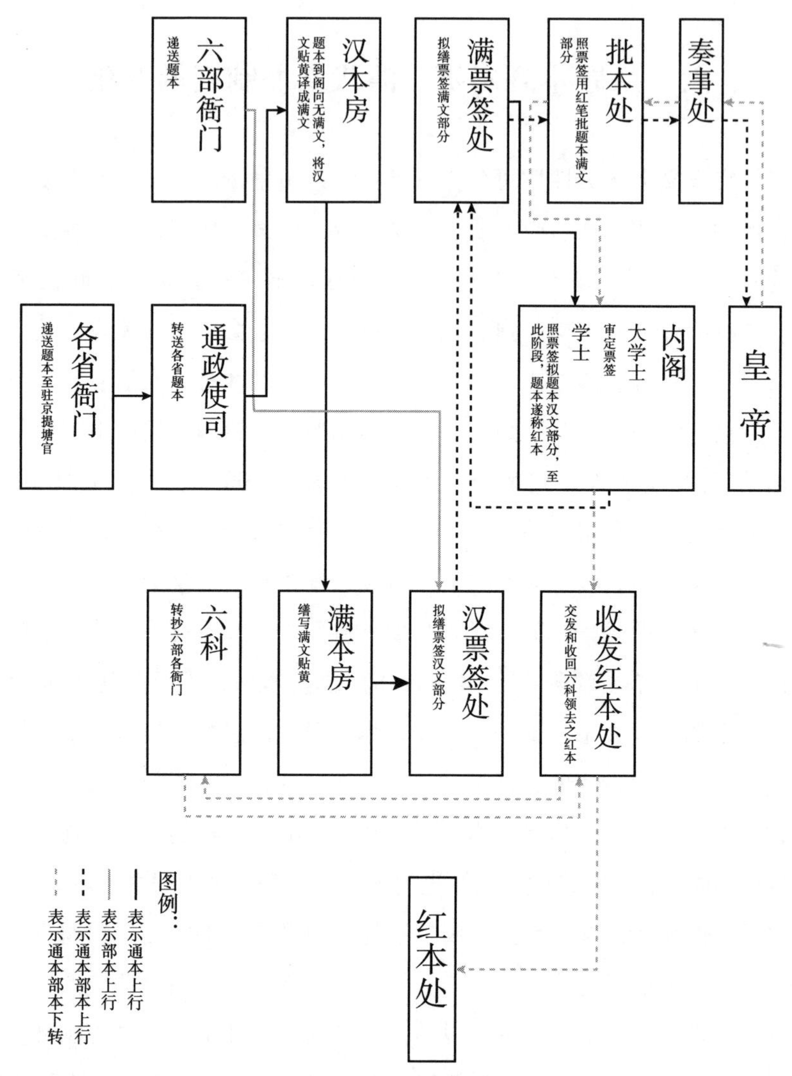

说明：题本处理的流程。中国第一历史档案馆藏。

续过繁，自会耽搁误事。二是泄露机密，题本须由通政使司转送内阁，最后才上呈皇帝，过目者多，难免泄露。对皇帝而言，这不利于高度独裁及直接掌握国家详细情况，于是在康熙前期便使用奏折，暗中传递机密信息，同时题本仍然使用。直到光绪二十七年（1901），题本才被废除，全用奏折。

康熙朝发展出的奏折制度是清朝的新创造。清代以明代为鉴，不设特务机构，而是利用奏折制度稽查百官。“折”是折叠之意，奏折因用折叠的纸

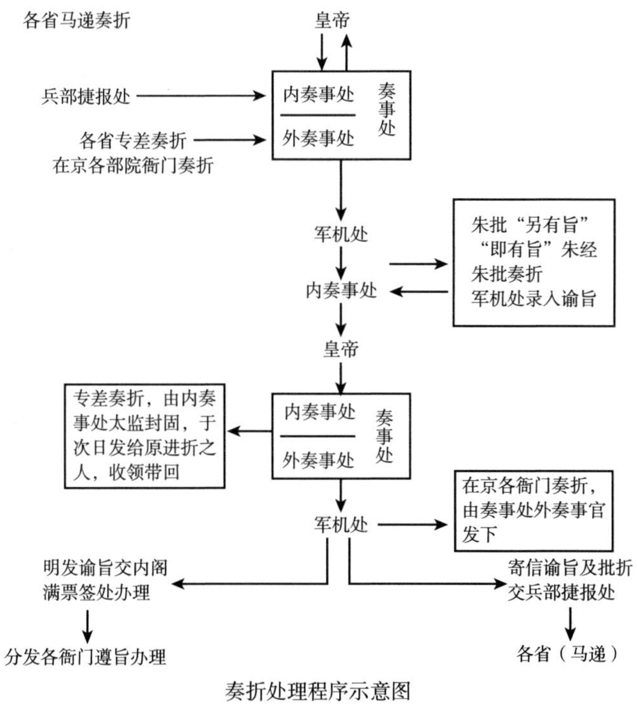

奏折处理程序示意图

说明：奏折处理程序。中国第一历史档案馆藏。

缮写而得名。奏折不拘格式，书体自由，又无贴黄、票拟那种手续，当然快捷得多，而且毋须经通政使司、内阁，由皇帝亲拆亲阅，自然保密性强。这种奏折又称为密折，因为折面、折内，往往书有"密奏""密折"等字样，但也有通折无一"密"字的奏折。所谓"密"，除了内容的机密性外，还有私人的意义。换句话说，这是非公开的君臣间的通信，虽文中无"密"字，也可视作密折。像明代厂卫那样的特务机构，康熙皇帝认为不可靠，容易乱权偾事。至于宋太祖、明太祖那样的"易服微行之事"，他也不屑为之。如此说来，莫过于内外官员密折奏事，互相监督，层层节制，皇权方能稳妥。尤其是康熙皇帝自恃"听政有年，稍有暧昧之处，皆洞悉之"，"人不能欺朕，亦不敢欺朕，密奏之事，惟朕能行之耳"，遂密令亲信大臣收集情报，暗中报告江南社会从事反清复明的会党活动。

雍正皇帝甫一登极，便积极推行奏折制度，定奏折缴交规定。过去密折多用来陈事，至此也用来荐人。同时他大幅扩张可以密折陈事的官员人数，从康熙时的100余人，增加到1100多位官员，将奏折制度化。雍正皇帝已定下缴批规章，雍正一朝的密折保留相当完整，成为研究雍正朝的第一手史料。雍正常夜间挑灯批谕奏折。每折朱批中，少则数十字，多则千字，全是亲笔批示，让人叹为观止。乾隆年间曾刊行雍正朝部分汉文朱批，仅全数的三成，其余的朱批都收在保和殿东西庑，后分藏中国第一历史档案馆、台北故宫博物院、中研院史语所等地。至于奏折处理的流程，可分为京内与外省两种。康熙、雍正时期，京内各衙门在乾清门台阶前等候，内奏事处太监拿出朱批交还。乾隆、嘉庆以后，由内奏事处太监交军机处处理。涉及部院的，由内阁中书领出，由该部院抄出办理。若是外省衙门，外省督抚奏折应行差人赍递者，不得擅用驿马。如果是专差呈递，交内奏事处封好，仍转外奏事处由提塘官领去，交专差带回，大致第一天下午递折子，第二天中午可领到朱批原折，行政效率相当高。

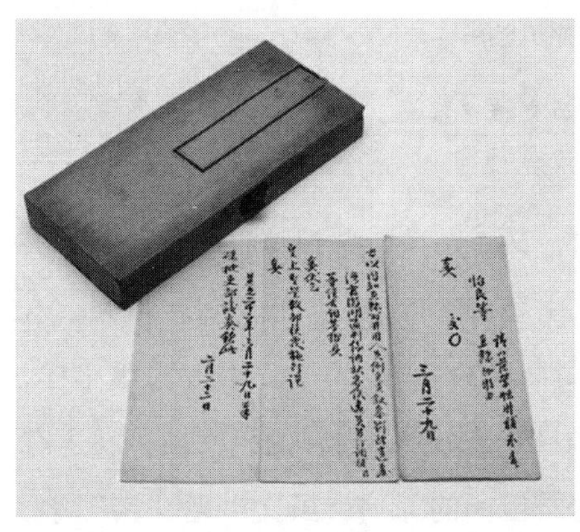

说明：折匣的铜锁为宫廷特制，非坊间锁匠能开启。

雍正一朝的密折，留存相当完整。因雍正皇帝已定下缴批规章，所以雍正去世不久，嗣主乾隆皇帝严催臣下缴批："虽批朕安一二字者，亦不可隐匿。如有隐匿者，照隐匿制诏例，从重治罪。"缴批已成祖法，故自雍正朝开始，清代历朝密奏大致完备。乾隆即位后，下令官员可"照前折奏"，并一再扩大具折言事官员的范围，增加消息来源，不再重视透明化的题本了。自1881年中国电报总局开办、逐步架设电报线后，奏折出现新的形式，"电寄"应运而生，其具体表现为：一，总理各国事务衙门代奏原则；二，事件紧要原则；三，汇奏核复原则。最早使用电寄奏折的是清朝驻外公使，利用电报技术，向清政府报告外国最新局势与交涉情形。中法战争期间，清政府进一步开放电寄谕旨与电寄奏折，电寄成为君臣间传递文书的重要形式。

七　奏折里的雍正君臣关系

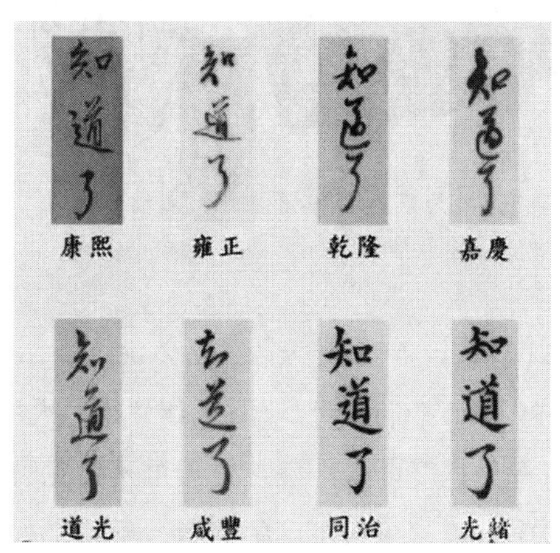

说明：清代历代朱批谕旨里的“知道了”。

从清朝留下的数量庞大的朱批奏折里，可知清朝皇帝爱用“知道了”表示此件奏折已阅。观察每位皇帝批阅奏折的情形，便可知清朝历代皇帝的勤勉程度。康熙、雍正、乾隆皇帝基本都是亲自批，而嘉庆朝之后就开始了“御批”，由军机大臣代批，对不重要的政务就写“知道了”几个字，批文的字数越来越少。统计表明，现存朱批奏折有 16 万余件，其中康熙朝密折 3000 余件，雍正朝密折 2.2 万余件，乾隆朝 5 万余件。清朝历代皇帝中，康熙、雍正皇帝的朱批，相当有个性，尤以雍正为最，他对臣子的奏折，并非一翻而过，很多都有详细的朱批。因此，历史学者与社会大众们对雍正皇帝的奏折最感兴趣，也最为熟悉，并能从朱批奏折的内容里，发现雍正皇帝用心政事的勤勉认真，更能看出雍正皇帝个人的施政理念与兴趣爱好。可以说，雍正是清朝皇帝里批阅奏折最勤勉的！这不是抽象得出的“荣誉”，而是根据数据量化的结果。据清代皇帝朱批奏折的字数统计，雍正执政的 13 年里写了朱批 1000 万字，再扣除皇帝生日和正月年假不工作的日子，算起来，雍正皇帝每天要手写朱批近 3000 字，还要看 60 多件题本，工作量相当惊人。

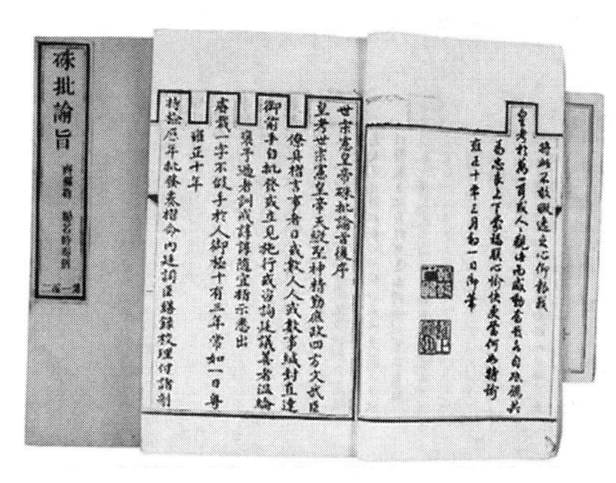

说明：雍正朱批谕旨。

说明：“为君难”印章。寿山石螭钮长方印，北京故宫藏。

雍正皇帝45岁登基，在位13年间，勤于理政，强势推行各项改革：①成立军机处，使权力更为集中；②惩戒贪污，清查追赔，让国库逐渐充盈；③设置养廉银，提高官员待遇，改善吏治；④推行摊丁入亩政策，地丁合一，无田者免受催科之苦；⑤完善密折制度，打开皇帝与官员直接沟通的渠道，强化中央集权与效能。根据雍正起居录记载，雍正每天凌晨3点半（寅时）左右起床，一直工作到第二天凌晨（子时），每天都睡不到4个小时！其勤勉程度可嘉！雍正白天忙着接见群臣，晚上批各地呈进的奏折，勠力从公。一枚“为君难”的印章，反映了他即位后的心境。关于君臣关系，雍正恩威并施，赏罚分明，不拘赏赐，亦翻脸无情。雍正皇帝认真批阅奏折，每篇奏折都要认真批示、回复，包括一些没有什么实际内容的“官样文章”。有时，雍正皇帝批示的文字洋洋洒洒一大篇，甚至超过了奏折本身。遇到大臣在奏折里写了错别字，雍正皇帝还一本正经地修改过来。

说明：雍正朝服坐像。

常被清代士人形容为刻薄寡恩的雍正皇帝，难得在朱批奏折里展现柔情贴心的一面。年羹尧用奏折报告青海战役，说自己有十一夜没睡觉，雍正就在奏折上批了“好心疼，好心疼”，但后来年羹尧恃宠而骄，雍正剥夺一切恩赏，毫不留情地处死年羹尧。怡亲王允祥去游猎，用奏折向雍正请安，雍正回批“朕躬甚安，尔等安好？朕确为尔等忧虑。所忧虑者，当尔等肥壮而返还时，恐怕认不出来也。对发胖后不堪寓目之事，尔等丝毫勿虑，尽量发胖，愉快而回”。雍正批田文镜折：“朕就是这样汉子！就是这样秉性！就是这样皇帝！尔等大臣若不负朕，朕再不负尔等也！”这个朱批是雍正表扬了田文镜实心办事之后，田文镜上书感恩戴德，一连说了雍正好多好话，这令雍正听了十分开心，霸气表白臣子，表示支持并信任田文镜。批蔡廷折：“李枝英竟不是个人，大笑话！真笑话！有面传口谕，朕笑得了不得，真武夫矣。”批李维钧折：“大奇！大奇！此人乃天日不醒的一个人，朕当日在藩邸骂他玩，都叫他球，粗蠢不堪，于登基后不记出仕何地。”

八字为中国传统的算命方式，属于阴阳五行、术数之学。雍正笃信八字，以臣工的流年运气以及能力寿命，作为其升转补授的参考。雍正六年（1728），陕西总督岳钟琪（1686～1754）主持西部边疆兵务时，雍正皇帝曾谕命他查奏重要将官的生辰八字。雍正在这份奏折的旁朱中，断言陕西肃州总兵官纪成斌（？～1733）的八字为“上上好，诸往皆吉，运正旺而长”。在奏折末幅的朱批中，更夸赞岳钟琪叔父岳超龙（？～1732）的八字“上上好，四通八达，文武皆宜之命，大寿长运，出格的好命”。雍正认定直隶天津总兵官岳超龙命好运旺，必为大器之材，倘国家有事，当可委以重责大任。雍正对诸臣八字的重视，由此可见一斑。

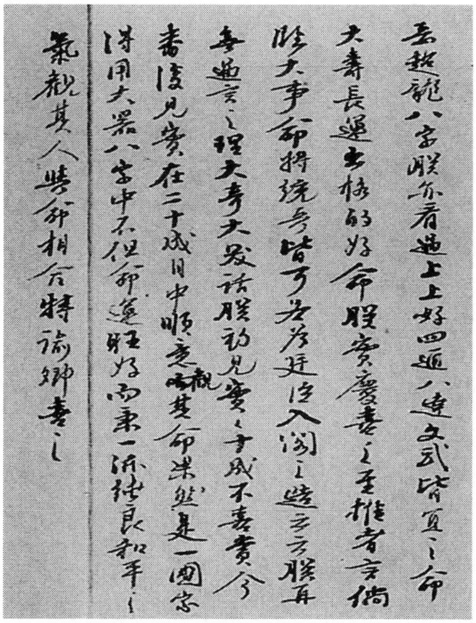

说明：雍正朱批奏折夸赞岳超龙八字。

李耀是雍正皇帝信赖的武将之一。为奖励李耀效力尽心，雍正先后赐其康熙所留弓箭、缴袋和孔雀花翎，并在仕途上一再拔擢，由延绥副将先后升至陕西延绥总兵官与四川重庆总兵官等职。除了器重宠信外，雍正对亲信大臣或武将的操守要求十分高，于是在奏折中诫谕李耀“着实小心做官，贪之一字切忌，少有不妥，连从前都带出来的”，展现雍正皇帝恩威并施的驭臣之术。值得注意的是，奏折也记录了官方政书未能说明的政治秘辛或皇帝厌弃的原因。例如，雍正皇帝反驳四川布政使佛喜借年羹尧为例，预先防备岳钟琪势力坐大的奏折，并严词说明自己必须处死年羹尧的原因：“年羹尧因深负朕恩，擅作威福，开贿赂之门：奔竞之路，因种种败露，不得已执法，以为人臣负恩官上者戒；非为其权重势大，疑惧而处治也。”由此可见，“肃贪”是雍正将年羹尧正法的主因。此外，雍正在朱批中一再告诫臣下：“慎密二字，最为要紧，君不密则失臣，臣不密则失身，可不畏乎。”雍正晚年时，意识到朝廷内外还有很多人怀疑自己得位不正，出于为自己辩护等目的，雍正皇帝在 1732 年下令将部分朱批谕旨编纂后刊刻分发给大臣，可知这些朱批是经过审查和删修的。例如，高其倬失宠后，雍正就将此前夸奖他的朱批一概抹掉。因此，这些朱批奏折不算绝对真实的历史事实，只能说是相对真实的原始档案。

八　军机处的成立

军机处由皇帝直辖，只对皇帝负责，彰显清代皇权专制的最大化。后金政权时期，受到氏族制影响，权力核心在议政王大臣会议，由八旗贝勒共同议政。大约天聪十年，为了加强皇权，皇太极仿效明朝内阁，设内国史、内秘书和内弘文三院，负责记注诏令、编纂史书、撰拟表章，起草与外国往来书状及敕谕、教诸亲王等。顺治十五年，废除内三院名称，改叫内阁，大学士则加殿阁衔。康熙九年恢复内阁，满汉大学士为正二品。内阁掌议天下之制，大学士则为百僚之长。康熙皇帝亲政后，压抑议政王大臣会议的权力，裁减、斥罢宗亲贵族议政资格，又暂停诸王、贝勒之长史、闲散议政大臣的议政权，议事范围大体限于八旗王公大臣袭爵等一般性事务，但涉及边疆事务及重大军政决策，康熙皇帝总与议政王大臣进行讨论，不愿让汉官更多涉足。康熙时，视南书房为内廷亲信，夺去了内阁的部分权力，南书房可说是军机处的前身。南书房位于大内乾清宫西南处，不属于政府衙门，也不是决策行令的中枢机构。皇帝在此与翰林官员吟咏作画之余，不免会讨论政事，渐渐地委以机密。康熙中期以后，参与中枢决策重任的有内阁、议政王大臣会议和南书房。这三者的关系则是“章疏票拟，主之内阁；军国机要，主之议政处；若特颁诏旨，由南书房翰林院视草”。

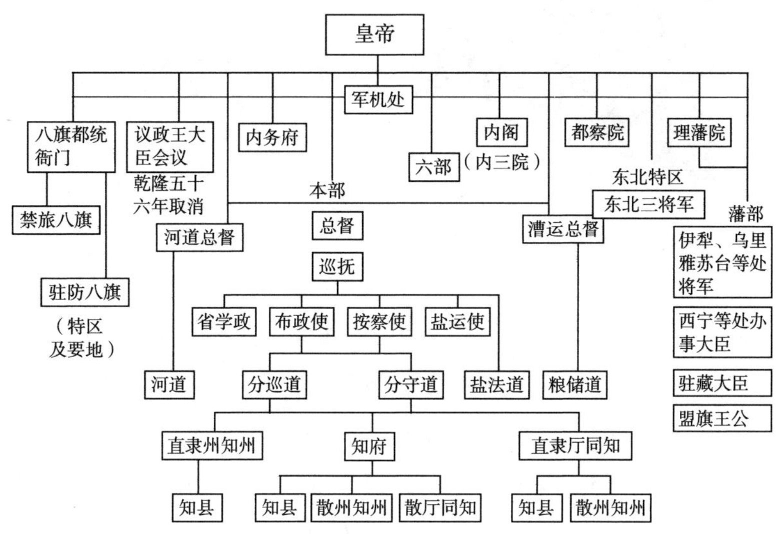

说明：清代中央和地方军政体系。

雍正四年（1726），雍正皇帝在紫禁城的隆宗门建立军机房，本来由议政王大臣会议负责的军事边疆事务，全归军机房承旨办理。军机大臣既无品级，也无俸禄，其任命去留完全出于皇帝一人之意。雍正十年（1732），军机房改称“办理军机处”，一般称军机处。军机处本是非常的临时机构，却摆脱了官僚体系壅滞烦琐之弊病，得以强化皇权，因此乾隆皇帝复设军机处，设于乾清门外，并扩大军机处的权力，使其超越议政王大臣会议、内阁，成为清朝的权力核心。

军机处的特点有三：简，人员简单，皇帝亲选，属差遣官，无正式衙门，入值办公在内廷军机房；速，办事效率高，当日办毕交兵部驿站发出；密，军机房地处内廷，军机大臣不得结交外官，外官不得擅入，太监侍卫不得站外窃听，否则打死。军机处从属于内廷，军机大臣是内廷差使、皇帝亲信，传皇帝之命，夺内阁议事之权。内阁大学士必充军机始得预政事，否则几与闲曹无异。

说明：军机处内景、外景。

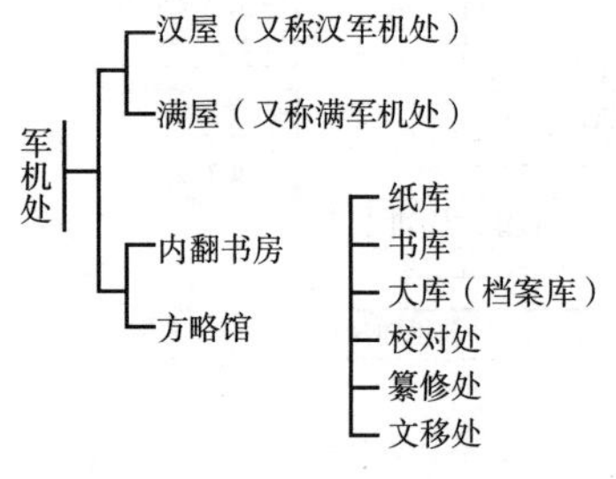

说明：军机处机构。

由于军机处没有专门的官衙，也没有专门的人数限制，所以军机大臣称“军机处行走”或“军机大臣上行走”。“行走”具有临时性质之意，任命不用经过内阁和吏部的提名，也不用正式的任命公文，只要皇帝同意，即可上任，并按各人资历分别被任命为军机处行走、大臣上行走、大臣上学习行走等。除少数特殊者外，凡新进大臣均冠以“学习”二字。军机大臣的员额无定，从三四人到七八人不等，一般是四五人，最多时达到十一人。皇帝对军机大臣的任命，在资格上的要求并不严格，只以亲信得力为准，故有“军机大臣惟用亲信，不问出身”的说法。军机领班者有特权，凡地方章奏有奏旨发交军机处者，必先待领班阅毕，才交与其他大臣。协议时，又常以领班的意向最为重要。除领班者外，其余均以入值先后为序。至于军机章京，俗称“小军机”，其正式称谓为“军机处司员”。军机章京不经吏部挑选，由军机大臣直接在各衙门挑补合适者充任。

军机处主要工作为承受谕旨，回堂拟写。谕旨由章京草就，大臣改定，经皇帝认可后，按照性质，选用“明发上谕”，或用“寄信上谕”。除了拟定诏书之外，军机处的职责，还包括奉旨交议大政，稽核兵马钱粮，拟定外藩、亲贵大臣赏赐事宜，考定典章制度等。最重要的是人事咨询权，凡自大学士以下各部尚书、侍郎，以至总督、巡抚、将军、提督、总兵、学政、道府等官出缺递补，取代吏部，由军机大臣开具名单，呈送皇帝点定。事实上，军机大臣的职务没有明确规定，一切事务都是皇帝临时交办的，决策权完全在皇帝一人之手，所以军机大臣只是承旨办事而已，被皇帝用作行使权力的执行机关。咸丰十一年（1861），总理衙门成立后负责外交事务，军机处的决策权逐渐移转，但在1884年甲申易枢、恭亲王奕䜣被免去一切职务后，军机处又重掌大权。直到宣统三年，清朝实行君主立宪，成立责任内阁，军机处的权力才转移到责任内阁。

九　改土归流的推广及其影响

苗族是最早的稻作民族之一，在上古时期就种植水稻。“苗”字是会意字，此字始见于战国。小篆文字其上部像两棵草的形状，下方是“田”。《说文解字》认为：“苗，草生于田者。”这大约是因为苗族先祖是农耕民族。

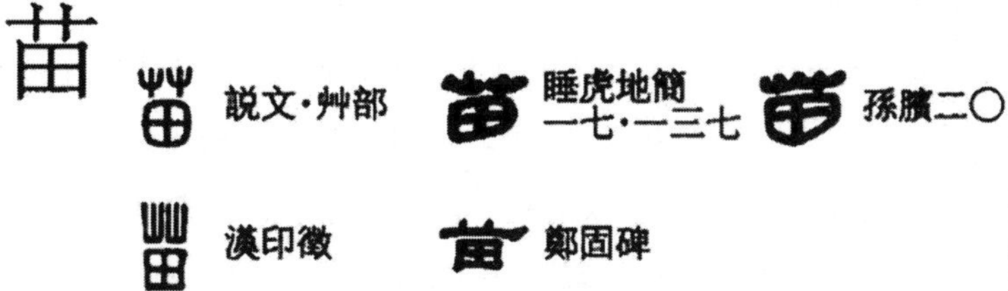

说明：古文献中的“苗”字。

苗人自称牡、蒙、摸、毛、嘎脑、仡熊、带叟等。苗族历史可追溯到五六千年前的炎黄传说时代，他们信奉蚩尤为其始祖，至今苗族人民中还广泛流传着蚩尤的传说。这些传说揭示了上古族群争夺生存资源的残酷现实。当时在黄河下游和长江中下游一带出现了以蚩尤为首的九黎部落联盟。炎帝与黄帝联合战败了蚩尤。蚩尤死后，九黎部落大部分向南流徙，开始了苗族迁移史。苗族在历史上有五次大迁徙。秦汉以后，中原王朝在大多数苗族地区建立郡县，实行“附则受而不逆，叛则弃而不追”的羁縻政策。唐宋年间，苗族逐步进入阶级社会，汉、苗民族间的频繁接触，促进了苗族封建领主经济的形成。有些蛮酋、蛮帅成为世袭的“土官”，这些土官管辖的苗民沦为农奴，称为“田丁”。南宋时期，朝廷用官职笼络各族首领，许多土官受到封赏，成为大大小小的土司。

说明：清代四夷图，内容为花苗画像、服饰、文化。

“苗疆”一词多见于明清两代，指以湖南湘西腊尔山为中心的红苗聚居区和贵州黔东南以雷公山、月亮山为中心的黑苗聚居区，聚居苗族人口都在百万人以上。清朝的苗疆不是国土拓展后形成的新领土，而是领域内的新开发区。这里的“拓疆”是指国家治理的深入及治理人口和赋税的增加，而不是领土的扩大。苗疆在清朝是一个集政治、经济、文化、治安于一体的综合性概念。改土归流前，官府虽有“蛮不出境、汉不入峒”的禁令，但土汉之间的往来并非完全隔绝，土司辖区也时有客民，但许多土司层层盘剥往来客商，客商很难生存。弘治十五年（1502），明代在湖南城步苗区实行“改土归流”，开始派遣流官，但至明末清初，湘西腊尔山区、黔东南雷公山和古州山区仍处于“无君长、不相统属”状态，被封建王朝统称为“生界”。

清朝实行改土归流后，清政府派遣的流官成了最高管理者，并废除“蛮不出境、汉不入峒”的禁令。雍正年间，清政府在西南地区进行了大规模的改土归流，废除大批土司，代之以流官的治理，得以在西南边疆地区实施统一的行政制度。随着清政府的军事开辟，此前流土俱不受的贵州东南部“化外生苗”被正式纳入清朝的管理之中。这些新辟苗疆虽未经“改土”，但亦属“归流”，是清政府在西南地区改流规划的重要环节。因应发展需要，流官因地制宜，对土民、苗民进行教化。湖广地区的治理与苗疆又有不同，湖广地区汉族多，而且又有土民、客民、苗民杂居，要想治理好这个地区，需要“因族制宜、因地制宜”。在认识到了当地复杂的民族差异性后，清政府决定实行“因族制宜”的措施，采取不同的治理措施。即使同一县内，也根据各民族特点采取不同的治理措施。

改土归流之初，土家族地区的农业、手工业、商业发展缓慢，从事手工艺者也特别少，许多工匠都是外地来的打工者，从事商业贸易的也以外地人居多。土家族以农业为主，不善于经商贩运，改土归流后，外来工匠、客商大量涌入，城乡贸易往来开始增多，也形成了商帮，而这些商帮又以汉人为主，客商之间钩心斗角，渐成帮派，如江西商人组成江西帮，建立江西会馆。有的汉人向苗人发放高利贷，趁机盘剥苗人。高利贷者往往为经商汉人、地方所设土弁及府衙中人，他们以权谋私，向苗人放贷，苗人无力偿还之时，大多卖妻鬻女，或掘祖坟之陪葬品以偿还。日久恨深，引群盗仇之，乱机因之而起。因此，云贵总督鄂尔泰认为“苗患大于土司”，便强行推动改土归流政策，并在雍正四年至雍正十三年基本上完成了云南、贵州、广西、四川、湖南、湖北六省的改革，废除了西南地区各大土司。对无土司管束又无流官统治的苗疆六厅，虽是剿抚并用，但实际上剿而不抚，最终爆发了包利、红银领导的大起义。

乾隆年间，在张广泗等人力争之下，清政府继续向苗疆增兵，围剿包利等人，死伤极为惨重，整个黔东南苗疆人口与村寨数量锐减。对于初辟的黔东南苗疆的治理，清政府否定“以夷治夷”思路，支持经略苗疆大臣张广泗的筹划，在苗疆设立“新疆六厅”进行流官统治，仿照内地州县在基层社会的保甲设置，要求流官在苗疆签立头人来约束苗民。清政府认为，土民、苗民风俗淳朴，敬畏官长，反而是一些外来的客民狡猾滋事。为了维护社会稳定，清政府将一些居住年限较久的客民与土民、苗民一样也编入保甲，对于客民寻衅滋事者，严加惩处。实行一体编甲制后，利用保甲控制苗民，有事则由“苗头”负责，而处理苗民事件时，地方官不能独断专行，必须征询乡保苗头的意见。清政府采取“以苗制苗、以苗养苗”的策略，让苗民逐渐接受了清朝的统治。

一方面，为了达到“以苗制苗”的效果，清政府专门设置苗弁苗兵，苗兵待遇优渥，薪饷是清军守兵的两倍，且派重要将领驻防苗寨，保证苗寨的日常秩序。土流并治是土司制度推行过程中的常态，即便是改土归流之后，这一相互制衡、互为补充的局面仍然存在。由于清政府没有迅速培植起士绅阶层协助官府管理地方社会，部分土司及其势力集团仍继续发挥了重要作用。另一方面，散居在土家族地区的苗民，其风俗习惯、宗教信仰与苗族聚居区的苗民有所不同。为了糅合土民、苗民之差异，清政府特意在格若苗寨、排大方苗寨、夯沙坪苗寨、葫芦寨设置四所义学，教授儒家思想与法律概念，使土民、苗民、客民尊崇理法，接受儒家思想，逐渐和平相处，各安其分。大量汉民进入湖广地区，与当地的土民、苗民进行商业、农业互通，为土民和苗民带去了先进生产工具和生产方法，为土家族地区的经济发展做出了重要贡献，也促进了土家族地区商业繁荣和手工业发展。土家族地区更是出现了“客民土化”的现象，呈现民族融合的趋势。随着土弁自身势力的式微、消亡，以及本土社会精英的成长、保甲体系的构建，苗疆基层社会的管理权力发生了转移，清政府对黔东南苗疆的治理呈现日益强化之势。而土流并治不但尊重了民族多样性，又保证了国家的统一性，促成多民族国家的内部融合与文化交流。

说明：祭祀堂是苗疆基层社会的重要地点。

第二章 明末清初的社会文化

一　小冰期与明朝灭亡的原因

崇祯十七年（1644），李自成率军攻破北京城，崇祯皇帝在紫禁城北面的煤山自缢殉国，明朝灭亡。关于明朝灭亡的原因，有政治、经济、社会的综合因素，甚至还有人提出明朝末年遇上了“小冰期”气候突变的说法。小冰期的显著特征是气温整体偏低，农作物无法得到足够的热量，导致粮食大幅减产，异常寒冷的气候频繁引发水灾、旱灾、蝗灾、鼠疫等，成为波及全国范围的大瘟疫，形成“水旱灾—饥荒—瘟疫”的恶性链条，农民没法填饱肚子，冬天无法御寒，饥寒交迫、饿殍遍地，最后爆发农民起义。这种观点看似逻辑自洽，却忽略了政府的作用。只要明朝能积极救灾，百姓也能勉强度日，不会有太大的问题，但辽东用兵、抵御后金政权，使明朝财政不足、救灾粮食减少，再加上官员们的克扣，到达灾民手里的粮食少之又少，灾民饥寒交迫，只能揭竿而起。

从历代气温比较图可知，“小冰期”大概在1550年到1851年，以明朝中期到清朝中期气候变化最为剧烈。相比明朝灭亡，清朝却安稳度过，国力蒸蒸日上，还开创了康雍乾盛世，让清朝统治基础不断稳固。由此可知，“小冰期”对明朝虽有影响，但不会造成明朝的灭亡。明朝灭亡的原因较为复杂，也非简单的君昏臣庸所可以解释。我们将分析明朝衰亡的几种原因，以供参考。

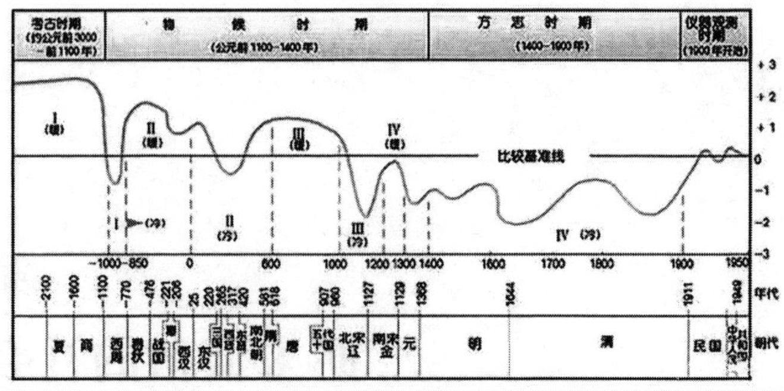

资料来源：竺可桢：《中国近五千年来气候变迁的初步研究》，《考古学报》1972 年第 1 期。

说明：我国温暖冬季是 1550～1600 年和 1720～1830 年。寒冷冬季是在 1470～1520 年、1620～1720 年和 1840～1890 年。

明代中后期交替进行的宦官干政与党争倾轧，属内政不良的表现，大大消耗了明朝的中枢力量。宦官问题，归根结底是任人唯近的问题，而宦官多出身寒微，与多数文官相比没有雄厚的背景，对皇权的威胁较小。明代宦官专权，本质上是皇权的变态，是皇权一种特殊的行使方式，是皇权的延伸与异化。明朝后期朝廷内部党派林立，互相倾轧，“明末三大案”就是其代表。当做事不以事件本身曲直而是以党派利益为出发点时，党同伐异，是必然的结局。党派之争衍生无数恶果，导致官场腐败横行、民心涣散，无数忠臣成为党争的牺牲品。辽东经略熊廷弼的悲剧与宁锦大捷后袁崇焕的被迫辞官，就是宦官专权与党派斗争恶果的直接体现，以致崇祯自缢前留下“诸臣误我”的感叹！

万历皇帝在位 48 年，却长达 30 年不上朝，长期怠工，原本家底丰厚的大明王朝被掏空，留给子孙的是一个千疮百孔的大明江山。因“争国本”而引发朝廷里多年争斗的泰昌皇帝朱常洛，即位仅一个月就去世了。天启皇帝朱由校在位 7 年，信任宦官魏忠贤，对国家大事不闻不问，却热衷于做木匠活，还以“鲁班再世”自居，使明朝从破落走向了更加破落。接替皇位的朱由检，即崇祯皇帝。崇祯皇帝在位 17 年，“鸡鸣而起，夜分不寐，往往焦劳成疾，宫中从无宴乐之事”。不过，即使崇祯帝拼尽了全力，明朝最终还是在他手中灭亡了。在传统史书中，往往将“奸臣当道”、扰乱朝政，作为明朝亡国的原因，并指出“忠臣”虽与奸臣进行了不屈不挠的斗争，最后结局却是代表正义的“忠臣”被强大而邪恶的奸臣势力所压倒、消灭。这非常符合悲剧艺术的创作手法，却未必符合史实，还应当向深层探索根源。

说明：孟森指出万历皇帝怠政敛财是明朝衰亡之关键。

明代的田税长期实行低税率，但税率低只造成了国家收入的减少，并未惠及民众。明朝后期土地兼并的现象非常严重，权贵阶层仗着自己的权势，从底层农民手中巧取豪夺，强占土地，又通过各种特权，免于向国家缴税，而农民失地之后又无税可缴，这就产生了一个很可怕的后果：国家财政收入大幅减少。明朝通货膨胀严重，白银需求量变大，但是朝廷无法满足市场的白银需求，底层人民日益贫困，导致阶级矛盾加重。为了弥补财政上的漏洞，朝廷加征“辽饷”“剿饷”“练饷”，权贵阶层依然有办法通过各种手段偷税漏税，全部摊派到了无权无势的普通农民身上，原本已不堪重负的普通农民，生活变得更加困苦，致使矛盾激化。再加上明朝后期旱灾严重、民不聊生，使得社会矛盾进一步激化，最终演变成星火燎原的农民起义军。有人说崇祯内府有千万两巨银，实属无稽之谈。按常理来讲，崇祯皇帝在李自成兵迫京师的紧要关头、社稷将亡之日，若有余财，何须要百官“纳捐”，最终延误调兵。这是不符合常理的。现有可靠史料也证明，李自成入京时，国库与皇家内库已几近匮乏。

对传统中国的封建王朝来说，开销最大又最难以控制的支出就是战争。许多盛极一时的王朝迅速败亡，就是因为战争的巨额支出拖垮国家财政。正德朝以降，军屯体系败坏，原本由军屯负责的军费开支，改从国库支出，这意味着明朝不但少了一项巨大的财政收入，还增加了军费开支这项国家财政的沉重负担。努尔哈赤崛起后，明朝要应对两线作战，即后金和各地农民起义军。打仗要花钱，没钱就多征税，税赋加重又导致揭竿而起的农民起义军越来越多，要镇压越来越多的起义军，就要花更多的钱。

明朝就这样无可奈何地走进了恶性循环之中。对明朝而言，当时最佳选择应该是先与后金和解，这样就能腾出手，彻底剿灭起义军势力，从而结束战争，让国家休养生息。待到兵精粮足时，打败后金政权、收复辽东也就指日可待了。可惜的是，崇祯皇帝优柔寡断，不敢担当，困于党争，尤其是陈新甲之死，让明朝和后金和解的希望也破灭了。由此可知，明朝灭亡的原因是错综复杂的。正如黄宗羲《明夷待访录》指出，一个王朝的灭亡是错综复杂的多种矛盾造成的，绝非一人一事所能导致的。只有从具体原因着手，由表面到根源，由浅入深，才能揭开那些偏见所遮蔽的迷雾，寻找历史的真相。

二　剃发易服与清初汉人的反抗

现今电视古装剧发型、服饰比较花俏，并以视觉效果为先，常依照演员自身的形象设计古装头套的发型，不再是千篇一律的“美人尖”，观众较能接受，不易在现代打扮与古装形象之间产生违和感。相比现在古装剧过于披头散发的发型服饰，中国古代的成年男子极少展示自己的发髻，越有一定身份地位的人，越不会这么做，并戴着不止一层的遮蔽物，避免外人看到自己的发髻。例如，在秦代兵马俑墓群里，可见墓群的底层步兵戴着软帽一般的头巾，略有级别的军官会戴着相应级别的冠，不会露出发髻。

汉代幅巾是男子裹头之巾，方形，长宽与布幅相等，故称幅巾，通常以缣帛为之，亦称缣巾。使用时包裹发髻，系结于颅后或前额。幅巾最先在平民阶层盛行，逐渐演变为幞头，成为各阶层通用的服饰品。幞头，又名折上巾、软裹，是一种包裹头部的纱罗软巾，是隋唐时期男子的普遍服饰，后成为汉人衣冠的必备品。由于春、夏、秋、冬四季气温不同，相应出现了不同材质的幞头，主要材料有乌纱、黑绢布、皮革、动物皮毛等。由于唐朝官员开始佩戴乌纱幞头，所以有“乌纱帽”的说法。有人将幞头系在脑后的两根带子加长，打结后可作装饰，称为“长脚罗幞头”，逐渐衍生出宋代的长翅帽。无论是宋朝的长翅帽，还是隋唐的幞头，都属于华夏汉服文化的一部分。

说明：兵马俑的发式。

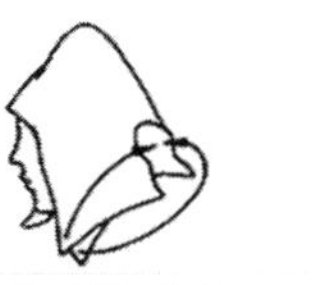

1.在髻上加巾子　2.系二后脚于脑后　3.反系二前脚于髻前　4.完成

说明：唐代软脚幞头的裹法。

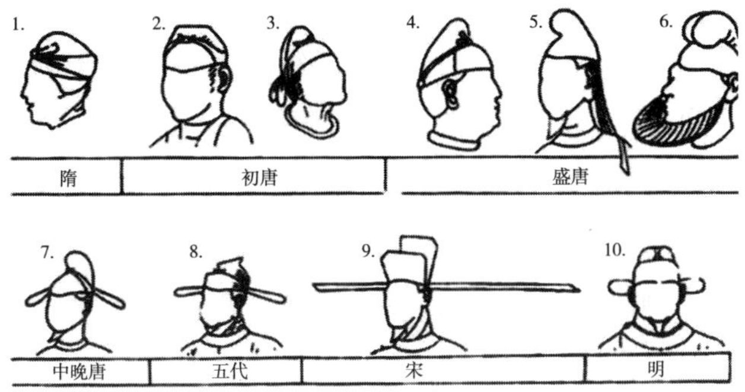

说明：幞头的变化。

明代的服饰制度，官民界限非常严格。洪武三年，明太祖朱元璋命令士人戴四方平定巾，即方巾，所以明代生员平时多戴四方平定巾，搭配各色花素的绸、纱、绫、缎道袍。方巾一般用黑漆纱罗或绒制作，或用缠棕、马尾等制作，一般顶部略大于底部，成长方形或梯形。而明代后期的方巾，大多顶部、两侧向内凹陷，四角突出，也被称作“角巾”。明太祖也要求全体士民使用网巾，整理头发，避免碎发杂乱，象征“万发俱齐”，即谐音“万法俱齐”，同样有其统治思想意义。正是因为网巾如此基本且重要，也就成为明代男性成年的标志。由于方巾与网巾在明代十分流行，又都有“明太祖亲自设计汉人衣冠”的政治含义，所以清朝严令禁止配戴方巾与网巾。

说明：《天工开物》中明代农民与手工业者戴网巾劳作。

明代使用方巾，或在发髻带上一个束发冠，再在外面戴上巾子。明代士人也极喜欢用巾，因为巾子简易、随意，最能彰显文人士子风流倜傥、洒脱的性格。士人中流行戴巾，由此成为一种时尚潮流，以致明代的巾子是历代品种最多、个性最为鲜明的。明人顾起元《客座赘言》记载：“士大夫所戴其名甚多，有汉巾、晋巾、唐巾、诸葛巾、纯阳巾、东坡巾、阳明巾、九华巾、玉台巾、逍遥巾、纱帽巾、华阳巾、四开巾、勇巾。巾之上或缀以玉结子、玉花瓶，侧缀以二大玉环”。士子中最常见的是四方平定巾，明代《三才图会》讲述其来源说：“方巾，此即古所谓‘角巾’，制同云巾，特少云文，相传国初服此，取四方平定之意。”阳明巾，明代士人所戴的一种便帽，相传于浙江绍兴会稽山下阳明洞创立“阳明学派”的王守仁曾戴此巾，故而得名。东坡巾，以乌纱为之，制为双层，前后左右各折一角，相传为苏东坡首戴此巾，故而得名。浩然巾，以黑色布缎做成，形如风帽，通常用于文人逸士，相传唐代孟浩然戴此帽御寒，故而得名。此外，儒巾是明代士人所戴的软帽，制如方巾，前高后低，初为举人未第者所服，后来便不分，举人、贡生、监生、生员均可戴之。

满洲服饰装束保持游猎时代传统，认为发辫是真魂栖息之所，视为生命之本，在战场上阵亡的八旗将士，必将发辫带回故里，隆重埋葬，称“捎小辫”。满洲男子的发式是“薙发垂辫”，即在额角两端向头顶引一条直线，将直线以下前颅的头发全部剃去，只留颅顶后头发，编结成辫，垂于脑后，主要是便于山林中骑射。年轻人常以金、银、珠宝制成别致的小坠角儿，系

说明：明代的束发冠、鬏髻与头面。
资料来源：孙机：《华夏衣冠》，上海古籍出版社，2016。

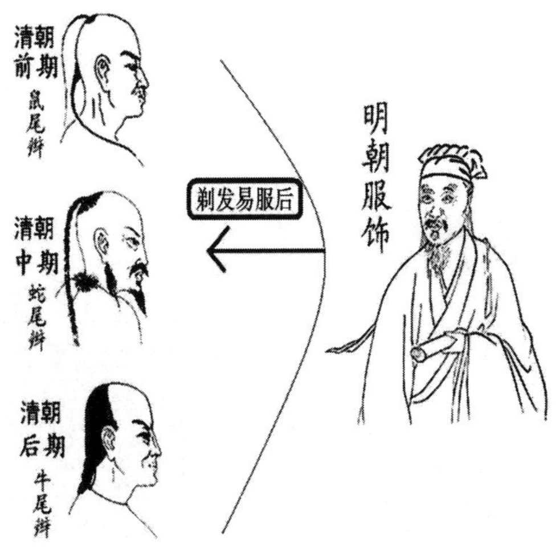

说明：清代发式由金钱鼠尾变为蛇尾，再变成牛尾，显示清政府控制力的衰弱。

于辫梢之上，随辫摆动，以为美观。1595 年（万历二十三年），朝鲜王朝派往赫图阿拉的使者申忠一撰写的《建州纪程图记》，详细记述了自己在努尔哈赤的营垒里见到的情况，其中记录满洲发式：“女真习俗都剃发，只留脑后少许，上下二条结辫以垂。”1644 年日本商人竹内藤因海难漂流，在北京

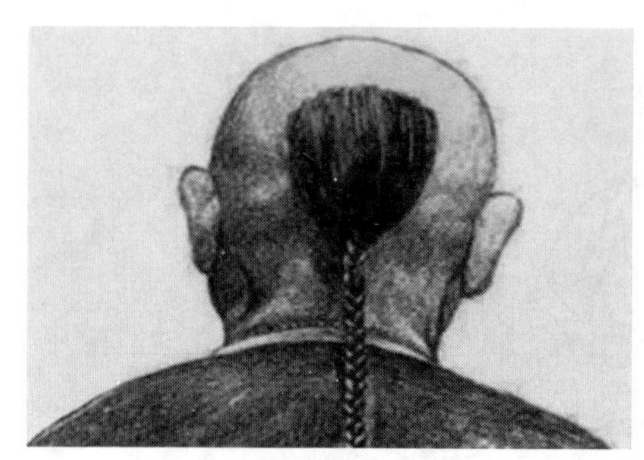

说明：金钱鼠尾。

旅居一年，他在《鞑靼漂流记》中描写清人发式：“他们的人都剃头，把头顶上的头发留下来，分成三绺编成辫子。他们男子把唇上的胡须留下来，把下面的毛发剃掉。无论是大官、小官和老百姓都一样。”

顺治元年（1644）清军入关后，为了区别顺逆，迫使明遗民臣服，推行了“易服令”和“剃发令”，却遭到汉人士大夫的强烈反对，只实行了一个月就被迫取消。为笼络人心，清政府允许投降的明朝旧臣上朝时仍穿着明朝的服饰，不剃发束辫，与满洲大臣分列两班。顺治二年六月，摄政王多尔衮采纳礼部侍郎孙之獬的建议，再次颁发“剃发令”，要求“文武军民一律剃发如满洲发式，不从者治以军法”，即在清军所到之处，十日之内文武官员、军兵、百姓一律剃发，迟疑者按逆贼论，斩！清朝用“剃发令”迫使汉族士大夫剃发易服，并派兵勇带着剃头匠，捉拿民众，强行剃头束发，

说明：乾隆时期广州街上的剃发匠。

威胁百姓“留头不留发，留发不留头”，剃发取代了原本的束发，束发的记忆也就只保留在道士群体中。但从老照片里可看到，道士的发髻也大多是不裸露的。

对深受儒家思想影响的汉人士民来说，“剃发令”是十分屈辱的，因为汉人有“身体发肤，受之父母，不敢毁伤，孝之始也”的传统观念，头发是父母授予的身体的一部分，汉人成年之后就不可剃发，男女都把头发绾成发髻盘在头顶，不能轻易剪掉。满洲的发型与汉人迥异，若让汉人以“金钱鼠尾”形象活着，死后都有愧于祖先，没有面目见先人于地下，于是各地汉人百姓纷纷以死相抗，原本已经降附的地区也纷起反抗，一时大乱。据王家桢《研堂见闻杂记》记载：“有山东进士孙之獬，阴为计，首剃发迎降，以冀独得欢心。乃归满班，则满以为汉人也，不受；归汉班，则汉以为满饰也，不容。于是羞愤上疏，大略谓：‘陛下平定中国，万事鼎新，而衣冠束发之制，独存汉旧，此乃陛下从中国，非中国从陛下也。’于是削发令下，而中原之民，无不人人思挺螳臂，拒蛙斗，处处蜂起，江南百万生灵，尽膏野草，皆之獬一言激之也。”

说明：上二图为明遗民打扮，下图为明代士人画网巾之举，以示气节不屈。

标榜“不事二主”的明遗民也拒绝剃发，通过“汉人衣冠”彰显自己的政治立场，表示自己的遗民身份及其不与清朝妥协的立场，或写《宋遗民传》、穿古衣冠、考古代礼制，或逃到海外、不接受清朝统治，或扮成山人、僧侣、道士隐居山林，或刻意不入城、不应考、不赴讲会，自我隔离，脱离现实，用来对抗明清易代的冲击，忽视社会变化。根据林丽月教授的研究，明

说明：旗人妇女燕尾发式。

末清初有许多衣冠故事，可知汉人士大夫反抗“剃发令”的气节表现。例如，清兵强去某士人的网巾、方帽，某士人竟与仆人以笔画网巾，不屈而死；又如，被迫剃发的士人刻意穿戴古衣冠，或以明代衣冠殓葬，甚至为自己做衣冠冢，题诗作文凭吊，象征作为士人的人格死去。清末民初，这些明遗民的故事被重新提起，并强调国族论述的面向，使明遗民的政治意义重新被诠释，成为“汉人气节”的文化符码。

为了缓解汉人的反抗，清政府也根据儒家文化传统、风俗习惯及各地实际情况，采取了若干变通措施，即民间俗称的“十从十不从”。所谓“从”，是严格执行“剃发易服”的法令；所谓“不从”，是依循汉人传统。“十从十不从”有哪些具体内容呢？一，男从女不从：男子剃头梳辫子，女子仍旧梳原来的发髻，不跟满洲妇女梳“两把儿头”或者“燕尾”。二，生从死不从：人活着时穿满人服饰，死了则穿汉人服装入殓。三，阳从阴不从：佛事、超度、出殡等祭祀活动，仍按汉族传统佛道教习俗办理，不从旗人习俗。四，官从隶不从：为官者顶戴花翎，身穿朝珠补褂马蹄袖的清朝官服，但隶役保持明朝“红黑帽”的打扮，身穿长青袍，头戴高红毡帽，手持大竹板。就连刽子手的装束，上身穿黑边宽袖红马褂，下身系两片下甲，也是标准的明朝隶役服装。五，老从少不从：成年人遵行“剃发易服”法令。小孩子年龄小，百无禁忌，穿什么都可。六，儒从而释道不从：儒指的是读书人，即儒家子弟。所有的读书人都要剃头梳辫子，穿旗人的服装。出家人不变，和尚、尼姑、道士不必遵行“剃发易服”法令。七，娼从而优伶不从——娼妓从，唱戏演员不从。毕竟唱戏的演员要扮演前朝的故事，如果用现在的服装去扮演前朝的故事，是会闹笑话的，所以，清政府豁免唱戏的演员，允许他们根据舞台实际情况穿衣服。八，仕宦从婚姻不从：男女婚嫁，新郎穿的是旗人的礼服，女子依旧穿凤冠霞帔。九，国号从官号不从：官号仍按照明制。

十，役税从文字语言不从：在差役、税捐等制度上，采用清朝制度。满人和汉人都有自己的语言文字，清朝允许满人用满语，汉人用汉语。后来，由于汉语优势明显，许多旗人都学会了汉语。

“剃发易服”的推行，强迫汉人百姓梳发辫、穿旗装，让清初社会动荡了几十年。汉人百姓虽抗争不已，最终还是败给了清朝统治者。顺治、康熙两朝以降，“剃发易服”推行得差不多了，前明遗民也已悉数离世，已经两代人时间过去了，百姓认同自己大清子民的身份，前朝服饰被视为古装，看到也不会引起什么波澜。从故宫博物院典藏的清人所绘《雍正行乐图》，可见雍正化身各种身份，或文人雅士，或农夫渔民，还有神话中的人物，莫不自得其乐，让人一睹皇帝的内心世界。值得注意的是，在这些图画中，雍正常有汉服打扮，大概觉着汉装很有文士之风，所以喜欢让人画出来，体现一般文人墨客之雅趣，给枯燥忙碌的帝王生活增添一丝乐趣和艺术性。从雍正皇帝喜着汉服玩乐的图像，可见清朝统治日臻巩固，汉人衣冠的文化符码也逐渐弱化，而辫子成为近代中国男子的象征之一。后来，随着清朝国力逐渐衰落，对辫发发式的控制也逐渐放松，清朝男子的发型不再限于金钱鼠尾辫，而是放宽到蛇尾辫，再发展到牛尾辫，甚至有剪辫易服、全盘西化的主张，可见晚清世风又为之一变。

说明：清人绘《雍正行乐图》。年长者为雍正皇帝，年幼者为雍正第四子弘历，即后来的乾隆皇帝。

三　明遗民与清初社会文化

遗民的起源相当早，如周武王克殷之后，有伯夷叔齐，因不食周粟而饿死首阳山。遗民有二义，一指前朝留下的老百姓。二指改朝换代后，不愿侍奉新朝的人。前者属于客观事实的描述，旧政权瓦解后，这些老百姓需要面对新政权的兴起。后者则加入行为的价值判断，老百姓不只不愿意认同新政权，还会通过各种方式来表达故国之思，这才是严格意义下的“遗民”。根据对宋元之际遗民与贰臣的研究，萧启庆认为宋元之际的江南士大夫大体可归为三类，就是“忠义”、“遗民”与“贰臣”。遗民可分成激进、温和与边缘三型。激进型的遗民采取明显行动来反元；温和型的遗民是利用诗、书、画或学术行为来表示对宋朝的钟爱，但无激烈行动；边缘型的遗民则是指其人政治态度模棱两可，虽然忠于宋室，却不排斥元朝统治，亦不隐讳与北人为友。

崇祯十七年（1644）甲申之变后，明朝士大夫被迫发生了身份转换，有些成为贰臣，有些成为明遗民。基于不同的政治立场，明遗民和清朝的矛盾是非常尖锐的。由于明遗民在清初具有很大的影响力，因而清朝统治者非常重视对遗民的征服。但深受儒家思想影响的明朝士大夫在亡国初期很难放弃亡国之恨和“夷夏之防”的观念，不能向清朝屈服。历经这么多政权更替，最为人所知的遗民，当属明遗民这一群体。赵园在《明清之际士大夫研究》中指出，在早期经典中“遗”“逸”并无区分，但到了明清之际却对“遗”“逸”辨之特严。有些人在明亡之前已无意仕进，清初也未曾出仕，这类人便不同于遗民。从结果来说，“遗”“逸”都是“不仕”，但遗民特别出现在朝代废兴之际。对传统士人来说，如果新政权是汉人政权、以儒家文化为主轴，那比照冯道那样，可在政治上做某种程度的妥协。可是，明末士人面对的是满人政权，出仕即是贰臣，其进退往往产生两难式的抉择。

为了尽快统一全国，清初统治者对明朝遗民采取了多种措施：一面以高官厚禄利诱士大夫；一面举办科举考试，笼络士大夫。清朝入主中原后，推行易服令和剃发令，要求清军占领区的所有百姓“尽去额头和四周头发”，弃汉服，穿满服，从外表上区别顺逆，迫使明遗民臣服。清朝强制推行这两项命令，要求“若规避惜发，巧辞争辩，决不轻贷”，而出家人、乞丐、妇女无须剃发，俗称“三不降”。这两项命令引起江南士大夫的激烈反抗，清朝对这样的明朝遗民采取了“杀无赦”的处理办法，残暴镇压许多明遗民。

说明：清兵强制汉人剃发易服。

在清政府推出高官厚禄的引诱和武力恫吓下，确实有不少明朝官员投降清朝。面对清政府的高压统治，各地遗民因其社会环境、人文渊源及遗民结构各有差异性，所以对清政府态度也有所不同。华北与关中地区士人虽以遗民自居者甚多，但其人格特质较之浙东、江南诸地遗民的傲骨嶙峋比起来则又略显通达。若干受儒家“夷夏之辨”和“忠君保国”思想熏染的士大夫，都鲜明地与清政府划清了界限，甚至参与到反清运动中。著名的人物有黄宗羲、王夫之、顾炎武、傅山、李颙、屈大均等。较之王夫之的决绝、顾炎武的平稳，黄宗羲不执着一朝之兴亡，注重文化的存续，其回应可谓通达。除了拒绝出仕、保证大节无亏外，他并不干涉子弟门人参与清政府的活动，而他自己也不拒绝与一些清朝官员的交往。清朝统治者对明朝遗民士大夫的结社行为自然不能容忍。自顺治九年以后，清朝统治者多次明令禁止文人结社，希望限制反清力量的壮大。复兴明朝的希望虽已破灭，但明朝遗民捐躯赴义、报效故国的气节令人敬佩。

明清易代，社会动荡混乱，盗贼横行，迫使许多遗民丧尽家财，背井离乡，生活窘迫，于是这些遗民常常聚集结社，在诗文中抒写其对旧国旧君之感，还有人表达对清政府的反感，甚至还有些人利用结社机会密谋反清活

剃发留辫	易服	官方语言
经过最初的极力反对，汉人最终接受了满人的发式。	对服饰的要求主要针对官员和士人，而不是全体民众。	清朝将满语和汉语作为两种官方语言，不过只有少数官方精英需要使用满语。

说明：剃发易服政策。

动。综观《明遗民诗》的内容，大多数表达自己“义不帝清”的立场，例如，郑成功、王忠孝、李茂春等人。然而，随着时间流逝（20~30 年）、空间转移（从江南到海外）、世代传承等因素，这些反抗清朝、意图重建明朝的孤臣，可能因为时势的转移或清政府的礼遇，开始与清政府互动，遗民立场开始动摇，慢慢接受清政府统治的事实，却不断强调自己作为文化遗民的痛苦。

王汎森教授考据明遗民文集后，发现这些明遗民常常提到“罪”“愧”“悔”“弃”等字，即将亡国的责任归咎于自己，这是一种具有原罪意识的道德主义，所以明遗民采取“不入城、不赴讲会、不结社、焚弃儒服、不入县廷、舍弃家庭、不收门徒”等自我惩罚式的行为。王汎森教授也指出

黄宗羲
君臣平等；建立“天下之法”；学校是决定是非的最高机构

顾炎武
深刻揭露君主暴虐和官僚腐败
提出“众治”的主张

王夫之
“循天下之公”，揭露历代帝王把天下当作私产的做法

说明：明遗民的政治主张。

这些文人如此自我批判和自我边缘化的方式，让清初学术有道德严格化的倾向，也让清代士风平实、学问朴素严谨。例如，顾炎武继承明季学者的反理学思潮，不仅反思陆王心学的流弊，在性与天道、理气、道器、知行、天理人欲诸多范畴上，都显示了与程朱理学迥异的为学旨趣，并以经世致用的鲜明旨

趣、朴实归纳的考据方法、创辟路径的探索精神，以及在众多学术领域的成就，终结了晚明空疏的学风，开启了一代朴实学风的先路，被称作清朝“开国儒师”、清学“开山始祖”，成为开启一代学术先路的杰出大师，给予清代学者极为有益的影响。

受儒家“忠臣不仕二主”思想的影响，加入清朝的明朝官员被打上耻辱的烙印，成为正史中的贰臣。这些明朝官员之所以降清，未必就是因为怕死、不愿意殉国，而是要留有用之身、实现治国平天下的理想。他们将希望寄托在清朝皇帝以儒家理念来治国，并保护老百姓不受清军杀戮，因此愿意在清朝当官，让社会秩序重回正轨。明臣降清受争议多的因素很多，其主因应与乾隆皇帝在国史中首创《贰臣传》有直接关系。顺治朝和康熙朝初期，对降清的明将甚为礼遇，立有功勋则不吝封赏，死后追赠谥号。乾隆时期，清朝统治已达鼎盛。对于昔日功勋之臣的敬意早已荡然无存，而《贰臣传》的编撰，则将明末降将钉在了耻辱柱上，借以彰显正统观的绝对正确，强调皇权至尊。过去往往把遗民和贰臣当作光明与黑暗的对立体，似乎这两者不相往来、彼此仇视。事实上遗民与贰臣有相当亲密的交往，互怜互助。遗民同情贰臣的处境，也仰赖贰臣的资助。

谢正光教授以顾炎武为例介绍了这一点。顾炎武数度长住于贰臣的住宅，与他们一起鉴赏古书、古玩。孙枝蔚的交游也显示出遗民交友的复杂性，其与清朝官员朱彝尊、毛奇龄、王士祯、陈惟崧、施润章、周亮工等人往来。明遗民与贰臣交游的原因主要有三：一是在明末已有交游，明遗民难忘故旧，不忍割席；二是明遗民生计维艰，处境险恶，遂投奔贰臣，寻求资助与庇护；三是明遗民伺机而动，向贰臣降将请兵抗清，以图恢复故明。明遗民与贰臣虽有交游，然而并未忘却彼此政治立场与道德操守的底线，常常面临“交”与“绝”的两难选择。不能把明遗民与贰臣的交游作为对其人格评价的唯一标准，更不能怀疑、否定明遗民的人格气节，应抱着“了解之同情”，体恤明遗民生存的艰难、依附的无奈与隐忍的苦心。

面对明朝遗民普遍与清朝“不合作”与“冷反抗”的行为，康熙皇帝亲政后，开始采取更多的攻心策略，以怀柔手段笼络明朝遗民之心，专门开了一次博学鸿词科，招揽人才，储备文人学士参加编撰《明史》。康熙皇帝亲政后下令保护和修缮明朝皇帝陵，制定了崇儒重道的文化政策，还稍微放松了“文字狱”禁锢政策，这些做法改善了清朝与明朝之间的对立关系，确实消解了很多明朝遗民对清朝统治的敌意。在“严峻”的现实面前，明朝遗民对遗民社会“道德律令”的坚守实在过于艰难，最具代表性的是黄宗羲支持门人弟子出仕为官。而顾炎武不与清朝合作的立场虽非常明确，但自己的亲外甥徐乾学、徐元文先后担任清朝的内阁大学士，也借由修书事业，召集明遗民共同抄书校书，收集大量图书，刻印书籍，创作了许多作品。由此可见，康熙积极笼络明朝遗民的做法，逐渐起到作用，促使部分明朝遗民态度发生松动，甚至愿意出仕做官，为清政府效力。

四　明遗民张岱与《陶庵梦忆》

张岱，字宗子，号陶庵，浙江山阴人（今绍兴），生于万历二十五年（1597），卒年是康熙二十八年（1689），享寿 93 岁。张岱出身世宦之家，从高祖到祖父，三代进士，累世通显，过着鲜衣怒马、公子王孙式的奢靡生活，美婢、娈童、美食、骏马、华灯、烟火、梨园、鼓吹、古董、花鸟……无所不好。三万多卷的三世藏书更将灵隽早慧的张岱带入丰富的诗史世界，举业、古作、诗词、书画、作史、参禅……也都无所不精。张岱的前半生可以说是悠游人世，沉醉于晚明江南的精致文化中。张岱幼年读书三万卷，被誉为“神童”，大概在二十几岁考中秀才，但乡试几次却败北。1636 年，他到杭州参加乡试，再次落第，其后几年时间，他和好友祁彪佳积极参与地方的慈善、水利兴修等公共事务。1644 年，张岱 48 岁，清兵入关，烽火遍地。由于张岱参与鲁王小朝廷的事务，为清军

说明：张岱画像。

追捕。张岱拒不仕清，仓皇走避，披发入山。家业被毁，藏书被焚，生活陷入极端困境，“布衣蔬食，常至断炊”，但依然挡不住他以笔游戏人间。前半生的浮华与后半生的凄凉形成鲜明对比，恍若南柯一梦。于是张岱记录这些所见所闻所感，写成《陶庵梦忆》与《西湖梦寻》。

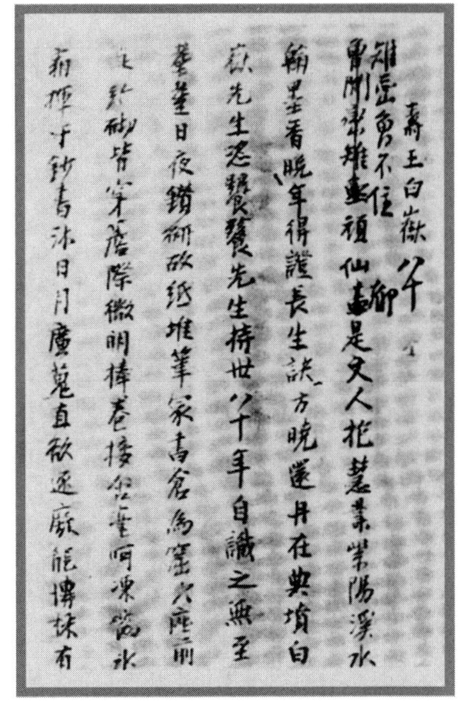

说明：张岱手迹。

在清朝高压统治下，张岱清贫度日，不学祁彪佳、王思任等人一死卸责的方式，而以遗民身份，用40年的时间，坚持为明朝修史，著述不辍，并秉持“事必求真”“宁阙勿书”的治史原则，不以成败论英雄，将坚持抗清的义士载入《石匮书》的列传，表彰了他们义无反顾、为国而死的精神，留存有《琅嬛文集》《石匮书》《石匮书后集》《古今义烈传》等十余种有价值的史学著作，直到油尽灯枯。从崇祯元年（1628）开始撰写明代传记体通史《石匮书》，至1654年初步完成，凡三百余万字，张岱秉笔直书，文笔优美，将明末遗民们的风骨、理想和对明亡的思考、复明的希望都写进书里。可惜的是，张岱太过穷困，竟在顺治年间将《石匮书》以500金卖给浙江学政谷应泰，而谷应泰编《明史纪事本末》的资料多取自《石匮书》。

关于《明史纪事本末》的史源，早期学者多认为主要参考自高岱《鸿猷录》、张岱《石匮书》《石匮书后集》、谈迁《国榷》等，后经过多位学者的重新校读，发现谷氏团队撰写此书时，参考底本多样而丰富，往往随主题的差异而选择不同的参考资料。《明史纪事本末》成书于顺治十五年（1658），在乾隆四年（1739）官修《明史》之前81年。其对史料之取舍及评论史事之观点，有不少与《明史》有出入的地方，史料价值颇高，得到学者高度评价，是一部经常被当作原始资料运用之作，可以与《明史》互为补充。《明史纪事本末》的优点，是它记载明代重大史事，能从明代近三百年的史事中，提纲挈领、疏而不漏地选取 80 个专题，包括政治、军事及典章制度的基本内容，涉及漕运、河工、矿监、税使等与国计民生攸关的问题。《四库全书总目提要》称赞它“排比纂次，详略得中，首尾秩然，于一代事实极为淹贯”。

说明：张岱的《石匮书》与谷应泰的《明史纪事本末》。

《陶庵梦忆》大概成书于 1646 年，记述明末散文家张岱亲身经历，是对晚明江南精致文化最具代表性的追忆作品之一。张岱时年 50 岁，避居剡溪，故交朋辈多死亡，葛巾野服，意绪苍凉，“因想余生平：繁华靡丽，过眼皆空，五十年来，总成一梦”，前半生的奢华生活俱成往事，不免失落，遂撰此书，回忆前半生故事。《陶庵梦忆》详细描述了明代江浙地区的社会生活，如茶楼酒肆、说书演戏、斗鸡养鸟、放灯迎神及山水风景、工艺书画等，描写贵族子弟的闲情逸致、浪漫生活，更多反映社会生活和风俗人情的细节，并记有大量明代日常生活、娱乐、戏曲、古董等资料，所以《陶庵梦忆》也是研究明代物质文化的重要文献。《陶庵梦忆·蟹会》内容，让我们看到晚明江南士人生活的奢华，充分反映出张岱本人的精致品位和狂放的文人个性。张岱善于吃蟹，他认为食物不加盐、醋，够滋味的就是蚶和河蟹。河蟹到十月时更加肥大，连蟹足都有很多肉，尤其是壳里面的蟹黄、蟹膏厚实而实惠。因此，他每到十月时节，就与友人举行吃蟹会，所搭配的菜色，则是肥腊鸭、牛乳酪等，在蔬菜、果品上则搭配兵坑笋、谢橘、风栗、风菱，饮品上则是兰雪茶。当他回想起前半生的奢华生活与狂放不羁的经历，竟怀着忏悔的心情记录下这一切：

> 食品不加盐醋而五味全者，为蚶、为河蟹。河蟹至十月与稻粱俱肥，壳如盘大，坟起，而紫螯巨如拳，小脚肉出，油油如螾。掀其壳，膏腻堆积，如玉脂珀屑，团结不散，甘腴虽八珍不及。一到十月，余与友人兄弟辈立蟹会，期于午后至，煮蟹食之，人六只，恐冷腥，迭番煮之。从以肥腊鸭、牛奶酪，醉蚶如琥珀，以鸭汁煮白菜如玉版，果瓜以谢橘、以风栗、以风菱。饮以玉壶冰，蔬以兵坑笋，饭以新余杭白，漱以兰雪茶。繇今思之，真如天厨仙供，酒醉饭饱，惭愧惭愧。

从上述对《陶庵梦忆》介绍，可以看出张岱那些广泛的兴趣爱好，并不单纯代表他就是一个堕落者、纨绔子弟，反而可以看出他是一个对人生拥有极大热情、尊重生活、尊重生命的文学家。张岱崇尚自然，跳出了“文以载道”的古文传统，把世俗的生活素材写入文章之中，不拘泥于传统的“道统”观念，并表达了封建士大夫内心的情感世界，反映出审美格局，影响至今。在这些以明遗民自居的文人中，张岱是比较特别的一个。张岱一生坚持不与清政府合作，抱着“著史以待明兴”“存国史即存明复国”的心愿，认真反思、总结明亡原因，表达了他忠于故国的情怀。其先后完成的《石匮书》《史阙》《明易》《四书遇》《陶庵梦记》等大量史学和文学巨著，是明末清初文化史上的一座丰碑，也是对故国历史负责任的一种遗民精神。

五　旗民分治与清代满汉关系的变化

清代满汉关系主要归类为三种：作为清朝统治阶级的满洲贵族、官僚、地主与汉族官僚、地主之间的关系；清朝统治阶级中的满洲统治阶层与普通汉族民众之间的关系；满汉两个民族的普通民众在发展过程中相互交往、相互联系、相互作用和相互影响。

努尔哈赤时期，采取“以汉养满”的做法，对汉人相当粗暴，基本不重用汉族士大夫，甚至还进行凌辱与欺压，满汉关系相当紧张。皇太极即位后，宣布“满蒙汉一体化”的理念，即糅合满人、蒙古人、汉人各族，视为一体，某种程度上缓解了满人与汉人间的矛盾。但与《离主条例》一样，满汉地位并无根本性的改变，后金名臣宁完我不得不哀叹：汉官只因未谙满语，尝被讪笑，或致凌辱，至伤心堕泪者有之”，而“皇上（皇太极）遇汉官，每温慰恳至，而国人（满人）反陵轹作践，将何以成一体，徕远人耶?”由宁完我的遭遇，可知宁完我已受到皇太极的重用，却仍遭到满洲贵族的欺凌，其地位尚且如此低下，更不要说其他的普通汉人官员。而后金时期的汉人士大夫往往因不会满语，就遭到满洲贵族的欺压，若再出点其他差错，可能动辄挨打挨骂，后果不堪设想。至于那些辽东汉人的命运就更加悲惨，竟不如牛马，形同奴隶，让人不敢想象其遭遇。

隔离的方面	满	汉
行政体制	作为“旗人” 由旗人官员管辖	作为“民” 由地方政府官员管辖
职业身份	作为八旗士兵出征、担任朝廷官员、务农，严禁经商或从事其他行业	被排除在满人的世袭军事阶层之外
居住地	被限制于所属佐领的驻防地区，居住在京城内圈或满城	白天可出入满城，但不可居住在满城
社会生活	严禁满汉通婚 “两种人，两种文化”	

说明：旗人与民人的差异举例。

清军入关后，清朝吸取了辽朝与金朝过度汉化的教训，也避免元朝过度排斥汉化的弊病，于是积极延揽汉族知识分子，且不放弃八旗组织的特权地位，遂推行旗民分治政策。清朝的立国基础，在于八旗精锐的武功，而八旗制度将以往女真诸部涣散的力量融为一体，不只是强有力的军事组织，也是卓有成效的行政管理和经济组织。清朝入关后，所有军民分成两种户籍，被编入八旗者为旗人，未编入八旗者为民人。八旗成员不全是出身满洲，却都属于旗籍，被视作“国家根本所系”而恩养有加，并在行政隶属、权利义务、经济来源、政治地位、文化习俗等方面享有特权。旗人与民人之间的不平等，主要体现在经济待遇、政治特权、司法豁免三个方面。

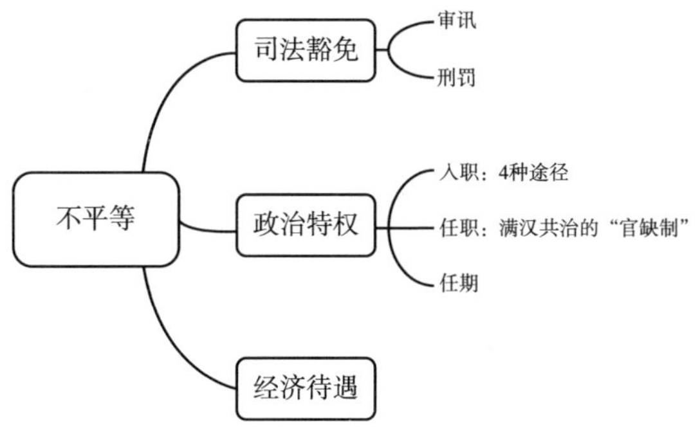

说明：旗人与民人的不平等。

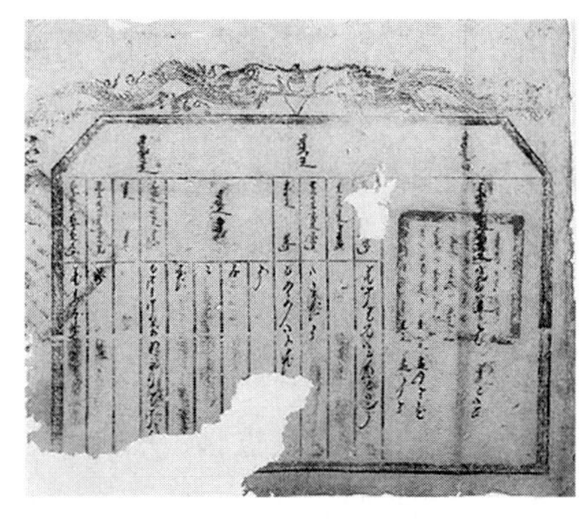

说明：满文地契。

在经济上，清代旗人不必服徭役，也不纳钱粮，还享有广泛的经济特权。按兵种与位阶不同，八旗兵丁每月支领军饷 1.5～4 两白银，每年领饷米 22～46 斛（合 11～23 石）。八旗圈占土地 15 万余顷，遍布北京、河北各州县，并强迫原来土地上的汉族农民投到他们门下，充当农奴，给广大汉族人民造成灾难。此外，清政府对旗地旗产实行特殊保护，不准典卖与民人，即“旗民不交产”的禁例。

在政治上，清政府给予旗人多种入仕途径，如学校、荐举、议叙、捐纳、世袭、荫子、翻译科举等，不一而足。例如，出身满洲正红旗的和珅在 22 岁时只是个三等侍卫，但得到乾隆皇帝宠信后，短短 4 年就进入军机处，担任军机大臣，执掌政务。但汉人士大夫只能通过科举考试，以文章博取功名，慢慢熬年资转迁。此外，旗人、民人在政治上的不平等还有任职限制。清代官缺分为满缺、蒙古缺、汉军缺、汉缺，满缺不能任用汉人官员，汉缺却可由汉军八旗的旗人官员出任。涉及军事、皇族、民族事务和钱粮军火等重要职务的官缺均为满、蒙独占，汉人根本不能染指。尤其是八旗军职及理藩院所有职务，汉人官员皆不能担任，直到清末，汉人督抚增多，才有少量汉人官员担任东北、热河、内外蒙古、天山南北两路、西藏等边疆地区的官职。换言之，清代诸帝虽宣称“满汉一体”，但汉人官员几乎未能掌握清朝的权力核心。

在司法上，旗人和民人是不平等的，绝大多数时候旗人犯法都是从轻处罚，如斩立决者可以减为斩监候，刺字不刺面而刺臂，或旗人有犯，应处笞、杖、徒、流的罪刑者，可以用鞭责、枷号取代正刑。旗人犯罪，不交地方官处理，而是由专门的满洲理事同知管理，跟汉人的刑罚都不一样，若需监禁，旗人有专门的监狱。所以晚清时在北京城还流传有“只问旗民，不分满汉”的说法，由此可见，旗人和民人的界限比满与汉的界限更严格。

清军入关之初，为了安置迁入关内的大批八旗贵族、将领、旗人，解决其生计问题，清政府发布圈地令，在北京周边五百里内圈占旗地，即东起山海关，西达太行山，南至河间，北到长城的广大区域。被圈占的土地，成为旗地。圈地令的影响相当恶劣，大失民心。对满洲贵族来说，圈占旗地是沿用关外的旧制，但对汉人而言，圈地是掠夺其赖以为生的土地，极大激化了社会矛盾。后来，圈地尚嫌不足，还强迫汉族百姓“带地投充”，为满洲权贵们耕地服役。为了防止“投充”的农奴逃亡，清朝又颁布了“逃人法”，规定谁要窝藏逃亡的人，就要对谁处以重刑。清朝虽强调“民人投充旗下为奴者，原为贫民衣食开生路也”、“愿投者听，不愿投者，毋得逼勒”，但仍有许多百姓受到言语恐吓、威势逼胁，不得不委身旗下，甚至有无赖冒名投充，趁机隐占土地。圈地、投充、逃人法、剃发、易服，被认为是清初的五大弊政。

名称	满洲八旗分地（顷）	蒙古八旗分地（顷）	汉军八旗分地（顷）	总额（顷）
镶黄旗	15483.6	3908.1	4241.7	23633.4
正黄旗	15455.1	3769.6	4320.1	23543.8
正白旗	13388.1	3635.9	3772.5	20796.5
正红旗	9561.4	1556.6	1289.1	12407.1
镶白旗	11232.9	2832.3	1379.1	15444.3
镶红旗	9500.1	2024.1	1531.5	13055.7
正蓝旗	12470.9	2638.5	2027.3	17136.7
镶蓝旗	10304.1	2111.3	1695.9	14111.3
合计	97396.2	22475.4	20257.2	140128.8

说明：《钦定八旗通志》中所载八旗旗地资料。

顺治二年至康熙八年（1645～1669）的20余年间，京畿、顺天、保定、承德、永平、河间等地在经历了三次圈地、三次禁圈及多次补偿、退地、调整后，八旗旗地总额约为15万顷，其中八旗宗室圈占1.3万顷，八旗兵丁分得土地约14万顷。驻防外地的八旗在山东、山西、陕西、江苏、宁夏等地也进行过圈地，但规模较小。据《清代档案史料丛编》的记载，顺治年间涉及圈地、投充问题的题奏有57份，反映汉人土地被圈占后，被迫流离失所；涉及投充八旗的无赖借机欺压百姓的题奏也有25份，比例高达46.86%。在这些反对声音里，不只有汉人士大夫的抗议，也有噶达宏、苏纳海、图赖这样的八旗精英的建议，可见圈地政策带给各地百姓极大的痛苦。

旗人、民人分居也是与圈地活动并举的一项政策。顺治元年清军入关，定都北京，将内城民人驱往外城，腾出地方安插八旗将士。满洲八旗有上三旗和下五旗之分。上三旗是清代由皇帝直接统辖的镶黄旗、正黄旗、正白旗，各旗旗主管辖的正红、镶白、镶红、正蓝、镶蓝为下五旗。清朝京畿卫戍部队最早设置于顺治元年，由京营八旗卫戍部队负责。镶黄旗在安定门内，正白旗在东直门内，镶白旗在朝阳门内，正蓝旗在崇文门内，德胜门有正黄旗，西直门有正红旗，阜成门有镶红旗，宣武门有镶蓝旗。这项政策设立之初是为了避免旗人与民人杂处而生事端，确保八旗组织在人数众多的汉人社会中的独立性，但对于被驱逐的民人来说，这同样是一场暴力的掠夺。此后的三百年里，旗人一直是北京内城的主体居民。这种居住格局虽是暴力和强权的产物，但它对北京历史发展所产生的深远影响相当复杂。

除了北京之外，驻防八旗所在的省城、军事重镇等处，旗人居住地为“满城”，是“城中之城”的特殊存在。八旗军士及其家属往往把自身群体圈起来，或占据城市一角，或筑城别居，并高筑墙、广积粮，防御森严。禁旅八旗约10万人，畿辅驻防点较多，且分散，各驻防点驻兵规模不一。京南为保定府、沧州，京东为

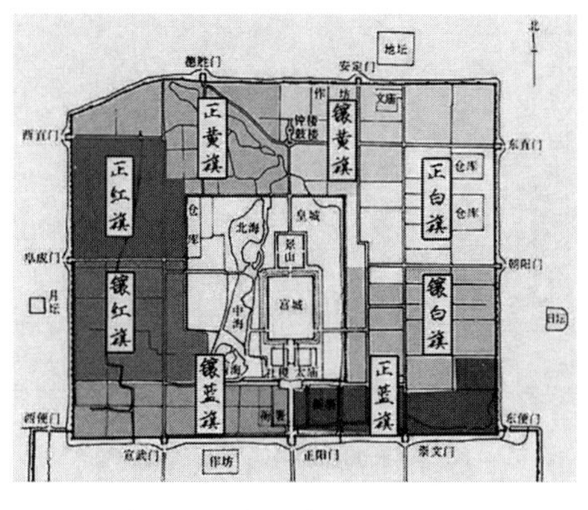

说明：禁旅八旗在北京卫戍处。

山海关、永平府、冷口、喜峰口及罗文峪，京北为密云、昌平州、顺义县、玉田县、三河县、古北口、热河、张家口、独石口、千家店，还有东陵、西陵。镶黄旗驻顺义，正黄旗驻昌平，正白旗驻三河，镶白旗驻宝坻，正红旗驻良乡，镶红旗驻固安，正蓝旗驻采育里，镶蓝旗驻东安。八旗兵在各省重镇、诸关隘口、府州县之要地留兵防守，形成各省的驻防八旗，总数约 10 万人。八旗之驻防形式、设官及其职掌，各地不尽相同，在直隶、东北、新疆皆分散布设，其余各省则在重要据点集中设防，并按驻防城镇的重要程度、驻兵人数，设不同等级的专城统辖长官，其中以山西绥远将军、江苏江宁将军、福建福州将军、浙江杭州将军、湖北荆州将军、陕西西安将军、甘肃宁夏将军、四川成都将军、广东广州将军最为重要。

清朝建立后，满人的服装发式完全取代了汉人的传统服饰，汉人男子剃发也成为降顺清朝的重要标志。许多汉人认为衣冠乃汉族尊严之一，拒绝接受清政府的剃发命令。《明史》记载称：“八十日带发效忠，表太祖十七朝人物。十万人同心死义，留大明三百里江山。”清朝的粗暴执法，激起全国性的反抗，但迫于清朝武力镇压，反抗暂时被压制住，但始终是一个隐患。为控制意识形态，清朝官员编排罗织了很多文字狱，打击那些心有怨念的汉人士大夫，这从顺治年间的哭庙案和奏销案，可见一斑。哭庙案中被杀害的前明士大夫有倪用宾、沈玥、顾伟业、张韩、来献琪、丁观生、朱时若、朱章培、周江、徐介、叶琪、金圣叹、丁子伟等人；奏销案涉及万余名江南士大夫，清政府将上年未完成钱粮奏销的江南苏州、松江、常州、镇江四府并溧阳县的官绅士子全部黜革，沉重打击了他们的尊严和社会地位。可以说，哭庙案、奏销案等文字狱，沉重打击了明朝遗民，让他们不仅在政治上前途尽失，在经济上也受到了抄家罚款等处罚。

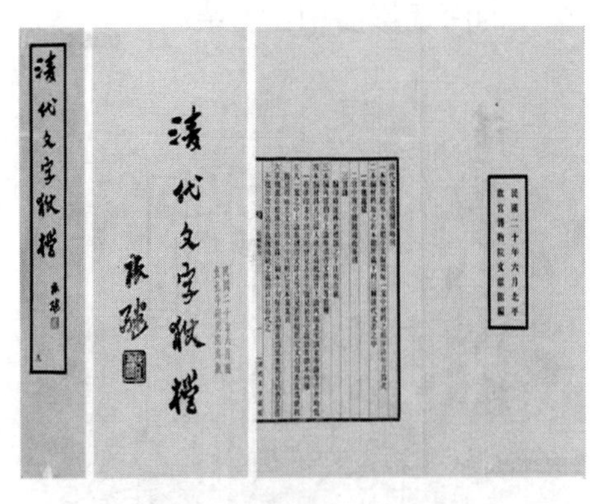

说明：故宫博物院编印的《清代文字狱档》。

顺治皇帝曾称“朕不分满汉，一体眷顾”，实际上却奉“首崇满洲”为圭臬。清朝的中枢机构均重用满洲的亲贵大臣。汉人虽可以通过科举任官，但实际权力一直掌握在八旗贵族手中，满臣汉臣之分始终存在。直到清朝灭亡为止，清朝也没有解决重满轻汉的弊病。例如，洪承畴帮助清朝扫平南明政权与各地农民起义军，还建议摄政王多尔衮尊信孔孟，弘扬儒家学术，淡化满汉之间的差异，协助清朝奠定其统治基础，但像洪承畴这种“大功臣”最后只得到“三等轻车都尉”的爵位，乾隆皇帝甚至还将洪承畴编入《钦定国史贰臣表传》，作为对明不忠的负面案例；吴三桂、年羹尧等人虽一时兵权在握，但最终难逃曝尸荒野的下场。清朝前八位皇帝的汉臣里，位高权重且功成身退的只有张廷玉一人而已。直到太平天国运动期间，汉人督抚掌握军事权，才打破了重满轻汉的政治格局。

中央政府	议政王大臣会议是满洲贵族控制政权的重要工具，拥有很大的权力。参与议政的成员不但有宗室贵族、亲王、贝勒、贝子，还有满洲勋臣贵戚。在顺治、康熙、雍正三朝期间，议政王大臣会议的权力逐渐移转给内阁与军机处。总体上，满汉官员的地位看似平等，但在入仕管道、升迁速度、议事空间及军政实权上仍有差异
地方政府	总督与巡抚的人选是清朝掌控地方的重中之重。顺治四年至雍正十三年期间，出身满洲、蒙古、汉军八旗的旗人担任督抚者，总计770人，其中出身汉军八旗者占70%。就全国官员总数来说，汉人多于旗人，但因有满洲人担任六品以上官员的规定，让满人得以掌控朝廷要职，也控制了清朝的实权
八旗贵族	清朝贵族的封爵相当复杂。顺治十年确定宗室封爵共十等，从亲王到奉国将军，对旗人出身的功臣与外戚也封以世爵，即八旗世爵，多任要职，其他贵族子弟也能入仕，获得高官显爵的机会，或受到国家供养，领取朝廷发给的俸饷，获得一定收入

说明：清政府各阶层的满汉地位及其权力分配情形。

六 《桃花扇》与清人的晚明历史想象

孔尚任，清初诗人、戏曲作家，字聘之，又字季重，号东塘、岸堂，又号云亭山人，曲阜人，为孔子第64代孙。在少年时代，孔尚任已关注南明兴亡的历史，并从亲友处采取轶闻，又从诸家记载中撷取史实，准备写一部

说明：孔尚任画像。

反映南明兴亡的传奇，这就是《桃花扇》创作酝酿的时期。孔尚任在淮扬任官的四年，不仅是他对现实认识的深化时期，也是创作《桃花扇》最重要的思想和素材准备时期。经过十年的苦心经营并三易其稿，康熙三十八年（1699）六月，孔尚任完成了他的传奇戏曲名著《桃花扇》，一时洛阳纸贵，王公缙绅如痴如醉，莫不借抄，歌台演出热火朝天，岁无虚日。《桃花扇》的出现，标志着汤显祖以后，中国戏曲文学发展到了一个新的高峰。

《西厢记》《牡丹亭》《长生殿》《桃花扇》是传统中国文人古典戏曲中的四大名剧，其中《桃花扇》是最具有争议的一部。《桃花扇》以侯方域与李香君的爱情故事为线索，再现南明兴亡始末，用儿女之情衬托国破家亡之痛，剧中主旨即借离合之情，写兴亡之感，集中反映了明末腐朽动荡的社会现实，及统治阶级内部的矛盾和斗争，对男女主角的情爱场面塑造比较少，在当时社会上引发巨大关注。《桃花扇》的背景与叙事情节，如同南明小朝廷的历史进程：阉党下台，东林党人得势—明末农民起义—左良玉图谋犯京—南明弘光帝即位—史可法殉国—弘光政权覆灭，各派势力作鸟兽散。桃花扇的故事发生在明末的金陵城，也就是今天的南京。当时的南京城是南

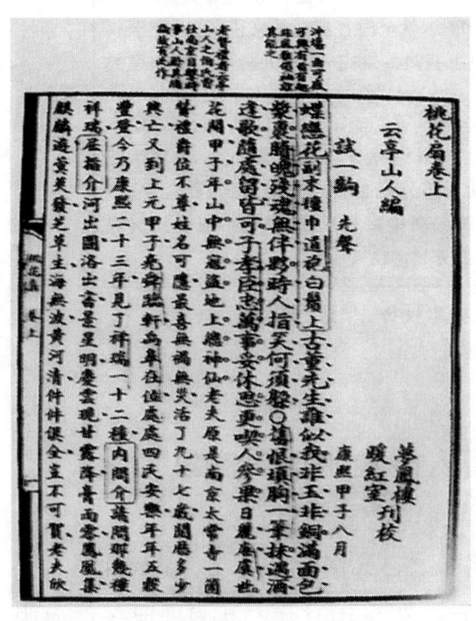

桃花扇卷上
云亭山人编
夢鳳樓 暖紅室 刊校
康熙甲子八月
試一齣 先聲
蝶戀花 副末氊巾道袍白鬚上 古董先生誰似我非玉非銅滿面包
漿裹賸魄殘魂無伴夥時人指笑何須躲○舊恨填胸一筆抹遇酒
逢歌隨處留皆可子孝臣忠萬事妥休思更想人參果 日麗唐虞世
花開甲子年山中無寇盜地上總神仙老夫原是南京太常寺一箇
贊禮爵位不尊姓名可隱最喜無禍無災活了九十七歲閱歷多少
興亡又到上元甲子堯舜臨軒禹皋在位處處四民安樂年年五穀
豐登今乃康熙二十三年見了祥瑞一十二種 內問介 請問那幾種
祥瑞 屈指介 河出圖洛出書景星明慶雲現甘露降膏雨零鳳凰集
麒麟遊蓂莢發芝草生海無波黃河清件件俱全豈不可賀老夫欣

说明：桃花扇书页。

方政治、经济、文化的中心，商品经济尤为发达。与北京不同，南京没有直接受到边患威胁，所以它的享乐氛围比北京更加浓厚。另外，由于明朝实行两京制，北京、南京均为首都，各有一套行政班子。南京的行政班子以礼仪性为主，没有太多的职能，所以南京也是诸多身居闲职的文人士大夫，以及赋闲在家的官僚闲居的地方。

说明：昆曲《桃花扇》中老赞礼台词。

说明：昆曲《桃花扇》中李香君气节的展现。

《桃花扇》故事梗概如下。崇祯末年，“明末四公子”之一的侯方域，官宦人家出身，落第未归，寓居南京莫愁湖畔。经杨龙友介绍结识李香君，

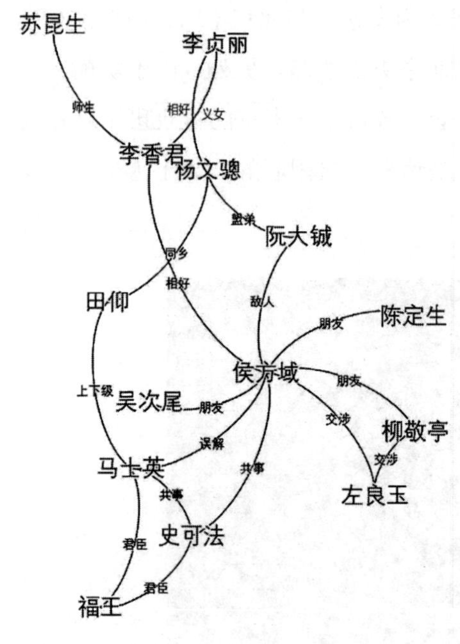

说明：桃花扇人物关系。

两人情好日密。订婚之日，侯方域题诗扇为信物以赠香君，咏为订盟之物。桃花扇的另一主角阮大铖，东林党人出身，才华横溢，后因种种原因倒戈到阉党，认魏忠贤为干爹，竟成为反东林党先锋。崇祯继位后，阮大铖罢官、隐居南京，为复社士子所不容，得知侯方域手头拮据，遂以重金置办妆奁，托其结拜兄弟杨龙友送去，以笼络侯方域，意欲缓和与复社的关系。侯、李成亲之后，细心的香君从杨龙友处，获悉自己的妆奁是阮大铖别有用心的暗中资助。此时，侯方域不能坚守道德底线，竟然堕入阮大铖的圈套，同意替他向复社文人求情。幸好，李香君看破端倪，坚持退回妆奁，使阮大铖对李香君、侯方域怀恨在心，伺机报复。

与侯方域的软弱形成强烈反差的是女主角李香君“贫贱不能移”的气节，她拒绝阮大铖的请求，并一针见血地指出“官人之意，不过因他助俺妆奁，便要徇私废公；那知道这几件钗钏衣裙，原放不到我香君眼里”，遂毅然拔簪脱衣并说道：“脱裙衫，穷不妨；布荆人，名自香。”多么掷地有声，多么荡气回肠，多么义正辞严！非凡的胆识与政治远见，不仅令她成为侯生的“畏友”，也赢得了复社文人由衷的敬重，他们尊称她为“老社嫂”。阮大铖等逼迫李香君嫁给马士英的党羽田仰，李香君以死相抗，不惜毁容破相，血溅定情诗扇。香君以扇代书，托苏昆生想办法寄给侯方域。扇面的桃花是由香君的鲜血点染而成的，因此它成为表现李香君高洁人格的重要意象，涉及两个向度：其一，李香君对待爱情的品格是忠贞不渝；其二，李香君对待忠奸是非分明、立场坚定。李香君虽出身青楼，却在守节方面比朝堂的士大夫群体更有原则，所以李香君是明遗民心目中自我形象的投射，也是守卫汉人士大夫道统理想的化身。

桃花扇作为男女主角的定情之物，一直牵缠着两人的爱情，不只是香君美貌的象喻，也是香君美好品格的象征，更是男女主角爱情具象的承载物。然而，家国的衰亡，使个人爱情失去了生长、培育的土壤，走向幻灭也就是必然了。

《桃花扇》并非真正的历史剧，剧中人物的结果与现实情形并不相同，尤其是对遗民情怀的利用颇为谨慎。作为推动全剧进程的清军，并未出现在舞台上，不多的侧面描写也都是正面的，如提到他们入京时杀退流贼、安抚百姓、为崇祯帝修陵。作品在唤起受众对前明的向往时，毫不掩饰明朝的腐朽没落，甚至故意抹黑明朝君臣，几乎都是反面人物。“皮之不存，毛将焉附”，就是作者对群己关系、家国兴亡与儿女之情之间逻辑关系的理解。被毁的桃花扇象征着国破家亡之后的爱情幻灭感、人生虚无感和历史悲剧感。侯方域、李香君的爱情故事背后，是一个王朝风雨飘摇的最后时光。这群人的挣扎、痛苦、彷徨、勇气和黍离之悲的绵长喟叹，让人久久沉迷其中不能忘怀。

表 1　桃花扇戏剧安排与历史现实的比较

人物	剧本结局	历史现实
侯方域	南下修道	参加顺治八年乡试。试后，又后悔自己竟想入仕清朝，郁郁而终
李香君	与苏昆生归隐山林	不知所踪
柳敬亭	归隐山林，成为渔翁	晚年凄凉，穷困潦倒
苏昆生	与李香君归隐山林	一度削发，终不得志

第三章
清代宫廷文化

一 明清紫禁城的建置

靖难之变之前，明朝定都南京。永乐皇帝朱棣即位后，考虑北征蒙古之需，亦为躲避士人的舆论压力，决定在元大都宫殿的旧址上营建皇城，并动用全国人力与资源，从各地征调数十万工匠、上百万民工及在全国采集物料的众多官员，耗费大量时间与金钱营建北京城，坚持迁都北京。现代人所理解的皇宫是指紫禁城，但在明清时人的观念中，皇宫是指皇城以内的所有区域，紫禁城仅是皇宫的一部分。新建的紫禁城宫殿在元宫基址上南移，将宫殿中轴东移，再凿掉原中轴线上的御道盘龙石，废掉周桥，建设景山，并在紫禁城四周围以皇城，借以保护紫禁城。皇城内主要布置为宫廷供应、服务的机构，因其西侧包纳了三海苑囿区，所以形成偏西侧的布置。

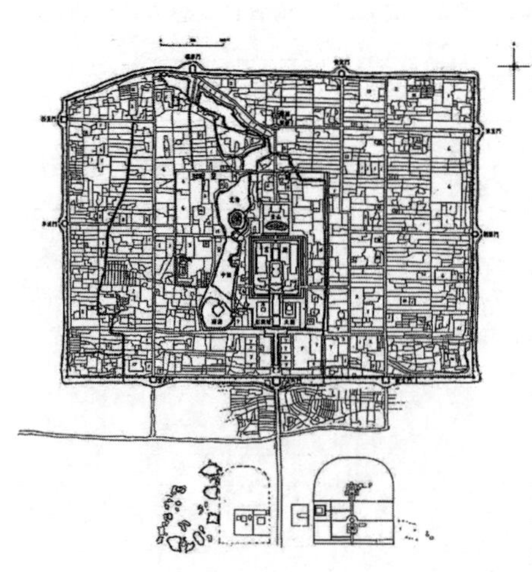

说明：明代永乐时期北京平面图。

明朝时期的北京城分为外城、内城、皇城、紫禁城（宫城）四个部分。紫禁城有四座城门，南面为午门，北面为神武门，东面为东华门，西面为西华门。明自正统以后，北方边警频传。至嘉靖年间，蒙古俺答部又屡次入侵，明朝遂在嘉靖二十六年（1547）决计修筑北京外城。原计划四面都建外城，总长七十余里，但因人力、财力困难而停工，北京就由初建时的矩形发展成在南面建有外城的“凸”字形平面。

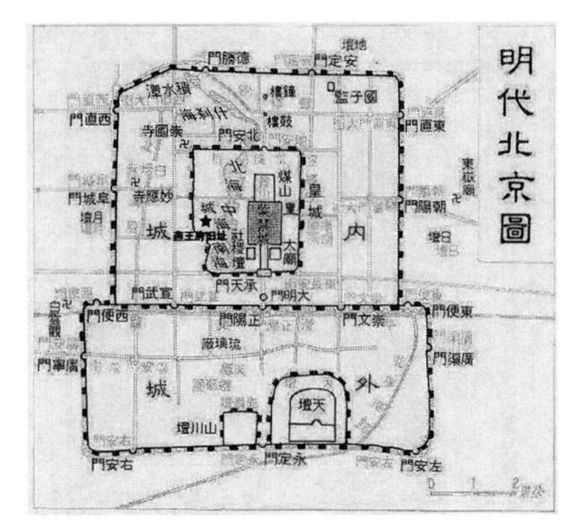

说明：明代嘉靖时期北京平面图。

南外城东西长约 7900 米，南北宽约 3200 米，南面三门，东、西面各开一门，北面两门，由三条南北向街与一条东西向的大街垂直相交，形成干道网。建外城后，北京的城市中轴线向南延伸至永定门，长度增至 7800 米，城区面积也增至 6250 万平方米。由于外城城墙的修建，原本位于南郊的天坛被完全包在了城里，于是嘉靖皇帝下令对这座祭坛进行扩建。经过这一番改建，天坛整体向西拓展了一大片区域，原来的中轴线也便从正中央变成了偏东的位置。

紫禁城分为外朝与内廷。外朝的中心为太和殿、中和殿、保和殿，统称三大殿，是国家举行大典礼的地方。从外朝三大殿外景来看，可知太和殿是紫禁城最高最大建筑。三大殿左右两翼辅以文华殿、武英殿两组建筑。文华殿举行经筵之礼，殿试阅卷也在文华殿进行。武英殿成为词臣纂辑、掌管刊印、装潢书籍的场所。乾隆朝以后，武英殿成为专司校勘、刻印书籍之处。太和殿是中国现存最大的木结构大殿，俗称“金銮殿”。太和殿用来举行各种典礼，实际使用次数很少。太和殿殿中的匾额写着“建极绥猷”，乃乾隆皇帝的御笔。“建极”的典故出于《尚书·洪范》“皇建其有极”，原意为正中承脊之栋，后引申为“中正”的治国思想。“建极绥猷”是指天子上对皇天、下对庶民都有神圣的使命，应顺应正道，按照儒家“中正”的治国思想治理国家。此外，太和殿檐角尖端上装饰有 10 个脊兽，是紫禁城内饰物最多的宫殿。中和殿及保和殿只有 9 个脊兽。这些装饰物各有含义及象征

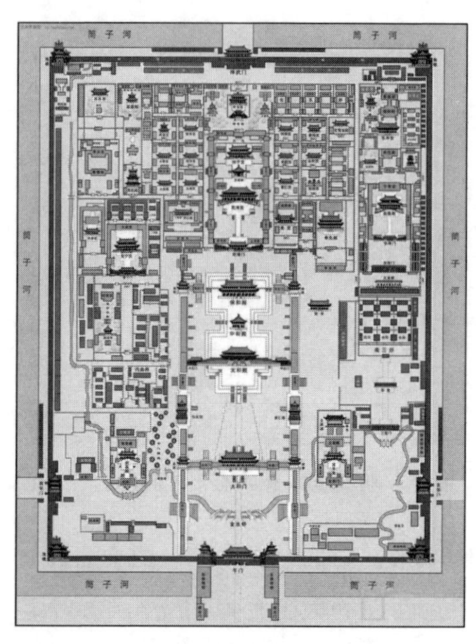

说明：清代紫禁城平面图。

功用，从左起第一为骑凤仙人（不计入脊兽数），其次为鸱吻、凤、狮子、天马、海马、狻猊、狎鱼、獬豸、斗牛、行什。这些檐角装饰物越多，表示宫殿等级越高，使用者的地位也越尊贵。除了礼仪意义之外，这些脊兽的设计实际上是固定瓦片的瓦钉，可以避雷防火，也可以装饰美化宫殿。

内廷的中心是乾清宫、交泰殿、坤宁宫，统称后三宫，是皇帝和皇后居住或议政的正宫，其后为御花园。后三宫两侧排列着东、西六宫，是后妃们居住休息的地方。东六宫东侧是天穹宝殿等佛堂建筑，西六宫西侧是中正殿等佛堂建筑。外东路南部是皇子居住的撷芳殿，俗称南三所，北部是太上皇宫殿——宁寿宫。外西路南部是皇太后居住的慈宁宫、寿康宫，北部除了有皇太后居住的寿安宫外，还有英华殿等佛堂建筑。

乾清宫是明清两代皇帝在紫禁城中居住和处理日常政事的地方。它是后三宫之首，位于乾清门内。“乾”是“天”的意思，“清”是“透彻”的意思。正大光明匾就在乾清宫。养心殿在乾清宫西侧的遵义门内，辟为皇帝的寝宫。雍正朝以后，军机处作用越来越大，养心殿离军机处很近，遂作为皇帝处理政务、接见官员的主要地方。“养心”取自《孟子·尽心》“养心莫善于寡欲”，是指个人修养的最高境界，即节制欲念。首位入主中原的清朝皇帝顺治就住在养心殿，之后康熙曾将读书、居住、亲政的地方改在乾清宫、照仁殿、懋勤殿等地，但雍正即位以后，养心殿再度成为皇帝日常办公就寝之地，在此批章阅本、召对引见、宣谕筹策渐成为惯例。养心殿平面呈“工”字形，前殿分为三大间，即明间、西暖阁、东暖阁。东暖阁是皇帝每年正月初一举行行军仪式的地方，后来成为慈安太后与慈禧太后垂帘听政之处，末代皇帝溥仪宣布退位的诏书，就是从养心殿发出来的。西暖阁则是皇帝召见军机大臣和批阅奏折的地方，而王羲之《快雪时晴帖》、王献之《中秋帖》、王珣《伯远帖》三件希见的法帖便被乾隆皇帝收藏于西暖阁。为此，乾隆皇帝亲自书写“三希堂”匾额挂在墙上。所谓“三希”即“士希贤，贤希圣，圣希天”，士人希望成为贤人，贤人希望成为圣人，圣人希望成为知天之人，也就是鼓励自己不懈追求，勤奋自勉。此外，三希堂还收藏了晋以后历代名家 134 人的作品，包括墨迹 340 件、拓本 495 种。

说明：清代紫禁城三希堂。

坤宁宫是内廷后三宫之一，明代是皇后寝宫。顺治十二年改建后，成为萨满祭祀的主要场所。萨满是满族的传统信仰。坤宁宫祭神是清朝皇帝日常的重要祭祀，分为大祭、四季献神、月祭、日祭等。日祭中又有朝祭、夕祭，所以皇帝几乎每天都要亲临坤宁宫，求福祭祀。每天午夜，萨满妈妈牵两头活猪从神武门进宫，到坤宁宫进行萨满仪式。每次祭祀，必要跳舞，俗称“跳神”。牵来的活猪，在神位前肢解，并用清水煮熟，向神敬献。朝祭祭神后，皇帝率领宗室王公、亲信大臣、御前侍卫在坤宁宫吃祭神肉（又称胙肉），名为“分福”，并通过这种形式，加强君臣之间的情感联系，增强皇权。皇后不再以坤宁宫为寝宫，而是择东六宫或西六宫之一居住。坤宁宫作为中宫的地位没有改变，年幼登基的康熙、同治、光绪三位皇帝及退位的溥仪都在坤宁宫行合卺礼，用过这个洞房。交泰殿是内廷后三宫之一，位于乾清宫和坤宁宫之间，为皇后在元旦、冬至、千秋节（皇后生日）接受妃嫔、公主、命妇朝贺之处，也是存放清朝皇帝行使权力的 25 颗印玺的地方。值得注意的是，顺治皇帝曾立“内宫不许干预政事”的铁牌于交泰殿，而交泰殿中悬挂着康熙皇帝御书“无为”匾，可知清朝皇帝对皇后的期许就是“无为”，警示皇后不得干预政务，亦不可刁难妃嫔。

说明：坤宁宫的祭祀区域，分为祭祀祝祷区、灶间和存放祭祀用品区三区。

说明：清代紫禁城交泰殿。中为宝座，左为大自鸣钟，右为铜壶滴漏。

二　清代皇帝的一日作息

现代人对于古代皇帝的认知，一般来源于各种热播电视剧。不是坐在金銮殿上接受三叩九拜，就是成天与妃嫔厮混在一起，皇帝处理后宫的事多过国家大事，让很多人都认为皇帝很清闲，但其实皇帝每天有严格的作息表，日程排得十分紧密。在古代，皇帝住在紫禁城，除了后宫妃嫔和王公大臣，其他人很难见到一面，更别说知道他的日常作息了。幸好，清朝留下了比较完备的起居注册，让我们能利用这些珍贵的资料，了解清朝皇帝的日常生活作息。

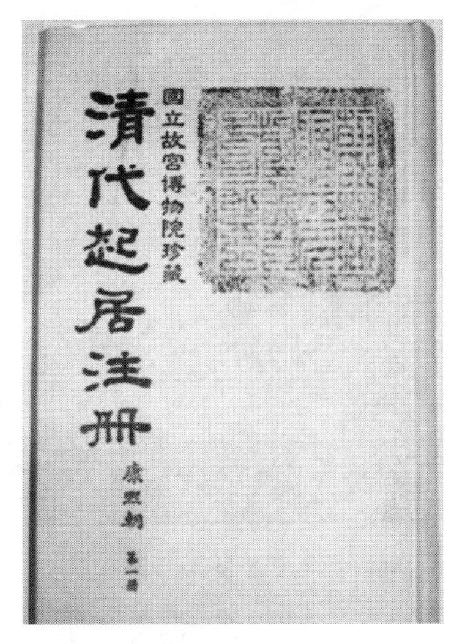

说明：清代起居注册。

古代有专门记录皇帝言行的书册，称为“起居注册”，最早见于汉代，类似今日的日记。清朝入关前后，战争频繁，不可能详细记载皇帝的日常言行。康熙时期，局势基本稳定，康熙皇帝很重视御门听政，每天都在乾清门听取各部院大臣奏事或与内阁大臣商决朝政，于是在太和门西廊设起居注馆，君臣之间的问答、讨论，均被记注官记载。起居注册所记的内容相当广泛且详尽，包括皇帝一日的起居语行、谕旨、进膳、外出巡狩、谒陵等，可从中一窥皇帝起居生活。自康熙皇帝到宣统皇帝长达 249 年的时间里，总共留下 12000 多册记载皇帝每日作息的起居注册。

现代人看皇帝享受荣华富贵，拥有至高无上的权力，相当羡慕。事实上，当皇帝是非常辛苦的。那么，清朝皇帝的一天到底是怎么度过的呢？一般来说，清朝皇帝在早上 5 点钟（卯时）起床。梳洗完毕、穿戴整齐后，便从养心殿率领后宫妃嫔来到慈宁宫，向太皇太后、皇太后请安，再到寿康宫、寿安宫，向太妃及太嫔问安，显示清朝特别注重孝道的政治文化。清朝皇室马背上得天下，每天早读之前都要拉弓练剑，严寒酷暑都不间断，再到弘德殿或养心殿早读，阅读收录先祖治国方略的实录或记录先祖告诫臣下诏

说明：康熙皇帝读书画像。

令、谕旨的圣训，学习前任皇帝的政治智慧与权术手段，以示不忘祖宗教诲。清代皇帝用一天中精力最充沛的时间学习先祖的圣训，经过长年累月的学习和领会后，他们再调整、制定出适合自己的统治策略。

清朝皇室起源于辽东半岛，入关后仍沿袭了满洲饮食习惯，每天只吃两顿正餐，称为早膳和晚膳。御膳的食谱每天由内务府大臣划定，每月集成一册。清宫档案里留下了大量的膳单和《膳底档》等资料。清宫御膳风味主要由满族菜、鲁菜和淮扬菜构成。膳食置办由内务府负责，每年开销 3 万至 4 万两购买猪、鸭、鸡、蔬菜。米、面、羊、山珍海味、干菜皆由各地进贡或皇庄提供。早膳一般在早上 7 点至 9 点进行，晚膳在中午 12 点至下午 2 点进行，夏秋两季则提早一个小时。两顿正餐之后，各加一顿点心，时间不固定。如果皇帝临时想吃什么，就随时传人送上。不过，节俭的道光皇帝是不允许将点心摆满膳桌的，“朕不能以口腹之故，妄费一钱”。为了尽可能地节约宫廷开支，道光皇帝平时用膳，多吃素菜，连肉食都戒了。夏日天热，宫中要吃西瓜解暑。道光皇帝觉得吃西瓜太浪费了，遂取消夏日的西瓜供应，只供水解暑，可见其节俭程度。清代中期以后，清宫用膳日益铺张，宫廷开支也越来越大，很可能是被内务府官员贪污自肥了。

皇帝一般在寝宫享用早膳。皇帝一声令下“传膳”，御膳房太监就会排队进来，将装在红色漆器盒里的早膳迅速放在膳桌上。摆桌时，粥和点心分别放两桌。除了宴会外，皇帝进膳都是单独摆桌。菜、汤都有碗盖，食用时才打开碗盖。皇帝就座后，每样饭菜必须由太监们亲自品尝，确认无毒后，皇帝才开始进食。皇帝用早膳时，太监把请求召见的王公大臣的牌子递上来，叫作“膳牌”，由皇帝决定饭后召见谁。按清

说明：乾隆皇帝射熊画像。

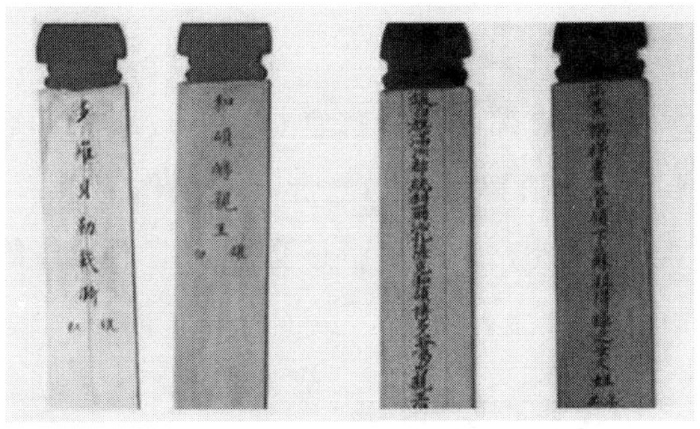

说明：清代皇帝召见官员膳牌。

制，凡宗室王公遇值班奏事及引见等日，奏事处会将这些官员的身份、履历、籍贯等众多信息一一书写在膳牌上，于皇帝用膳前呈递，供皇帝在用餐之后审阅。宗室勋贵用红色头的膳牌，普通官员则用绿色头的膳牌，以示区别。在接见官员时，皇帝会以膳牌上的各项信息，作为谈话的开端，然后深入交谈，考核官员品行与能力。谈话完毕，皇帝还会在引见单或膳牌上，写下对这个人的评语，例如“好小子，大有出息”，也会有“年老昏聩”等评语。这些信息会被收集起来，作为皇帝评选官员的备案。

皇帝用完早膳，稍作休息，就要上朝理政。上午 9 点到 11 点，是皇帝上朝理政、处理公务的时间。清朝皇帝处理公务的地点和形式有三种，分别是乾清门御门听政、乾清宫召见官员、养心殿批阅题本和奏折。一般来说，皇帝处理政务的性质分为日常和特殊两种。皇帝召见官员或属藩使臣时，询问地方情况，然后下发谕旨、解决问题，这些属于日常政务；重要的典礼像登基大典、大朝会、皇帝生日、皇帝大婚等属于特殊政务。在现今小说和影视剧中，许多情节是戏剧安排，纯属虚构，例如“早朝”安排太监鸣钟击鞭，文武百官从等候的朝房鱼贯而入、三呼万岁，皇帝在金銮殿上接受百官叩拜，再由大臣奏事，皇帝裁断。像这样的“早朝”仪式比较接近清初的“御门听政”，但在现实操作中相当少见，一年都很难出现一次。初五、十五、二十五这三天，皇帝必须御门听政。地点在乾清门的门洞里，而非堂皇的金銮殿。太监在门洞里架设御座，官员在门外向皇帝汇报政事，程序极为简单。康熙皇帝很重视御门听政，不只在每月初五、十五、二十五三天召见官员，而是每天都要前往乾清门听政。等中央部院各衙门官员面奏政事完毕后，大学士、学士等官员捧着奏折面奏请旨，康熙皇帝听取工作汇报，再做相关决策，行政效率很高。除此之外，康熙皇帝还会不定期举行经筵日讲，由讲官讲述四书五经、《资治通鉴》等书，皇帝听解后再与大臣讨论当中义理。

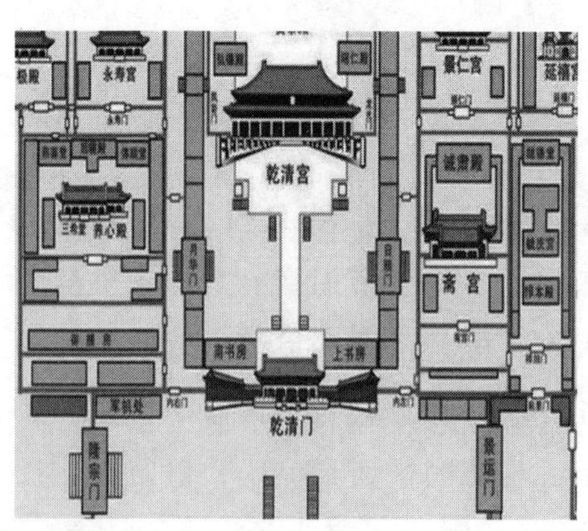

说明：清代皇帝召见官员的位置。

雍正朝以降，清朝皇帝逐渐放弃了“御门听政”的形式，只在养心殿学习人君施政之道、处理朝政。同治朝以降，多是幼帝即位，两宫太后在养心殿东暖阁垂帘听政，成为清朝处理政务的主要方式。

上午 11 点钟，皇帝停下手头工作，进入午休时间，准备进晚膳。时间还这么早，为什么皇帝要用晚膳呢？其实自宋朝以后，汉族已实

说明：清代内务府档案。

行一日三餐制，但清朝保留着满洲旧俗，采用一日两餐制，连皇帝也必须遵守。一般来说，皇帝不会与任何人同桌吃饭，即使是皇后也不能例外。剩下的饭菜，大多用来分赐给妃嫔和大臣。因此，当时能被允许陪皇帝用餐，或得到皇帝赏赐的一品饭菜，都被视为莫大的荣幸。下午2点，皇帝结束午休，继续工作批阅奏章。如果提前处理完政务了，皇帝便进行休闲活动。例如，看书，作诗，绘画，畅音阁看戏，御花园里瞅瞅花鸟鱼虫，养鸟、狗、猫、蟋蟀、蝈蝈，观赏烟花表演，跳驼，摔跤，冰嬉，射箭等。

清代宫廷的文化生活十分丰富，不但保留了一些满族特色，还受到汉文化影响，具有文化多元的面向。例如，清初的几位皇帝学习汉族文化，爱好文物，擅长诗文书画。不过，清代最热门的宫廷娱乐还是观戏，至乾隆时达到高潮，历久不衰。宫内每月初一、十五演戏，逢年过节，如元旦、立春、上元、端午、七夕、中秋、重阳、冬至、除夕及帝后生日等重大庆典都要演戏，往往一演就是十几天。平日里，皇帝想看戏的话，还可以随时传唤演小戏。为了迎合皇帝的喜好，清宫内专门成立了管理戏班的升平署，特建了一批大小戏台，如畅音阁、漱芳斋、倦勤斋等处都设有戏台，供皇帝或妃嫔们娱乐之

说明：清代内务府制作的行头。

用。乾隆帝热衷戏曲，为宫中添置了大批行头和道具，还将戏曲内容绘成册页，以便随时翻阅。清代帝后热衷传统戏曲艺术，曾大力提倡组建宫廷戏班，如组建南府、景山等两处学戏机构，由内务府管理，并遴选民间艺人进入宫廷戏班或邀请民间戏班进宫演出。道光七年，南府改组为升平署，一直沿袭至清末。

说明：慈禧太后的观音装扮。

清代宫廷演戏的盛况，从其行头可见一斑。所谓行头，即演出时所穿戴的衣靠、盔帽、靴鞋等，多以绫、罗、绸、缎等面料缝制，色彩鲜艳，纹样富丽，极为精致。康熙皇帝和乾隆皇帝不但看戏，还亲自挑选演员进入宫廷戏班，并搜集整理民间剧本，命人撰写新的剧本。如意馆画师特意为这些剧目绘制多幅人物画，是研究清代中后期宫廷戏曲与人物服饰的图像资料。乾隆、道光、咸丰、同治皇帝及慈禧太后均为戏迷。特别是慈禧太后，不仅看戏，还要亲自演戏。慈禧笃信佛教，自比为大慈大悲的观音菩萨，故在剧中常扮作观音，又命太监李莲英扮成韦驮菩萨或善财童子，自娱自乐，所以清宫太监与宫女都称她为“老佛爷”。

下午 5 点（酉时）以后，皇帝准备用晚点或酒食膳，并祭拜神灵。如果皇帝感到饿了，可以吩咐御膳房加一顿点心。进完点心后，皇帝要祭拜神灵。祭拜神灵的规定，是顺治皇帝制定的。为了方便皇帝在夜晚祭拜神灵，清朝在紫禁城里设立了 40 多个祭拜神灵的场所，有佛堂、道殿和萨满祭祀场所。皇帝除了日常供奉礼拜，还经常举行大型的祭典，其中以坤宁宫最为重要。源于满族传统的坤宁宫祭神是清朝皇帝日常任务之一，几乎每天都要亲临坤宁宫祈福祭祀。晚上 8 点（戌正），是皇帝准备就寝之时。但不是每位皇帝都按时就寝，例如康熙皇帝、雍正皇帝、乾隆皇帝相当勤奋，从来不要别人代笔批阅奏折，常常挑灯夜战，批阅奏折到深夜。三位皇帝的勤政，保证了清政府的行政效率，官员们也不敢怠惰欺瞒，维持了较好的政治风气。皇帝是古代最高权力的象征，工作任务却非常繁重辛劳。如果是你，你是选择富贵却受束缚的生活，还是平凡且自由的小日子呢？

说明：清代内务府制作的点心。

三　清代后妃制度及宫廷生活

电视剧《甄嬛传》讲的是雍正皇帝后宫勾心斗角的情节，满足了许多人对宫廷秘辛的好奇心，不但在国内风靡一时，还成为国剧之光，相继在加拿大、美国、泰国、韩国等国家播出，大受好评。不过，电视剧虽然精彩，却未必符合历史事实。例如，电视剧里的清宫后妃长得很漂亮，但现实中的清代后妃并不要求外貌颜值，更重视家世门第与个人品德。又如，清代妃嫔的晋封不靠宫斗，而是靠着论资排辈和庆典时机。

清朝后宫妃嫔位份分为八个等级，依次为：皇后（超品）、皇贵妃（正一品）、贵妃（从一品）、妃（正二品）、嫔（庶二品）、贵人（从七品）、常在（庶七品）、答应（从十品）。官女子是可侍寝的宫女，不算等级。嫔级以上都有固定的名额，即皇后 1 名，居中宫；皇贵妃 1 名；贵妃 2 名；妃 4 名；嫔 6 名；贵人、常在、答应没有定数，

说明：慈禧太后（中）、隆裕皇后（右一，慈禧的侄女）、瑾妃（左一，珍妃之姐）。

说明：顺治皇帝生母博尔济吉特氏（1613~1688），即孝庄太后，出身蒙古科尔沁部，被认为清朝兴盛之功臣。

分居紫禁城内廷的东西六宫。嫔以上的位份可单领一宫，居住在某宫殿的正殿之中。低于嫔位的贵人、常在、答应则居住在东西六宫的侧殿。清宫等级森严，每一位份都有相对应的各项待遇标准，宫廷份例不可逾越，位份的高低也决定了妃嫔们日常相处的规则和秩序。例如在年俸上，太后为20两金和2000两银、皇后为1000两银，皇贵妃为800两银，贵妃为600两银，妃为300两银，嫔为200两银，贵人为100两银，常在为50两银，答应为30两银，官女子为6两银。一般来说，后妃入宫后，再无法出宫探亲，每奉年节，可派各宫首领太监前往外家慰问。若经皇帝特许，少数后妃的娘家父母可以入宫会亲，但不许带随从，也不准外传宫内所见所闻，可见清宫宫禁严格。

皇后作为一国主母，亦是后宫之主，地位尊贵，自然要严格选择。清朝选妃都是带有政治意图的，比如皇太极多位妃嫔来自蒙古，目的是加强与蒙古族的联系。例如顺治皇帝生母本布泰，博尔济吉特氏，也就是后来的孝庄太后（1613~1688），即出身漠南蒙古科尔沁部。一般先由太后从皇亲贵族、王公大臣的女儿中挑选，再由皇帝册封。按照清宫规定，只有皇帝大婚典礼举行时，皇帝皇后才能在坤宁宫东暖阁洞房共居三天，其他时间都必须分居。每逢元旦、皇后生日、冬至等重大节日，各宫妃嫔、文武百官命妇齐聚交泰殿，向皇后朝贺，可见皇后地位之尊贵。

清军刚入关时，对秀女的出身还没有严格的限制，将八旗和包衣三旗的女子都称为秀女，但两者挑选的方法、身份地位各有不同。选秀制度保证后妃的来源，但对被选秀女的家庭来说却非常痛苦。按制度规定，选秀范围是满洲、蒙古、汉军八旗，文官同知、武官游击以上官员之女，按照年龄大小进行编册，再从中挑选 14~16 岁女子，以备选调。唯有驻防八旗三品以下随父出任之女，予以免选，避免舟车劳顿。所有未经选看之秀女，不可私先结亲，否则严惩不贷。乾隆年间，维吾尔族、厄鲁特蒙古女子，比照旗人一同参加选秀，无形中将其纳入八旗体系之中。秀女甄选年龄是 14~16 岁，超过 16 岁属于逾龄，可向皇帝申请免选。只有等皇帝允许后，这些秀女才能自由婚配。如果是八旗秀女，每三年挑选一次，由户部主持，可备皇后妃嫔之选，或者赐婚近支宗室；若是包衣三旗秀女，每年挑选一次，由内务府主持，选中者入宫训练，承担后宫杂役。八旗秀女阅看时，必须着旗装，严禁时装。秀女入选后宫的标准，重视品德与门第，不看重长相，体现了家世的重要性，家世越尊贵者，越早阅看，也越有机会中选。例如，同治皇帝的皇后阿鲁特氏长相不算出众，却凭着饱读诗书、雍容端庄被选为皇后。

说明：清代后妃图。

选秀制度规定每日选择两旗考察。秀女们入宫应选的前一天，坐在骡车上前往神武门，并由本旗的参领根据满洲、蒙古、汉军旗，安排次序，称为排车。参领安排的顺序，宫中后妃的亲戚能排在最前面，曾通过初试再复试者排在第二档位，新选送者排在最后，再依年龄大小排列阅看的顺序。秀女们到达各自阅看的场地后，太监将 5 人分为一队，依次阅看，如果被看上了，就会把写有秀女身份的牌子留下来，没选上的就乘坐他们来时的骡车各归其家。由此可见，入选妃嫔的过程相当劳累。妃嫔里，有非常明确的等级划分。除了皇后，皇贵妃作为级别最高的妃嫔，在清朝后宫中地位特殊，相当于副后的位置。如果有必要的话，可以行使皇后的职权，统摄后宫。然而，清宫妃嫔晋升之路是十分辛苦的，就像“打怪升级”一样，一步一步往上爬。秀女进宫后，先

说明：慈禧太后叶赫那拉氏（1835～1908）是咸丰皇帝的妃嫔，同治皇帝的生母。她从兰贵人、懿嫔、懿妃、懿贵妃升到慈禧太后、太皇太后。1861年与恭亲王奕䜣联手，诛杀顾命大臣肃顺等人，自此掌握晚清四十年实权。1908年去世，葬于菩陀峪定东陵。

封为答应，再晋升常在、贵人、嫔、妃、贵妃、皇贵妃。不是所有答应都能封为贵人、嫔妃，而是取决于家世、门第与娘家父兄的权势。因此，清朝后宫很少有勾心斗角的黑暗，毕竟自身的命运浮沉，更多取决于背后的家族博弈和利益关系，而不是靠个人美貌去争宠。清宫戏里后妃争宠、谋害怀孕妃嫔或残害皇子的桥段，只是戏剧演绎，并不符合历史事实。

清朝皇帝一向以勤勉著称，挑选皇后时，更是重德不重貌，唯恐担上“好色”的罪名。皇帝临幸妃嫔时，敬事房必有记录，确保了皇帝不敢为所欲为，而妃嫔受孕与子嗣生育的时间也可倒溯回查，确保皇子血脉正统。按清朝家法，皇帝平时不能到妃嫔处过夜。若想召幸谁，便在晚膳时翻绿头牌（一种竹制的签牌，上端染成绿色，书写某某妃嫔的旗籍、姓名，此牌原为选秀女时所用）决定。现今清宫戏的绿头牌制作简略，多有错误。等皇帝决定侍寝人选后，总管太监一面捧着盘子退出去，一面把那牌子拿下来，交给管印太监，前往皇后宫中请印。皇后的管印太监，一面奏明皇后，一面盖章验定。走完以上流程，才能将这名嫔妃召到皇帝的寝宫。驮妃子太监见了膳牌和小印，便拿着一件黄缎子的大氅，前往陪侍的妃嫔寝宫，把小印纸条交给宫女，宫女禀明此事并服侍妃嫔梳妆。打扮完毕后，宫女扶着太监进去，用大氅裹住妃子背往乾清宫，直送到皇帝榻前。太监退出房外后，妃子便从皇帝的脚下，爬进被里去，和皇帝并头睡下。被召幸的妃嫔，当晚不能回到自己的寝宫，也不能整夜陪侍皇帝。完事后，嫔妃退出皇帝寝宫，移至燕禧堂休息，隔天梳洗完再回自己寝宫。皇帝入睡时，只有随侍太监能留在身边，避免重演明代“壬寅宫变”的悲剧。

除了被皇帝召幸或诞育子女之外，后宫妃嫔最能打发时间的娱乐可能是化妆打扮，想着怎么样能让自己变美。她们会让御医开一些美容养颜的中药来调理。在化妆上，当时用的都是动植物制成的脂粉，如白术、白芷、白及、白附子、白茯苓、白芍及白僵蚕。读书绘画、做针线女红、赏花观鸟、看戏听曲、设计珠宝的样式等也是打发时间的常见选择。妃嫔们也会前往其他宫殿串串门子，与人聊天，但必须先获得皇后的同意才能离开寝宫，在东西六宫间走动，以确保后宫的安全与秩序。

说明：慈宁宫一景。

一旦皇帝驾崩，后宫妃嫔就要搬到慈宁宫、寿康宫、宁寿宫、寿安宫居住。不论此前如何争奇斗艳、争权夺利，一切转眼虚无，瞬间从热闹跌入冷清，属于这些后宫女子的时代一去不返。幸好，慈宁宫建筑群中的佛堂很多，让太后、太妃、太嫔们在晚年生活里，可以焚香礼佛，寻求精神安慰和寄托。在元旦、冬至、皇太后万寿节时，慈宁宫会举行盛大的庆祝活动。这时先皇的遗孀们齐聚一堂，饮酒作乐。此时，唯一能够让她们感到欣慰与快乐的事，大概就是自己孩子的成长，但遗憾的是，很多妃嫔都没有自己的孩子，只有山珍海味、富丽堂皇的宫殿及能工巧匠打造的珠宝，能让她们打发寂寞无聊的余生了。

四　清皇室与藏传佛教

满洲的萨满信仰，来自满洲起源的三仙女传说。记载三仙女神话的满文文献有很多，也有很多版本，内容略有出入，其中《天聪九年档》所载的内容，被视为三仙女故事的原貌。而从萨满仪式的“举杯向先神敬酒，颂三声”，可以发现萨满祭祀的院中祭祖宗与跳神仪式都借鉴了蒙古习俗。因此，满洲与蒙古有共同的萨满信仰，并以萨满信仰为共同背景，在天命观、神话现象、审判行为、崇拜行为乃至族源传说等方面都有关系。

藏传佛教，或称藏语系佛教，指传入西藏的佛教分支。藏传佛教与汉传佛教、南传佛教并称佛教三大体系。16、17世纪，西藏各教派纷纷往外地传教。至17世纪中叶，藏传佛教已在东蒙古地区形成信仰风气，尤其是土默特、喀尔喀等部，甚至以崇敬佛教为名，大规模迫害萨满巫师，使萨满教大受打击。藏传佛教在医药学、凝聚民族等方面比萨满教更有优势，在长期传播中受到上层统治阶级的重视。萨满教属于自然神崇拜，没有完整的教义体系，缺少高深的理论系统和修习轨道，而且保留有很多夫死妻殉、杀生祭祀等陋习。藏传佛教取消了这些陋习，其政治理想也满足了蒙古上层的政治诉求，因而在蒙古各部大受欢迎，取代了萨满教的地位。在东蒙古广泛接受藏传佛教以前，科尔沁等东蒙古各部已经归附满洲政权，但清朝不像蒙古部落那样明显地为了护持佛教而打击萨满信仰，对道教、藏传佛教同样保护。这基于清朝皇帝在信仰上多元折中的特色，并非刻意为了统治蒙古而信仰藏传佛教。

努尔哈赤在建立后金的过程中，重新整合传统的萨满教，并因局势发展需要，对汉、蒙、藏等民族的宗教信仰采取了“兼容并包”的政策，为各民族的融合打下基础。我们不知努尔哈赤是否信奉佛教，但据文献“奴酋常坐，手持念珠而数”的记载，可见努尔哈赤的日常生活中是存在佛教因素的。事实上，努尔哈赤十分尊重蒙古、西藏地区藏传佛教的僧侣。皇太极继位后，继承了努尔哈赤兼容并包的宗教政策，尊重各民族的宗教信仰，并吸收其教义精华、充实自身文化。皇太极尤其尊崇藏传佛教，例如墨尔根喇嘛用白驼载着元代所铸玛哈噶拉佛前来投奔，皇太极下令修建实胜寺，专门供奉，并在每年正月上旬率众来实胜寺礼佛祭拜。皇太极还在盛京城四周修建了东塔永光寺、南塔广慈寺、西塔延寿寺、北塔法轮寺。通过藏传佛教这个纽带，清朝中央与蒙古、西藏地区建立了紧密的联系，蒙古、西藏宗教领袖还多次派人觐见皇太极，其中包括五世达赖和四世班禅的信使。

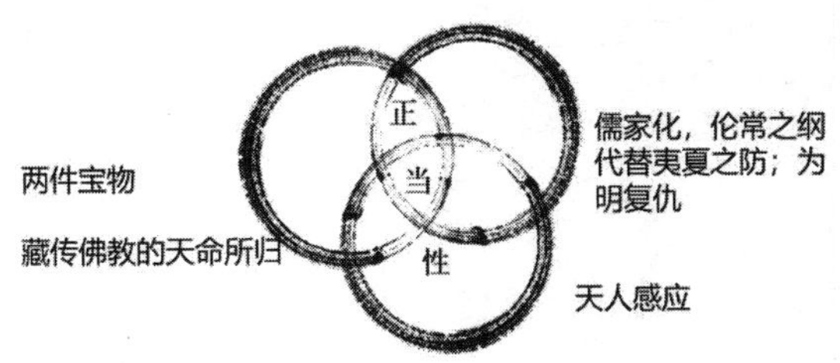

说明：清朝的正当性来源。

在政权合理性、正当性方面，清朝皇帝不只考虑汉族，还考虑蒙古族。天命观对蒙古族非常重要。蒙古和满洲传统的萨满信仰，对天特别崇敬。努尔哈赤在重大战役前都会向天祈祷，以奉天命行事自诩，突出其行为正当性，这与蒙古传统如出一辙。顺治十年（1653），五世达赖与 3000 名随从到达北京，顺治帝以最高礼仪接待，还给予重赏。藏传佛教把“中原”视为文殊菩萨的教化之地，西藏是观音菩萨的教化之地，遂认为清朝皇帝是文殊菩萨在人间的轮转圣王，称之为“曼殊室利大皇帝”，即“文殊菩萨大皇帝”。

顺治十年（1653），顺治皇帝正式册封五世达赖为“西天大善自在佛所领天下释教普通瓦赤喇怛喇达赖喇嘛”，由理藩院管理藏传佛教事务，建立年班朝贡制度，并给喇嘛颁发度牒。顺治皇帝刻意优待五世达赖，因为如此不但能拉拢内外蒙古、青海、西藏地区的民心，也能确保清朝边疆政策顺利运作，稳固边疆的秩序。通过尊奉藏传佛教，清皇室与蒙、藏等民族建立了共同的精神信仰纽带，用最小的成本控制了从东北到西北、西南的广大地区。“兴黄安蒙”成为清朝贯彻始终的基本国策，也成为清代宫廷文化的重要组成部分。例如，康熙三十六年（1697），在紫禁城内西北角设立“中正

说明：紫禁城中正殿佛堂区。

殿念经处”，简称“中正殿”，主管宫内喇嘛念经与办造佛像等事务。中正殿佛堂区供奉多尊佛像，在中正殿主供无量寿佛，在中正殿东西配殿、后殿、香云亭（金塔殿）、宝华殿主供释迦牟尼佛，在梵宗楼下供文殊菩萨，楼上供大威德金刚，在雨花阁按密宗四部配置神像，主供大威德金刚、上乐金刚、密集金刚三大主尊。满洲传统的萨满教只在坤宁宫一处祭祀，汉传佛教的佛堂也只有英华殿一处，而藏传佛教的佛堂多达40余处，遍布紫禁城内廷，可见其重要性。

乾隆时期，清朝皇室对藏传佛教的崇敬达到高峰。例如，乾隆皇帝曾接受三世章嘉活佛的灌顶，在故宫收藏的乾隆皇帝佛装像中，就有许多其自拟为文殊菩萨形象。又如，乾隆四十五年（1780）七月，乾隆皇帝在承德避暑山庄接见了六世班禅，并专门为六世班禅修建了须弥福寿寺，以示礼遇。六世班禅晋京，主要目的是庆祝乾隆皇帝即将到来的七旬寿典，在北京期间，六世班禅宣讲了两个月的佛法，引来大批信徒，成为佛教文化交流的盛事。可惜，六世班禅突患天花，不幸圆寂，令人遗憾。其实乾隆帝选择在避暑山庄接见班禅一行人，就有防止这些高

说明：乾隆皇帝佛装像（居中者）。

僧感染天花的目的。为了警示子孙不得佞佛，乾隆皇帝在雍和宫立下“喇嘛说”石碑，指出清室信奉藏传佛教实为政治上的怀柔之道，要求后世子孙不得迷信，破坏清朝“兼容并包”的宗教政策。除了宗教上的意义外，乾隆皇帝修建藏传佛寺也有经济的意义。乾隆皇帝利用藏传佛教，号令蒙、藏各部，稳定蒙、藏社会，并凭借权力撷取商业上的利益，将这些资源转为在北京、热河建造藏传佛寺，打造另一个藏传佛教中心，再以宗教的力量吸引蒙古人到北京、热河、五台山等地朝圣，这些佛寺成为商业集市和进香活动的中心，促进了商品交换和地方经济发展。宗教与贸易，如同乾隆皇帝的双翼，助其有效地统治边疆，解决中国长期的边患问题。比起明朝征讨蒙古的军事开支，乾隆皇帝的边疆政策确实非常成功。不过，在清朝外患问题变少的同时，各项税收亏空、官员贪腐、土地兼并、贫富差距过大所引起的内部问题却层出不穷，种下清朝衰败的远因。

说明：六世班禅（左）朝觐乾隆皇帝（中）。

五　清代皇子教育

清代吸取了明代皇子教育失败的教训，对皇子们在统治思想、民族意识、伦理道德、文化知识及身体素质等方面进行全面的教育。经过长期教育与严格训练，清代皇子们不但有强壮体魄和旺盛精力，还有良好的应变能力、全面的知识构架。清朝如何教育皇子呢？皇子无论嫡庶，一出生就交给乳母，不由生母抚养。断奶后，交给谙达，教导言语、行动、礼节。皇子诞生之初，一般住在生母所居的宫区内。当他们年近六岁即将入学之时，便要迁入阿哥所居住，并在上书房（原称尚书房，道光朝后改称上书房）读书学习。只有得到皇帝同意，皇子才能免除上书房学习之任务，否则不得无故

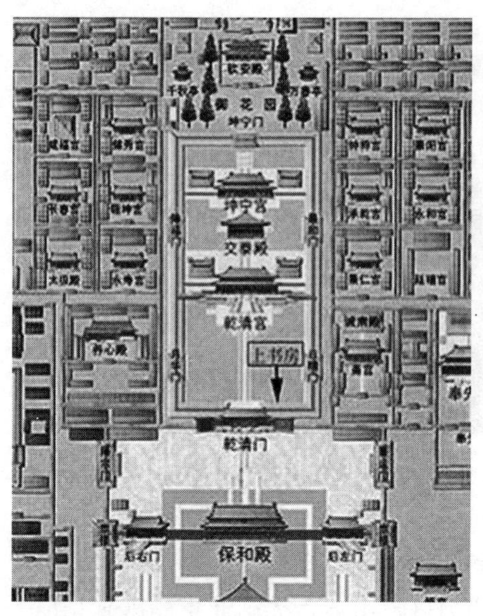

说明：尚书房/上书房位置。

缺课。皇子成婚封爵后，就要离宫开府。

阿哥所不是某一建筑的名称，而是清代皇子居住宫区的俗称，主要有兆祥所、南三所、乾东五所、乾西五所几处。根据“以东为尊”的原则，入住乾东五所的皇子通常年纪较大或母亲的地位较高。阿哥所在明代撷芳殿旧址上建起，由三座三进四合院组成。阿哥所的门禁很严，只允许阿哥的老师、御医、侍卫进出，寻常人员不许擅入。

根据福格《听雨丛谈》卷十一的记载，上书房在乾清门内东侧南庑，是皇子读书的地方。上书房台阶下为皇子习射之处。皇子六岁进学，在上书房读书，并准备冠、袍、褂、靴等，随众站班当差。皇子在饮食、语言、行止方面皆须注意。除了元旦、端午、中秋、皇帝万寿、本人生日五天可不必上课，其余时间皆不得请假。上学时间是上午 5 点到下午 5 点半。其间休息 2 次，每次 15 分钟，可见其课业繁重。如何挑选皇子的师傅们呢？总师傅由重臣贵戚担任，教儒家经典；总谙达由满族权贵担任，教弓箭、满文、蒙文。授课师傅的人选，通常由上书房总师傅翰林掌院学士保荐，再由皇帝召见，考察其人品学识，最后指定。上书房师傅往往被视为大学士或军机大臣的候选人员，易受皇帝青睐。上书房的师傅对皇子的管理相当严格，各屋都备有打夏楚（打手板），师傅可对违反学规者略施惩戒。

除了学习文化课，皇子还要学习骑马、射箭、摔跤、武功，以强身健体，这一点有些像当代教育中所提的“德、智、体”全面发展。学习的形式不只是军事体育的课堂学习，还需要实操训练，皇子们全副武装，身背箭囊，持弓上马，练习骑射武功。

清代皇帝格外重视骑射武功的训练，木兰秋狩及不定期的考较武功是清代培养皇子武功教养的重要环节，这使得皇子们在年幼时就已经具备了良好的骑射本领。例如康熙的太子胤礽，年仅 9 岁就射杀过一只老虎。12 岁的弘历也曾跟随康熙皇帝一起围猎，射杀了众多猎物。道光帝 9 岁时曾一连三次射中目标。每次木兰行围，康熙皇帝都要率领皇子皇孙同行，一路风餐露宿，沿途射杀野兽猎物。文武双全的康熙皇帝能开弓六力（59 斤 4 两），不善骑射的雍正皇帝也能开弓四力半（44 斤 7 两）。坚信“骑射乃满洲之根本”的乾隆皇帝骑射功夫十分厉害，能开弓七力（69 斤 2 两）。乾隆喜爱游猎，常与后妃一同骑马打猎。可以说，每年的木兰围场秋围既是对骑射教学成果的检验，也是为了培养皇子们吃苦耐劳的作风，以免他们在宫廷中养成耽于逸乐的恶习。除了儒家教育与骑射训练之外，皇子也要学习西洋教育。清宫的西洋教育有物理、数学、天文学。在物理学方面，清宫制作了四根立柱且中间吊垂铜实球的物理仪器，充作教学用具，让皇子通过铜球沿圆弧做往复运动，理解地球自转运动的道理。在数学方面，清宫有外国传教士带进的拉丁文数学用表，也有自制的汉字数学用表，可以查三角函数值，也可查多种物质的比重。

说明：乾隆皇帝狩猎图，在旁递箭的是乾隆的爱妃。

皇子参政为清朝的传统。无论是努尔哈赤还是皇太极，都鼓励子弟参政，赋予兵权，协助父祖夺取天下。自康熙朝始，每逢皇帝出巡、亲征、秋狩，均令皇子随扈，遇有祭天典礼、救灾探查、出兵征伐、稽查旗务、科场舞弊，皆差遣皇子，当作历练。清朝对分封后的皇子，在经济上的待遇也是

说明：清宫藏中西合璧数表。

很优厚的。首先有俸禄，每岁亲王给银10000两，郡王5000两，贝勒2500两，镇国公、辅国公700两及相应禄米。据康熙六年（1667）所定则例，亲王有粮、银庄和瓜果菜园12座，合计60000～80000亩田地；郡王有庄园19座，合计20000～30000亩田地，这还不包括同时赐拨的所属佐领下户人和炭军、煤军、灰军、薪丁等按丁配有的田土，以及带地投充人、给官地投充人的田土。此外，各王府在关外还有许多滋生牧场及采捕山场，待遇相当好。

康熙晚年时发生了“九王夺嫡”事件，[①] 不仅宫中流言四起，社会上也有许多议论，使朝廷内各党派更加倾轧，朝政混乱。“九王夺嫡”的政治斗争，实际上体现了嫡长子继承制可能带来的皇权分裂问题，也是鼓励皇子参政的满洲旧俗之弊病，而以皇子为核心的党争不但破坏朝政的稳定，也影响社会的正常运转。为了防止再次出现皇子争夺继承权的危机，雍正皇帝建立了秘密立储制度，即继承权不一定是嫡长子拥有，且不立太子避免皇权分裂。秘密立储制度的实施步骤如下：皇帝将事先写好的储君名字放入锦匣，封固在乾清宫的正大光明匾后，并另书密封一匣，随身携带。一旦皇帝驾崩，总理事务王大臣或领侍卫内大臣就前往乾清宫，领出锦匣，取出传位诏书，再取出皇帝身上的密匣与传位诏书，两相比对，姓名相符者即为嗣皇帝。秘密立储制的功用很大，可以避免君权分裂、官员结党，也可避免诸皇子手足相残，而皇子需要努力表现，让皇帝得以择优传位，选择出最适合当皇帝的接任者。尽管清帝十分重视皇子参与政事，锻炼其能力，还让其领兵作战，掌握兵权，但因“九王夺嫡”引起的朝野动荡与政治清算太过惨烈，雍正皇帝严禁皇子结党、交往外臣。乾隆皇帝更为严厉果断，常让皇子惶恐

① 康熙皇帝有24个儿子，其中有9个参与了皇位的争夺，最后四阿哥胤禛胜出，康熙皇帝去世后继承皇位，成为雍正皇帝。

不安，不由得约束自身言行，担心触犯禁例。乾隆四十一年（1776），当乾隆皇帝得知皇长孙绵德与礼部郎中秦雄褒私下“相见送礼”后，便严加斥责，革退了绵德的郡王爵位，将秦雄褒发遣伊犁，连教导绵德的师傅也受到处分，可见其提防皇子的猜忌心。嘉庆以降，皇子教育仍相当严格，但皇子们只怕犯错，逐渐失去进取之心了。

说明：立储密匣置于乾清宫正大光明匾额后。

说明：清代秘密立储所用密匣。

六　清代公主的婚嫁

崇德元年（1636）皇太极称帝后，仿照明朝典制，皇帝之女不再称“格格”，始称“公主”，并规定皇后所生之女，称固伦公主，地位较尊贵，其冠服同和硕亲王福晋；妃嫔所生之女，称和硕公主，其冠服同亲王世子福晋。此后，“格格”有两个意思：一是清朝贵胄之家女儿的称谓，二是皇帝和亲王低阶妾室的称谓。

为了拉拢蒙古人，满蒙联姻成了清朝的基本国策，而皇室子女都要听从皇帝的指令，或嫁或娶蒙古王公家的子女，为满蒙联姻政策做贡献。清朝皇帝共生育 82 位公主，其中夭折早亡 37 位，只有 45 位公主健康地长大嫁人，其中 21 位下嫁到蒙古藩部。清朝聪明之处在于，他们会使用和亲笼络蒙古，化敌为友。例如，努尔哈赤将其幼女，皇太极将其 14 个女儿中的 9 个，康熙皇帝将其 20 个女儿（其中 12 个幼年夭折）中的 6 个嫁给了蒙古王公。这些公主下嫁藩部后，基本都能履行自己的政治责任，起到笼络亲善蒙古王公的作用。蒙古王公们对迎娶公主更是大为高兴，引以为荣，认为“尊荣之极”，是“圣主殊恩”，让全族人都“不胜欢忭”。当然，那些和亲公主也加强了满蒙民族友谊，增进了蒙古王公与清皇室的亲密程度。

蒙古王公热衷迎娶公主的原因，不但有政治上的，还有经济上的。公主下嫁，额驸跟着沾光，只要蒙古札萨克子弟迎娶皇家女儿，不论是帝女公主，还是有位号的格格，都可以根据自己所娶妻子的位号等级，享受相应的额驸封号。娶固伦公主者，授固伦额驸，品级等同固山贝子。娶和硕公主者，授和硕额驸，品级同公爵。娶郡主者，授郡主额驸。娶县主者，授多罗额驸，也称县主额驸。娶郡君者，为郡君额驸，也称多罗额驸。娶县君者，授固山额驸。娶乡君者，授乡君额驸。不管是固伦公主还是和硕公主，都等同蒙古和硕亲王，其子一律封一等台吉或一等塔不囊，相当于一品官。娶郡主者，等同蒙古多罗郡王、多罗贝勒，其子封二等台吉或二等塔不囊，相当于二品官。县主、郡君、县君、乡君及以下格格所生之子，封三、四等台吉或三等、四等塔不囊，相当于三、四品官。如果额驸本身是蒙古亲王、贝勒、贝子、公等有爵位者，那公主、格格们所生子，其中一个应该承爵，其余子就按照父亲的爵位封一等至三等台吉或塔不囊。也就是说，父亲爵位高者从父，母亲位号高者就从母，身为公主子，均于十八岁予封，非皇家女所生子可没这个待遇！这些优待，仅限于嫁到蒙古的公主之子，嫁到旗人家庭的公主之子，就不能依生母身份获得这个优待。直到乾隆四十年（1775），规定嫁到旗人家的公主之子可按其父的品级予封，但郡主以下所生之子仍不予封。清朝此举自然是为了提高蒙古王公子弟中拥有皇家血脉子孙的身份地位，具有一定的政治性。

清朝的和亲政策是相当有效的，蒙古从敌人变成了盟友。此后，蒙古不但不是清朝的威胁，反而是清朝的武力补充与坚强后盾。例如，1629 年，清军正是取道蒙古，以蒙古喀喇沁部骑兵为向导，避开袁崇焕防守的关宁锦防线，才得以破墙入塞，出现在北京城下。与之对应的是，清朝立国后，有 4 名公主嫁给了汉人官员，分别是皇太极皇十四女和硕恪纯长公主（建宁公主）嫁给了吴三桂之子吴应熊；顺治皇帝养女和硕和顺公主嫁给了尚可喜之子尚之隆，另一个养女和硕柔嘉公主嫁给了耿仲明之孙耿聚忠；康熙皇帝十四女和硕悫靖公主嫁给了甘肃提督孙思克之子孙承运。由此可知，下嫁公主不只是政治联姻，也是朝廷对三藩与守边大将的监督。

说明：固伦荣寿公主。

当然，也有极个别公主，与额驸闹得鸡飞狗跳。比如清太祖之女哈达公主，与额驸不睦，最后卷入政治斗争，被弟弟皇太极杀掉。由此可知，清朝皇帝不会不管爱女安危，蒙古王公也没有对下嫁公主的生杀大权，皇帝担心的反而是公主、格格们会倚仗娘家势力欺凌虐待额驸，因此，才反复训诫皇家女“当敬谨柔顺”，不要“凌辱其夫，恣意骄纵”。例如，为了平衡好与恭亲王奕䜣的政治同盟关系，慈禧太后将奕䜣的长女接进宫中抚养，并册封其为固伦荣寿公主（也称大公主），由郡主身份转为固伦公主，也算是百年少遇的殊荣。大公主 12 岁被慈禧指婚于固伦额驸景寿之子志端，但志端体弱早死，公主 17 岁即守寡，不再改嫁，引发慈禧的怜爱。大公主性格沉静、不苟言笑，即使面对权倾天下的慈禧，也不曾委曲求全地拍马屁，是慈禧晚年少数敢直接面谏慈禧的人物。她还调和光绪与慈禧母子的矛盾，甚至敢于保护光绪和珍妃。戊戌变法失败，慈禧曾密谋要罢黜光绪帝，但因大公主苦求慈禧太后，遂将光绪帝软禁在瀛台，珍妃也没有被处死，而是被关了起来。总之，大公主在保护光绪帝和珍妃方面起到了作用。

《清稗类钞》曾记载清朝公主群体的悲惨境遇，还指出她们几乎没有生育子女者。

> 皇女于其母，较子尤疏，自坠地至下嫁，仅与生母数十面。其下嫁也，赐府第，不与舅姑同居。舅姑且以帝礼谒其媳。驸马居府中外舍，公主不宣召，不得共枕席。每宣召一次，公主及驸马必出费，始相聚。其权皆在保母，即管家婆是也，否则必多方阻之，责以无耻。虽入宫见母，亦不敢诉，即言亦不听。故国朝公主无生子者，有亦驸马侧室所出。

但根据档案统计，21 位公主，明确记载生育子女的有 14 位，占总数的 67%，明确记载无子女的有 5 位，还有 2 位资料不详。即便算到无子女行列，也才 7 位，占总数的 33%。由此可知，《清稗类钞》的记事并不准确，而皇帝对公主生育的外孙、外甥也多加重视，赋予重任，以加强满蒙联姻的紧密性。这些皇家的外孙、外甥，都能凭借自己的皇室血统受到清朝的优待。有的自幼被召入内廷抚养教育，和皇子龙孙们长期在一起生活学习，情感上更加密切，长大成人后再被指婚皇家女成为额驸，亲上加亲，不但在观念、习俗上彻底满化，在感情上和皇室的关系也极其深厚。

七　内务府与太监宫女的生活

清代内务府的组织源于满洲社会的包衣（奴仆）制度，其主要人员由满洲八旗中的上三旗所属包衣组成。长官为总管内务府大臣，由满洲王公或满洲大臣兼充，秩从二品，乾隆时改正二品。凡皇帝家的衣、食、住、行等各种事务，都由内务府承办。内务府自成系统，与外廷职官无涉，所属机构达五十处以上，职官三千余人，上三旗包衣之政及宫禁事务，全由其主管，相当于宫廷后勤总务部。宫中财政主要来源于内务府所属皇庄的收益。随着皇室对东北地区貂皮、人参的垄断，内务府还将宫中剩余的此类物品变价，以获取收益。此外，内务府还有织造处等三十多个附属机构，从事官房买卖、租赁土地、当铺典押解款、海外贸易等商业活动。根据内务府档案的记载，可知清皇室的财政收入主要有地租、关税、当铺、发商生息以及盐商之额外支出。皇室财政和国家财政不同的是，田赋为国家主要的收入来源，清皇室虽有100万亩以上的土地，但其重要收入则来自商业方面。例如，皇室凭借权力介入盐税和关税的税金分配，并将皇室资金借给商人，赚取利息等；再者，盐商或广东十三行的行商等富商巨贾在各种庆典“报效”皇帝，动辄百万两白银，也成为皇室收入来源之一。

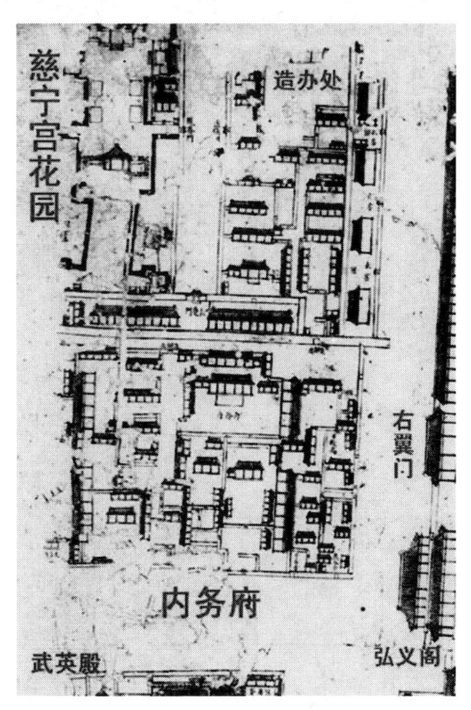

说明：内务府在紫禁城的位置。

敬事房负责管理宦官、宫女及宫内一切事务，隶属总管内务府大臣。宦官，俗称太监或老公。鉴于明代宦官之祸，清朝对太监严厉管束。顺治

说明：清末大太监李莲英。

皇帝在交泰殿立铁碑，严禁宦官干政，违者凌迟处死。康熙、雍正、乾隆管束宦官严苛，严禁太监赌博、酗酒、斗殴、结党，宦官不敢为恶。根据清代制度，总管太监四品，14 人；副总管太监六品，8 人；首领太监八品，43 人；笔帖式太监八品，1 人；太监，没有品级，人数不定。乾隆朝共有太监约 3000 人，比起明代宦官 10 万人远少矣。由于敬事房的管理性质，很多宦官都争着想进敬事房当差，不用陪伴主子，免得随时看主子的脸色，终日提心吊胆。皇帝与后妃的房事都归敬事房太监管理、记录。帝、后每行房一次，敬事房总管太监都得记下年月日时，以备日后怀孕时核对验证。

在紫禁城西华门外，有个叫“厂子”的破烂小房，里面有政府承认的专家“刀子匠”，当时的宦官几乎都出自刀子匠之手。刀子匠的职业、技艺都在本家族内部世代相传，一般不传给外人。普通刀子匠的手术费是每阉割一名太监 6 两白银，负责到完全治好。接受阉割的人往往都是穷人，大多数没有现银，无法交付手术费，因此，要有担保人，与刀子匠协定好日后用薪金分期支付，留下“宝贝”作为担保品。准备当太监的人还要签下手术同意书，术后风险自负，刀子匠不负医疗责任。不同的朝代阉割的方法和部位不一样，年纪不同的人也不一样。在手术前，先用白色绳子将接受手术的人的下腹部和大腿以上部位牢牢绑住，将要切断的生殖器部分用热胡椒汤仔细洗过，手术刀呈镰刀状，有些弯曲，小而锋利。在征得接受手术者同意后，刀光一闪，生殖器就被割掉，手术越快痛楚越小，再将白蜡针或栓插进尿道，用浸水的纸将伤口细心包好。手术后，三天不让喝水，三天后拔去尿道里的针或栓，只有尿像喷泉一样流出，手术才算成功。这种手术在中国历史悠久，失败率是极低的。阉割之后的男子会丧失男性特质，如胡须会逐渐脱落，声音变成怪异、刺耳的假声。

说明：刀子匠的工具。

宦官入宫以后，每人都能得到一笔安家费，每月还可以按等级得到相应的月薪，按季领取一份口粮。太监吃住在宫里，工资都是纯收益，累积的工资是非常可观的。一些太监进宫拿到工资之后就会给寺院、道观捐钱，从自己年轻的时候就开始捐，到退休的时候，他们可以到寺院、道观出家或者养老，也算有一个比较好的归宿。有权势有地位，积攒了不少钱财、赏赐的大太监们，会在宫外买好房产，在退休出宫后就回到家里养老。这些太监在年轻时有的还“娶妻”买妾，过继本家子侄作为后代，他们的晚年生活与一般的退休官员差不多。例如，慈禧太后身边的总管太监李莲英，就在北京海淀黄庄彩和坊置办了一座很大的宅子，作为养老之用。然而，清朝管理宦官非常严格，宫中禁例多如牛毛，造成太监精神紧张，人们又瞧不起他们，上层太监还对下层太监任意欺压，使许多太监逃跑、斗殴，甚至自杀。

说明：北京褒忠护国寺。

若干下层小太监年老体衰、失掉服役能力后，就要被逐出紫禁城。不少太监晚年以寺庙栖身。据调查，在北京城郊，共有明清时期的太监寺庙20多座，由太监自主经营。清代太监养老方式有两种：一是当和尚或老道，二是加入养老义会。据贾英华的《末代太监孙耀庭传》记载："凡进寺的太监，出宫前就必须至少交纳寺里100块钱（银元），否则连门槛都甭想迈入。出宫后，还要义务服4年劳役，无不轨行为，才能够被正式收纳。"此外，根据传统中国社会的生死观，宦官不是一个完整的人，所以不能埋在自家祖坟里面，只能另择他处埋骨，甚至难以寻得坟地下葬。雍正时期，内务府专门为这些太监批了一块墓地，太监死后就直接埋葬在此地。例如，现在北京的恩济庄就是清代宦官墓地群之一，还有"中官坟"也是清代宦官死后埋葬的地方，就是现在成为北京科技中心的中关村一带（原名中官村）。

说明：现今繁华的北京中关村，竟是清代宦官埋骨地中官村。

在清宫剧中，官员觐见皇帝或皇太后称"万岁"或"老佛爷吉祥"等场景是完全不符合清代礼制的。召见时，官员应一律跪安，汉族大臣须自称臣，旗籍大臣则自称奴才。旗人有时称皇帝为主子，不会称万岁。"万岁"是戏曲舞台上的称呼。道吉祥是太监圈里流行的见面问候语，皇帝、后妃、大臣们绝不会用下层太监之间的流行语去问候皇太后。

宫女一般是皇帝直辖的上三旗包衣任职佐领、管领以下的女子，并在13岁时，造册送内务府会计司备选。入选后，教以绣锦、执帚等技能，再定留去。天资聪慧、技能上等者可习字读书。品貌姣好者分配到各宫伺候，太后12名、皇后10名、皇贵妃与贵妃8名、妃嫔6名、贵人4名、常在3名、答应2名。其余分发到尚衣、尚饰等所服役。宫女每日不仅要从事繁重的劳动，还要打起十二分的精神，应付宫里后妃的要求，稍不留神就有可能会被责打。宫女不许涂胭脂，不许穿大红大绿，打扮必须非常朴素。宫女的饮食非常好，基本上是八菜一锅，外加消夜，但宫女们不敢吃饱，因为不能在主子面前打嗝，而宫女们身上不许有腥味，也不敢吃鱼虾、蒜韭等味道重的食物，怕口有异味、手有腥味。宫女睡觉姿势是受限制的，不许仰面朝天，劈开腿，这些姿势被认为会冲撞神灵。因此，宫女们睡觉必须侧着身，蜷着腿，一只手放在身上，一只手平伸。年轻宫女受姑姑（年长宫女）与内监管辖，常受欺负，但不可以打脸。宫女通常25岁出宫回家，听从家中安排出嫁，最多35岁离宫。

对食，原义是搭伙共食，后来指宫女与宫女之间或太监与宫女之间共同生活的假性夫妻关系，大多具有临时性，又可称“菜户”。明太祖朱元璋严格禁止对食菜户之事，若有发觉，便处以剥皮之刑，而明神宗亦厌之，抓到打死，处罚不可谓不重。明朝其他皇帝则听任之。清朝管束宦官甚严，严厉禁止对食菜户之事，或有个别案例存在，但碍于宫中禁令，不可能有明目张胆、公然对食之事。

八　清代太医院与宫廷医疗

历代皇宫之中，有两种人是皇家不轻易责罚和打骂的，一种人是御医，另一种人则是御厨。因为这两种人负责的是皇家健康和饮食，是最容易威胁到皇帝生命安全的。太医院设立于顺治元年（1644），历经清宫十朝，一直主掌宫廷医疗之事。初设时，置院使1人，左、右院判各1人，以掌院事。乾隆五十八年（1793）又特简管理院事王大臣领院务。院判以下的属官数额，历代多经添裁，至光绪年间为御医 13 人、吏目 26 人、医士 20 人、医生 30 人。除管理院事王大臣为满洲官员外，其余均为汉员，人员编制有 100 多人。职官品秩原定为院使正五品，院判正六品，御医正七品，吏目八、九品各 13 人，统称为太医，可见太医和御医有明显区别。太医院内的医疗部门，最初分为大方脉、小方脉、伤寒、妇人、疮疡、针灸、眼科、口齿、咽喉、正骨、痘疹共十一科。后将咽喉并入口齿，痘疹并入小方脉，成为九科。光绪年间，伤寒、妇人并入大方脉，疮疡改为外科，针灸、正骨停办，成为大方脉、小方脉、外科、眼科、口齿五大科。院内各医官平时习业，皆须专精一科。宣统元年（1909），经时任院使的张仲元疏请，提高太医院的待遇和地位，晋院使以次各官品秩为院使正四品，院判正五品，御医正六品，吏目八品改为七品，九品改为八品。

太医院的职掌，首先是为皇室服务。平时，院使、院判要率所属医官，各以所专之科，分组值班，次序更代，随时恭候传唤，称为“侍直”。其中在紫禁城内值班者，称“宫值”，值于御药房及各宫外班房。在外廷值班者，称“六值”，值于外值房。皇帝驻跸圆明园时，宫值者值于圆明园药房，六值者值于圆明园外值房。每当皇帝出巡离宫，御医随侍在侧，轮流当值。当皇帝感到不适时，太医院会组成一个医疗小组，由院判带队，3 到 6 人共同会诊，诊脉时一人号左手，一人号右手，号完脉后两人换手。诊完脉后，看诊医官开出药方，先与太监一起前往内局合药，并将药方连名封记，医官、太监在月日下署名，即行登记入册，以备稽考。煎调御药之际，医官与太监互相监视，并煎双倍的量，一份送给开药方的太医们尝药，另一份立即封口盖印。尝药无误后，才能送药给皇帝服用。除了皇帝之外，太医在宫中也为皇太后、太妃、皇后、贵妃、妃、嫔、贵人、常在、答应等诊治疾病，开处方用药。传诊宫眷的名位和应诊医官的姓名，都须按规定登记簿册，以备查考。若太监、宫女等有病诊治，也是如此。

为了保证医官的医疗水平，太医院规定，御医、吏目、医士均要经考试，从中选择学业医术精良者，按级递升。初进太医院的医生，须是通晓医理并身无过犯者，并要自取同乡京官印结后，才能到太医院具呈，报明验

说明：《御纂医宗金鉴》。

说明：清宫药单筒，高 72 厘米，最大幅 33.5 厘米，记有各病所需的药方。

看；再取本院医士、医官保结，由院官面试，认为是医学可造就者，方准其在院学习候试。待医生缺出，再经考试顶补。最低阶的医生从进入太医院起算，直到成为御医，至少需要 10 年历练。太医院设有教习厅，选品学兼优的御医、吏目担任教习，初进院的医生和医官子弟均须在教习厅学习。每隔六年，太医院还要会同礼部举办大考，吏目以下人员均须参加，由院判考核每人的文理、医学等科目，分别去留。留下的列出等级，按级递升。若医官重病时，经院判验实后，可奏准告退，等到痊愈后再补原缺，回任工作。

无奈的是，进宫供职的太医们，有时须贿赂内务府官员或太监，若不如此，这些人便会从中作梗，处处设置障碍，因此，那些精于岐黄之术的太医，受到多方掣肘，很难一展身手。不幸出了医疗事故的话，立即面临杀身之祸，所以有些名医把应召入宫视为畏途，甚而闻讯远遁，希图一跑了之。太医院有时奉皇旨，派遣医官外出视疾。若遇王公或文武大臣请医视疾，皇帝会特派侍卫带当日值班医官前往治疗，回宫后医官们须回报病人所患病情及治疗情况。若遇外藩公主额驸或王公台吉请医时，太医院可以在御药房支领所需药材，携带备用，回宫后再核销。若军营需医，由礼部先委二人，并由兵部官员护送至军前效力。军营对随征医官的水平要求很高，如发现暗中用庸医充代者，必严加议罪。若逢文武会试及顺天乡试之时，由礼、兵二部或顺天府从太医院调派两名医生入场供事。一般是遴选通晓医理的大方脉科和外科医官各一名，申送委用。在刑部监狱，由太医院选派两名医生常年驻扎，每月发给药价银米，效力满六年可升授吏目，以慰其辛劳。

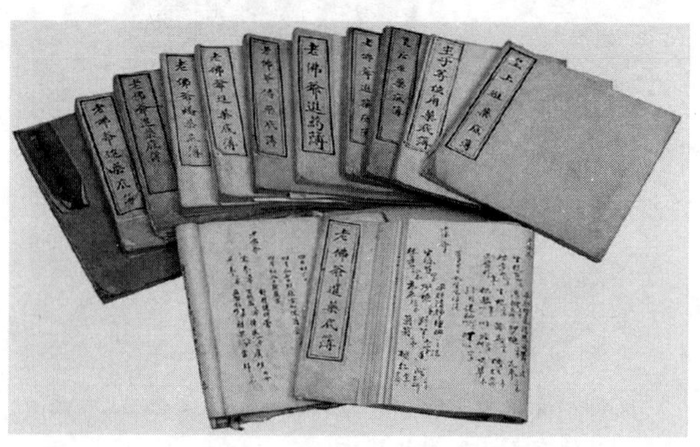

说明：光绪、慈禧进药底簿。

太医院用于储药的生药库，设管理药库委官二人，并在医士内选任，二年一轮换，专管办买药材。各省出产药材之地，每年都要解送缴纳药材，交生药库收储，并由管库官员验其优劣。生药库一开始由礼部管理，顺治十六年（1659）改归太医院管理。顺治十七年选院官一人兼摄库务，并颁给印信，设库役10名。顺治十八年又重归礼部管理。康熙三年（1664）又规定药库钱粮归户部，库印缴还礼部。各省每年解送的药材及药材折算后的钱粮，均由户部收储入库，并由太医院管理生药库。另一个与太医院有关的药库，是内务府下属的御药房，它是供应宫内食用药品的机构，除设有管理大臣等职官外，还有配制药品的“苏拉医生”44人。其所需药材，均是按定例给价，令药商采办，再由太医院医官前往验视，择其中佳品，以生药交进，由御药房医生切造炮制药丸，以供服用。

太医院的太医们如履薄冰地为皇室提供医疗服务，其中种种艰辛可谓苦不堪言。他们在长期的医疗实践中所形成的医疗档案，是饱含其精湛医术的历史记录，可以丰富祖国传统医学的宝库。同时，这些档案也为研究一些历史疑难问题，提供了直接的证据。对于流传颇多、各方莫衷一是的同治皇帝之死因，历史学家依据《翁同龢日记》与清宫医疗档案中《万岁爷天花喜进药用药底簿》，从其所载同治帝自患病到去世期间的脉案和用药处方，证明了他是患天花无法救治而去世的，从而澄清了这一疑案。太医院还曾在清初从事过施舍药品的活动。

说明：同治皇帝像。

清朝曾于顺治十一年（1654）在北京景山东门外建造药房三间，康熙二十年（1681）又在北京五城地方设厂十五处，次年又设东西南北四厂，皆发帑金令太医院向百姓施药。此举一方面惠济北京士民，另一方面也为统治阶级粉饰太平、笼络人心。

九　御膳房与清宫膳食

说明：清宫御膳房。

影视剧中常见的“御膳房”，其实是清朝“御茶膳房”的简称。御膳房负责皇帝的日常膳食，后妃的膳食则由各宫膳房操办。御膳房并不是只有一个“据点”，而是有多个“御膳房分房”，譬如专门为皇帝服务的叫作“养心殿御膳房”。在御膳房中有专门的《膳底档》，主要作用就是记录做菜的过程及用量之类。经由康熙、雍正时期的物质积累、制度完善，到乾隆年间，御膳有关机构的建设及人员管理制度等已趋于完善。清宫御膳中，乾隆御膳是最具有代表性的。外御膳房在景运门外，负责大型宴会。内御膳房在养心殿旁，只为皇帝一个人服务。每年夏季到来之际，紫禁城暑热难消，皇帝往往搬到圆明园居住。到了秋天，皇帝又会兴师动众地前往热河打猎。因此，圆明园和热河都有一套御膳房班子，分别叫“园庭膳房”和“行在御膳房”，为皇帝提供膳食。内务府采买也有许多浪费，往往落入官员口袋。清中期以后，用膳越来越铺张，费用也越来越高昂，很可能是被内务府官员贪污了。传闻道光年间，道光皇帝偶尔想吃一碗片儿汤，当时北京一碗片儿汤才几文钱，而内务府却申请上万两银子修建片儿汤专用伙房，可见内务府贪污自肥的程度。晚清笔记小说也记载，光绪皇帝每日鸡蛋供应量 4 枚，内务府的报价竟达 34 两白银，让光绪皇帝误以为鸡蛋是极其贵重的食物。

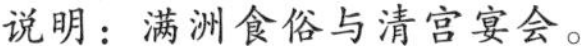
说明：满洲食俗与清宫宴会。

说明：现今餐馆复原的满汉全席。

清宫御膳风味结构主要由满族菜、鲁菜和淮扬菜构成。御膳的食谱每天由内务府大臣划定，每月集成一册，所以在清宫档案里留下了大量的膳单和《膳底档》等丰富的资料。膳食置办由内务府管理，每年开销3万~4万两白银，购买猪、鸭、鸡、蔬菜。米、面、羊、山珍海味、干菜皆由各地进贡或皇庄提供，不需花费。当皇帝要用膳时，司膳太监先在养心殿放好膳桌，再由传膳太监在每道菜中以挂在盛装御膳的器皿外的小银牌试验是否有变色（因古代的毒药如砒霜等含有硫化物，当银碰到硫化物时会起化学反应变成黑色）后，再由尝膳太监试吃，确认没有问题后，皇帝才会正式用膳。作为御茶膳房，它包括了御茶房、御膳房及其附属机构。制作饮食皆有专门机构。给皇帝做饭、煮茶都用玉泉山的泉水，每天都有专车取用泉水。饮茶饮奶由御茶房提供，正膳饭菜由御膳房供应，下设有荤菜局、素菜局、饭局、点心局、饽食局。荤菜局专做烹、炒、炸、溜、蒸、炖各种鸡鸭鱼肉等荤菜。素菜局专做豆腐、面筋等素菜，还做各种炒菜、炸菜、溜菜等。饭局专做米饭、粥、馒头、花卷、烙饼、面条等主食。点心局使用蒸、煮、炸、烙等手法专做早点和晚点，及夜宵使用的各种点心。饽食局专做酥皮饽饽、酥盒子、奶油琪子、小炸食、萨其马等点心。御膳房也有外包机构，该机构是清朝御膳房的蜜供局，也就是药王庙。蜜供的制作秘诀在于塔形，众所周知，蜜糖的熔点极低，常温状态下会呈黏稠液态，所以被制成塔形的蜜供一旦被置于高温中，必然会融化，最后变得一塌糊涂。但药王庙蜜供完全不

说明：进贡清宫的药王庙蜜供。

同，即使温度再高出一些，其蜜供也不会融化，个中缘由是工匠们加入了一种产于西南边陲的冰糖。相传道光皇帝曾微服私访，偶然尝到了药王庙中的蜜供，觉得可口异常，随即命人将药王庙蜜供送到御膳房，药王庙成了皇家指定“供货商”。

为了展示皇家至高无上的地位，御茶膳房中的食器以精致的瓷器和金银器为主。乾隆二十一年，《清御茶膳房瓷器档案》立档，其中的《珐琅器、玻璃器底簿》中曾记载，食器包括碗、盘、碟、盒、供托、果洗等，这些瓷器大部分都存储在广储司瓷器库中，而一些时常需要使用的瓷器则存储在御茶膳房。食器中的金银器则主要由内务府制作，先从广储司领取金银，待金银融化之后再将其打造成金银器，以供使用。后来，宫中设置了造办处，于是金银器的制作任务就由造办处负责了。

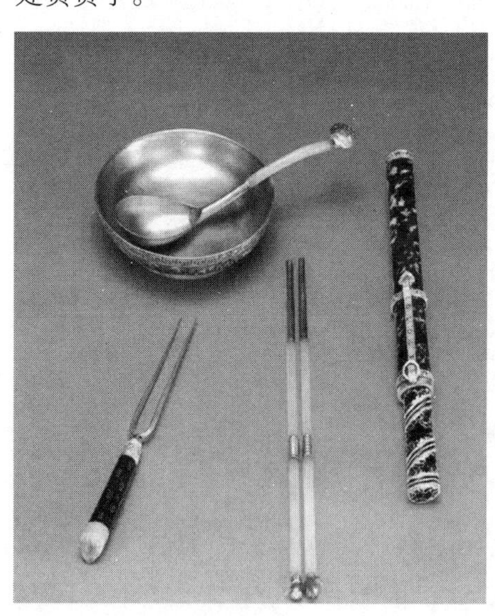

图片来源：北京故宫网站图片。
说明：清代皇帝用膳餐具。

与最好的食材和最好的厨师形成鲜明对比的是，御膳房的菜肴并不好吃，有时候堪称难吃，这有两点原因。一是御膳房的菜肴，从来就不是以“好吃”为最高追求。御膳房的菜肴，必须得安全，不能吃出毛病来。因此，味道过于独特的菜肴，一定不会出现在御膳房的菜单上。二是为了保证皇帝随时能吃到热乎乎的饭菜，御膳房总是提前就做好菜肴，随后放在锅里用小火热着。这样的菜肴，与刚做好就上桌的菜肴相比，口感上有一定差距。所以，皇帝并不爱吃御膳房的饭菜，而是宁愿去妃嫔们的小厨房“蹭饭”。然而，慈禧太后是一个追求美食的人，无法忍受御膳房难吃的饭菜，遂设西膳房，其下分荤局、素局、菜局、饭局、茶局、酷局、点心局等近十个局，每局有厨师 10 多人，共有 100 多人。慈禧逃难至西安时，仍相当奢侈，每餐先由太监呈上菜单百余种，由慈禧挑选，两宫每日食费需白银 200 多两。清末御膳房太监的回忆录中记载，随着清室没落，御膳房不但没有精简，反而扩张成一个人数庞大的机构。光绪和慈禧去世后，御膳房停办，导致丢掉饭碗的有 10000 多人，再加相关供应人员，失业总量达到 50000 多人。在内务府如此庞大的机构背后，还涉及多少利益就可想而知了。

十　宫禁森严：紫禁城的护卫

说到宫禁机构，不能不说到八旗制度。八旗是清代特有的军事兼民政的组织形式，有满、蒙、汉之分。清军入关以后，为了稳定北京、统治全国，又把八旗兵分为禁旅八旗和驻防八旗，驻防八旗分驻全国各地，禁旅八旗驻扎京师。禁旅八旗又分为郎卫和兵卫。郎卫，即皇帝的近身警卫，包括侍卫处和亲军营等，其组成人员主要是从满、蒙八旗中选拔的精锐。充当领侍卫内大臣或御前大臣的都是皇帝从勋戚大臣中选拔出来的。从满洲上三旗（镶黄旗、正黄旗、正白旗）、蒙古八旗中选拔郎卫，负责宫廷内侍卫，共有约 600 人。其中优秀者，则日侍禁廷，供驱走，称御前侍卫，稍次者为乾清门侍卫。还有蓝翎侍卫、宗室侍卫数百人，及从满洲上三旗和蒙古八旗中挑选出来的侍卫亲军 1400 余人。

兵卫是皇帝的卫戍部队，包括护军营、前锋营、骁骑营、步军营、健锐营、火器营、神机营等，负责皇帝的宿卫、清跸以及宫禁的传筹和禁门的启闭等事。兵卫由满、蒙、汉八旗官兵组成，各营设统领、都统或总统大臣、管理大臣，在景运门还设值班大臣等 3 人总领宫廷门禁事务。护军营是紫禁城的主要守卫部队，由统领掌管，职责是防守紫禁城各门、掌管门钥、夜间巡逻传筹、警护皇帝朝会筵宴等。护军由从满洲、蒙古八旗中挑选年轻力

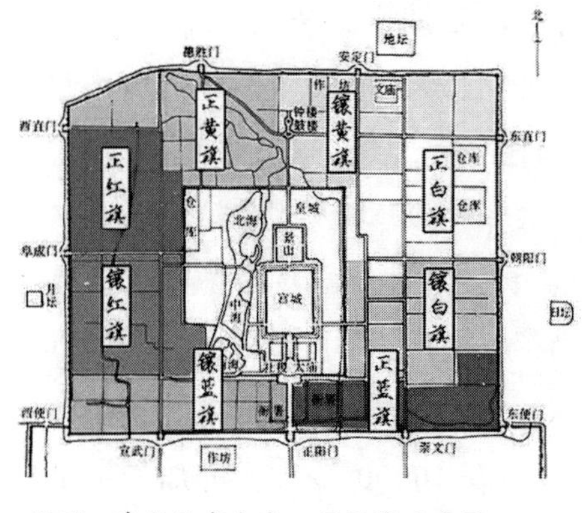

说明：清代北京内城八旗区域示意图。

壮、技艺娴熟的兵丁组成，共15000多人，由内务府大臣管辖，主要职责是守卫宫门和稽查出入，宫内由其守卫的宫门共有12处。其他担负宫廷禁卫任务的还有官兵人数达1800余人的前锋营；负责守卫京师和皇帝出巡扈从、掌管枪炮等火器，共有官兵7800多人的火器营；相当于现在的特种部队、官兵人数多达10000余名的神机营；掌管着京城九门钥匙，负责紫禁城外整个京城的门禁守卫、治安缉捕的步军营（步军统领衙门），统率着八旗步兵和京城绿营的马、步兵。

紫禁城的警卫不但人数惊人、装备精良，待遇也很优厚，就拿警卫军官的级别来讲，就令“十年寒窗、九载熬油”的书生们羡慕。领侍卫内大臣武职为正一品，职级与文职的内阁大学士相同，系清代中央国家机关最高品级；八旗都统、步军统领为从一品，同于文职各部院尚书、大臣、御史衔；前锋统领、八旗护军统领等为正二品，与文职的内务府总管和地方的总督同级；散秩大臣、副将都是从二品，跟文职的翰林院掌院学士和地方的巡抚平级；一个宫廷三等侍卫也是正五品，相当于文职的中央各部院司长品级；就连城门吏也是正七品，一个金榜题名的进士也不过如此。而且，所有禁卫机构只对皇帝一人负责，不隶属于其他任何组织和个人。当御前侍卫保送到绿营任职时，俱加一等任用，如一等侍卫用为从二品副将，二等侍卫用为正三品参将或从三品游击，三等侍卫用为正四品都司，蓝翎侍卫用为正五品守备。由于侍卫保送营官即官升一级，升迁较快，成为侍卫平步青云的另一途径。但武进士侍卫外放绿营时与八旗侍卫升迁是不一样的，如武进士侍卫一等侍卫用为参将，二等用为游击等，也比八旗出身的侍卫待遇稍低。

宫廷禁卫制度非常严密，有启闭、锁钥、传筹、门守、门照、腰牌、合符等具体制度。门照、腰牌皆事先印好格式，后填写姓名、年龄、面容等。腰牌每三年更换一次，差事有变动者随时更换。王公、百官、执事人员等，

说明：清宫侍卫图。

不得擅自出入紫禁城。如无故混入，或随便带人进入者，必须受罚。凡批准某禁门行走者，须将姓名及所属旗籍，分佐领、内管领造册，咨送于门卫。若运送官物出入禁门者，须交验单，才能放行。凡在内阁、内务府及内廷各处供事的书吏、苏拉（杂役）、皂隶（各衙门差役）、茶役、厨役、匠役、优伶等人员，皆由内务府发给腰牌，牌上写有年代、所属衙门、姓名、年龄、相貌特征及编号等，为出入凭证。

每天日落后关闭宫门，景运门直宿司钥长负责查验紫禁城各门闩锁，并在验收后将各门钥匙贮于小箱内，箱上加锁。次晨天明，开启各门。侍卫们一般在宫墙外守护，皇帝身边有 4 个贴身侍卫，晚上宿在乾清门之外，保护皇帝的安全，不能随意走动，即使在没有公事的情况下，这些侍卫也不能走出自己的房间，随时有太监监视。太医是必不可少的存在，每晚有 2 名太医在紫禁城值班，以备不时之需。他们住在御事房，没有什么事情也不可以随便走动，同样有太监监视。紫禁城各门及宫内主要之门，每门及值房官兵，各设弓箭、

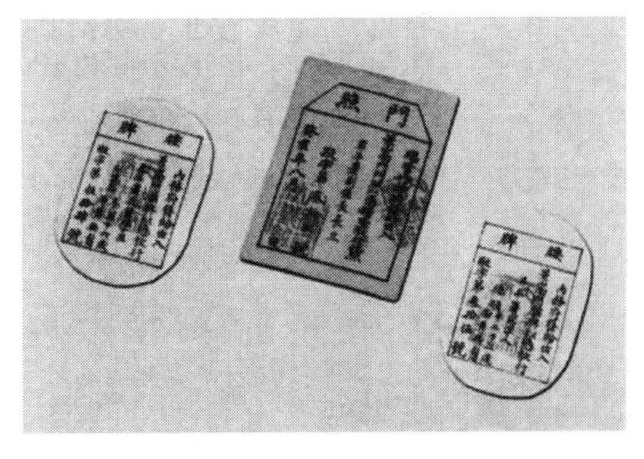

说明：出入紫禁城的腰牌上写有年代、所属衙门、姓名、年龄、相貌特征及编号。

撒袋、长枪守门，并佩腰刀。另设护军二人，手执红棒坐守，若有亲王以下出入者，护军不必起身行礼。若有擅入宫门者，护军可以红棒打之。在电视剧中，居然有侍卫在紫禁城内随意走动，这是不可能发生的事，侍卫更不可能随意出入妃嫔的寝宫，毕竟侍卫居住在宫外的专属住所，不可以住在紫禁城内。

清朝的宫廷禁卫一开始相当严格，但随着清朝衰落、吏治败坏，许多政策难以执行，执行者也多敷衍了事。从嘉庆朝开始，许多侍卫工作懈怠，宫禁废弛，平民闯宫的成功率开始大大增加了，这也从侧面反映了清朝的衰弱之势。嘉庆八年（1803），一个失业的厨役陈德带刀在神武门欲行刺嘉庆皇帝。或许是事出突然，100 多名禁军护卫竟呆若木鸡、惊慌失措，幸好有一名御前侍卫拦挡陈德，嘉庆皇帝才勉强脱身。事后，陈德被凌迟处死。此后，宫禁日益松弛，积弊难返，形形色色的平民闯宫事件屡见不鲜。咸丰三年（1853），紫禁城又发生了一件令人啼笑皆非的事情，一个挎着篮子的小贩在紫禁城养心殿附近向太监宫女们出售馒头，引起咸丰皇帝的注意，命侍卫当场拿下。查问后，咸丰皇帝才知道这名小贩已在宫内卖了两年多的馒头，竟然没有人发现。皇帝大发雷霆，一怒之下将小贩处死，相关人员也被严惩。养心殿是皇帝的寝宫，竟有不明人士在皇帝寝宫附近卖馒头，一卖就是两年多，可见宫禁制度越来越松懈，出现许多平民闯宫的事件也就不足为奇了。

第四章　清代地方社会的运作

一　清代地方政府的建置及管理

明代地方行政区划分为省、府、州、县四级制。省级单位为南北两直隶及山东、山西、河南、陕西、四川、湖广、浙江、江西、福建、广东、广西、云南、贵州13个布政司，蒙古、新疆、西藏、东北均不在内。省下设府，府下设县，州的地位位于府县之间。《明史·职官志》记载天下有府159个、州234个、县1171个。府州县的设置不断变更，总数时有变化。万历六年（1578），全国人口数为60692856人。县以下，不再设行政单位，而代之以里甲为单位的基层组织。10户为一甲，设甲首，10甲为一里，一里共110户，从110户中排选识字或经济实力最好的10户担任甲长，上设里长管理之。里长的工作包括攒造黄册、催征钱粮、点差徭役、勾摄公事（承办公务，拘捕、传讯犯人）、出办官物、支应里甲夫马、管理里民、处理纠纷、维持治安、教化百姓、救济贫困。此外，里甲制度还起着约束乡里的作用，“里甲要明，户丁要尽，户丁既尽，虽无井田之拘，约束在于邻里”。里甲之间的互相监督和约束，有效地规制了人们的生产生活，维持了良好的社会秩序。与里甲制度相配合，明代在地方还设立了粮长、塘长等制度。前者负责催收钱粮，后者多设在南方，负责疏浚水利、管理塘坝。明中期以后，由于赋役负担日益沉重与赋役不均，里长逃亡现象日益严重，里甲制度渐趋破坏，其户籍管理与赋役征收合一的功能受到很大影响，随后，里甲制度有了重大的变动。例如在长江三角洲和珠江三角洲许多地区，出现了按地亩，而不是按人口划分里甲的倾向，将里甲改称为图甲，表示其编制已不是一种以家庭和人口为中心的组织，而是一种以田地赋税为中心的系统。

清代行政区划和明代一样，有省、府、州、县等级别。不同的是，明代各省长官是三司，即布政使司、按察使司、都指挥使司，清代各省长官则是总督、巡抚。乾隆年间，全国有 187 个府、154 个普通州和 1282 个县，州县的大小从方圆一百里到几百里不等，人口从几万户到几十万户不等，包括一个州县治所（有围墙的城），环布在它四周的一些市镇、几十个或上百个村庄。除了直隶省、甘肃省和四川省外，每一省都有一位巡抚（省长），其下是承宣布政使（省级民政长官）、提刑按察使（省级司法长官）和盐运使（部分省份盐专卖的管理人员）。省以下设有许多道，如分守道、分巡道、河道、督粮道、盐法道、驿传道、驿盐道、盐茶道。道员（或称道台）是知府、知州的直接长官。知州与知县掌握地方政府的所有实权。清代的州县官实为一人政府，集法官、税官与行政首长于一身，对邮驿、盐政、保甲、治安、公共工程、仓储、社会福利、教育、宗教和礼仪事务等都负有责任。

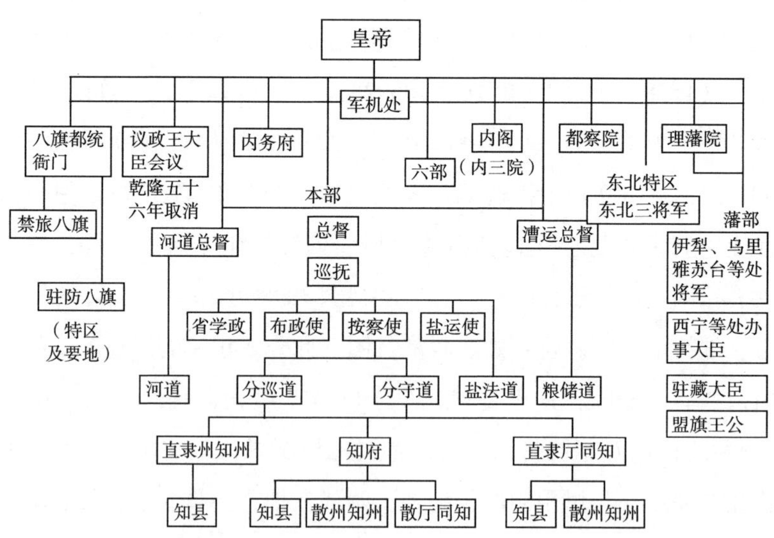

说明：清代中央和地方军政体系。

明代里甲侧重在户籍和赋役管理，清代保甲制度取而代之，侧重在维护地方治安。尽管清代保甲制取代里甲制的观点为多数人所接受，但也有些不同意见。例如萧公权认为里甲、保甲、社仓和乡约各具功能，都是清代乡村控制的主要手段。康熙四十七年，康熙皇帝发布“保甲制”谕旨，详细规定户籍管理、外来人口约束、保甲人数、联保责任、保甲领导约束、月度汇报等要求，甚至连客店、寺庙都有具体要求。在乡村，仍袭明制，由10户组成一甲，110户组成一个里或图。在城市，以坊为单元，城市的近郊地区，以厢为单元。用于社会治安的保甲则以10户组成一牌，100户组成一甲，1000户为一保。州县官在每一个街坊或乡村委任一位地保（即地方治安员或地段监守人），作为自己的代理人。地保不但充当州县官的信差，把州县官的命令传达给乡民或城厢居民，还负有监视可疑者，报告盗劫、杀人、私盐、纵火失火等案件的责任。保甲稽查之所以能滴水不漏、围堵不法，背后的深层理念在于闾阎小民日常生活的一举一动都逃不过亲邻耳目，因而可取证于邻。面生可疑及无营生者、不时往来居住、游手酗酒、非亲非故、男女混杂、学习拳棒、邪教聚众、窝娼窝赌、私铸拐略（拐卖小孩）、形迹可疑为邻户所共闻者，甲长告知保长，保长转报官司，及早根究。甲长报告，保长隐匿，罪在保长，则不法之事、奸匪之徒，已无所容矣！在官方的社会控制方案里，保甲、亲邻、房主、雇主与知情者成了地方治安的监守人，责赋他们在觉察异样之时，即行通报、举证犯罪。同时，保长、甲长是县官在公堂上取供的对象。不过，保长、甲长也必须上报轻微纠纷的协调结果，如关于田土的争讼或亲属间的争讼。他们无权裁决，并常因没有及时报告案件，或迅速执行差使，而被州县官笞惩。严密的邻、保稽查体系若能确切落实，地方官在理论上便可随时侦测不法，及时掌握辖区里的治安异样，杜绝犯罪于未发之时。当道者期待亲邻彼此留心、相互纠举，必然使日常共处的亲属邻里面临法律责任与亲邻情谊之间的抉择，遭逢县官究处与大义灭亲之间的两难。

县官的衙署，是县官、佐贰等朝廷职官与六房书吏的办公场所。衙署周边另有监狱、仓库、县学、宾馆、驿站、递运所等相关机构和设施。此外还有社学、城隍庙、际仓留仓（禄米仓、预备仓）、养济院（又名孤儿院、存恤院）、漏泽园（收集无人认领的遗骨）。例如，山西平遥县衙署，位于古城内西南处的衙门街上，占地 26593 平方米，始建于元代至正六年（1346），现存明代建筑大仙楼和汉槐，明清及其后多有重修。衙署各种功能建筑完整，是研究古代县治、吏治文化的实物标本。作为中国保存完整的四大古衙之一，平遥县衙也是全国现存规模最大的县衙，整座衙署坐北朝南，建筑群布局对称，前朝后寝、左文右武，大堂前东西厢房各 11 间，为吏、户、礼、兵、刑、工房。东侧线由北至南有花厅、常平仓、酂侯庙、土地祠，常平仓又叫钱粮厅；西侧线由南至北有牢狱、公廨房、十王庙、洪善驿、督捕厅、马王庙。整个建筑群主从有序，错落有致，结构合理，是一个有机的整体，无论是建筑布局，还是职能设置，堪称皇宫缩影。衙门口有一副楹联，言辞恳切，入情入理。联曰：“莫寻仇，莫负气，莫听教唆，到此地，费心费力费钱就胜人终累己；要酌理，要揆情，要度时世，做这官，不勤不清不慎易造孽难欺天”。上联劝百姓要体谅知县的为官不易，无事莫登三宝殿，毕竟“费心费力费钱就胜人终累己”。打官司是伤和气的事，能好说好商量的，就大事化小，小事化了，这是百姓的处事原则。中国人讲究的是一团和气，劝谕百姓别寻仇、别负气，也别听人教唆煽动，没事别跟人过不去，打官司不好玩，能忍便忍，能让就让，警告百姓进这门要慎之又慎，一个不留神，赔了夫人又折兵，吃亏的是自己，所以，自古以来衙门就不是好进的地方，还是少进为妙。

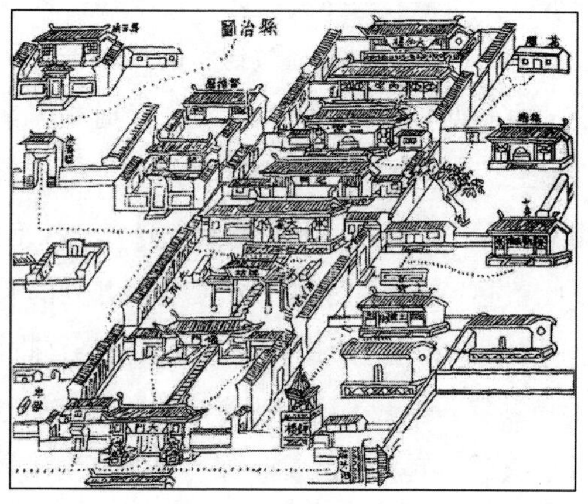

说明：清光绪八年《平遥县志》收录山西平遥县县治图。

说明：山西平遥县衙门口。

二　父母官：知县的职责及压力

在清代，县作为基层行政单位，乃皇权向基层民众延伸的最直接、最有效媒介。所谓“天下之治始于县”，知县作为县级政权最高行政长官，更是被雍正皇帝称为“亲民之官，吏治之始基”。县衙是县级政权的核心，在一县之中几同朝廷，而知县在一县之中拥有巨大权限，甚至如“土皇帝”一般。《清史稿·职官志》记载，县设知县一人，正七品，相当于一县之长。值得注意的是，清代的知县较现今的县长，职权范围更大，手中权力更集中。就知县的具体职权来看，知县几乎兼任一县所有职能机构的一把手，对一县之内几乎所有工作都拥有绝对领导权、决策权。甚至在执掌一县政务的同时，知县还担负相当部分军务职能，如剿匪平叛、筹集军资，可谓无所不能、无所不掌。

县设知县，其下有县丞、主簿、典史，辅佐知县办公。县丞主管一县文书档案、仓库、粮马、征税等，品秩为正八品，基本相当于现今的科级正职；在县丞之下，设置攒典一人，协作办公。主簿主管一县户籍、缉捕、文书办理事务，品秩为正九品，相当于现今的股级正职。典史基本相当于现今的县公安局长和县看守所所长，只是行政级别属于未入流。除了这些佐贰

说明：清代知县惩戒犯人。

官，一般还设置十大属官，分别是巡检、驿丞、库大使、仓大使、税课司大使、徬官、河泊所大使、训科、训术、僧会。按照《清史稿·职官志》中的职能记载，巡检一人，负责追捕盗贼，查办违法乱纪之事，品秩从九品；驿丞一人，县驿站领导，未入流；库大使一人，县衙仓库主管，根据仓库等级不同而品秩不同；仓大使一人，县级粮库主管，未入流；税课司大使一人，执掌赋税征收，未入流；徬官一人，执掌一县水利闸门之蓄水和放水，未入流；河泊所大使一人，掌管渔业赋税，未入流；医学府正科训科一人，相当于县医院院长，未入流；阴阳学府训术一人，掌占卜，未入流；僧纲司僧会一人，掌宗教事宜，未入流。

知县的管理水平，决定了一地的地方秩序，所以清朝皇帝对知县人选极为重视。雍正、乾隆时期，甚至会把那些表现不好的知县调到京城当京官，把表现好的官员送去当知县。因为皇帝清楚，京官所处理的事务，大多有规章旧例可以遵循，京官即便能力平庸，也不会出现太大的失误。地方官不同，他们需要面对更为错综复杂的环境。朝廷又要让知县负责刑名、钱粮等方面的事务，对能力平庸的知县而言，这是一个很大的挑战，也可能造成地方秩序混乱。通常县官在下午听理诉讼，但汪辉祖说他审案的时间常常从上午 9 点持续到 11 点、下午 5 点持续到 7 点，审不完的话，常常要拖到“晚堂”（晚上 7 点到 9 点），甚至晚上 9 到 11 点。一般衙门书吏、衙役的上班时间，春夏两季为上午 5 点 15 分，秋冬两季为上午 6 点 45 分。

中国古代的息讼观念最早起源于春秋战国时期，形成于汉朝，完善于明清时期。在这一理念下，减少地方百姓的诉讼成为首要前提。那么，地方官员如何减少百姓的诉讼呢？答案是调解。通过地方官主动出面调解百姓之间的纠纷来达到减少地方诉讼的目的。在矛盾扩大之前进行调解，使矛盾的影响最小化。在现代景区的升堂表演上，从被告与原告在大堂受审的位置就能看到古代中国司法制度的运作及其息讼思想。在封建社会，人与人之间地位不平等，原告和被告进入大堂必须下跪于堂前东西两块跪石上。古代案件在审理之前，被告的地位是低于原告的，按照东尊西卑的原则，原告在东、被告在西，无形之中，被告处于不利的地位，即所谓的推定有罪。这点不同于现代司法“无罪推定”的原则。每年四月初一至七月三十，禁止人民因户婚、田土、钱债之类“细事”起诉，理由是四月到七月底正值农忙，不得因“细事”妨碍农耕，有诉讼的话，官府也一律不予受理，长官有受理的，就要受到参劾。因此，每年到四月初一，衙门的大门两侧就会竖起“农忙”“止讼”的大木牌，不再放告。根据三六九原则，每个月只有九天，即初三、初六、初九、十三、十六、十九、二三、二六、二九，被正式安排用于接受百姓告状，二月到十月赋税征收期间，每月有几天专用来“比责”，即对没有加速征收赋税的衙役或没有纳税的百姓进行讯问和笞惩。每月初一和十五，州县官必须到孔庙和城隍庙祭拜。

清代知县是正七品官。从清代文官年俸的统计表，可见知县年俸是46~60两，每年配给22.5石大米。为了提高知县的收入，确保知县的廉洁，雍正皇帝推行火耗归公，将全国火耗银子收归国有，按照地方官员的品阶高低与辖地管理的难易程度，将这些火耗银发给地方官员，补贴其收入，避免他们恶意加征火耗、借机贪污，减轻百姓负担。各省知县的养廉银收入并不相同，在400~2000两区间，辖地重要且行政事务繁杂者能多领，辖地不重要且行政事务简单者少领。这些钱不但要养家糊口，还要摊纳捐款、招待上司，付给上司衙门门房、衙役、长随各种规费，所以必需仗仰陋规。这种介于合法与非法之间的陋规，加重了老百姓的负担。

品级	俸禄(银两)	额外俸禄(石大米)
一	180	90
二	150	75
三	130	65
四	105	52.5
五	80	40
六	60	30
七	45	22.5
八	40	20
九	33.114	15

说明：张仲礼《中国绅士》记载，明清官员俸禄甚低，只能糊口，难以维持排场。

省份	道台（银两）	知府（银两）	知州（银两）	知县（银两）
直隶	2000	2000～2600	600～1200	600～1200
山东	4000	3000～4000	1200～1400	1000～2000
山西	4000	3000～4000	800～1500	800～1000
河南	3893～4000	3000～4000	1000～1800	1000～2000
江西	2400～3800	1000～1400	800～1900	
浙江	2000～4500	1200～2400	1400	500～1800
湖北	2500～5000	1500～2600	200～1000	600～1600
江苏	6000～8000	2000～3000	1000～2000	1000～1800
安徽	2000	2000	800～1000	600～1000
福建	1600～2000	1600～2800	1200	600～1600
湖南	2000～4000	1500～2400	900～1300	600～1200
陕西	2400	2000	600～1000	600
甘肃	3000	2000	800～1200	600～1200
四川	2000～2500	2000～2400	750～1200	600～1000
广东	3000～3400	1500～2400	600～1600	600～1500
广西	2200～2400	1300～2000	827～1525	776～2257
云南	3500～5900	1200～2000	900～2000	800～1200
贵州	2000～2500	1200～1500	500～800	400～800

说明：张仲礼《中国绅士》认为，雍正皇帝发放养廉银后，稍稍遏止官员贪污风气。

三　爪牙：县衙里的书吏与衙役

明清两代厉行回避制、流官制，如地区回避、亲属回避、科场回避、诉讼回避，力图让官场人事关系与地方上盘根错节的关系网收缩到最小。清代知县任命以回避制为原则，知县经常流动，任期不超过3年，知县很难有机会熟识所任职地方上的风土民情。值得注意的是，清代中期全国人口暴增到4亿，一县平均人口约30万，知县根本管不过来。因此，知县必须仰赖作为县衙办公人员的书吏与衙役、自己花钱请来的幕友和长随，以及取得科举功名的士绅，在他们的协助下管理地方事务。但这些人在地方上扮演的角色，完全是非正式的、私人性的，很难用制度去规范他们的行为，因而地方吏治往往有很大的随意性，衍生出种种弊端。

“爪牙”一般在中国文字里有特殊的指向，往往用来称呼衙门的差役和书吏。俗话说“衙门八字开，有理无钱莫进来”。中国古代社会对衙门的差役和书吏一直没什么好印象，多数人对他们的评价就是“为虎作伥”“狐假虎威”。在传统认知里，清代地方衙门的吏役常以恶棍形象示人，他们中的绝大多数人都是编制外的非正式人员，却利用权力肆意敲诈勒索当地百姓。长期以来，几乎所有研究清代地方政府的学术著作，皆漫画式地将衙门吏役描述为贪腐成性、一心只为追求私利之辈，认为这些“为官之爪牙”的小人物在侵蚀着国家统治的根基。在这种既定思维的影响下，往往忽略了对他们真实行为和处境的研究。美国汉学家白德瑞（Bradly W. Reed）《爪牙：清代县衙的书吏与差役》一书利用清代巴县档案中的丰富素材，为我们描绘了清代巴县衙门差役和书吏的生动形象，并挑战了人们对衙门吏役的刻板印象，指出书吏与衙役是基层社会运行和国家统治不可或缺之人。

《大清律例》对吏役的规制极为粗略，其所留下的空白，往往由惯例来填补。关于书吏和差役的利益分配、内部晋升诸问题，便是由惯例和合约来调整的。在清朝人看来，如果“规费”之外，一钱不要，那么就不能算腐败。吏役并非如人们想象的那么腐败。邱捷教授的著作《晚清官场镜像：

杜凤治日记研究》中提到，杜凤治刚到广宁上任知县就发现，他的一个书吏竟然在当地建有生祠，这一点足以证明，“爪牙”并非如我们所以为的那样无足轻重。

除了佐贰官和属官以外，县衙下辖日常办公之三班六房。衙门差役，通常称为衙役，被编为三班：皂班、壮班、快班。每一班都有一个“头役”作领班。第一班由“皂隶”，即穿黑衣的差役组成。第二班即壮班（民兵），是被征调来在地方官府中服役的健壮百姓。第三班快班又分为“马快”“步快”，负责传递公文，还有“捕快”，负责侦察命案，如同今日刑警的角色。在这三班之外，还有一些衙役，分别充任门卫（门子）、狱卒及看守（禁卒、牢役）、法医（仵作）、金库看守（库卒或库丁）、谷仓看守（仓夫）、收粮掌斗人（斗级）、抬轿人（轿夫）、撑伞持扇人（伞扇夫）、打锣人（鸣锣夫）、吹号击鼓人（吹鼓手）、持灯笼人（灯夫）、巡夜人（更夫）、炊事员（伙夫）、马夫及驿邮兵丁（铺兵）等职役。

衙役服役于官府，充当信差、门卫、警员或其他卑贱职役。他们在本省本州本县服役，都是当地人。跟书吏一样，衙役一般也被视为狡诈不忠、利欲熏心之徒。与书吏不同的是，衙役名义上是老百姓应政府的劳役，所以没有俸禄，也没有免税优惠，从事各种下层工作（如皂隶、狱卒、轿夫、马夫、膳夫、驿夫、弓兵、快手、河夫、堤夫）。因许多县面积广阔，境内许多村庄僻远分散，将县官的命令传达给百姓的唯一方法是派信差送达，于是，衙役就不可缺少。县官依靠衙役推行法律和政令，没有这些人供其驱使，他们可能没办法征收赋税和漕粮，也没法征调人民从事修筑城墙、开辟道路、兴修水利之类的力役或为官府供办车马等交通工具。承担警察职能的衙役也为政府所依赖，用于执行传唤或拘捕等职能。看守谷仓和监狱、执行惩戒及地方行政中的其他基本事务，也需要许多衙役。

各州县衙役的名额有正式的规定，但人数不足百人，远不敷所需。实际人数，远超过政府的规定。按清代某位御史所记，浙江仁和县和钱塘县的常年衙役和额外衙役，总数达 1500～1600 人，小县甚至也有数百人。衙役中之民壮、库丁、铺兵，与普通百姓无异。但皂隶、马快、步快、捕快、仵作、禁卒、门子、弓兵等，法律上将其列为“贱民”，与妓女、戏子和奴婢一样，不能参加科举考试——不仅自己不能参加科举考试，子孙也不行，真是奇怪的规定。这一点，连清朝人自己都搞不明白，清末著名法学家沈家本就说：“即任用之，而又贱视之，其理安在?”明清两代以胥吏为卑贱的做法，有着极其恶劣的影响，那就是让大多数的书吏衙役贪酷成风、凌虐百姓，成了专制皇权体制的“爪牙”。

吏、户、礼、兵、刑、工六房是中央政府中六部的投影，其中吏、户、礼三房一般位于大堂的东侧，而兵、刑、工三房位于大堂西侧。六房中吏房负责本地吏员的升迁调补、下委任状、县衙内考勤以及管理乡绅等工作；户房的主要职能是掌管全县民政、财政、赋税、田土和征税纳粮；礼房需要筹办科考、节日、祭祀等大型活动，并承担一定的宣传职能。兵房负责在当地征调民丁、训练乡勇，一旦发生叛乱，他们还需要组织力量参与剿匪等行动，三班中的部分衙役也会受到兵房的管理。刑房平日负责协助县令查办案件，在县令审案的时候，他们需要在旁边进行笔录，之后还要对卷宗进行整理，监狱的日常管理工作也是刑房的职责之一。工房在清朝时是县衙中的重要部门，其负责县内大型工程的兴建和维修，水坝、桥梁、仓库、祠堂等建设都需要他们的帮助，而且工房还需要帮助户房将收上来的散银铸造成银两。六房的工作十分烦琐，但每房的人数一般不会超过两人，胥吏在平日的工作中只有全身心投入，才能够勉强完成所有工作，这种高强度的锻炼让清朝的六房胥吏拥有了不俗的能力。

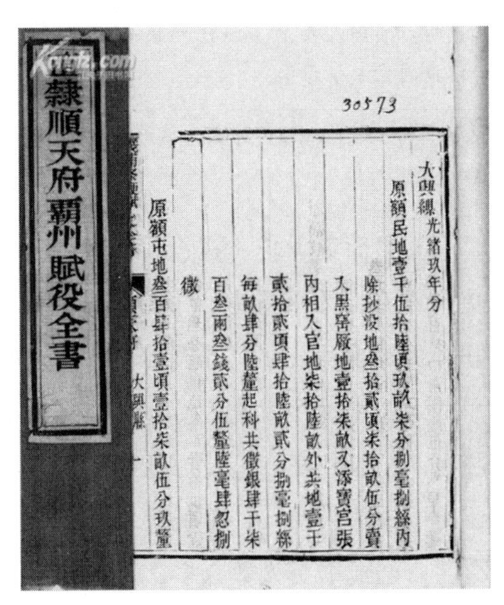
直隸順天府霸州賦役全書

30573

大興縣光緒玖年分
原額民地壹千伍拾陸頃玖畝柒分捌毫捌絲內
除抄沒地叁拾貳頃柒拾畝伍分壹
入黑窰廠地壹拾柒畝又添賣宮張
內相入官地柒拾陸畝外共地壹千
貳拾貳頃肆拾陸畝貳分捌毫捌絲
每畝肆分陸釐起科共徵銀肆千柒
百叁兩叁錢貳分伍釐陸毫肆忽捌
徵
原額屯地叁百肆拾壹頃壹拾柒畝伍分玖釐

图片来源：孔夫子旧书网。

说明：光绪年间直隶顺天府霸州赋役全书书页。

说明：法国人乔治·拉比拍摄的清朝衙门审判案犯情景。

说明：今人模拟清朝衙役审问案犯情景。

在县衙吏、户、礼、兵、刑、工六房中办事的，就是吏。吏和官不同，吏不入流，又叫胥吏、书吏或书办。这些书吏由当地人士担任，由政府支薪，负责书写公文、办理档案文书，是衙门里文字工作的主力，《水浒传》里的宋江宋押司就是吏。书吏熟悉复杂的规章及先例，又能接近赋税簿册等秘密的公事档案，还要担负起其他各种表册的统计和填报，所以成了衙门中不可或缺的人员，甚至能操纵衙门事务。一个县的实际业务运作全操于书吏之手，造成书吏人数众多，形成地方上的势力团体。他们虽没有具体名位，却在清代衙门中扮演非常重要的角色。当时清朝的一个县级衙门，书吏最多时就有一千多人，中等县有七八百人，小县也有一二百人。对地方政府而言，财政税收与司法审判是官员考绩的两大依据。书吏可以在司法案件中上下其手，在文书案牍中做手脚。在征税时，他们常与纳税户合作，帮他们延迟纳税，不列入被惩罚的名单，借此收贿；或借口税户送来的谷米达不到标准（太小、不够白）而进行敲诈；更进一步，书吏可利用职权，大量地侵吞税银和漕粮。户房书吏经管全县的户籍、田粮、财税等，编写司颁册、须知册、奏销册、鱼鳞图册、户籍册、钱粮册，并监督百姓农耕，还要在特定时间下乡催促百姓按时交纳税款，地位重要。理论上，官员应该亲自催征田赋、计算各种附加税额、统计税款分配等，但实际上官员不熟悉也不愿意去做这些业务，便交由户房书吏处理，但户房书吏得不到官员的信任。

书吏和衙役一样，他们的报酬称为“工时银”，每年大约6两，但在平定三藩之乱时，国家财政困难到连这点工钱也不得不取消。尽管薪水低，书吏们却热情不减，因为这些书吏能索要陋规，实际收入并不低，并凭着官府当差的身份，享受减免赋税的权益，甚至能利用这种“官家”身份，直接牟取暴利。譬如刑名钱谷的事情都是由书吏定例呈稿、缮写承发，督抚官员只是简单看一看，多数都是按照书吏拟定的签发。因此，书吏所掌握的权力是相当大的，甚至影响着整个地方的行政走向。为了整顿吏治，雍正一即位就颁发了11道专门针对书吏问题的谕旨，痛斥书吏的弊端，下令严查幕僚书吏，打击“贿赂馈赠”“朋比因循”之风。

四 官员的私人助手：重要的幕友与长随

明清科举取士注重公平，但未必能录用可真正解决政治弊病与社会矛盾的人才，官员往往需要熟悉行政事务与管理技巧的幕友从旁协助，避免被书吏蒙蔽。根据明清两代的回避制度，总督、巡抚以下的地方官员都要回避到原籍任职，必须到其他地方当官。官员任职的地方必须与原籍相差500公里以上，这就是人们常说的“宦游”。官员到陌生的地方，人生地不熟，但衙门里的办事人员都是当地人，他们经历很多官员，在当地根深蒂固，一般官员不敢轻易动这些地方势力。于是长随（意即长年的随从）就成为一些官员到异地任职最为倚重的亲信，也是一级衙门里非常重要的人员。长随在古代是一种职业，是州县官的私人仆役。最初时，长随主要由官员的亲属及朋友担任，但随着长随的职业化，官员也用一些专业的长

说明：晚清官员与长随一同算账的情景。

随，毕竟这些人有经验。在衙门里，官员是“老爷”，长随是不能被漠视的势力，所以被百姓们称为“二爷”。比如，《红楼梦》第99回讲到贾政任职江西粮道时，他刚开始很想做好官，严禁地方打折收粮勒索老百姓。但贾政身边的长随说：“我们才冤，花了若干的银子打个门子，来了一个多月，连半个钱也没见过。”于是长随们就一起向贾政请假，有的甚至直接辞职不干了。由此可见，长随在地方行政中占有独特而重要的位置，并不是我们一般以为的“契买家奴”。由此可知，长随与家奴身份是不一样的，官员与他们是雇佣关系，有的还是一种隶属关系。这种关系或紧或松，也相当于古代家里雇佣的工人，有活就来，没活可以走。由此可见，所谓的长随并不是真正意义的“长”随。

说明：外国商人眼中的清朝官员与长随。

清朝官员都自己掏钱蓄养长随，只有少数长随单纯充当州县官生活及家务上的仆役，大多数长随介入地方行政事务中，实际担负着某些行政职责。长随逐渐成为一种正式的职业，其职能发生了根本性的转变，成为不但协助官员处理杂务，也处理官员私事的非正式幕僚，甚至还出现了《长随论》等从事长随职业的训练手册。长随宁可不要钱也给官员当差，只是一种假象，因为他们的目的就是钱，只是时间长短而已。清朝官员从候选到候补，再到补实，需要等待很长时间，一些没钱的官员，甚至花光了钱陷入生活困境，也没等到补缺。此时有些人借钱给这些官员，支持官员们的生活开销或候补职位。但这些人的钱可不是白借的，如果官员补实，这些人要求以长随的身份跟着官员一同上任，而且还要担任重要职位，分得权力。长随的数目取决于衙门的大小和职责的多寡。州县长官一般都会有如下职能的长随：一两个负责把门的“司阍”或“门上”，一个负责文书签转的“签押”（也叫“稿案”），一两个“司仓”，一个“管厨”，还有“跟班”。此外，长随还包括在公堂值勤的“值堂”、负责通信的“书启”、掌管印信的“用印”、负责税收的“钱粮”或“钱漕”、负责监所的“管监”、负责驿站的“管号”和负责杂税的“税务”。曾任县官的何士祁吐露，在不少省份，每个州县官至少需要 10 名长随，在公务量很大的州县会聘用 20 名以上的长随。在江南地区，由于漕粮的征收是地方政府的重要职责，往往会聘用 20～30 名长随负责征收漕粮，避免书吏从中渔利。

今天民间传说中的“师爷”，就是指幕僚，这些幕僚于明清时期诞生。幕友、幕宾或师爷是地方官雇佣的行政管理“专家”，他们不是官僚体制中的常设人员，也不由政府支付薪俸。州县官在就任前，多无行政经验，又未接受职前训练，而幕友是介乎学者和官僚之间的行政专家。他们受过专门的行政事务训练，熟悉政府管理的技术知识和专门技巧。“无幕不成衙”是清代官场的真实状况，各级官员的私人班底中都有具备不同技能的幕僚。这些幕僚与雇主组成幕府，实际上是清朝各级官府的决策与执行团队。曾国藩、李鸿章、左宗棠等人的幕府中就涌现出不少可用之材，决定了晚清中国的历史走向。在州县衙门供职的幕友可分为下列几类：刑名（司法）、钱谷（协管税赋）、征比（具体办理赋税征收）、挂号（负责登记）、书启或书禀（负责通信）、账房（管理簿记）等。绝大部分的幕友都是秀才，其他一些则可能担任过书吏，或是被黜的官员，或是落第的书生。例如，汪辉祖早年多次应试未中，遂入幕僚为绍兴师爷，后将自己做幕僚的心得撰著成书《佐治药言》。

说明：汪辉祖《佐治药言》是清代幕友的训练手册之一。

清代幕僚是私人性质的官僚顾问，名虽佐理实则主管，集僚、师、宾三种角色于一体，对官员保官升职、消灾避害至关重要。另外，幕友的社会地位和官员仍有天壤之别，所为之事均是为他人作嫁衣裳，是读书人不得已而为之的谋生之路。按照汪辉祖《佐治药言》的说法，幕僚收入高于塾师的平均收入，以刑名、钱谷师爷最为重要，也容易谋职就业：

> 吾辈以图名本就，转而治生。为习幕一途与读书为近，故从事者多。然幕中数席，惟刑名、钱谷岁修较厚……刑名、钱谷谙练而端方者，当道每交相罗致，得馆尚易。其他书记、挂号、征比各席，非势要吹嘘……盖课徒可以进业，贸易可以生财。作幕二字，不知误尽几许才人，量而后入，择术者不可不自审也。未成者得改则改，已业者得休便休。

刑名幕友在幕席中更居首位，通过专业学习和长期实践积累丰富的办案经验，全程参与拟批呈词、勘验详案、定拟招解、审转复核，主导着案件的审理，是清代地方司法活动的实际操纵者，并在清代法律文化发展的舞台上扮演着重要角色。但因刑名幕友“非官非民”的独特角色，其游离于法律内外，恣意妄为、上下串通、败坏司法的现象俯拾皆是，加剧了吏治腐败。究其根本，主要在于专制制度和“官本位”思想，不可能对幕友形成有效的制约机制。

图片来源：电视剧《绍兴师爷》的宣传海报。

说明：清代幕友对地方吏治相当重要。

古代的赋役征收制度一般采用“民收民解”的方法。明代“一条鞭法”实施后，田赋改为“官收官解”，即纳税人要自己到衙门缴纳税粮，或到官府粮仓交纳粮食。税银及运送上京的漕粮，都要由官府征收保管、储存运送，官员征收解送如超过期限，就要受到惩罚，如有亏损，还必须填赔。官收官解让基层州县政府的财政工作负担大大加重，而基层州县政府的编制并未因此而增加，因此明清州县衙门收税过程中，其他与收税有关的大量杂务都由户房胥吏和钱谷师爷负责督办。但因户房书吏不能得到政府长官的信任，官员就委托专职的钱谷师爷监督户房书吏。钱谷师爷要处理的事务相当繁杂。据清代抄本《长随论》记载，应送钱谷师爷处理的事务有接收交待、奏销钱粮、门牌清册、地丁人口、屯田粜谷、口粮种子、开垦熟田、丈量田地、杂税牙行、水旱飞蝗、强占田界、阻壅河道、私典盗卖、找价回赎、粮食时价、钱法私铸、抗租抗粮、经征经解、清查仓库、亏空盗追、孤寡疗贫、干旱无收、开仓赈济、分别钱粮等60项之多。凡有关政府开支及民间经济的事务，都要由钱谷师爷处理。书启师爷擅长文墨来往之事。挂号师爷擅长掌管公文函件档案。账房师爷擅长会计事务。知客师爷擅长交际应酬。如果是高级官员，还要设专门给皇帝写奏折的奏折师爷、在京师各个衙门收集消息的看折子师爷。如果主官有上奏朝廷的奏折，必先交给他过目。因为古时候交通、通信不便，看折子师爷就会根据京师的实际情况，对奏折进行增删再递交上去，又或者直接扣住奏折，可以说是现在各级驻京办的前身了。然而，这些师爷设不设，要看衙门中事务的多寡和繁杂程度，也要看主官本人的财力。

说明：清代钱谷师爷算账情景。

五　陋规：非典型腐败的灰色收入

陋规并不是清朝独有的。中国古代社会讲究人情往来，形成了许多只可意会而不可明言的潜规则。要打通各种人际网络与身份壁垒，就需要银子，正所谓“有钱走遍天下，无钱寸步难行”。所以，在每个王朝的衰落期，尤其是吏治腐败的时候，哪怕是清官单单靠工资养家糊口都有困难，社会上约定俗成地形成了一系列陋规陋习，这种灰色收入才是最大的进项。陋规并不是通常意义上的黑钱，更像是一种不成文的规定，民间称作“无形之加赋，有形之勒索”，实际上是官吏以各种公务之名，向百姓摊派的杂费。陋规的存在加大了老百姓的负担。清朝距离我们当今时代最近，有些官场言行恍如昨日，下文列举了几种陋规，以供参考。

火耗，指官方在把赋税银铸成银锭或元宝的过程中产生的损耗。“火耗”一词最早出现在元朝，元朝明令禁止官员暗地盘剥百姓，明朝万历年间火耗却开始被明文规定可以征收。当时，张居正推行“一条鞭法”，规定全国各州县的田赋、徭役及其他杂征不再征收实物，而全部改为征收银两，这种规定虽然在一定程度上简化了收税的程序，但产生了一个问题，即在当时百姓上缴的是碎银，朝廷需要标准化的银锭，所以在上缴国库之前，各州县的官员都需要先把碎银融化铸成银锭。但在这铸造银锭的过程中，是会有损耗的。这样问题就来了，比如地方官向百姓征收 10000 两，重铸过程损耗了 50 两，只得到 9950 两，但地方官还是要上交国家 10000 两，于是就额外向百姓再征收 50 两来弥补。多征收的 50 两就是火耗。大多数情况下，官府加耗要远高于实际熔铸所耗。

浮收，指额外征收。例如在产粮重地苏州府与杭州府，漕运衙门获得两府每年固定上交的粮食外，额外征收一部分粮食来充实官员自己的收入。又如，市面上 1 两白银兑 1200 文，地方征税却要求 1 两银子兑 2400 文，直接翻倍。这种陋规蛮不讲理，但财政困窘的清政府睁一只眼闭一只眼，对老百姓敲骨吸髓。

勒折，指在将税物粮食（或铜钱）折纳成白银时，强迫纳税人接受他们私自规定的不合理的折算比价。比如征田赋时，直接交米（铜钱）称“本色”，换算成银子称“折色”，而中间的米（铜钱）银汇率由监纳官员确定，往往高于市场的米（铜）价。

放炮，指前任官员离任时，以减收税额的代价提前征收田赋，可收达 5000~6000 两，进入私囊，亏空留于继任官员。放炮的形式很多，还有太平炮（假装离任搜刮钱财）、倒炮（新官上任提前征收钱粮）。

漕规，指产粮大省江浙等地进行漕运时，不但要向百姓征收正额钱粮，还要征收耗米和运费，定额 1 石（100 斤）的民户，实际要交 2 石以上。

签字钱：指类似于“预诉讼费”，老百姓如果想向官府申冤，必须缴纳3两左右的银子，衙门才肯收状子审理。我们原本以为穷人打不起官司，事实上，清朝的富裕之家也常常打不起官司。某人一旦涉入官司，就要承担种种费用，如盖戳费、告期挂号费、传呈费、纸笔费、取保费、差役承票费等，多达20余项。一般人家都承担不起这些费用，可能官司还没开审，原告和被告已经倾家荡产。

部费，指地方官向中央审批项目、报销经费、核准政务时的运作费用。如户部、工部的项目多，河工、漕运、盐务、军饷中油水最肥，随便报销就能获利万两白银，兵部、刑部、吏部主要在人事上卡脖子，实缺外放时要向主管部门奉送“辛苦费”，如果地方官不按成例致送，主管官吏往往借端作梗，百般刁难。有名的如刑部的秋审部费、吏部的晋升部费。在晚清最腐败的时候，甚至连盖上一个衙门印章也得花钱。

印结：各省举人在京参加科举时，须由同乡京官出具保证书，保证自己的身家清白，保证文书叫“结”，盖印叫“印结”，盖的是六部印。要想得到印结，被保证人要拿一大笔银子，这件事自然而然就成了一桩买卖。

卯规：州县官上任点卯，六房书役先送钱财，表示确定隶属关系，求得主官的欢心。

底子钱：内务府的官员在购买食材或杂物时，和商家串谋自动把价格提高一成，称作底子钱。例如，道光皇帝有一次问曹振镛鸡蛋多少钱一个，曹振镛不敢答，因为内务府给皇帝报的价是几十两银子。由此看来，在层层盘剥、步步揩油之后，一个小小的鸡蛋也能卖出天价来。

礼费：主要分为别敬、炭敬、冰敬。地方官到京述职后离京时，向相关官员送礼称别敬。到特定时期，如每年的暑季、寒季，地方官还要向京官送“去暑费”“取暖费”，称冰敬、炭敬，一次达上百两。这是京官最主要的灰色收入，当送的人多次数也多时，数额达上万两。曾国藩担任翰林院检讨后，在家书里就提到自己在北京任官时，只能依靠地方官的各种孝敬活下去。除此之外，还有年敬、节敬、喜敬、门敬、妆敬、文敬等礼费。

节寿礼：“三节两寿”，三节指春节、端午、中秋，两寿是指官员本人和夫人的生日。每逢这些日子，就要给长官送银子，官员只凭此一项，每年可获利 5000 两以上。

程仪：指路费，上级领导出远差时路上的花销。还有上级领导过境时的招待费。

门生礼：中国古代官场盛行拜师风气，朝中有人好做官，清朝尤为如此，所以考官、学官广收门生，有的并无实质师生关系，只是维持一种官场仕途先来后到的等级秩序。在拜师时，往往以厚礼馈送。

富户节礼：这种名目源于山西，因为山西商人富有，向本地父母官作特别的孝敬，形成大官吃小官、小官吃百姓的腐败链。

陋规名目还有记欠、棚费、平余、匣费、道费……清朝的衰败和这些隐藏在阴暗处的陋规是分不开的，就像蚂蚁吃大象一样，一步步地把清朝拖垮。到了嘉庆、道光朝，朝廷不是不想消除陋规，也曾努力肃清贪风，但往往因投鼠忌器而不了了之。陋规并不是由一人、一事而起，它是专制皇权制度的副产品。整体看来，清朝的腐败源于体制内未能解决的吏治问题，逐渐对贪腐睁一只眼闭一只眼，再到干脆放手不管，最后走向腐败深渊而不能自拔。

六　士绅特权及其社会功能

说明：德国社会学家马克斯·韦伯。

德国社会学家马克斯·韦伯（Max Weber）和第一代的西方汉学家讨论中国传统文明的特色时，强调帝国的庞大与专断，重视国家而轻视社会的作用，把地方社会和地方精英看作国家和政府的自然延伸，认为传统的中国政府（或国家）经由科举考试制度、官僚体系和官方的意识形态，能够完全地掌控地方。20 世纪 60 年代，美国汉学家费正清（John King Fairbank）提出“士绅社会”概念，注意到地方士绅对传统中国社会的重要性。

明清科举取士，定期在州县、省及京师举

行科举考试。通过这一层一层考试（院试、乡试、会试）的人，就称为生员（秀才）、举人和进士，统称为绅士、士绅或缙绅。整个明清时期，县以下的统治都要靠政府官员和地方士绅通力合作，才能比较顺利。张仲礼将士绅分成上层绅士与下层绅士，上层绅士包括官吏、进士、举人、贡生（包括岁贡、恩贡、拔贡、优贡、附贡等各种名目），下层绅士则包括正途的各类生员（如廪生、增生、附生）、捐监生与例贡生。何炳棣反对将下层绅士列入士绅阶层（gentry）之列，认为生、监只是平民中的特权阶层。孔飞力（Philip Kuhn）改用 elite（地方名流）一词，并按其势力与影响范围，分成全国性、省级与地方名流。顺治二年（1645），清朝开始实行科举制度，大致沿袭明制。清代科举比明朝更严格，但科场之弊，清多于明，如贿买钻营、怀挟倩代、割卷传递、冒名顶籍、暗记密号、考官舞弊。清代科举制度共有六个阶段。童试：童生经县考、府考、院考，成为生员（寅、巳、申、亥年举行）。乡试：秀才赴省城参加乡试，录取者为举人（子、卯、午、酉年举行）。复试：各省举人进京后，先经复试，方能参加会试（康熙五十年开始）。会试：举人赴京，经复试后参加会试，录取者为贡士（丑、辰、未、戌年的三月举行）。殿试：贡士由皇帝亲试于太和殿，录取为进士，并分定三甲（丑、辰、未、戌年的四月廿一举行）。朝考：雍正朝规定进士在殿试后，尚须经过一次朝考，考论与策，方可授官。光绪三十一年（1905）全面废除科举。

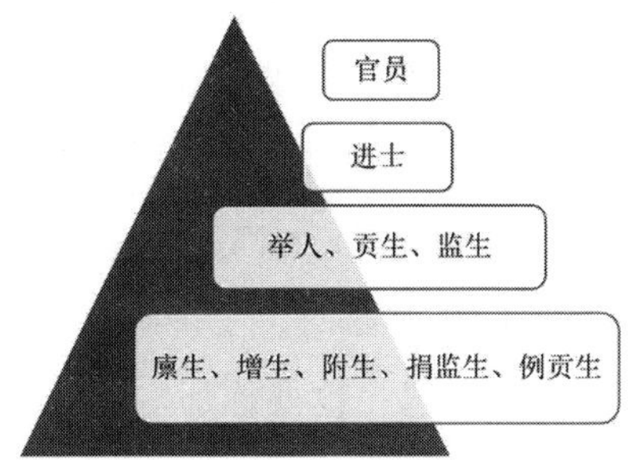

说明：士绅的定义及其等级地位。

一般人考取了生员，已经算是有功名了，可以享受各种特权。在法律上，士绅与百姓产生纠纷时，司法部门无权进行拘审。康熙皇帝下令有功名

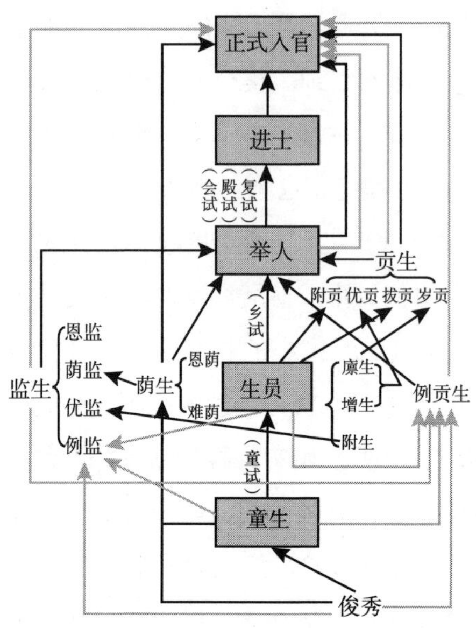

说明：从明清读书人考取功名的途径，可知考取举人的乡试难度最大，清代科场案多发于顺天乡试与江南乡试。

者被控犯罪时可免受地方官员审问，而转由县里的教谕“规劝”。在拜见地方官时，可免除一切平民所需要的限制与礼节。士绅犯罪，一般不会上刑，如果所犯罪行很重而必须惩治，则要先革去其功名，然后才能加以治罪。身份较高的士绅自不必说，即使是举贡功名，知县也无权随意判处，必须先报请上级学政，学政先夺去这个人的功名，然后知县才可以体罚生员。在政治上，举人也有授官的资格。在经济上，士绅有免税和不用服徭役的特权。18世纪20年代中期，雍正皇帝取消了“官户”“儒户”等税赋减免的名目，并严格限定士绅免除劳役的范围只限于有功名者自身的家庭，不能扩大到亲戚圈里。乾隆皇帝重新赋予士绅特权，成为清朝既定的政策，士绅们享有不可置疑的优免权，且徭役的优免权还可余泽其家族成员。田赋作为封建王朝的财政基础，士绅们并不享有优免权。但在等级身份的庇护下，士绅们常常以拖欠或转嫁于平民等手段，少纳或不纳田赋，享有某种意义上的“法外特权”。士绅们不仅利用优免特权，还利用“地丁合一”的制度，占据了大量土地，进一步导致朝廷税收大幅度减少。除此之外，在服饰、车舆、蓄奴、婚宴等社会生活的方方面面，士绅与庶民有着严格的等级规定。如平民对地方官必须称“大老爷”，也得称那些没有官衔的士绅即举人、贡生、生员、监生等为“老爷”。

一般情况下，考中进士才能成为各级政府的官员，全国官员只有20000多个岗位，竞争相当激烈。根据李弘祺教授的统计，可知清初科举录取率只有0.029%，直到太平天国运动后，人口大幅减少，科举录取率才提高到0.046%。科举所带来的实实在在的财富与地位，吸引了大量读书人埋头功名，

说明：检查考生衣装的防作弊措施。

说明：明清时期南京贡院号舍构造图。舍为考生日间考试、夜间住宿之所。每人居一间，深四尺、宽三尺，日间考试时，将木板分别放在上下砖托上作台椅，以便书写。夜间休息时，将木板全部移置在下，考生屈膝而卧。在墙中高一尺处，有深三寸的壁龛，供考生放置油灯书箱。

说明：满满誊写应试范本的内衣。

也让不少人铤而走险，于是科举舞弊的案件越来越多，作弊方法越来越新奇，令人瞠目结舌。如贿买钻营（贿赂考官）、怀挟（携带小抄）、倩代（请人代考、代为答卷）、割卷传递（偷换试卷）、冒名顶籍（如同现今高考移民）、暗记密号（又称关节，考生与考官在考试前约好在试卷内某处或者以何字做记号）、考官舞弊（考官受贿，买卖考题或有意提分）等作弊方法。在没有现代科技仪器的辅助下，科举制度的公正性只能依靠人力，漏洞相当多，其原因可能有四点。一是地理位置问题：贡院往往离民居很近，存在埋藏枪手、传递资料的可能性，或事先藏好资料。二是搜检不便：因点名时数万人拥挤，搜检草率，往往导致怀挟无法搜出；或趁着入场混乱，有人换座位。三是时间安排：每场考试之间有一天的时间间隔，有考生将真卷带出请人代做，于下一场考试时偷送弥封。四是买通人员：科考期间，场内的衙役是连接考场内外的重要人员，熟知考场规则，经常会和考生合伙作弊。此外，誊录时，也存在作弊空间，如可以买通抄写的书吏更换试卷。

考试之法，清代严于明代，但科场之弊，清代多于明代。为了杜绝弊端，选拔真材，清政府制定了严格的科场条例，并严惩那些徇私舞弊、贿买关节的人员。关于科场条例的防弊手段很多，仅举两例。一是考生连坐制度：由考生五人结成互保，保证每个人符合报名条件，如有弄虚作假行为，本人黜革治罪，互相结保的五人均取消考试资格，互结各生还得一并参处，失察各官题参治罪。二是审音制度：为了杜绝冒籍跨考，在乡试考场士子点名时，由专人核对考生的口音。乾隆四年（1739），改由府丞专管审音事，“一体审音，声音不合，究出冒籍情弊”。

此外，清代考试检查极为严格，对试前、试后、场内、场外，都有严格规定，规定士子必须穿拆缝衣服，单层鞋袜，皮衣不得有面，毡毯不得有里。禁止考生携带木柜木盒、双层板凳、装棉被褥，砚台不许过厚，笔管须镂空，蜡台须空心通底，糕饼饽饽都要切开。但上有政策，下有对策，清代用来作弊的小抄竟抄有41篇作文范例，共有29000字！

清代科场案相当多，最著名的是顺治十四年（1657）丁酉科顺天乡试案、康熙五十年（1711）辛卯科江南乡试案、咸丰八年（1858）戊午科顺天乡试案。从这三起科场舞弊案的处置过程及其性质，可知科场舞弊案背后往往牵扯着复杂的腐败链条和官场纠葛，往往初由科举舞弊引发，越查牵扯到的高官越多。然而，要查清科场舞弊案，非下大力气不可。这三起科场舞弊案，是由皇帝亲自出面才查清的，为了维护科举的公正性，皇帝给予涉案人员非常严厉的惩罚，如顺治十四年科场案有2名主考官处斩，17名考官判绞刑，所有家产充公，家人流放宁古塔给披甲人为奴；康熙五十年科场案有3名考官处斩，家产充公，妻妾子女发卖为奴，2名涉案官员革职；咸丰八年科场案有4名考官处斩，家产充公。考生作弊的受罚较轻，先戴枷示众三个月，再发烟瘴地区充军，协同作弊的考生家人也须受到处罚。

在19世纪下半叶，全国绅士的总人数大概有140万。一般情况下，只有考中进士才能成为各级政府的官员，而这些人只有2万多。在现代化的设施出现之前，要靠这些正式的官员，有效地统治全国4亿多人口，当然不可能，于是100多万的士绅阶层就承担了重要的功能。士绅在地方社会承担的

说明：清代最小的作弊挟带，共有40页，写有41篇应试作文，计29000字。

说明：枷刑不但给犯人造成生理损伤，更多的是羞辱意义。

功能，不但有治安、教化、公共设施的修建，还有慈善救济，对地方社会的秩序具有很大的影响。对19世纪士绅的各项社会活动，张仲礼在《中国绅士》一书中，曾用图表加以统计，其中包括：为公共工程（包括修筑闸、坝、桥梁、道路、水利、城墙、堡寨等）筹款并主持其事；维护儒学道统（包括兴办、修缮学校、祠庙，刊行书籍，从事教化活动）；为政府筹款（捐输、报效）；充当官府与民众的中介人；领导团练；调解或仲裁地方纠纷。除此之外，兴建善堂、对贫弱者予以施舍、赈济，为慈善组织筹款或代管财产，也是他们主要的工作。

士绅最重要的收入，来自为国家和社会服务的补偿，其主要来源如下。担任政府官职，如俸禄、养廉银、陋规、馈赠、礼品；购买土地，商业投资；处理各种地方事务，如经理收入（水利工程、团练保甲、救济福利、教育机构）、聘用费、宗族事业（较少），教书；充当官员的幕僚。从士绅从事的各类活动，可知嘉庆朝士绅大多数从事文教事业。因太平天国运动，在咸丰、同治朝，士绅大多数从事防卫与安全事业，指挥地方团练，保卫家乡。由于晚清政府冗官众多，越来越多的士绅作为现任官员的随从幕僚，更多作为宗族、寺庙、行会、社区事业、灌溉系统、救济机构、公共建设计划等的管理者，以其服务取得薪酬。特别是在19世纪晚期，他们在大量出现的各种“局”中担任管理职位，这些机构负责收集或分配非常规的税金、献金、劝捐等，以资助维持秩序与战后的重建工作。

时　期		公共工程	防卫和安全	教育和文化机构	救济和福利
嘉庆 （1796—1820）	人数（人） 百分比（%）	133 11	119 10	221 19	102 9
道光 （1821—1850）	人数（人） 百分比（%）	194 15	93 8	245 18	129 10
咸丰和同治 （1851—1874）	人数（人） 百分比（%）	145 5	1597 58	204 8	91 3
光绪 （1875—1908）	人数（人） 百分比（%）	24 10	20 9	46 20	49 21
总　计	人数（人） 百分比（%）	496 9	1829 33	716 13	371 7

说明：地方士绅多从事文教事业，但在咸丰、同治朝地方大乱，士绅多从事团练防卫工作。

数据来源：张仲礼：《中国绅士》，上海社会科学院出版社，1991。

从明清士绅群体的形成、发展及其转型，可知在“皇权不下县”的大背景下，国家的教化与控制依然可以通过各种形式向地方渗透，尤其是对于生长于乡村的士绅来说，他们扮演着亦官亦民的双重角色，是国家权力向民众的进一步延伸，也作为官民之间的沟通桥梁，积极地向官府反映基层的民意，甚至为了地方的利益，士绅们联合起来抵制政府权力的推行。由此可见，皇权不是万能的。在皇权羽翼下生长起来的士绅阶层，不只是皇权向基层社区延伸的中介，也是皇权在民间实施的阻隔。若皇权无法遏止绅权无限制地扩张，可能会造成官绅勾结、侵夺赋税、土地兼并等乱象，使贫者愈贫、富者愈富，政府却因赋税亏空而日益衰弱。

七 清代社会救济及其优缺点

“乐善好施”是中国社会备受推崇的美德。中国很早就有救荒平粜、恤老慈幼的相关制度，民间个人、宗族和宗教团体等的慈善救济行为也层出不穷。明清时期，国家救荒政策日臻完备，民间的社会救济较之前也有进一步发展。这一时期的民间社会救济除了规模和涉及面有大幅扩大外，还表现出以下特色：一是主要由地方士绅和商人主导，参与者更趋广泛；二是出现了组织化、制度化的趋势；三是民间社会救济在整体救济中的地位不断上升，有些地区甚至开始超越国家层面的荒政力度，成为救济的主体力量。

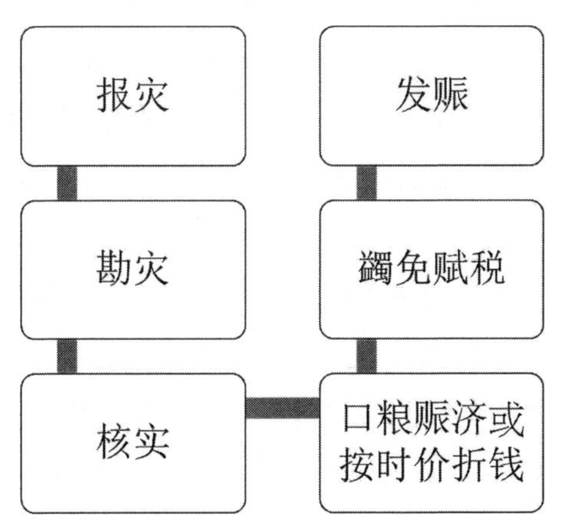

说明：地方报灾、勘灾、放粮赈济流程。

古代不同王朝救灾方式不同，而清代是救灾制度最为完备、执行最为严格的朝代。灾情出现后，由地保里正代表乡民向州县报灾，州县接报后，一面亲自或委员勘察灾情，一面逐级上报，直至督抚，督抚再将情形向皇帝汇报。报灾后，“督抚亲至灾所”，率属先赈饥民一月口粮，同时委员协同州县勘灾。勘灾即由地方官查核田亩受灾程度，确定受灾分数。清代规定，受灾六分以上者为成灾，五分以下者为不成灾。勘灾时，先由灾户自行呈报本户大小口数、受灾田亩，递送地方官府，经与州县留存粮册核实后，作为勘灾底册交勘灾委员履亩核实，以定灾分。若勘成灾，还要审户，即核实灾民户口、灾民极次贫等程度，根据勘审情况，填写赈票并将其中一联发给灾民。灾民可享受一到四个月的口粮赈济。赈济标准为每日大口授米五合，小口（十六岁以下）半之。若米谷不足，则按时价折钱。此外，受灾五分以上（包括五分）的田地还可蠲免10%到70%的赋税。勘灾完毕后，由州县核造总册上报。最后是发赈，就是按赈票所列数目将赈米或赈银发到灾民手中。

说明：灾荒时，地方官员放粮赈济，并劝说士绅富商出钱出力，共同救济灾民。

清朝前中期的赈灾活动被称为荒政，主要由政府来完成。其间相关信息多由基层逐级上报，以便于上级的决策和监督。尽管救荒制度规定详备，但受吏治、国家财政和粮食调拨能力等诸多因素的影响，国家的救济往往难以立即满足灾荒救济的需要，王朝衰败之时，更是如此。清代中期后，国力衰弱，民间社会成为救济活动的主力，并由地方士绅主动发起运营。这种民间社会与国家荒政互为依恃、互为补充，构成了中国传统社会颇具成效的救灾体系。社会救济的面向很广，包括防灾赈灾（荒政）、救济贫苦百姓（善堂义庄）、救济鳏寡孤独者（养老的普济堂、照顾被遗弃儿童的育婴堂、收容寡妇的清节堂、救济遭遇水难的救生局）、免费教育（向贫困孩童提供教育的义学）、传染病防治（治疗瘟疫）等措施。

为防备灾荒，清政府建立了比较完善的仓储设施，主要有常备的常平仓、社仓、救济仓。地方有相应的补助救济预算，也有义仓。中央与地方分工合作，平时小灾小难地方自主救济，遇到大灾大难中央下派官员，统一利用各地的常平仓进行救济。从嘉庆、道光年间开始，官方对荒政的关注度降低，常平仓和社仓日趋衰落，义仓地位日渐重要。义仓大多由地方官牵头设立，仓粮则主要来自民间捐助。对贫困人口的救助是传统社会救济活动的一个重要组成部分。与赈灾的不确定性相比，济贫活动具有明显的持续性，一

说明：清末民初，吏治日坏，官员越来越不重视荒政，地方士绅成为救济灾荒的主力。

般设有养济院，具有官办性质，是收养鳏、寡、孤、独、乞丐的场所，对弱势群体进行长期的救助。从南宋初年兴起至清代后期，养济院有数百年的历史。民间有自发形成的救助队伍，属于临时性质，由当地士绅地主组织，充分发挥他们在本地的影响力，保证救灾工作更好地开展。从清中期开始，完全官办的养济院已经衰败，改由官方牵头、民间捐资并管理的社区性的慈善机构，以及完全由民间建立的义庄、工商业者的互助组织等进行济贫，受政府和民间社会的双重监督。为取得民众信任，获得更多捐助，社会济贫机构需将收支账目张榜公布，以后则逐渐发展为刊刻征信录。如同治年间江苏南汇县清节堂“堂中留养经费连外恤口粮，一切收支细款，年终造报榜示”。

清代宗族内的救济机构主要是按照血缘关系成立的义庄。义庄以义田为主体，以赡养贫困族人为宗旨，由家族内的富人捐献，成为全族公产。宗族内所有人有监督之权，义庄的收支在宗族范围内公开。义庄对其每一款项的出入都有详细的账册，如苏州彭氏义庄每年义田的地租收入，主要用于缴纳田赋、宗族祭祀及对贫苦族人的救助。清代工商业者根据地缘成立会馆，根据业缘成立公所，互助活动是会馆和公所的重要职能之一，其资金或由众人筹集，或由众人自愿捐助，或由行业强制抽捐。为规避包括失业在内的各种风险，工商业者积极构建一个更加完善的保障体系，即以业缘为纽带的社会保障，增加了失业保障或急难互助等内容。

说明：安济院也叫作养济院，收容贫困无依的老人，如同现在的养老院。

说明：无锡华氏义庄。义庄以义田为主体，以赡养贫困族人为宗旨，由家族内的富人捐献，为全族公产，宗族内的所有成员均有监督权。

例一，因生计所迫，父母不能养育子女乃至弃之路旁，古来常有。在艰难的生存环境下，弃婴、杀婴成了一些家庭减少生存压力的出路。即便贫民坚持下来，没有放弃养育幼儿，也极有可能因为突如其来的变故，使家中婴孩成为孤儿。自宋代设立慈幼局、婴儿局后，慈幼恤孤才逐渐从慈善救济项目中独立出来，使孤儿救助进一步往规范化、专业化方向发展。历代全婴堂、育婴堂之设甚多。明末清初，慈幼事业再度崛起，真正依靠的依然是地方精英的力量。地方士绅积极参与行善，承担起教化社会的使命。雍正皇帝曾亲书育婴堂碑文，要求完善广渠门内的育婴堂规制，号召士庶“捐资为善”，并向全国推广，严饬地方官吏切实做好弃婴养育工作。地方官履新按临，都要仔细过问善堂设立位置，核对在籍名单和拨补实数。在地方士绅的积极支持下，清政府对民间慈幼事业的支持力度逐渐加大，慈幼机构以一种蓬勃向上的状态加入国家整体的福利政策当中，改善底层婴儿的生存环境，并出现了恤孤局、抚教局等机构，主要关注五六岁以上、十六岁以下的流浪儿童救助，传授孤儿们知识和手艺，保证每个孤儿拥有一技之长，能够谋生。这也可以称作“授人以渔”式的救助方式。到 19 世纪，全国各地的慈幼机构呈井喷式发展，不仅数量增多，保育理念和质量也都有了全新的发展，养济事业日益完善。

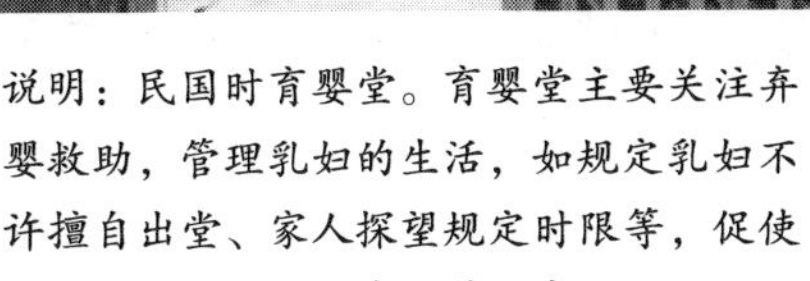
说明：民国时育婴堂。育婴堂主要关注弃婴救助，管理乳妇的生活，如规定乳妇不许擅自出堂、家人探望规定时限等，促使乳妇能全心投入保育工作之中。

说明：明代医生诊治小儿病患情景。

例二，科举取士是我国古代选拔人才的主要途径，学而优则仕也是举子们梦寐以求的人生幸事。但因为家境贫穷而辍学的，也不在少数。如何救助这些贫困学子，政府与社会都非常关注。宋元以后，政府备有学田、膏火田等公产收入作为膳廪支持。地方与宗族内部所建立的义学、贡士庄、希贤庄、青云庄则为本地或族内贫寒子弟完成学业解除了后顾之忧。

例三，无钱治病，是穷人的共同遭遇。北宋政府从佛教寺院的善业得到启发，大力兴办义诊慈善机构，并作为地方官员重要善政加以鼓励。明清时期，仍旧沿用宋朝的民间医疗保障体系，在地方设立“惠民药局”，作为官方唯一的医疗保障场所。明太祖朱元璋特别要求，惠民药局须深入乡村一级，做到从根本上解决就医难问题。但庞大的惠民药局体系，如同分布在全国的军事卫所，给养是个大问题。无论是中央还是地方的官营药局，营利仍然是其目的之一，通常只有在皇帝特别下诏时才参与施药救济的工作。明朝后期，惠民药局逐渐衰败，仅少数仍在瘟疫之年偶尔发挥作用。鸦片战争

说明：清末杭州广济医院院长梅滕更博士查房时，与中国小病患相互鞠躬行礼。

后，教会医院由沿海逐渐进入内地，如同唐代佛教僧众利用寺院救助百姓，西医也在教会、教堂的推广下，为乱世中的百姓提供医疗救助。例如，英国圣公会传教士梅滕更（Daivd Duncan Main，1856－1934）在1869年创办杭州广济医院（今浙大附属第二医院之前身），并在1887年开设杭州最早的麻风病院，收容医治许多麻风病人，堪称当时传教士为麻风病人筑家园的典型。

例四，老有所养是每一个人都企盼的人生结局，但总有一些人不幸变成孤寡老人。自北宋崇宁年间在常平仓下设立安济坊、漏泽园后，以赡养孤寡老人为宗旨的养济院、居养院、安济院也纷纷建立。与此同时，家族中的义庄、义田对本族孤寡老人按期发放赡养费用，使他们不至于流落外乞，有力地补充了政府的养老设施之不足，直至成为养老保障最有力的社会基础。

说明：民国时期的义冢。

例五，北宋元丰年间政府倡建的漏泽园，主要职责是收殓无人认领的尸体或者因家贫无力埋葬者，集中埋葬，其后历代奉为定制。随着佛教的传入，民间社会的恤葬善举悄然施行，民间捐建的义冢、义阡和漏泽园遍布全国各地，极大地推动这项慈善事业的发展，让客死异乡的亡者能入土为安。此外，漏泽园事业离不开寺院僧众的支持，其墓园瘗埋活动、维护管理往往需要僧众的参与，而事实上僧众在漏泽园建造及管理中也发挥了重要作用，对社会慈善事业颇有贡献。

综上所述，可知清代社会救济优缺点兼具。优点是与农业社会结构相适应，民间机构救济内容的多层次，资金来源的多元化，管理方式有一定的近代性，不受官僚主义束缚。缺点则是不重视救济的经济功能；民间救济机构主要发挥教化乡里、改善民风和社会整合的功能，对接受救济者有经济和道德的双重要求；家族保障的封闭性和狭隘性；资金数量少，救济范围小；社会财富再分配功能弱。

八　清代疫病及社会救护

明清时期，瘟疫猖獗，《中国古代疫病流行年表》记载这一时期的瘟疫次数多达 156 次，平均每三四年就有一次瘟疫，严重危害民众的生命健康。在明亡清兴之际，瘟疫的暴发也曾深刻影响历史进程。史料记载，1641 ~ 1643 年北京连年大疫，“京师大疫，死亡日以万计”。疫情十分惨烈，甚至导致北京守城军队严重缺额，于是在李自成农民军进攻时一触即溃。晚清以前，防疫观念多基于传统中医理论，认为瘟疫是通过“气”来传播的，在伤

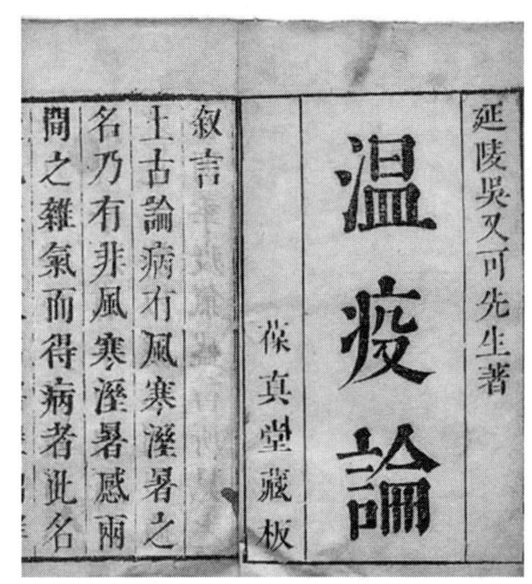
延陵吴又可先生著
温疫論
葆真堂藏板
敘言
上古論病有風寒溼暑之
名乃有非風寒溼暑感兩
間之雜氣而得病者此名

说明：崇祯十五年（1642），吴又可撰《温疫论》，是中医温病学发展史上具有划时代意义的标志性著作。

寒学说的基础上，明清时期形成了温病学和瘟疫学体系，为临床治疗提供了更加全面的理论指导。中医也对接触传播、食物传播、水传播、虫媒传播等瘟疫传播方式有了一些直观或隐约的认知。例如，明代医家吴又可在《温疫论》中记载了“戾气”病因学说，强调瘟疫与伤寒完全不同，明确指出“夫温疫之为病，非风、非寒、非暑、非湿，乃天地间别有一种异气所感”，并创立了表里九传辨证论治思维模式，创制了达原饮等治疗瘟疫的有效方剂，对后世温病学的形成与发展产生了深远影响。此外，疫情发生离不开地理环境因素。中国向以秦岭-淮河为界，分南北方。据此，清代医家张璐在

《张氏医通》中记载：“东南冬月患正伤寒者少，患冬温及痘疮者最多；西北则秋冬春皆患伤寒，殊无瘟疫及痘疮之患矣。此何以故？西北土地高燥，即春夏气难上升，何况冬月之凝沍？东南土地卑湿，为雾露之区，蛇龙之窟，其温热之气，得风以播之，尚有可耐……蒸气中原杂诸秽，益以病气、死气，无分老少，触之即同一病状矣”。

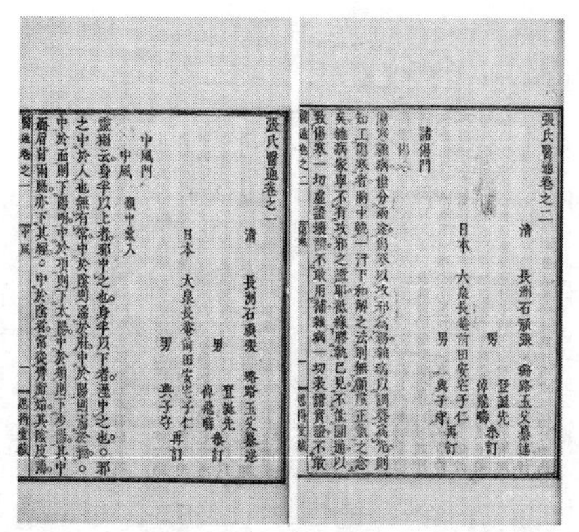
張氏醫通卷之一
清 長洲石頑張 璐路玉父纂述
男 登誕先 倬飛疇 參訂
日本 大泉長菴前田安宅子仁 再訂
男 與子守
中風門
中風 類中祟入
靈樞云：身半以上者，邪中之也；身半以下者，濕中之也。邪之中於人也，無有常，中於陰則溜於府，中於陽則溜於經。中於面則下陽明，中於項則下太陽，中於頰則下少陽，其中於膺背兩脅，亦下其經。中於陰者，常從臂䯒始，其陰皮薄……

張氏醫通卷之二
清 長洲石頑張 璐路玉父纂述
男 登誕先 倬飛疇 參訂
日本 大泉長菴前田安宅子仁 再訂
男 與子守
諸傷門
傷寒
傷寒雜病，世分兩途，傷寒以攻邪為務，雜病以調養為先，則知工傷寒者，胸中執一汗下和解之法，別無顧慮正氣之念矣。雜病家專不肯攻邪之[illegible]……

说明：《张氏医通》是一部以杂病为主的综合性医著，内容丰富，体例仿王肯堂《证治准绳》，分内、外、妇、儿、五官各科疾病证治，并附验案。1695年刊行后流传颇广。

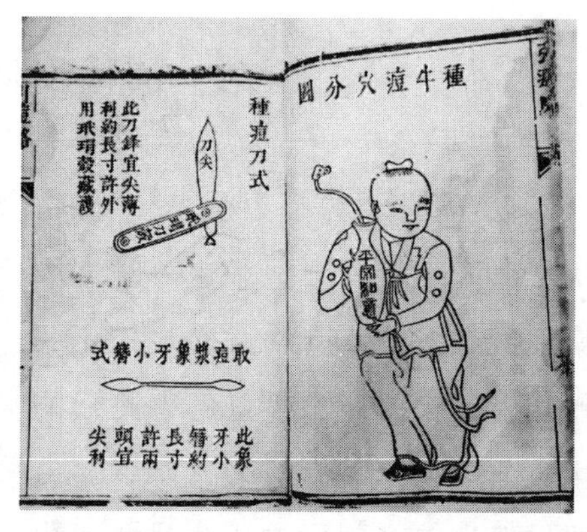

说明：道光十二年版《引痘略》中的种痘方式，民国医药文献博物馆藏。

天花是由天花病毒感染而引起的一种烈性传染病，在古代又称为痘疹、痘疮、痘疾。来自东北地区的满人对天花没有抗体，常有满族贵族染痘身亡的记载。根据《钦定八旗通志》记载，满人有子女出痘要祭神来求得保佑，用猪羔祭神称为“痘祭”。为了避免感染天花，清代宫廷有“避痘”之俗，主要措施有别居、行猎、免朝会等措施。宫中还设有专门的庙坛供奉痘神娘娘；京城中有出痘者立刻迁出城外；设置查痘章京，即专门负责检查、上报民间出痘的官员，主持预防隔离工作，将患者隔离，以此来控制痘疫，杜绝传染；[①] 民间则采用有消毒除湿功能的香燥之剂，借以避疫。部分明清文献

① 清人俞正燮《癸巳存稿》记载：“国初有查痘章京，理旗人痘及城内民人痘疹迁移之政令，久之乃定。”

中还记载了防疫办法，如避免接触病人和病家的物品、消灭虫媒、单独安置病人，乃至检疫以及种痘等。大多数研究表明，种痘技术在明代后期的南方就已经产生。当时的种痘技术是人痘，即用痘疹患儿的痘浆或痘痂作为疫苗，植入种痘人的鼻中，使种者出一次轻症天花而获得免疫力。康熙朝以后，种痘预防天花的方法得到清政府的认可，并在太医院设立痘疹科，任命专人负责种痘、治痘之事，甚至将宫中太医派至蒙古，为蒙古诸部种痘，有效地预防了天花的发生，积极促进了蒙古各部人口增长。此外，许多民间偏方也被记载下来，如《池北偶谈》记载有一种来自云南的“神黄豆”植物，将其黑壳碾成粉末冲水服用，可以治疗小儿天花。具体服用方法是以每月初二、十六为期，半岁孩童每服半粒，一岁孩童每服一粒，一岁半孩童每服一粒半，递加至三岁孩童服三粒，照此方服用可以永绝小儿痘毒。从现代医学的角度来看，像这样的民间偏方对预防天花并无作用，更多是一种安慰剂而已。

在古代庸医横行的背景之下，瘟疫中无助的人民只能“设坛求神”，结果由于群众聚集，瘟疫愈演愈烈，陷入恶性循环。欧洲的放血疗法也有一定的道理，但是由于缺乏消毒，放血疗法很容易放血过量或者使患者感染血液疾病，直接导致病人被“放死”。事实上，喝白开水比各种偏方更为管用。多喝热水能增强胃肠的机能，还能促进血液的循环，将滞留在体内的水分排出体外。

说明：欧洲中古时期的放血疗法。

明清社会卫生行为和观念不属于现代卫生的认知体系。个人清洁与个人健康，被视为个人事务，国家基本是放任不管的。有些卫生观念、行为方式甚至形成了养生秘诀、歌谣口诀、家规族训等，传递给下一代人学习。城市公共卫生的维持大体靠两部分力量：一部分由市场机制来运作，粪壅业组织和拾粪者将粪便贩运出城，卖给农民；另一部分力量则是官府和地方社会力量，体现在对城市河道定期或不定期的疏浚上。随着西方卫生知识和经验的传入，人们对抗瘟疫的策略发展到预防的层面，提倡以注意自身生活习惯和改善环境卫生的方式来防止“沥毒”，初步显示出人们认识到预防工作的重要性。

说明：民间医师努力防治瘟疫。

瘟疫等卫生问题大多数时候被视为民生问题，统治者容易漠视，缺乏组织性防疫。明清时期，地方政府内虽设有“医学”，但仅凭一吏，能履行好日常的医疗之职已属不易，更难再肩负起防疫的重任。明清时还曾在各地设立官方的惠民药局，在大疫之年设置病坊收治病人等，多因缺少政府支持而废弃。瘟疫发生时，大多依靠民间力量救助，尤其是地方士绅非常活跃。在儒家推崇的“修身齐家治国平天下”理念的激励下，地方上的宗族、乡贤、富商等通过协助官府、筹集款项、施送药物、刊刻医书、延请医生、收殓尸体、施舍棺木等措施来应对疫情。民间自建的慈善机构，在防疫工作中也担负重任，在经济发达的江南地区尤为典型，比如南浔施药局、丹徒卫生医院、宝山真如施医局等。瘟疫发生时，大量医生投身于对抗瘟疫的战斗，做了亲身治疗传染病人的记录与疫病患者临床表现的精细描述，甚至免费诊治病患和发放药物；积极研究医学，突破古书束缚，发展新的医学理论，开发新的方剂和治疗、防疫手段；刊布医书、医方，使天下医生与病家都能够破除执误，掌握真知。

瘟疫期间，政府不只会提供医疗上的帮助，还会提供经济上的帮助，经常开仓放粮、减免租赋。除此以外，道观、寺庙乃至基督教的教堂等也广泛从事医疗事业。值得注意的是，在经费来源、救疗功能和慈善色彩等方面，清代中期也出现了若干重要的改变，开始依靠稳定而具有灵活性的经费来源（比如丝捐、铺捐等），并通过收取号金的方式，尽可能补足资金缺口，士绅筹办的医药局等组织由纯粹的慈善机构，逐步向以诊治疫病为主要目的的方向发展。从国家和社会应对瘟疫的情况来看，社会力量日渐活跃，并在兴办医药局之类的事业中出现更多、更为广泛的合作。

说明：官绅合作防疫。

1893～1894 年，华南地区发生了严重的鼠疫大流行，从广东高州蔓延到广州、香港，此后数年连续不断。《申报》记载，仅在 1894 年广东全省死亡达数万人，加上后来疫情的流行，10 年间接近 20 万人死亡。同在 1894 年，香港采取了隔离防疫手段应对鼠疫，严格实行交通检疫，将所有感染者集中隔离，最终全年死亡仅 2552 人。1899～1923 年发生的霍乱大流行，是历史上第六次霍乱的大规模暴发，起始于印度，在当地造成了超过 80 万人死亡，此后传播到中东、北非及欧洲部分地区。1902 年，北京、天津、上海等多地暴发了大规模霍乱疫情。对传染病的防治，清政府与地方督抚的态

说明：霍乱大流行时期的死神海报。

度已大为改观，开始重视公共卫生事业。为了人民的身体健康，学部提出“医学一科理论精微，关系于民命者实非浅鲜，非亟予提倡，不足以收实效”，主张对留学医科的自费生予以官费补助。东三省总督锡良和吉林巡抚陈昭常认为，立国强民为本，而强民以重医为先。上海的租界率先建立了卫生机制，天津都统衙门也实践了卫生制度，最终推动了清末新政时期国家卫生行政制度的建立。1906 年民政部成立后，设卫生司，负责医疗卫生，并对医疗卫生建设做了相应的规划；地方层面，东北设置了民政使司，其他各省设立了巡警道负责地方卫生事宜。此外，各类医院纷纷创办，医学教育也得到发展。

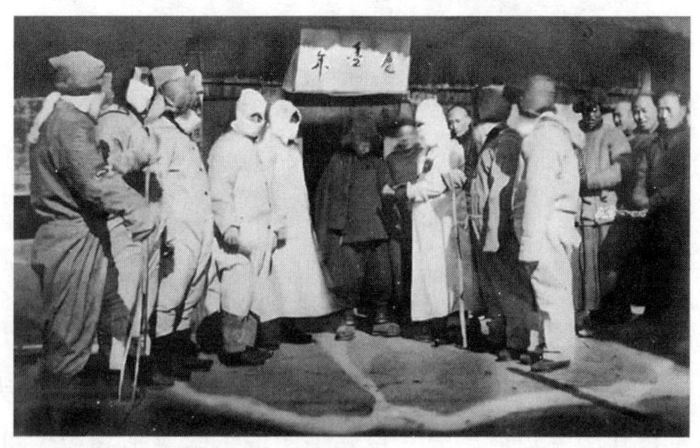

说明：伍连德在东北主持防疫。

1911年，东北地区暴发鼠疫，疫情威胁京津，同时由于东北是日本与俄国的势力范围，清政府面临很大的外交压力，于是外务部实行检疫工作，防止外国借机进行军事干涉，破坏主权。清政府下令各处严防，并指派天津北洋陆军医学院副监督伍连德为全权总医官，抽调各地医护人员支援疫区，第一次大规模投入人力、物力、财力来防疫。伍连德的防疫事业，为中国的现代医学建设与医学教育、公共卫生和传染病学做出了开创性贡献，并让中国收回了海港检疫的主权。当时采取的防疫措施包括建立各级防疫组织，颁布防疫法规，采取清洁、消毒、隔离、检疫等手段遏制疫情等，成功遏制了东北鼠疫的蔓延。1911年，清政府在沈阳召开了万国鼠疫研究会，共有11个国家的医学专家参加。这是中国第一次举办世界性的医学研讨会，不但展示了中国的医疗水平与防治能力，也维护了中国的国家尊严，提高了国际地位。

九　清代地方团练及军队私人化问题

清军入关之后，八旗成为特权阶层，八旗子弟也逐渐腐化，取而代之的是绿营制度。绿营就是由汉人组成的职业兵。为了区别八旗，以绿旗作为标志，以营为单位，故称绿营。平定三藩之乱时，康熙就已经用绿营作为主力，在康雍乾三代的对外战争中，大小战事皆依仗绿营，但领兵将领仍出身八旗。乾隆后期的镇压白莲教起义中，无论是八旗还是绿营，都已无法作战。

说明：曾国藩画像。

1796年2月15日，白莲教起义爆发。起义军转战于湖北、四川、河南、陕西等地。由于八旗、绿营无力作战，合州知州龚景瀚建议设置团练乡勇，嘉庆帝也采纳大臣明亮、德楞泰的意见，让湖北、四川、河南、陕西等地的乡绅修筑土堡、聚集民众自守，举办团练自我防卫。团练制度在一定程度上维护了士绅特权与地主阶级的统治地位。团练兴起之后，清军坚壁清野，起义军没有粮草和兵源，嘉庆九年（1804）被清军镇压。

1850 年，湖南湘乡境内大批会党起义。署理湘乡知县朱孙诒靠着举办团练对付起义军。1851 年太平天国运动兴起，紧靠广西的湖南士绅十分紧张，朱孙诒扩大了团练的规模。1852 年，太平军攻入湖南境内，王鑫、罗泽南、易良干带着团练和太平军对抗。曾国藩办团练依靠的正是湘乡县的王鑫、罗泽南、李续宾等人。这些地方上的团练头目后来成为湘军名将。1854 年 2 月 25 日曾国藩带着湘军北上期间，湘军正式成形，并练出了水陆两军，军队中有 17000 余人、大小战船 361 艘、洋炮 500 多尊、军械数千件、弹药 20 余万斤，此后变成了镇压太平天国的主力部队。

说明：以士绅为骨干的湘军将领。

曾国藩创办湘军之时，极度鄙视绿营，决心建立湘军的特色：湘军的将领多是儒生。按照《湘军兵志》的记载，湘军将领可考的有 179 人，其中儒生 104 人，占 58%；武将出身只有 75 人，占 42%。15 个重要幕僚也是儒生，统领 13 人中 8 人是儒生，分统 43 人中 28 人是儒生，帮办 10 人中 9 人是儒生。而湘军的普通士兵则以农民居多。值得注意的是，湘军的人身依附特性十分强。在湘军成立之后，为了保持部队的战斗力，曾国藩要求湘军将领必须在湖南人中招募士兵，而且领兵的将领需要亲自挑选士兵和军官，不能让别人代劳，选择士兵也有相应的标准。由于上到湘军统领、下到普通士卒都是湖南人，而且下级军士都是由上级军官选拔的，因此下级对上级忠心耿耿。此外，湘军之中多是亲属、朋友、乡亲等关系脉络，让湘军之间的联系十分紧密。

湘军的训练和军事教育不同于一般的清朝军队。曾国藩自认为“治军之道，以勤字为先”，设定了大量的操练规则，要求湘军日日训练，并设立了点名、操演、战墙子、巡更、放哨等军规，要求湘军严格执行。曾国藩还把儒家教育纳入湘军的教育体系，制定了很多营规，把湘军军队的纪律和封建礼教杂糅在一起，试图通过思想教育对湘军进行教化。由于清朝正规军八旗与绿营无法阻止太平军的发展，咸丰皇帝下令地方组织团练，以抵抗太平军的进攻，其中曾国藩组建的湘军与李鸿章组建的淮军在镇压太平天国运动中起到了很大的作用。但湘军、淮军不是朝廷的正式军队，所以他们称为“勇”，而绿营称为“兵”。二者最大的区别就是“勇”的军饷不是由朝廷拨给，而是由统帅自筹的，开了军队私人化的先河。湘军普通士兵每月饷银是 6 两银子，而八旗兵只有 2 两银子，湘军兵饷是八旗兵的三倍。除了组织制度、训练管理、武器装备等因素外，高工资是湘军强悍战斗力的来源之一。自筹经费的来源为捐纳（卖官衔）、厘金（设卡抽税）、战利品，还有朝廷给的赏赐（主要是空头功牌和官职），用这些名位换筹军费。由此可知，湘军和淮军兵必自招、将必亲选、饷由帅筹，其规制与绿营相反，故兵随将转、兵为将有，逐渐形成地方军阀。

厘金最初分行厘和坐厘。前者为通过税，征于转运中的货物，抽之于行商；后者为交易税，在产地或销地征收，抽之于坐商。对商人来说，行厘的负担比较重，因为货物在转运过程中，路过一个关卡就要交一次厘金。若将厘金按商品分类征税，可能更好理解。厘金分为百货厘、盐厘、洋药厘（进口鸦片）、土药厘（国产鸦片）。据同治八年至光绪三十四年（1869～1908）全国各省厘金收入来分类计算，百货厘约占总收入的 92.0%，茶厘约为 1.8%，盐厘约为 0.8%，洋药厘约为 3.3%，土药厘约为 2.1%。不要小看了厘金，正是这些厘金，成为清朝镇压太平天国和其他农民起义的主要财源，也成就了湘军与淮军等地方武装力量，帮助清朝度过了内部危机，但

说明：设卡抽税的厘金局。

同时埋下了清朝无法控制地方的隐患。因为这些新建的地方武装，效忠的不是清朝，而是将领个人。再加上厘金的收取流程很琐碎，需要在一大片区域内设卡，现场收取多笔小额现金，曾国藩和李鸿章等人必须拿到人事行政权，任用自己的亲信，才能收到厘金，维持湘军、淮军的运转，所以清朝也下放了人事行政权力。这样一来，围绕厘金的征收和使用，清朝将军事权、人事权、财权都下放给地方了。而权力一旦下放，并深度嵌入地方政治，再想收回这些权力就难了。清政府不是不想收，而是收不回去，如果强行收回这些权力，地方局势就又失控了。

曾国藩、左宗棠和李鸿章虽自成派系，对军队都拥有极大的指挥调度权力，但如果没有清政府的政策扶持，根本不可能建军立业。因此，湘军镇压完太平军后，曾国藩敏锐地意识到，湘军有功高盖主的嫌疑。为了表示对朝廷的忠诚，曾国藩还主动开始部署裁军，分拆到各省，称为“防军”，其余湘军由左宗棠率领，先后剿西捻、平回变、收新疆，并在新疆屯田定居，成为新疆发展的重要力量之一。从湘军的军事思想和军事制度看，湘军依旧是旧式军队，与同时代的西方各国的军队组织模式有非常大的差距。绿营的弊端也逐渐腐化湘军，使湘军与淮军深受其害。在镇压太平天国之后，湘军就已经出现暮气，但湘军还是完成了军队的转型，跟随左宗棠镇压陕甘回变，出征新疆平定阿古柏之乱，成功保住新疆领土与主权，不被俄国侵略吞并。可以说，湘军和淮军的存在，象征着军事权逐渐转移到汉族官员之手。后来在甲午战争中，无论是湘军还是淮军都因为各种问题而无法对日军作战，清政府痛定思痛开始编练新军，改革军制，这就是后来的北洋新军。这支军队后来被袁世凯操控，成为压垮清朝的最后一根稻草。北洋新军的力量是不可忽视的，在清末乃至民国期间，影响中国政坛几十年之久。

说明：湘军西征，收复新疆。

说明：北洋新军的青年军官。

十　湘军西征与新疆设省

回疆是清朝对天山南路的通称。该地为维吾尔族、乌孜别克族所聚居，清朝对该地信仰伊斯兰教的少数民族多称为“回”，故称“回部”。回疆具体范围界定为天山以南，昆仑山以北，东界玉门关、阳关，西界帕米尔高原，中有库鲁克塔格山相隔，将塔里木盆地与吐鲁番盆地分割成两个相对独立的区域。乾隆二十二年（1757），清朝趁着准噶尔部内乱，消灭准噶尔势力，完全控制卫拉特区域。乾隆二十四年（1759）平定大小和卓之乱后，西域尽入清朝版图，取“故土新归”之意，称为“西域新疆”，简称“新疆”。新疆分为南北二部，天山以北的准噶尔故地称为“准部”，天山以南的叶尔羌国故地称为“回部”，并称“南回北准”。

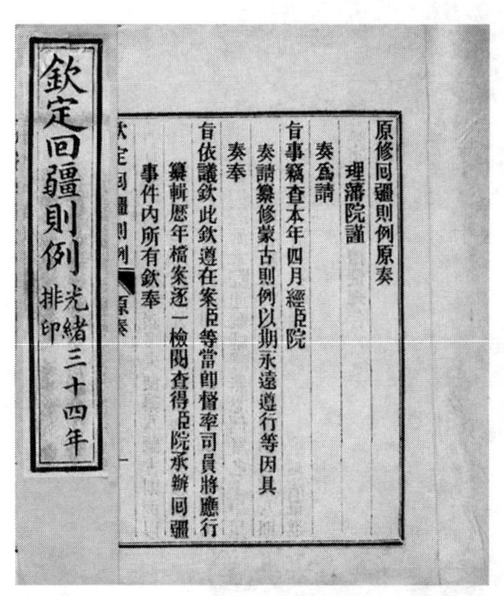

欽定回疆則例
光緒三十四年排印

原修回疆則例原奏
理藩院謹
奏爲請
旨事竊查本年四月經臣院
奏請纂修蒙古則例以期永遠遵行等因具
奏奉
旨依議欽此欽遵在案臣等當即督率司員將應行
纂輯歷年檔案逐一檢閲查得臣院承辦回疆
事件內所有欽奉

说明：光绪三十四年排印《钦定回疆则例》。

清朝意识到需要在新疆地区长期驻扎军队，并且需要留下重要官员管理新疆地区。新疆地区最高军政长官是伊犁将军，执掌天山南北最高军政大权。下设参赞大臣、办事大臣、领队大臣，都由八旗精英担任，处理周边关系。天山南路的大部分地区为维吾尔族居住，设立三品到七品的伯克分管地方事务。全部回部的伯克由总理札萨克郡王一人、协理图撒拉克齐二人统领之。《钦定回疆则例》内容涉及政治、经济、宗教、司法管辖诸多方面，对于治理回部、稳定边疆，具有重要的历史意义，《钦定回疆则例》采用了因俗设官、因地制宜的原则，对维吾尔族上层贵族晋封王、贝勒、贝子、公者，其服色、坐褥准照蒙古王公例设置，借以加强满、维两族的贵族联盟，并严格维护清朝皇帝对维吾尔族地方职官的任用权，对维吾尔族的年班、赏赉、度量衡、货币、赋役、贸易、驻军管理等各项制度，都做了专门规定。1862年，由于汉回之间的民族冲突，且当地官府长期腐败，趁太平天国和捻军进入陕西的机会，陕西回民揭竿而起。宁夏也爆发了大规模的回民民变。嘉庆二十五年至道光七年（1820~1827），南疆发生张格尔叛乱，企图恢复和卓家族昔日的统治。为了安抚南疆地区的军民，道光皇帝将喀什噶尔参赞大臣斌静撤职查办，另派永芹前往驻守。当张格尔统治了这些地区后，却大肆屠杀所有质疑他的部落，让多个部落不再支持张格尔，并帮助清军平定叛乱，维护了国家统一和民族团结。然而，回民和汉民在宗教信仰、生活习性、价值观上存在差异，易生矛盾。面对边疆危机，左宗棠与曾国藩、李鸿章等爆发了海防塞防之争。曾、李认为中国国力有限，不可能兼顾海防和塞防，新疆是“数千里旷地”，也没有赋税收入，丢了也不伤中国元气，所以主张弃西北、保东南；左宗棠主张塞防，指出新疆一失，陕甘清军便会被牵制，必须长期驻守，不能裁减兵饷，否则内外蒙古、陕西、甘肃、山西就会有危险。保住新疆，各国反而不敢轻举妄动。当时主管财政的大臣沈葆桢一见西征军费的预算报告，金额甚巨，欲摊派给各省，从地方财政收入里抽调，但这样不易凑齐，有贻误战机之虞。为了支持左宗棠出征，清政府几乎掏空了国库，传统的“酌拨”与“协饷”也已失效，于是左宗棠委托杭州商人胡雪岩向外国银行与洋行借高息外债，以广州、福州、上海、汉口四地的海关收入做抵押，总算筹集到了西征新疆的军费。通过高息贷款的绑定，清军西征获得了英国等列强的支持，最大限度地减少了清朝收复主权的国际阻力。

西征新疆是非常困难的挑战。清军转战数千里，兵少不够用，兵多又负担不起。用兵难，后勤更难。1876 年 4 月，左宗棠移驻肃州（酒泉），战略是“缓进速战”“先北后南”。国库空虚，西北交通不便、人烟稀少、田地荒芜，为了紧缩军费开支，大军一旦出发，必须速战速决，力争在一年半左右获取全胜尽早收兵。为了减轻内地长途调运军粮的困难，就改善天山运道，修筑盘曲山路，并筹集粮秣，发动军民屯田垦荒，兴修水利，增粮积谷，同时在哈密大本营加紧训练，提高部队战斗力。杨昌浚的诗文“大将筹边去未还，湖湘子弟满天山；新栽杨柳三千里，引得春风度玉关”，正是湘军收复新疆、积极屯田、恢复生产的写照。1876 年，湘军将领刘锦棠率军收复了除伊犁以外的整个北疆。1877 年 4 月湘军进入南疆，并在 1878 年初收复和田，全新疆收复。1884 年，新疆建省，首府定在迪化（今乌鲁木齐）。全疆共设镇迪道、阿克苏道、喀什噶尔道、伊塔道，下辖府、厅、州、县，并由刘锦棠担任新疆巡抚，废除了新疆的军府制与伯克制度，鼓励人员迁移、积极屯田、兴修水利，促进了社会发展，推动了新疆地区经济社会向近代化迈进，也成功遏止了英国与俄国欲分裂我国领土的野心。

第五章　清代法律的规范化

一　清代司法制度

清代各府州县处理案件后，上报各省按察使查核，再交总督、巡抚判断。情节小的案件，由督抚决定刑责；情节重大者上交刑部查核。刑部、大理寺、都察院，称为“三法司”。凡有重大案件或需处以斩刑、绞刑罪案，须三法司会勘，先经刑部审明，送都察院参核，再送大理寺平允。皇帝负责最后查核，并勾决人犯，准许刑部执行死刑。

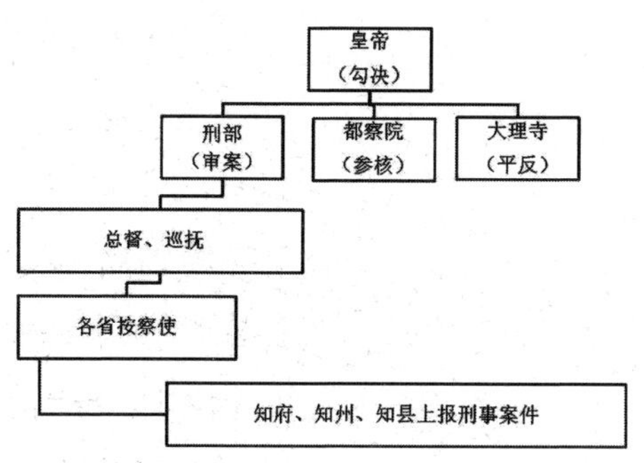

说明：清代司法制度流程。

刑部负责全国刑事案件，主管刑罚及监狱等政令。刑部职官名额在六部中是最多的。满、汉尚书各 1 人，满、汉左右侍郎各 1 人，主事满 5 人、汉 1 人，满、汉司务 2 人，缮本笔帖式 40 人。针对数量庞大的全国刑事案件，刑部按省分 17 个司办理。17 个省是直隶、奉天、江苏、安徽、江西、福建、浙江、湖广、河南、山东、山西、陕西、四川、广东、广西、云南、贵州。17 个清吏司及督捕司、提牢厅、赃罚库等处，共有郎中 38 人、员外郎 46 人、主事 38 人、司狱 6 人、司库 1 人、库使 2 人、笔帖式 124 人、经承 98 人，此外，还有额外郎中、员外郎、主事、七品小京官，无定员，总数 407 人。除分掌该省刑名案件外，各清吏司多兼掌他省刑名或核查事务。每年八月审办各省所报案件，为“秋审”。霜降（10 月 23～24 日）后审办京内案件，为“朝审”。

顺治元年（1644）设大理寺，主管官是大理寺卿，明清两代均正三品，可参与朝廷大政会议。大理寺的职责是平反全国刑名案件，避免冤假错案的产生。明清以后，大理寺虽仍为三法司之一，但主要权力逐渐转向刑部，刑部负责审判推鞫，大理寺负责复核详谳。

清初仿明制，于崇德元年（1636）设立都察院。都察院是明清两代纠劾百官、辨明冤枉、督察各道的最高监察机构，其长官是左都御史与右都御史，下辖十五道监察御史与六科给事中。明清两代担任左、右都御史的人不在少数，其中也诞生了很多著名的人物，清代比较有名的有左都御史郭琇、马齐、孙嘉淦，刘墉、纪晓岚也曾担任过这一职位。都察院除监察政治得失外，具体担负的工作包括议奏折，凡重大案件与刑部、大理寺公同审断，稽查各级衙门、官吏办事的优劣，检查注销文书案卷及封驳，监察乡试、会试、殿试，巡视各营等。

根据《光绪会典》卷六十九，可知十五道监察御史各道的稽查衙门如下。京畿道，稽查内阁、顺天府及大兴、宛平二县，会办京察、大计、军政等事。河南道，稽查吏部、詹事府、步军统领衙门及五城察院等。江南道，稽查户部宣课司、宝泉局、三库、左右两翼税务衙门及十京十三仓。浙江道，稽查礼部、都察院。山西道，稽查兵部、翰林院、六科、中书科、总督仓场及所属坐粮厅、大通桥与通州两仓。山东道，稽查刑部、太医院。陕西道，稽查工部、宝源局，监督宝源局发放兵饷，复勘工部承办的在京之工程。湖广道，稽查通政使司、国子监。江西道，稽查光禄寺。福建道，稽查太常寺。四川道，稽查銮仪卫。广东道，稽查大理寺。广西道，稽查太仆寺。云南道，稽查理藩院、钦天监。贵州道，稽查鸿胪寺。

清初仿明制，设吏、户、礼、兵、刑、工六科，掌勘察官府公事，初为独立机构，雍正元年（1723）科道合并，始隶都察院。六科的职官各有掌印给事中满、汉各1人，给事中满、汉各1人，笔帖式80人，经承63人。六科总数为167人。六科给事中初为七品，雍正七年升为正五品，光绪三十二年（1906）升为正四品。六科的主要工作是掌科抄：各科每日派给事中1人赴内阁接收题本，按题本内容，抄给各有关衙门分别承办；另摘录两份，一份叫史书，供史官记注用；另一份叫录书，存储于科署，以备编纂用。除了掌科抄之外，六科还掌封驳，封还和驳正是六科的主要职掌。若有已奉旨的题本却因故未便执行时，允许六科陈奏封还。若内阁票签有误，或题本内容与事实不符，六科可驳正，但这一职掌很少执行。六科还分别稽查各项庶政，考核各项案件是否限期办妥。吏科稽核人事，注销吏部、顺天府文卷；户科稽核财赋，注销户部文卷；礼科稽核典礼事务，注销礼部、宗人府、理藩院、太常寺、光禄寺、鸿胪寺、国子监、钦天监等衙门文卷；兵科稽核军政，注销兵部、銮仪卫、太仆寺等衙门文卷；刑科稽核刑名案件，注销刑部文卷；工科稽核工程，注销工部文卷。

朝审案件，各道题签后，由刑科复奏，经御批，密封交刑部施行。朝审处决人犯，由刑科监视行刑。秋审专门以死刑监候（斩监候、绞监候）案件为审录对象。明代在天顺年间确立朝审制度，但皇帝常随意停止当年的朝审或勾决。至清代顺治年间，秋审及朝审制度逐渐趋于规范化。乾隆朝刑部郎中阮葵生《秋谳志稿》记载：“秋审之类凡五，一情实，二缓决，三可矜，四留养，五承祀，各别其情以于类”，“矜者减等，疑者复问”。即案件经过秋审或朝审复审程序后，分四种情况处理：第一种为情实，指罪情属实、罪名

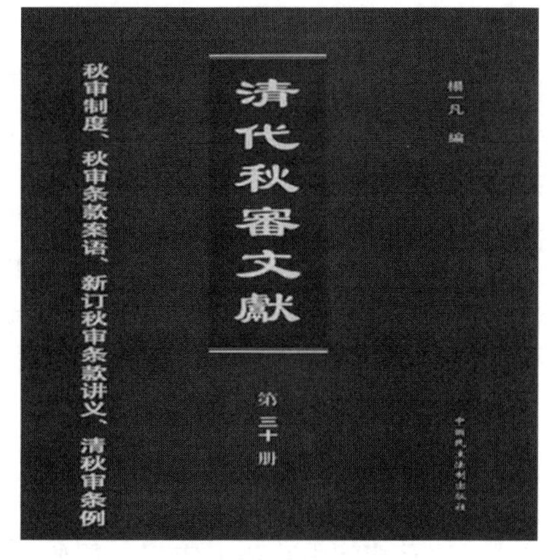

说明：《清代秋审文献》封面。

恰当者，奏请执行死刑；第二种为缓决，案情虽属实，但危害性不大者，可减为流放3000里，或减为发烟瘴极边充军，或再押监候留，待来年再审；第三种为可矜，指案情属实，但有令人同情或可疑之处，可免予死刑，一般减为徒、流刑罚；第四、第五种为留养承祀，指案情属实、罪名恰当，但有“亲老丁单”情形，可以申请“存留（免死）奉亲（扶养父母）”，但是否留养的裁决权在于皇帝，必须奏请皇帝裁决。

清代京师地方司法机构是五城察院。京师分为东、南、西、北、中五城，每城设一衙门掌治安，长官为巡城御史。五城察院审理管界内发生的户婚、田土、钱债、斗讼等案件。地方司法审判机关分为四个级别，州县为第一审级，府为第二审级，按察使为第三审级，总督巡抚为第四审级。上级司法机关有权受理上诉案件和审核下级司法机关的判决。但是，总督巡抚的第四审级只能决定流刑以下案件，流刑以上须呈报中央刑部复审。中央刑部为第五审级。有权决定流刑案件，但须将判决交大理寺复核，受都察院监督。凡遇死刑和重大案件，均由刑部、大理寺和都察院组成三法司共同审理。各省死刑案须上报刑部直接复审，题奏皇帝，再经三法司拟核。对于确定无疑的死刑案件，要经大理寺复核同意，由刑部奏报皇帝批准，方可执行。对于可疑案件，经大理寺同意后，刑部有权将其案驳回地方，责令重审或更改原判，同时须奏报皇帝。当大理寺认为刑部审理不当或判刑不当时，可以驳回更审。都察院如果认为刑部或大理寺在审理和判决中有严重错误，则有权提出弹劾。

死刑案须经皇帝勾决，才能执行。皇帝勾决时，必须着素服、点白烛，以示郑重。除凌迟刑外，死刑分斩刑和绞刑二种，再分为立决与监候两种情形。斩立决或绞立决，即在当年的法定执刑期内处死。如罪有可疑，或情有可悯及犯罪情节和社会危害较轻的，判斩监候或绞监候，在监收押，留待来年秋审分别处理。遇到特别重大案件，则由刑部尚书、都察院都御史、大理寺卿、通政使以及吏、户、礼、兵、工各部尚书共同审理，称为“九卿会审”，这是清朝中央最高审级。即便是九卿会审形成的判决，仍须奏报皇帝批准。由此可见，清朝的司法机构充分体现了君主专制的特点，最高司法权终究是掌握在皇帝一人手中。从清代帝王的勾决记录，就会发现他们的旺盛精力、理政能力及审慎态度，令人吃惊。很多人以为终极勾决权在皇帝手中，生杀大权似全操于皇帝一人，但实际上皇帝不能完全一意孤行。首先，判刑依据的律例是历代官僚共同体集体确定的规范，皇帝不能长期、任意地凌驾于律法之上。其次，律例之外，还有传统道德规范，诸如“天命”“仁义”等范畴，皇帝同样不能超越其上。最后，皇帝本人没有审判权，只有对大臣提交的定罪量刑结论的选择权与决定权。朝审均会同六部尚书及都察院左都御史、通政使、大理寺卿、詹事、六科给事中及十五道监察御史共同审理，凡涉及妇女旌表的案件须会同礼部审核，内外蒙古、热河都统等处有关少数民族的案件会同理藩院审办，但均由刑部主稿。凡宗室、觉罗氏犯罪，则由刑部、宗人府会同办理。宗室案由宗人府主稿，觉罗氏案由刑部主稿。

二　大清律例及其施行情形

在努尔哈赤、皇太极时期，后金政权的法律制度不断吸收明朝法制的经验，“渐就中国之制”。顺治元年（1644），清军入关之初，原有法律制度远不能适应新的统治需要，遂使用《大明律》作为过渡性法律，直至顺治三年（1646）。顺治二年（1645），顺治皇帝下令“修律官参稽满汉条例，分轻重等差”，统一纂修大清律。顺治三年（1646）修成《大清律集解附例》，颁行全国。《大清律集解附例》即《大清律例》，是清朝的基本法典，为清代的经济、政治、礼教、政治、军事等制度提供了法律依据。但它是一部刑法典，共分 30 门，按六部分篇，正文 359 条、附例 430 多条。经康熙、雍正、乾隆朝数次修订，直至乾隆五年完成《大清律例》。乾隆十一年确定“条例五年一小修，十年一大修”的编修原则，所以条例不断增加，而且效力大于律，甚至可以以例为律。

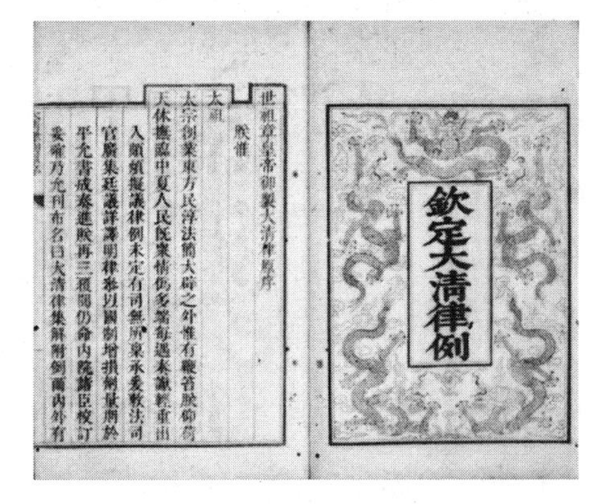

说明：《钦定大清律例》书页。

清代最重要的法律形式就是例。例是统称，可分为条例、则例、事例、成例等名目。大清律后附之“例”，凡属明朝旧例称为“原例”，康熙年间增入的例称“增例”，经皇帝特旨及内外臣奏准的例称为“钦定例”，统称条例。条例专指刑事单行法规。则例是针对政府各部门的职责、办事规程而制定的基本规则。事例指皇帝就某项事务发布的上谕，或经皇帝批准的政府部门提出的建议。成例是一种统称，指经过整理编订的事例，包括条例及行政方面的单行法规。

《大清律例》总体内容如下。卷一为全部律文的详细目录。卷二为各种图表，附有六赃图、五刑图、狱具图、丧服图等。卷三规定具体服制。卷四、卷五规定了刑事惩罚总的原则和通例及“十恶”“八议”“五刑”等颇具特色的制度，附有条例。卷六至卷三十九为吏、户、礼、兵、刑、工各律的具体规定，附有条例，内容编排为先是罪名，再是罪行，最后是罚责。卷四十至卷四十七为总类，将相应的罪行按刑罚种类的轻重次序分类编排，如笞二十，将所有应笞二十的罪行按照吏、户、礼、兵、刑、工各律顺序集中在一起。以此类推，一目了然。这种按刑罚分类的编纂形式，是对历代法律的突破和创新。

“十恶”一词，原为佛教用语，指的是十种恶业，作恶者将堕落到三恶道(地狱道、饿鬼道、畜生道)。中国化的“十恶”最早出现于隋朝《开皇律》，正式形成了“十恶不赦”的说法。不同朝代“十恶”的内容大致相似，其实是沿袭了《齐律》对于“重罪十条”的规定。《齐律》列重罪十条：一曰反逆，二曰大逆，三曰叛，四曰降，五曰恶逆，六曰不道，七曰不敬，八曰不孝，九曰不义，十曰内乱。唐代，第四条被替换为大不敬，第七条不敬换成不睦。前三条都与谋反有关，第一条指的是意图推翻统治者，第二条指的是破坏统治者的宗庙，第三条指的是背叛统治者，大不敬指的是冒犯皇家尊严。“十恶”之中，反抗统治者及其相关内容者占了将近一半。第五、第七、第八、第十条都是对于家庭的规定。第六、第九条是指杀人级别的大罪。

“八议”就是电视剧里提到的法外开恩。有些人与皇家有着千丝万缕的关系，或对国家有着特殊的贡献，他们犯法，不能与庶民同罪。“八议”指的是议亲（皇帝的亲属）、议故（皇帝的故旧）、议贤（德行高尚者)、议能（有治国率兵之能者)、议功（建立大功勋者)、议贵（三品以上高级官员及有一品爵位者)、议勤（高级文武官员恪尽职守者)、议宾（前朝后裔)。除犯“十恶”以外，司法机关不能直接审理八议者，必须先将其犯罪事实及应享受特权的理由奏请皇帝，由皇帝交群臣集议后，最后由皇帝做出裁决，一般可免除死罪。若犯流刑以下的罪，可直接减一等处罚。

“五刑”是笞、杖、徒、流、死五种刑罚。从五刑的具体内容来看，笞刑和杖刑都指打犯人，但两刑有所区别，区别在于两种刑罚使用的器具不同，笞刑用的是竹板、藤条，杖刑用的是大木板或者荆条。徒刑指的是将犯人固定在某一个地方为奴的刑罚，也就是说“徒者奴也，盖奴辱之”。流刑指的是流放。死刑就是处死，根据处死方式的不同，又分列出不同的刑罚。

说明：行笞刑的照片。

清代办案，讲求证据。凡人命重案，必须检验尸伤，填写刑部颁布的“尸格”；鞫审强盗，必须赃证明确；事主呈报盗案失单，须逐细开明。不过，为获取口供而刑讯，仍是清朝司法制度的基本特点。刑讯采用的刑罚主要有笞、杖、枷号、夹棍（适用于命盗重案)、拶（zǎn）指（适用于女犯）等。

笞刑的工具通常只是竹板、藤条。据《汉书》记载：“笞者，棰长五尺，其本大一寸，其竹也，末薄半寸。”唐太宗规定笞刑只准打臀，而不得打背，这一改革大大降低了罪犯受刑时的死亡率。从汉初列为法定刑，再到清朝灭亡后被废除，笞刑在行刑时，有一样规矩是不变的，那就是受刑者必须去中衣，也就是脱掉裤子，而且上至显贵下至平民，都不例外。

杖刑是指用荆条或大木板拷打犯人的一种刑罚，杖作为刑种始自东汉。南朝梁武帝定鞭杖之制，杖以荆条制成，分大杖、法杖、小杖三等。杖刑一般是“去衣受杖”，脱掉中衣（内衣)，直接打臀部。宋明清三代规定妇人

说明：行枷刑的照片。

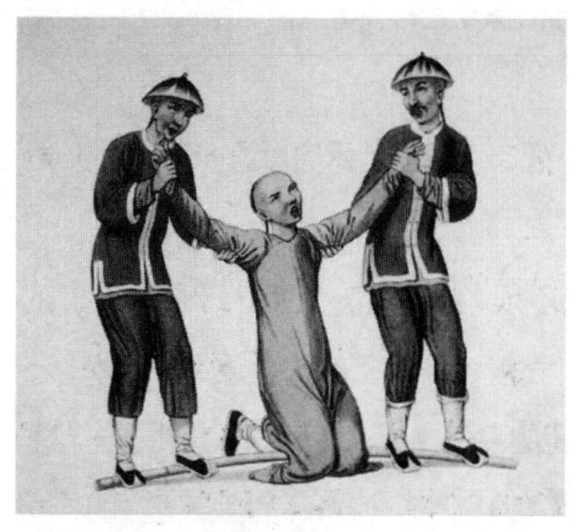

说明：重犯行夹棍。

说明：女犯拶指。

犯了奸罪，必须“去衣受杖”，除造成皮肉之苦外，还要达到凌辱之效。

枷刑是用一种方形木质项圈套住脖子，有时还套住双手，作为惩罚。强制罪犯戴枷于监狱外或官府衙门前示众，以示羞辱，使之痛苦。明代的枷号有断趾枷令、常枷号令、枷项游历之分。刑期分 1 个月、2 个月、3 个月、6 个月、永远五种。枷的重量从二三十斤到 150 斤不等。戴上最重枷的囚犯往往几天内就会毙命。枷刑后来也从耻辱刑演变成了致命的酷刑。

拶子是一种夹手指的拷讯刑具。王棠《知新录》提及“夹棍之说，唐世未闻，其制起于宋理宗之世。以木索并施，夹两股（即大腿），名曰‘夹帮’。又竖坚木，交辫两股，令狱卒跳跃于上，谓之‘超棍’。合二者思之，当即今之夹棍也”。阮葵生《茶余客话》卷六也提及“夹棍始于宋理宗时，以木索并施，夹两股间，名曰夹帮”。又据《清会典事例》提供的材料可知，拶子由五根圆木棍和绳索组成。圆木棍七寸长，圆径四分五厘。拷讯时用五根小棍夹住犯人两手的食指、中指、无名指和小指，用绳索缚紧五根小木棍，夹挤犯人手指，绳索勒得越紧，犯人所遭受的痛苦便越大。

三 清代的重罪与惩戒

清代法律继承了明朝“重其所重，轻其所轻”的原则，加重对“十恶”中谋反、谋大逆的惩罚。凡谋反、大逆案件，只要参与共谋，即不分首从一律凌迟处死。年十六岁以上者皆斩；十五岁以下者及犯人之母女妻妾、姊妹及子之妻妾，“皆给付功臣之家为奴，财产入官”。清代没有惩治文字狱的法律条文，而是引用大逆的条例比附定罪，因此一案构成，往往全家被杀或遭灭族。此外，鉴于“妖书”“妖言”煽惑愚民，危害社会秩序，也定为重罪。《大清律例》规定：“凡造谶纬妖书妖言，及传用惑众者，皆斩。若私有妖书，隐藏不送官者，杖一百，徒三年。”

抄家与清代律例关系并不密切。官员的抄家，更多是皇帝个人意志、偏好与选择的结果，用于打击异己势力和惩处官员，特别是大量针对权贵显要和官员阶层。乾隆时期是清代抄家次数最多的时期，60 年内抄家案几乎占清代总体的 30%，可谓清代抄家之“盛世”。抄家之风兴起于雍正朝，但乾隆皇帝对臣下财物的觊觎和搜敛几近明目张胆，更常在“惩贪”的名义下进行抄家，毕竟查抄嫌犯官员的家产是获取其贪污罪证的当然途径。凡某官员涉罪，地方官员往往不待皇帝谕旨明示，立刻先往嫌犯住址将家产查封，以防后者隐匿转移资产。与乾隆时期抄家多涉总督、巡抚等高级官员的情形不同，光绪朝的抄家很少涉及大员，甚至知府一级者也较少。对被抄人员身份进行鉴别和统计后，可发现官员数量最多（比重占 59%），还有官员家仆及长随、官员族亲、幕僚和办事吏员、无官职的士绅、商人、平民、太监、庄头等。被抄的商人多为与内务府有关的商人，即“皇商”。士绅被抄案例则多发生于文字狱案件。清代将抄家无限推广，官场上获罪被抄成为常态。例如，曹雪芹《红楼梦》中，抄家成为重要主题。扣封私人产业以备抵所欠公项，原在法理上成立，关键在于清代抄家远远超出事理权责的应有范围，抄家所得或直接或辗转入于皇帝私库，成为皇权唯我独尊的表现，破坏了为政所应有的公信基准。

	顺治	康熙	雍正	乾隆	嘉庆	道光	咸丰	同治	光绪	宣统	总计
籍没(次)	76	48	4	12	21	2	1	3	0	1	168
入官(次)	65	75	39	395	71	139	28	33	31	1	877
抄没(次)	1	1	6	28	7	13	1	0	0	0	57
查抄(次)	0	0	0	221	84	64	37	53	43	4	506
抄家(次)	0	0	0	18	13	5	6	5	0	0	47
籍产(次)	0	0	0	3	0	0	0	1	190	2	196
抄产(次)	0	0	0	8	5	9	3	5	3	0	34
合计(次)	142	124	49	685	201	232	76	100	267	8	

说明:《清实录》中清代历朝抄家类型次数。

	总体		官员	
	数量(次)	占比(%)	数量(次)	占比(%)
顺治朝	631	25	76	5
康熙朝	141	5	49	3
雍正朝	130	5	90	6
乾隆朝	769	30	514	34
嘉庆朝	163	6	125	8
道光朝	91	4	56	4
咸丰朝	85	3	70	5
同治朝	99	4	95	6
光绪朝	448	17	444	29
宣统朝	16	1	6	0
总计	2573	100	1525	100

说明:《清实录》中清代历朝抄家人次。

	官员	官员附庸			士绅	商人	民人	与清皇室有关者			不明
		族亲	家仆	幕僚				宗室	太监	庄头	
数量(次)	1525	18	69	52	87	98	636	12	28	23	22
占比(%)	59	1	3	2	3	4	25	0.5	1	1	1

说明:《清实录》中清代被抄人员身份。

杀人罪分为故意杀人、过失杀人和预谋杀人三类。犯故意杀人者（包括用毒药）重于斗杀，处斩刑。但祖父母、父母故杀子孙，只杖七十，徒一年半。反之，如子孙杀祖父母、父母，妻子谋杀丈夫，奴婢杀主人，均凌迟处死。至于斗杀、戏杀、误杀，分别处绞、绞监候或流三千里刑。对于过失杀伤人按斗杀伤人罪处刑，一律可以收赎，给付被杀伤人家。按犯罪人的身份不同，定罪量刑有所差别。对于预谋杀人以惩治主谋即“造意者”为重点，处斩刑，从者减刑。即使并未造成伤害，为首者也要杖一百，徒三年；从犯各杖一百。下属谋杀长官，较谋杀普通人为重。凡谋杀长官未造成伤害者，杖一百，流二千里；已伤，则绞；已杀者，斩。奴婢及雇工谋杀家长与子孙谋杀尊长同。

强盗罪：清律规定只要得财，不分首从皆斩；即使未得财者，仍须杖一百，流三千里；即使造意不行又不分赃，也杖一百，流三千里。清律还立专条，以强盗罪惩治以药迷人盗财的“老瓜贼”，施以斩立决。清律规定，用麻醉药致使人昏迷，如同施用暴力，反映了清律在刑事立法上的成熟。若在白昼抢夺他人财物者，杖一百，徒三年；记赃重者，可处杖一百，流三千里；杀人者，判以斩监候。

盗窃罪：窃盗赃银 120 两，即判绞监候。

光棍罪：明清时代的光棍不是单身汉的意思，而是扰乱社会治安者，于是明清两代的政府制订光棍罪。明代条例的光棍罪，泛指一般流氓无赖的泼皮喧闹行为。清代条例则专指以暴力胁迫手段结伙敲诈财物并因团伙暴力造成人身伤亡的行为。《大清律例》卷二十五规定：“凡恶棍设法索诈官民，或张贴揭帖，或捏告各衙门，或勒写借约，吓诈取财，或因斗殴，纠众系颈，谎言欠债，逼写文券，或因诈财不遂，竟行殴毙，此等情罪重大，实在光棍事发者，不分曾否得财，为首者，斩立决；为从者，俱绞监候。其犯人家长父兄，各笞五十；系官，交该部议处。”如果家长父兄首者免罪，犯人仍照例治罪。

强奸罪：强奸已遂之犯人，处以绞监候；强奸未遂之犯人，处杖一百，流三千里；强奸十二岁以下幼女，因而致死者，或十岁以下幼童（不分男女），照光棍例，斩立决；奸十二岁以下、十岁以上幼童（不分男女），斩监候；奴及雇工奸家长妻女者，处斩刑；奸家长亲属妻妾者，视其亲等，或杖一百，流三千里，或死刑监候。但家长强奸奴及雇工妻女者，没有处罚规定。

兴贩与吸食鸦片罪：雍正七年（1729），清政府第一次颁布了禁烟令，规定兴贩鸦片烟者照收买违禁货物例，枷号一个月，发近边充军。私开鸦片烟馆引诱良家子弟者，照邪教惑众律拟绞监候，为从杖一百，流三千里；船户、地保、领佑人等，俱杖一百，徒三年。兵役人等借端需索，计赃照枉法律治罪。失察之汛口地方文武各官，并不行监察之海关监督，均交刑部严处。

四　分俗而治：少数民族的习惯法与清代法律的多元性

清朝是中国历史上疆域辽阔的统一多民族国家，专门设置管理蒙、藏、回部等民族聚居地区的衙门——理藩院。理藩院的职掌主要是正外藩之刑罚和审查少数民族的死刑案件，使中央直接参与和决定各少数民族地区的法律纠纷，从而加强司法管辖。对于蒙古、藏、回、苗等少数民族，清朝先后制定了蒙古律、番律、回律、苗律等适用少数民族的单行法。这些法律体现了少数民族的风俗，具有因族、因俗、因地制宜的特点，并有加强统一行政管理的作用。

管辖地区	适用法律法规
蒙古地区	《蒙古律例》《理藩院则例》
西藏地区	《酌定西藏善后章程十三条》《钦定藏内善后章程二十九条》
青海地区	《西宁番子治罪条例》(又称《番例条款》,实为蒙古律例的部分摘编)
天山地区	《钦定回疆则例》(简称《回疆则例》)
西南地区	《苗疆屯防实录》《苗防备览》
台湾地区	《程督院奏酌筹台湾善后事宜各条款奏稿》《台郡民番现在应行应禁事宜》《闽浙总督伍拉纳奏为筹议台湾新设屯所分拨埔地事宜折》

说明：清代部分特殊法律法规适用地区统计。

“首崇满洲”是清朝国策，而八旗制度是其政权仰赖的基础。清朝实施旗人和民人两套管理系统，然后用政治和法律手段优遇旗人，使旗人享受的好处远大于民人。旗人诉讼不归地方政府管辖，而是归另一套司法系统审理，一般司法机关无权审理旗人案件。宗室贵族由宗人府主持审理；内务府属的上三旗包衣刑事案件由内务府慎刑司审理；京师普通旗人诉讼由步军统领衙门审理；涉及八旗民事和地亩的案件由户部现审处审理。旗人在地方的民刑案件，不由县审理，而由理事厅审理。理事厅是各府（州）理事同知或通判的办事机构，理事同知（或通判）是清代设置的专门负责联络八旗军与当地政权关系及处理有关旗人事务的专官，都由旗人担任，审理旗人的民刑案件是其主要职责之一。

过去学界将旗人换刑特权视作清代满、汉不平等的重要证据，其实旗人换刑特权是清朝废除满洲刑罚体制，以适应汉人法律的产物。清代法律在变化中不断削弱这种特权。清代刑部严格区分刑事与民事案件，在审理民事案件时强调法律体现的民事原则，而非涉案者的等级或族群背景。凡属旗人，其徒流之罪均可免折为枷刑。枷刑是清政府为保证旗人特殊法律地位的优待。在司法实践中，旗人犯案，刑罚相对较轻。蒙古人所犯充军、流放以下罪者，照旗人之例改为杖责。八旗诸王与地方官员若有交结，会被认为威胁皇权，以奸党罪论。《大清律例》不仅全部援用《大明律集解附例》中奸党罪的条款，还从加强皇权、削弱各旗主势力出发，严禁内外官结交。各旗王公所属人员，现局外官因事来京者，也不许谒见本管王公，违者杖一百发落，该管王公交宗人府照违制律议处。若私通书信求索、借贷，交宗人府计赃论罪。此外，已革职、降职官员贿买百姓、上书保留职位者，按枉法律治罪。大臣如结交内侍，或京官与家资富厚之人滥行结纳，或处以斩刑，或充军边地。

雍正二年（1724），清朝平定罗卜藏丹津叛乱后，对藏族生活地区制定《禁约青海十二事》，例如：朝见进贡定有期限；不许自称盟长；对喀尔喀、辉特、图尔古特蒙古部落，不许占为下属；编设佐领，不可抗违；背负恩泽，必行剿灭；内地差遣官员，不论品级大小，若捧谕旨，王公等俱行跪接，其余相见俱行宾主礼；恪守分地，不许强占；等等。乾隆十六年（1751）颁布了《酌定西藏善后章程十三条》，后在乾隆五十八年（1793）修订为《钦定藏内善后章程二十九条》，整顿西藏各项事务，加强清政府对西藏地区的管辖，并订立了治理西藏的多项章程，更要求以“金瓶掣签”认定达赖喇嘛、班禅喇嘛与各大呼图克图的转世灵童，强化清朝对西藏的控制力。可以说，在清朝制定的单行民族法规中，除照顾少数民族生活习惯的一面以外，更重要的是着眼于加强中央政府的统辖权。

土默特地区涉蒙案件审判中，在法律适用环节及司法管辖权的划分上足够灵活，因地制宜，实现了灵活性与原则性相统一，避免了民族冲突，保证了司法效率，在某种程度上为清代蒙古地区社会趋于稳定做出了巨大贡献。对土默特地区与漠南蒙古地区实行“民族隔离”的刑事法律调整，短期看有利于当时社会稳定和中央统治，但长期看是一种缺乏远见卓识的做法，无法从根本上缓解民族关系紧张状态。自乾隆年间开始在土默特地区施行的《理藩院则例》，由《蒙古律书》演变而来，理藩院还特别增纂了“蒙古民人伙同抢劫从重科断”的内容，即“蒙古地方抢劫案件，如系蒙古人，专用蒙古例，俱系民人（即汉族民众），专用刑律。蒙汉共同犯案将从重惩处。蒙古律例重于刑律者，蒙古与民人俱照蒙古律例问拟，刑律重于蒙古律例者，蒙古与民人俱照刑律问拟”。蒙古律例及大清刑律同时适用在一个案件中，体现了清政府在蒙古地区运用法律的灵活性。蒙古律例有规定时，适用蒙古律例，而无更贴切、符合案件具体情形的规定时，适用大清刑律。吸收了蒙古习惯法的蒙古律例，其适用有一定的局限，“蒙汉分治”的原则也有灵活的一面，而不是拘泥于“蒙古人在内地犯事照内地律治罪，民人在蒙古地方犯事照蒙古律治罪”的原则而已。

清代的藏传佛教立法内容繁多，有喇嘛等级制度、喇嘛朝觐制度、活佛转世和“金瓶掣签”制度、僧团组织管理制度等。这些制度对清代藏传佛教做了全面的规范，大到调整藏传佛教与国家之间的关系，小到僧侣的日程行为，都有严格具体的规定。从清初到清末，土默特地区以藏传佛教最为盛行。康熙皇帝曾说“兴黄教、柔蒙藏”，也就是说清政府扶持藏传佛教，目的不只是推广佛教信仰，而是统治蒙藏地区之需要，即用宗教来减少区域内部冲突，化解社会矛盾。清政府运用了许多刑事法律调整措施，整肃寺庙，保持藏传佛教的纯洁性及其核心地位。例如，在司法实践中，作为犯罪嫌疑人的涉案喇嘛在被调查及审讯阶段，一律“被罢黜”，只作为普通民众参与审讯，直至恢复“清白之身”才能重新拥有宗教人员的身份，以保证宗教的圣洁、纯粹。根据《理藩院则例》，喇嘛作为宗教人士，须遵守清规戒律，如违反，不仅当事人，所有知情人、札萨克大喇嘛都将严惩。私当喇嘛、私收喇嘛的人，无论是王公权贵，还是普通百姓，均要受刑事处罚。

五　《洗冤集录》与清代刑案检验

受到人命关天观念的影响，中国是历史上最早有仵作制度的国家。从秦墓挖掘出来的秦简可见，当时已有缢死、他杀、外伤流产、麻风等案例和法学检验的记载。唐朝的《唐律》明载仵作的责任，如果验伤或验尸有差错，还要受到处罚。到了宋代，验伤验尸知识迅速发展，尤其是南宋时期的宋慈秉持着“科学办案”精神，汇集旧有的仵作《内恕录》等书籍，再加上自己长期司法实践的经验积累，撰写了一本结合理论体系与技术方法的仵作专业指南——《洗冤集录》（简称《洗冤录》），欲替当时的刑案官员建立一套标准作业流程。所谓“洗冤”，不仅仅是洗被害者的枉死之冤，也是洗冤狱者的无辜之冤。《洗冤录》是目前所知世界上最早的“法医”专业书籍。

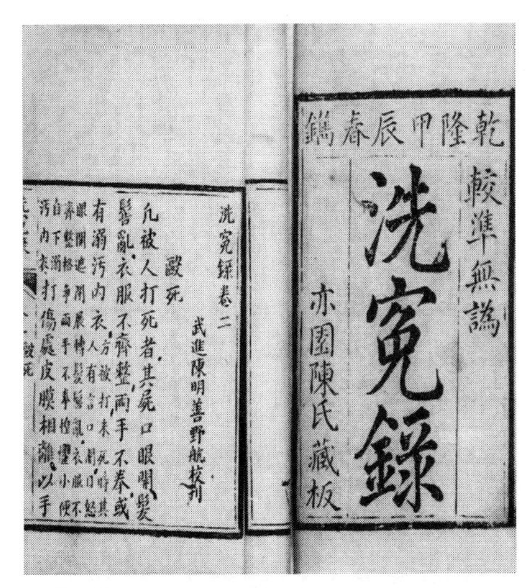
乾隆甲辰春鐫
較準無訛
洗冤錄
亦園陳氏藏板
洗冤錄卷二　武進陳明善野航校刊
毆死

说明：乾隆年间《洗冤录》书影。

《洗冤录》涵盖尸体的检验方法、死因的判断，详细叙述了冻死、饿死、上吊死亡等不同死因尸体的特征，附以案例，如区分缢死和被人勒死会有什么不同；对于自杀、他杀或病死的区别十分注意；对于生前溺水和死后推尸入水、被火烧死与死后焚尸的差别，都有精辟的描述。宝贵的是，《洗冤录》在生理、病理、诊断治疗与急救上提供许多实用的经验，都超出那个时代标准的医学教科书。书中还列举了食物中毒、煤炭（即一氧化碳）中毒、硫化物中毒、砒霜中毒等不同类型的表征与急救方法。例如，《洗冤录》里化解砒霜中毒的方法是误食砒霜后不久，赶紧取鸡蛋一二十个，打入碗内搅匀，加入明矾 3 钱，灌之。

《洗冤录》虽有许多超越时代的经验知识，但同样存在局限与错误。例如，古装剧常演的“银针试毒”，在《洗冤录》里有相关叙述，但这种认识实际上是错误的。古人所指的毒，主要是砒霜，但因古代生产技术落后，砒霜里面都会含有少量的硫或硫化物，当硫和银接触便会产生化学反应，产生黑色的硫化银。所以银针试毒，不是因为接触毒物变黑，而是因为毒物含硫化物。关于生前落水的验尸方法，《洗冤录》也存在错误，无法作为判断溺死者死因的根据。到了清末，面临医学、法医学的挑战，法部通令各省设立检验学习所，改件作为检验吏。“官”和“吏”之间有着很大的区别，说白了换了个称呼依旧是低贱的职位。在晚清政府初步接受西方知识的同时，《洗冤录》仍是学习的主课。民国时期，法部虽推行法医学、建设法医制度，但《洗冤录》在司法体系内仍占有一席之地。直到 1949 年后，《洗冤录》才完全退出法医实践的舞台。

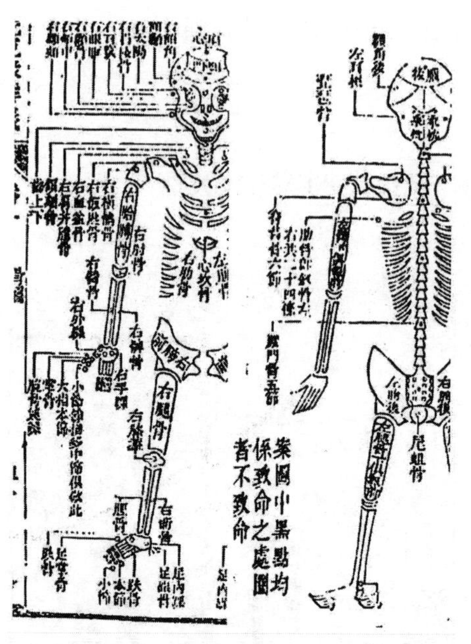

说明：《洗冤录》描述的人体结构。

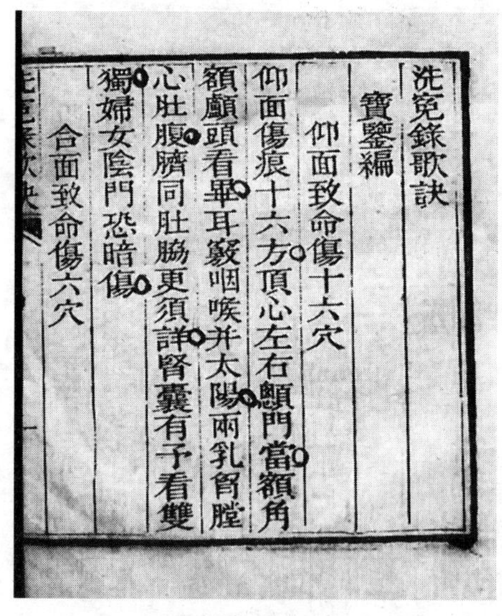
洗冤錄歌訣

寶鑒編

仰面致命傷十六穴

仰面傷痕十六方頂心左右顖門當額角額顱頭看鼻耳竅咽喉并太陽兩乳胷膛心肚腹臍同肚脇更須詳腎囊有子看雙獨婦女陰門恐暗傷

合面致命傷六穴

说明：《洗冤录歌诀》内页。

《洗冤录》问世不久，便引起世人的注意和称赞。元代也能看到已经有人援引《洗冤录》断案。到了明代，《洗冤录》更广泛流行，尤其是在诸多明代方志中，常见到地方官员翻刻《洗冤录》的记载。然而，《洗冤录》不断翻刻，使各地使用的版本不尽相同，审判时容易产生纷争。雍正六年（1728），湖北巡抚马会伯奏请将《洗冤录》送刑部校阅，再统一刊发。刑部同意此提议，但因刑部失火，烧毁了相关资料，只好暂延此事。乾隆六年（1741），《大清律例》编纂完成后，开始修订《洗冤录》，并在乾隆七年完成《律例馆校正洗冤录》。《律例馆校正洗冤录》以宋慈原书为主体，并吸收明清两代有关著作，重新编排与订正补充。因此，《律例馆校正洗冤录》被逐步确立为检验的标准知识，而官员与仵作都必须阅读、学习。值得注意的是，《律例馆校正洗冤录》是层层下发、颁行天下的官书，还允许民间翻刻，不但内容准确，普及范围及影响深度也超越宋慈原书。为了便利人们理解《洗冤录》的内容，民间也衍生出一些文本，如只有数页的《洗冤录节要》，或只有一部手机大小的袖珍版《洗冤录》，或帮助读者默背的口诀与一目了然的表格等。

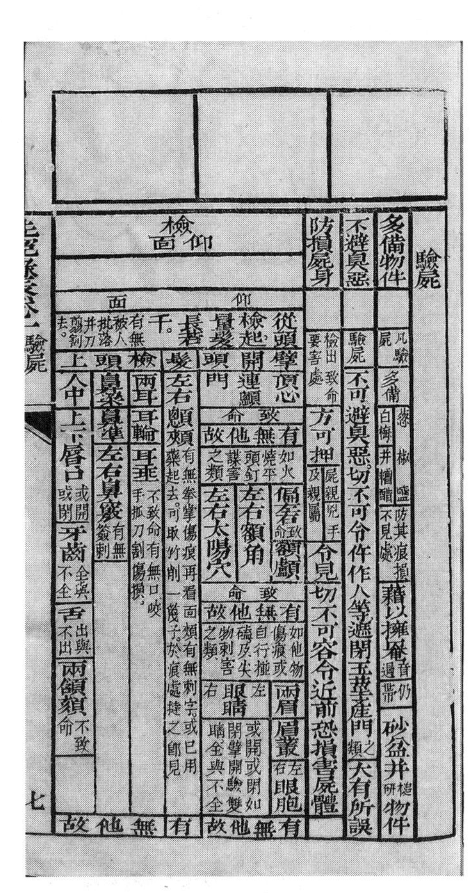
驗屍
多備物件　凡驗屍多備蔥、椒、鹽、白梅、并糟醋，防其痕損不見處，藉以擁罨，仍過帶砂盆并研槌物件
不避臭惡　驗屍不可避臭惡，切不可令仵作人等遮閉玉莖產門之類，大有所誤
防損屍身　檢出致命要害處，方可押屍親、兇手及親屬令見，切不可容令近前，恐損害屍體
仰面檢
仰面
從頭髻、頂心、顖門、連額
檢起頭髮，量髮長若干。有無被人批落，并剪刀剃去。
致命　有無他故　如火燒平頭釘謀害之類
偏右額顱（致命）　左右額角　左右太陽穴
致命　有無他故　如他物傷痕，或自行攧磕及尖物刺害之類
兩眉　眉叢　左右眼胞
左右眼睛　或開或閉，如開擘開驗雙睛全與不全
有無他故
髮際　左右顋頰　有無拳掌傷痕，再看面頰有無刺字，或已用藥起去，可取竹削一篾子於痕處撻之即見
有
檢頭上　兩耳　耳輪　耳垂　不致命，有無口咬、手抓、刀割傷損
鼻梁　鼻準　左右鼻竅　有無簪刺
人中　上下唇口　或開或閉　牙齒　全與不全　舌　出與不出　兩頷頦　不致命
無他故
七

说明：《洗冤录》验尸表格。

凡验官收到验尸申请公文之后，不可再接见凶案地点附近的官员、秀才、江湖术士、和尚道士，以防止奸人诈骗及招惹是非。还必须约束仵作、行人（衙门工人）、吏役等，使他们不离官员身边，防止舞弊索贿。遇到夜间，仵作和吏役等必须有人作保，才可外宿。不过，再好的制度，没有人去执行也是枉然。《洗冤录》也是一样，再详细的检验方法，若没有公正诚实

的仵作或官员去执行，仍会有冤假错案。因此，《律例馆校正洗冤录》的第一卷花了很多篇幅解释法规条令，并强调接获报案后的标准作业流程：“狱事莫重于大辟，大辟莫重于初情，初情莫重于检验。盖死生出入之权舆，幽枉屈伸之机括，于是乎决。法中所以通差令佐理掾者，谨之至也。”

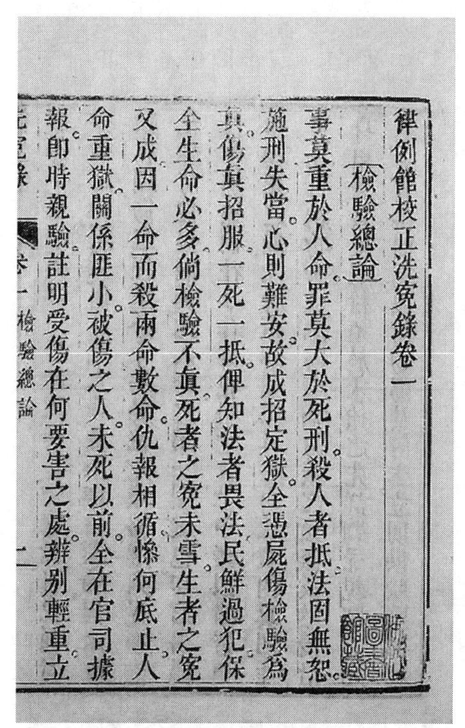
律例館校正洗冤錄卷一

檢驗總論

事莫重於人命罪莫大於死刑殺人者抵法固無恕施刑失當心則難安故成招定獄全憑屍傷檢驗為真傷真招服一死一抵俾知法者畏法民鮮過犯保全生命必多倘檢驗不真死者之冤未雪生者之冤又成因一命而殺兩命數命仇報相循慘何底止人命重獄關係匪小被傷之人未死以前全在官司據報即時親驗註明受傷在何要害之處辨別輕重立

洗冤錄　卷一　檢驗總論　二

说明：《律例馆校正洗冤录》书影。

从光绪八年《申报》报道浙江的“滴血疑狱”一案，可见一般民众相当信赖《洗冤录》，即使怀疑案情有误，但知县依据《律例馆校正洗冤录》判定结果的话，也会信服，不敢置疑。“滴血疑狱”案的经过如下，浙江某地贪图庙产的地痞无赖串通流娼，诬陷古刹住持与流娼通奸生子，知县在讯问数次后，“即取《洗冤录》翻阅，命以茶瓯注水，割僧与婴指滴血，瓯小血聚”。当知县要依照滴血验亲的结果定罪时，其他和尚并不相信这个结果，于是各用茶瓯盛水，如上述方法割指滴血，竟聚血不散，又取鸡、鸭一起滴血测试，同样也聚血不散，所以一群和尚前往县衙为住持申冤，不愿散去。此时，某书吏以黄袱捧《律例馆校正洗冤录》郑重出示僧众，且禁止上控。和尚们害怕获罪，只好散去。① 由此可见，官吏用黄袱捧着的《律例馆校正洗冤录》，显然比僧人们“实验”所得证据更有力。

① 《滴血疑狱》，《申报》1882 年 1 月 15 日，第 2 版。

六 清代仵作的专业训练与命案检验

仵作是旧时官府检验命案死尸的人，并在检验尸体后，向官员报告检验情况，协助官员判断案情，其作用相当于现代的法医，却不同于现代的法医能独立作业且受人尊重。古代中国社会里，仵作通常由社会地位低下的贱民担任，大抵是殓尸送葬、鬻棺屠宰之家，其后代禁绝参加科举考试。在官方正史中，极少有关仵作言行的记载。在古典小说里的仵作，更被描写成无赖形象，罔顾人命。认真负责的仵作，检验尸体极其详细，从毛发到指甲，绝不放过任何细节。仵作要懂许多专业知识，精通解剖学及药理病理，知道何处经络受伤便危及哪处脏腑，也能知道中了何种毒，身体会出现什么症状。总之，仵作判断越准确，对官员破案越有帮助，所以仵作不但要熟读《洗冤录》，还要靠家学与名师传授经验。仵作和法医最明显的区别是法医可以解剖尸体，但仵作不可以，两者的检验手段也完全不同。因此，今日的法医是从传统中国的仵作发展而来的，但是两种相似却绝不相同的职业，不可等同论之。

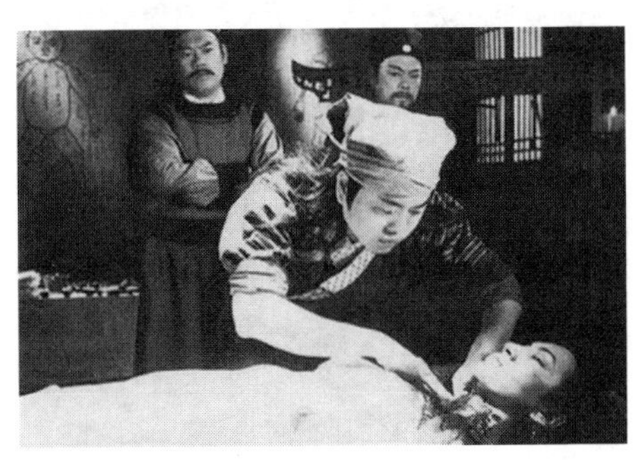

说明：宋慈验尸时的形象，TVB 电视剧《洗冤录》剧照。

战国后期“令史”一职就专门带领隶臣从事尸体检验和活体检验。汉代检验尸体的概念已相当盛行，每个县设置一至三名的尸体检验者。隋唐时期，“仵作”一词已出现，是负责殡葬业的人，且逐渐发展出行业组织。这种类似现代法医专业的吏役，在宋代正式称为“行人”，又称为“团头”。同行还有“坐婆”“稳婆”等，遇到妇女需检验身体时，必须由同是女性的“坐婆”检验，不由男性的仵作检验。元明两代，仵作成为正式负责检验鉴定的吏役。根据《清朝文献通考·职役三》载：

大州县额设三名，中州县二名，小州县一名。仍各再募一二名，令其跟随学习，预备顶补。各给《洗冤录》一本，选委明白刑书一名，为之逐细讲解，务使晓畅熟习，当场无误。将各州县皂隶裁去数名，以其工食分别拨给，资其养赡。

直到雍正年间，仵作才成为地方政府设置的专门负责验尸的衙役，也只有在成为衙门正式吏役后，仵作才有正式的工作薪酬。清末改称检验吏，北洋政府时期仍有沿用。

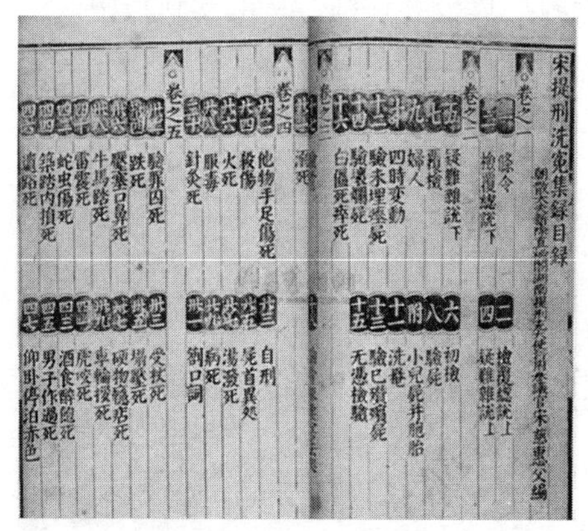
宋提刑洗冤集録目録
卷之一
條令
檢覆總說上
檢覆總說下
疑難雜說上
卷之二
疑難雜說下
初檢
覆檢
驗屍
婦人
小兒屍并胞胎
四時變動
洗罨
驗未埋瘞屍
驗已攢殯屍
驗壞爛屍
無憑檢驗
白僵死瘁死
卷之四
他物手足傷死
自刑
殺傷
屍首異處
火死
湯潑死
服毒
病死
針灸死
劄口詞
卷之五
驗罪囚死
受杖死
跌死
塌壓死
壓塞口鼻死
硬物癮店死
牛馬踏死
車輪拶死
雷震死
虎咬死
蛇虫傷死
酒食醉飽死
築踏內損死
男子作過死
遺路死
仰臥停泊赤色

说明：宋慈《洗冤集录》目录。

唐朝颁布的《唐律》，对于伤亡残病、人体识别等检验处理已有明文规则。宋代以后，这些规则更加明确且严格。例如，仵作到了现场，要先丈量尸体与四周不可移动物体之间的距离，然后初检、复检。按规定，验尸时间通常选在午时三刻（上午 11 点 45 分），古人认为此时阳气最盛，可对抗尸体的阴气。验尸作业前，为防阴气冲袭，参与检验的人员都会饮用一种由苍术、白术、甘草制成的三神汤，必要时还须口含苏合香丸，并在鼻孔处涂香油，或用浸香油纸团塞住鼻孔，避免吸入腐败气息。在验尸现场，还会点燃麝香、川芎、细辛、甘松等，以防邪气。仵作开始作业后，负责监督的官员不得离场，以防有人作弊。与此同时，要通知与案情有关的当事人全都到场观看，以示公开透明。验尸表格上有人体图可以为验尸结果做标记，每验完一处，仵作都要高声喝报，并在验尸尸格上加以记录，以防日后有人质疑，这也意味着验尸现场难以作假。

明清时期规定必须由州县官员亲自验尸，但其实官员都是在现场指挥仵作验尸。在古代，仵作是和另一名验尸官一起查验尸体，仵作负责动手，验尸官负责写报告。仵作往往根据官方印发的人体部位清单，逐一喝报。如没有伤，即报“全”，如“囟门全”“额全”等。有伤痕则须量长度、深度，喝报出具体数字。遇到伤痕，必须明确喝出“致命伤”或“不致命”，不能只喝“有伤”。伤有专业名词，不能喝错。比如“殴伤皮肤肿起青黑而无创瘢”，喝为“痕”；流血成瘢，

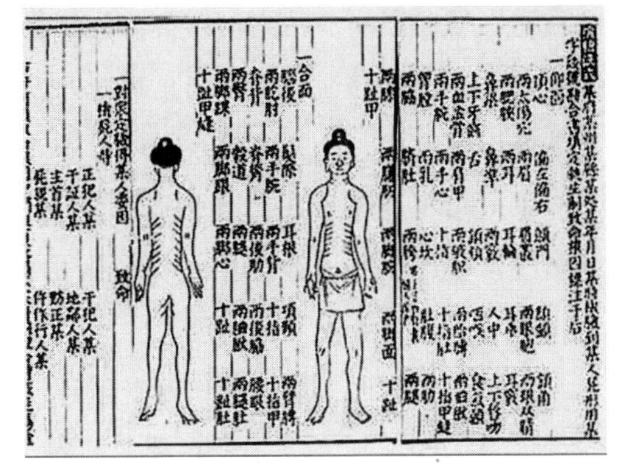

说明：《洗冤集录》中检验法式验尸尸格图。

喝为“痏”；骨断，喝为“痍”；愈合后的疤痕，喝为“瘢”。检验完，仵作须填写尸检报告，一份上交所属州县，一份交给被害人家属，一份自留备案。

七　清代民事诉讼

清代的民事案件由基层审判机关州县审理、判决，俗称“自理词讼”。自理词讼的范围包括户役、土地、田租、赋税、婚姻、继承、钱债、水利等纠纷，以及斗殴、轻伤等案件。自理词讼中既有民事案件，也有轻微的刑事案件。根据清律，“官非正印者，不得受民词”，所以只有州县官才有对民事案件的审判权。如未经特别授权者审理民事案件，州县官负连带责任。可见，州县之下不得成为一个审级。值得注意的是，早在汉代就出现了任官亲族回避的做法。为了加强司法审判的公正性与效能，清代进一步完善了审判回避制度，包括三方面：亲族回避、地

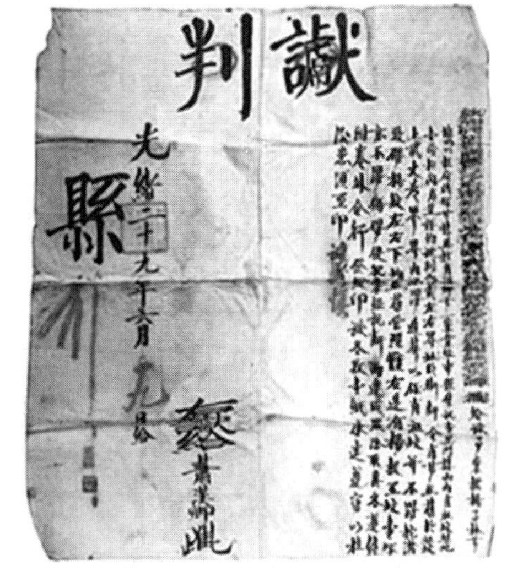

说明：光绪年间谳判。

区回避、职务回避。凡主审官吏与诉讼当事人有亲属、朋友、师生、仇嫌或其他关系，需要移文回避，防止包庇亲友，保证司法的公正与中立。尤其是在地域管辖方面，“事犯地方告理，不得与原告所住址州县呈告”，即清朝一般采取事犯地的州县管辖原则，不得于原告所住的州县起诉。但工商业者外出经营生产而发生钱债纠纷等，则由被告营业地所在州县管辖。如此规定，适应了工商业发展的需要。

对于民事案件，清朝律例对受理时限做了明确规定：民事诉讼只能在放告日（每月的三、六、九日）提起，农忙季节（四月初一至七月三十）停讼不理，在此期间只准起诉谋大逆、盗贼、人命之类的重罪案件。若农忙期内，受理细事者，该督抚指名题参。

说明：清代民事诉讼场面。

民事诉讼的提起，须有诉状。诉状可由人代写。南宋时就出现了专门代写民事诉状的书铺，清代在此基础上建立了“官代书”制。代书人经过考试并经官府认可，则为官代书，专代写诉状，但清律严禁代书人包办诉讼。诉状须具备法定的格式和内容，除要写明案件发生的时间、事实，遵守状式的一般要求外，还必须注意，不得于诉状内牵连与案件无关的人和事，告田土之事须有地邻作证，告债务之事须有中保及粘连契据，告婚姻之事须有媒人作证，否则，审判官不予受理，触犯刑律、礼教的还要治罪。诉状还限定了字数——“以一百一十四字为率”，当事人还可另呈补充案情的“投状”。诉状内容包括案发时间、案情梗概、被告姓名及住所、告诉人及抱告人、代书人姓名住址、告诉人的签押等。清代还较为重视文书证据，凡告田园、房屋、坟墓、钱债、婚姻等，均须交验粘连契券、绘图、婚书，显示了证据在民事诉讼中的重要价值。代书诉状者，不得增减事实，违者处罚。

民事案件，根据诉状立案之后，传齐被告和证人进行审理，最后由州县官在当事人的具结、保状、呈状上做出批示，即作为判决。很少拘提、逮

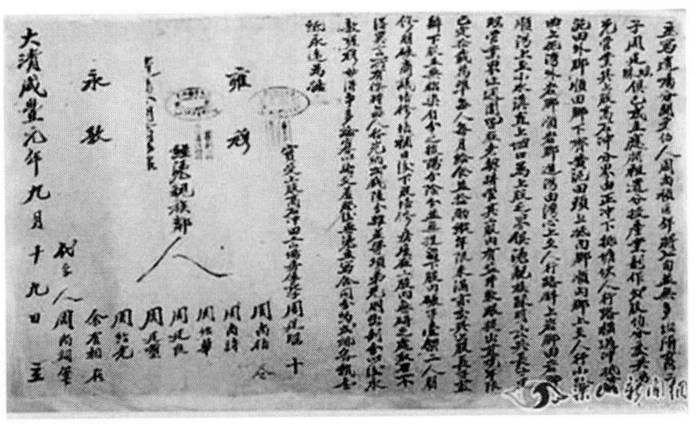

大清咸豐元年九月十九日 立

说明：咸丰年间官代书。

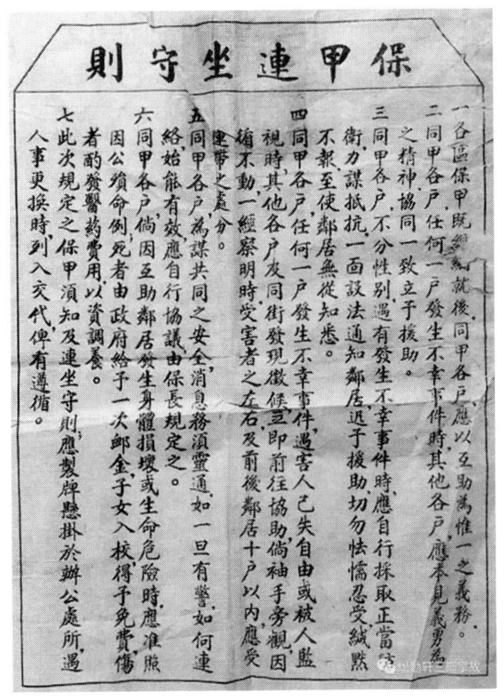

保甲連坐守則

一 各區保甲既經編就後，同甲各戶應以互助為惟一之義務。

二 同甲各戶任何一戶發生不幸事件時，其他各戶應本見義勇為之精神，協同一致，立予援助。

三 同甲各戶，不分性別，遇有發生不幸事件時，應自行採取正當防衛，力謀抵抗，一面設法通知鄰居，迅予援助，切勿怯懦忍受，緘默不報，至使鄰居無從知悉。

四 同甲各戶任何一戶發生不幸事件，遇害人已失自由或被人監視時，其他各戶及同街發現徵候，立即前往協助，倘袖手旁觀，因循不動，一經察明時，受害者之左右及前後鄰居十戶以內，應受連帶之處分。

五 同甲各戶為謀共同之安全，消息務須靈通，如一旦有警，如何連絡，始能有效，應自行協議，由保長規定之。

六 同甲各戶倘因互助鄰居發生身體損壞或生命危險時，應准照因公殞命例，死者由政府給予一次卹金，子女入校得予免費，傷者酌發醫葯費用，以資調養。

七 此次規定之保甲須知及連坐守則，應製牌懸掛於辦公處所，遇人事更換時，列入交代，俾有遵循。

说明：民国年间保甲连坐承诺。

捕、监禁被告。州县调处主要用于户婚、田土、钱债等民事诉讼和轻微的刑事诉讼。调处的方式分州县官的官府调处和基层保甲长调处、相邻调处、亲族调处，从而将堂上和堂下的调解、诉讼内与诉讼外的调解结合起来。民事案件一般由基层审判机关自行审理、判决及执行，故多为一审终审。在刑事案件方面，除轻微的案件，一般采取逐级审转制，下级审理后，做出处理意见（不是判决），连同案件逐级上报，由有终审权的审判机关做出生效的判决。当事人对判决不服的，可以上诉。

在清代后期，社会经济基础与上层建筑领域都发生了巨大的变化，与此相适应，意识形态领域亦产生了极大的变化，整个社会心理变得越来越重利。在这一特定历史条件下，民事立法和司法实践均表现出对财产问题的重视，争讼渐渐成为人们维护自身权益的一种手段。州县官收到民事诉状后，凡决定受理的案件，一般都要调处和解。州县官亲自主持的调解，并无严格的法定程序，往往根据传统伦理道德和礼俗习惯，对当事人进行教化和劝谕，促使当事人放弃诉讼，实现和解。因“息讼”“少讼”是清代地方官的政绩，所以州县官出于政绩的需要，往往会使调解工作带上强制性的色彩。如果州县官认为案件事属细微，不必在堂上处理，就批令当事人的亲族或乡里去调解，或派差役会同乡保进行调解。调解结束后，即回禀衙门销案。以息事宁人维护族内或邻里之间和睦的调解原则，使得民间调解出现了不稳定性。由于官府限制诉讼，民众耻讼、无钱打官司，法律信息不对称等因素，民众被迫放弃自己的诉讼权利，往往出于家丑不外扬的考虑，选择忍辱含冤。官府限制诉讼让民众倾向于选择调解方式解决纠纷，令诉诸法律成为“退而求其次”的不得已选择，这是讼师存在的客观因素。

八　清代讼师及其社会功能

在中国古代民间审判制度中，讼师是代替老百姓诉讼的重要群体，在庭外帮助当事人写讼词、与对方交涉，讼师行业的发展与兴盛同中国古代社会、经济、政治、文化等各方面息息相关。明清时期，因为商品经济的不断发展，人们对于诉讼的需求也不断增加，但很多需要打官司的百姓或因知识不够，或因不了解情况，都需要讼师帮助，于是这个职业逐渐固定下来。

讼师是一个既受重视又被禁止的职业，民间对于讼师的依仗还是很多的，许多人靠自己不足以赢官司，都要靠讼师的帮助。在多数人的传统观念

说明：电影《审死官》中的清代讼师形象。

说明：电影《九品芝麻官》中的清代讼师形象。

中，讼师是扰乱庭审、颠倒是非的人。作为一种比较特殊的职业，讼师的地位始终不是特别高。为当事人写讼词、给他们提供相关咨询是讼师的主要业务，当然也有少数的讼师会帮助当事人贿赂有关人员。清朝法律对讼词的规格与形式有严格要求，若状纸不符合格式，衙门就不受理诉讼。一般百姓缺乏法律知识，无法写出专业的状纸，自然很难发起诉讼，也就无法打赢官司。为了赢得官司，只能背着官府私下请讼师写状纸。所以在中国古代民间审判制度中，讼师是代替老百姓诉讼的重要群体。影视剧中常见的场景是，大堂之上，讼师巧舌如簧，一番辩词滔滔不绝，说得县官哑口无言。但实际生活中，讼师的身份更多是幕后工作者，为告状人书写词状。和影视剧中的光鲜形象也不同，讼师备受官方打压。

官员对于讼师的态度时好时坏。如果讼师可以给官员提供帮助，那他们就可以享受一点好处；如果讼师反对官员审判，那讼师就是“讼棍官鬼”。《大清律例》刑律卷三十有“教唆词讼”的法条，表示官方不支持讼师的存在，甚至是严禁讼师的活动。根据“教唆词讼”条文，可知乾隆元年定例：“讼师教唆词讼，为害扰民，该地方官不能查拿禁缉者，如止系失于觉察，照例严处。若明知不报，经上司访拿，将该地方官照奸棍不行查拿例，交部议处。”由此可知，清政府将讼师视为“教唆词讼”者，加以严厉打击，并设立官代书制度，以挤压讼师的生存空间，更要求地方官员加强打击教唆词讼者，严惩失察地方官，督促地方官查拿。地方官认为，讼师都是奸诈之徒，“视狱讼为儿戏”。在他们看来，广大群众并不是自愿去诉讼的，但衙门诉讼不断，显然是讼师为了赚钱在背后“屈人之杖，诱陷乡民”。

地方官敌视讼师有四个方面的原因。一，通过各种手段，讼师介入官员正常的审判中，让官员失去了权威性，也冲击了存在几千年的法律秩序。二，官员的专业知识不如讼师，很容易出现官员误判被讼师抓住把柄的情况，这样不仅会损害官员在当地的话语权，还会在上级那边显得自己水平不足。三，这种讼师参与的审判过程，会让审判变得很慢，难以满足朝廷限期结案的要求。四，明清时期随着经济发展逐渐转向商业社会，出现很多民事纠纷。像是婚姻、土地一类的“细事”，官员会觉得讼词复杂但事件又小，无足轻重，所以官方称呼这类讼词为“细故”，以贬低讼师。事实上，在清朝这类诉讼事件很多，对官员来说是小事，但是当事人会受到很大影响。受到息讼思想的影响，执着于无讼的官员必然会压制讼师，减少诉讼数量。不只上层官员有这种想法，那些基层的州县官员更是如此。他们每日被案件压身、不堪重负的原因就是讼师的口舌过多，所以他们认为限制讼师才是解决案件积压的根本手段。清代法律对讼师的行为做了严格限定，一旦有人违反，将会受到严重的惩罚。

讼师的法律知识是如何习得的呢？主要是通过坊间贩卖的法律书籍。当时人们习惯把武英殿刻印的《律例全书》称为“殿本”，民间书坊出版的《律例全书》称为“坊本”。殿本的《律例全书》印刷周期长、数量少、使用单栏格式，且仅颁发给高级官员，流通范围极其有限。尤其是乾隆朝以后，官方出版逐渐式微，殿本的印刷质量迅速下降。商业出版的坊本《律例全书》填补了这个空白。坊本的编纂者主要为江南地区各省按察使的幕友，其中以出身杭州和绍兴的幕友为最多。清代的幕友虽然不是真正的官员，但由于他们长期在司法系统工作，积累了大量人脉，在相当程度上垄断了法律书籍的编纂和解释。此外，坊本《律例全书》价格较高，为 4~7 两银，乾隆朝后高达 6~7 两，以官员及其幕友为主要读者群。乾隆后期，杭州书商引领了坊本《律例全书》的出版，并且在印刷格式上有较大革新。坊本开始使用三栏印刷格式，收录了诸多则例，并保留了大量未被官方授权的私家注释和未经通行的成案，有心者能通过大量的案例去学习法律知识。1790 年以后，全国各地读者所能读到的《律例全书》几乎都由杭州出版，或是杭州版本的翻印版。除北京、杭州与上海外，苏州、南京、宁波、衢州等地的书坊也广泛印刷《律例全书》。由于售价接近，各地书坊之间还存在竞争和翻印。例如，嘉庆朝杭州出版的《大清律例全纂》会在书籍首页印上广告语，强调全纂的版本优于其他编纂团队出版的《大清律例汇纂》和《大清律例汇编》。江西书商因经常盗印杭州书商的《律例全书》，遭到杭州书商的抵制。虽然江西书坊出版的律书质量不算上乘，但正是盗印和翻印降低了《律例全书》的价格，增加了法律书籍的流动性，使得律例全书和各类法律条文能够在读者群中得到更为广泛的传播。

说明：坊本《大清律例全箴集成汇注》。

伴随着明清讼师活动的活跃，讼学文献的刊印和流传也颇为繁荣，通过讼师秘本等通俗读物影响了民间法律知识的构成与运用，给清代的司法和法律文化带来了深远的影响。与打压讼师相对应，讼师秘本也遭到了法律的严行禁止。乾隆朝以后，《大清律例》明确将查禁讼师秘本列入地方官府的政务事项。如乾隆七年规定："坊肆所刊讼师秘本，如《惊天雷》《相角》《法家新书》《刑台秦镜》等一切构讼之书，尽行查禁销毁，不许售卖。有仍行撰造该印者，照淫词小说例，杖一百，流三千里。将旧书复行印刻及贩卖者，杖一百，徒三年。卖者，杖一百。藏匿旧板不行销毁，减印刻一等治罪。藏匿其书，照违制律治罪。其该管失察各官，分别次数，交部议处。”导致的结果是讼师秘本无法获得公开讨论和阐述法意的机会。

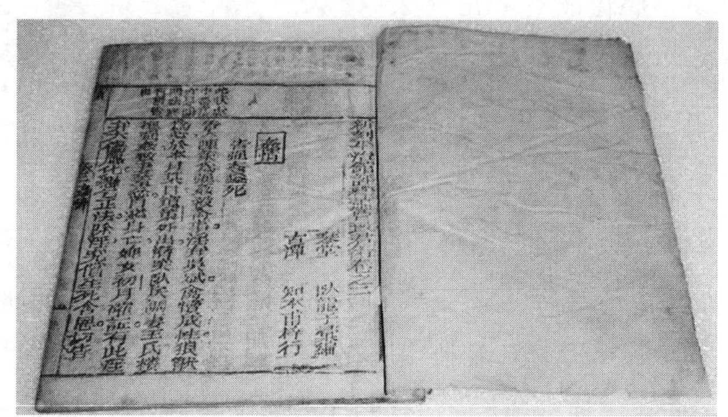

说明：讼师秘本《新刻平治馆评释萧曹致君术》。

除了查禁讼师秘本之外，官员通过在社日活动张贴告示等方式，向民众渲染讼师贪财无耻、颠倒黑白的恶人形象。从宋代开始，“讼师恶报”的话语模式已成形，并在明清时期被不断复制、扩展和更新。清代各种讲述讼师恶报的故事，更是大量涌现在告示、判牍、善书、笔记小说等文本中，希望借此劝诫人们，尤其是那些“助强凌弱，锱铢必较”的龌龊讼师弃恶为善。官方以此来劝诫读书人不要操持讼师营生，而社会大众则以此来宣泄对无良讼师唆讼、借讼牟利的反感，并表达对正义的渴望。但事实上，相比于官方提供的讼词书写收费，多数给人们书写讼词的下层识字人员只会收取极少的报酬，就像是给他人书写信件一样。所以很多民众还是会选择讼师来帮助自己，让自己的权益不受损失，不会认为进衙门诉讼是不光彩的事。

在清代以来的笔记小说中，形成了一种陈陈相因的故事模式，反复声言讼师不仅其本人将身受恶报，且祸端还将延及子孙。例如，俞蛟《梦厂杂著》记载一则讼师为他人献出毒计致使自家儿子遭他人误杀的报应故事：

> 新昌有张二子者，货菽乳为业。一日晚归，见妻与邻人通，怒杀其妻，邻人夺门逸去。谚有“杀奸必双”之语，惶怖无策。里人陈某，讼师之黠者，因罄囊谋之。陈笑曰：“此易与耳。明日昧爽，有沽菽浆者，绐使入室，挥以白刃，孰能起死者而问真伪乎？”次早，有少年叩门求浆，杀之，则陈子也。

在官府屡禁不止的情况下，讼师行业难以产生行业规范，也不会有人将讼师聚集进行培训，自然造成了讼师的道德水平参差不齐。因此，清代讼师是一个受争议的职业，但讼师的出现不仅缓解了相关案件的积压，还让许多没有专业知识的百姓有机会去打官司争取自己的权益。可以说，讼师给清朝审判制度提供的法律价值是不可忽视的，多数百姓无法运用法律去保护自己的权益，而官方很难向民众普及相关知识，所以作为中间桥梁的讼师就起到了作用，向百姓宣传了法律制度与法律文化，促进了相关制度的完善。

九　清代的奸罪

古代王朝虽控制力有限，但在若干问题上管得比现代政府更为严格，比如在男女关系的问题上极其认真。若有犯者，轻则身败名裂，重则家破人亡。所以有必要谈谈清代的奸罪。奸罪作为传统中国最古老的罪名之一，为历代统治者所重视。比起前朝各代来说，清朝非常重视贞操观念。按照犯奸的行为，清代的奸罪主要分为强奸、和奸及刁奸三种，强奸是以暴力胁迫被害者，和奸是两相情悦却违反纲常伦理者，刁奸是男子有意引诱女子同犯奸罪。古人看待两性关系，一向要上升到家庭、宗族，乃至社会伦理层面。对于通奸罪行，清政府认为是一种令人深恶痛绝的丑恶行为，给予了传统礼教和明确律法的双重制约。尤其是亲属之间的男女关系，清朝法律尤为重惩。亲属相奸，凡奸同宗无服之亲及无服亲之妻者各杖一百，强者/奸夫斩监候。奸内外缌麻（斩衰、齐衰、大功、小功、缌麻）以上亲，及缌麻以上亲之妻，若妻前夫之女，同母异父姊妹者，各杖一百、徒三年，强者/奸夫斩监候。若奸父祖妾、伯叔母、姑、姊妹、子孙之妇、兄弟之女者，奸夫、奸妇各斩决，强者/奸夫斩决。凡奸前项亲属妾各减一等，强者/奸夫绞监候。因此，《大清律例》专门把奸罪分设为一卷，并分类设定了10个罪名，惩罚各种犯奸之人，其中对性侵儿童、强奸男子的处罚很重，给予受害者很强的法律保护。放在今日社会来看，这些条文并不落后，还会让人拍手称快。

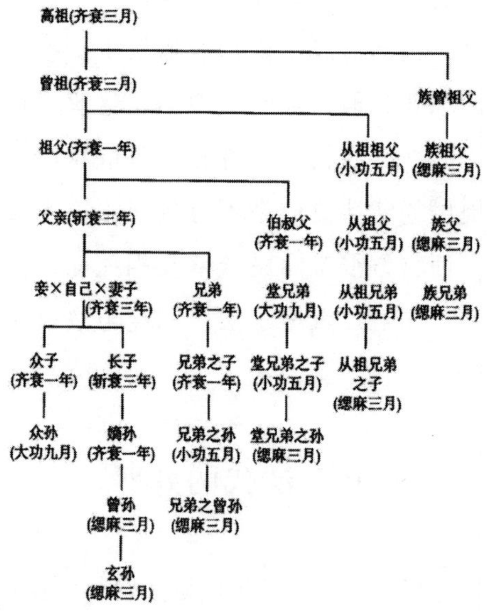

说明：五服内亲属关系。

《大清律例·刑律》明确规定：和奸者，杖八十；若女方是有夫之妇，杖九十；若是男方有意诱骗女方者，杖一百。且在和奸、刁奸罪里，男女是同罪的，不会一味责怪女方失贞。比起明朝的法律，《大清律例》在奸罪的类别里，加上了刁奸一种，也就是惩治男方诱奸的罪行。千万别小看“杖八十、杖九十、杖一百”的处罚！对于成年男子而言，用大木板杖打80到100下，一般都会伤筋动骨，甚至造成终生残疾、一命呜呼。对于犯下和奸罪的妇女，必须“去衣受杖”，不但受皮肉之苦，还要在精神上受到凌辱。

一般情况下，遭受“去衣受杖”的责罚后，女子在肉体与精神双重打击下，往往会羞愧不已，甚至无颜见人而愤然自尽。至于强奸罪，犯者判绞监候，强奸未遂者，也须杖一百，流三千里。若被害者是十二岁以下的幼童，即使被害者与加害者是情投意合的和奸，但考虑到幼童心智尚未成熟，容易被成人操控，故按强奸罪论处。凡强奸十二岁以下幼童未遂、审有确据者，直接发黑龙江苦寒之地，给披甲人为奴。

对通奸罪，清朝法律还特别强调本夫的权益，不但允许本夫捉奸，也允许本夫动用私刑，甚至可以当场杀死通奸男女。如果本夫抓住了通奸男女，有权将他们当场杀死，且不会被问罪，可以无罪释放。如果本夫没能当场杀死对方，而是追出通奸现场，将他杀死，那就杖责八十。如果奸夫逃跑过程中有反抗行为，那本夫追到通奸现场外才将他杀死，也会无罪释放。如果本夫没有当场杀死奸夫，事后再去报复的话，将按照杀人罪判以绞监候。如果奸夫淫妇合谋杀死本夫，奸夫判斩监候，淫妇则罪加一等，必须受千刀万剐之刑，被凌迟处死。如果本夫撞破奸情愤然自杀，奸夫淫妇虽不知情，也会被判以绞刑。若本夫撞破奸情却事后才找到奸夫的话，本夫只能将奸夫扭送官府，由官府处置奸夫，本夫不得动用私刑，违者论处。也就是说，清朝法律对通奸罪中男女双方的定刑不同、惩治手段不同，但其刑罚的根本目的是一致的，中心思想更是统一的，那就是绝不姑息、绝不手软、绝不宽容。

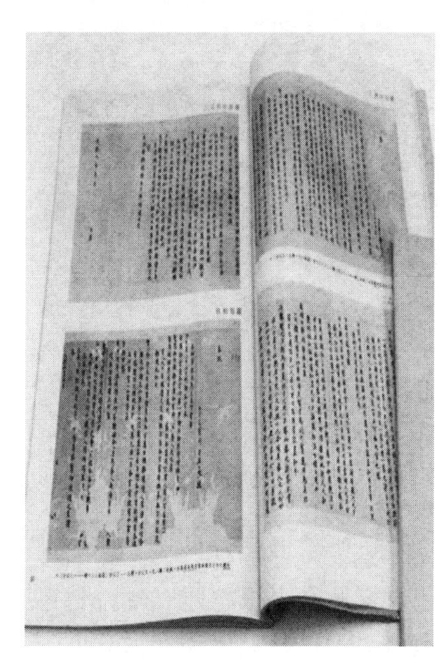

说明：《明清档案》书影。

所谓“无夫奸”，特指在室女或寡妇自愿与人发生性行为。明清时期，无夫奸将会被杖八十。在中国古代社会，无夫奸大多数情况下都是重罪。因为在古代，无配偶的女性与他人通奸，除了对本人的声誉造成影响外，更重要的是会影响父母、兄弟的清白。如若已允诺嫁给他人，更是对未来夫家的莫大侮辱。无夫奸问题是清末礼法之争中的一个焦点问题，贯穿于变法修律的始终。它不仅涉及法律变革中如何平衡协调西方先进法律文化与本土传统法律文化的问题，更涉及法律与道德这一法理学经典问题，本书将在“清末的司法改革”一节再进一步说明。

《明清档案》和《各省重囚招册》记录的从1644年到1795年的242件奸情案中，奸夫奸妇同谋杀夫29例；被发现后奸夫奸妇逃跑27例；奸夫杀本夫，但奸妇不知情26例；纵容通奸14例；杀妻6例；丈夫羞愧自杀3例。此类案件中，丈夫被害应比奸夫被杀的可能性更大。

说明：杨乃武与小白菜受刑照。

1873年杭州府余杭县民葛品连因病而亡，其妻葛毕氏（民间称其为小白菜）却被邻居造谣与新科举人杨乃武通奸，所以毒杀丈夫葛品连。与余杭县知县刘锡彤往来密切的生员陈竹山，将葛品连之死的谣言告诉了刘锡彤。此时，仵作沈祥验得葛品连尸身仰面作淡青色，口鼻内有淡血水流出，身上起有大泡十余个。这症状与《洗冤录》记载的砒霜中毒情形不符，用银针探喉时，银针却呈青黑色且不能擦去，于是沈祥心生疑惑。沈祥曾验过一个服烟土而死的亡者，其情形与葛品连的死状相似，遂禀报葛品连中毒而死，刘锡彤却没有追问毒物种类及其来源。知县刘锡彤不顾杨乃武的举人身份，多次施以夹棍之刑。杨乃武拒不画供，所以刘锡彤篡改供词，将“死者口鼻流血”改为“七孔流血”。由此可知，仵作沈祥验尸失当，误判为毒杀，余杭知县刘锡彤先入为主，听信谣言，又未能仔细查问仵作沈祥，误审误判，再唆使邻居一同串供。此案上报杭州府时，刘锡彤又隐瞒证据。杭州知府陈鲁也无法勘破疑点，同样对杨乃武严刑逼供，杨乃武不堪忍受，只好供认是他给的砒霜毒药，于是陈鲁判决“杨乃武斩立决，葛毕氏凌迟处死”。杨乃武胞姐杨淑英（或称菊贞）深知弟弟的为人品行，再加上她曾在兵部右侍郎夏同善家当过保姆，决心前往北京向都察院鸣冤告状，即为“京控”。得到夏同善的帮助，杨淑英将案卷呈递给内阁学士翁同龢。翁同龢认为此案疑点重重，同治皇帝也认为此案不可思议，就面报慈安、慈禧两宫太后，随即下旨刑部，令浙江巡抚杨昌濬重审此案。当时新式报刊《申报》长期追踪报道此案，并连续披露此案疑点，诉说杨乃武等人被严刑拷打，引起了社会的广泛关注。

“杨乃武与小白菜案”得到了两宫太后重审要求与《申报》追踪报道的巨大关注，官府七度重审此案，杨乃武和小白菜都推翻了原来的证词，但浙江官场官官相护，均维持原判，如同铁桶一般。为了整肃朝纲、澄清吏治，清廷决心彻查此案，并将葛品连的棺材运到北京朝阳门外的海会寺，准备开棺验尸。光绪二年（1876），刑部尚书桑春荣亲自审理此案，证实杨乃武与葛毕氏两人无越轨行为，并由在刑部任职60年的老仵作重新验尸，证实葛品连并非毒发身亡，乃得病而死，只是骨头表面发霉。光绪三年（1877），震惊朝野的“杨乃武与小白菜案”宣告终结，慈禧太后以光绪皇帝的名义下达了平反令，杨乃武与葛毕氏无罪出狱，但两人多次被严刑拷问，落得一身伤残，且杨乃武无法再恢复举人功名，只能养蚕为生。涉事官员胡瑞澜、杨昌濬等100多名官员皆被查办，或革职，或流放，或充军，而“罪魁祸首”刘锡彤被流放到了黑龙江，不久病死。“杨乃武与小白菜案”牵涉的官员大多出身湘军，平反冤案的结果，使湘军派系大受打击，清政府也得以压制湘系官员的气焰。“杨乃武与小白菜案”案情曲折离奇，又有地方官上下勾结、互相包庇，更有清廷中枢内部的明争暗斗，引人关注，使新式报刊《申报》的销路一下子就打开了，逐渐培养了当时官员、士绅与商人群体阅读新式报刊的习惯。

从“杨乃武与小白菜案”的审判过程来看，让人不禁困惑七次重审冤案却维持原判的制度性原因。清代各级官员的司法责任涵盖勘验、侦讯、审理、执行等司法程序中的各个环节，官员的行为受到全面的规定和限制，有任何过失都会受到惩处。《大清律例》规定：“凡官司故出入人

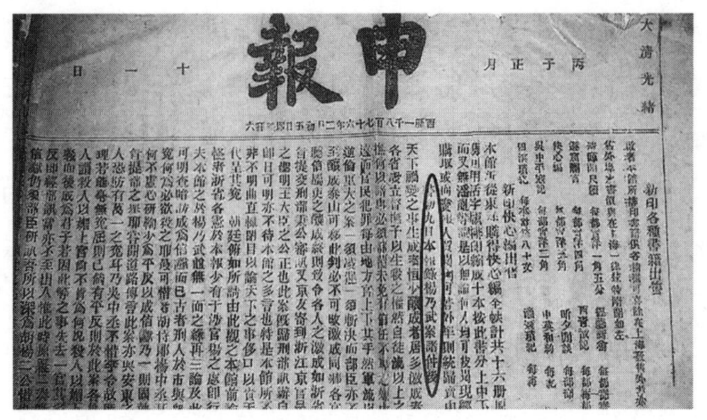
大清光緒

丙子 正月 十一日

申報

說明：《申报》光绪二年正月十一日（1876 年 2 月 5 日）第一版《书初九日本报录杨乃武案诸件后》版面。

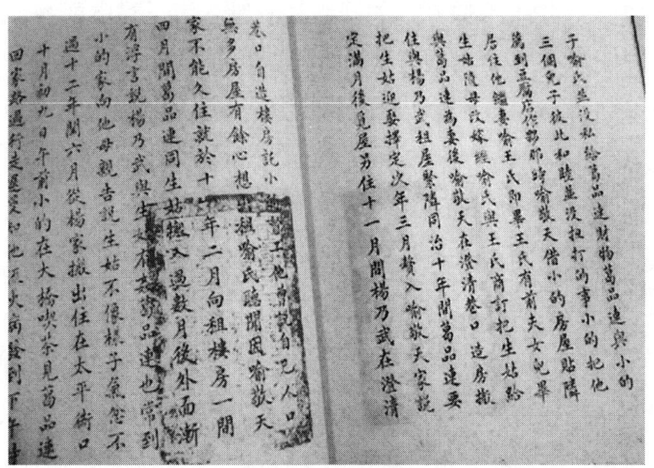
于喻氏並沒私給葛品連財物葛品連與小的
三個兒子彼此和睦並沒拉打的事小的把他
萬到並腐店作郎師時喻敬天借小的房屋貼隣
居住他繼妻喻王氏即畢王氏有前夫女兒畢
生姑隨母改嫁繼喻氏與王氏商訂把生姑給
與葛品連為妻後喻敬天在澄清巷口造房撥
住與楊乃武租屋緊隣同治十年間葛品連要
把生姑迎娶擇定次年三月贅入喻敬天家說
定滿月後覓屋另住十一月間楊乃武在澄清
巷口自造樓房說小
無多房屋有餘心想
家不能久住就於十二年二月向租樓房一間
四月間葛品連同生姑搬入過數月後外面
有浮言說楊乃武與生姑
小的家向他母親告說生姑不像樣子氣忿不
過十二年閏六月從楊家搬出住在太平街口
十月初九日午前小的在大楊
回家路過行走

說明：刑部折《浙江民人葛品连身死案审明定拟由》证实杨乃武与小白菜并无越轨行为。

罪，全出全入者，以全罪论。”基层官员为了掩盖自己在审判处理以及文书制作上的疏漏，当上司有批驳时，就固执不回，屡驳屡更，愈展愈伪。为了规避审转过程中的责任，上级官员对于疑难案件经常避免亲自审讯，而是委派下级官员会审，推卸责任。审转链条上的各级官员，一旦出现错案，都须承担责任。州县官在审理案件时，可能出现“漏取紧要口供”“刑逼妄供”“失入失出”等问题。审转复审的上司若没有及时察觉疑点

说明：官官相护是清代司法舞弊的原因之一。电影《审死官》剧照。

并驳回此案，那也得承担连带责任。正是因为这种连带责任制的存在，当已经审转的案件出现问题的时候，就会产生官官相隐、官官相护的情况。当民有冤屈，经地方最高级官署审判仍不能解决时，可赴京向都察院及步军统领衙门控诉，谓之“京控”。为了避免被朝廷问责，地方官员不惜截访截拿，还有一些豪绅会派人在路上抢走这些人的盘缠，阻止他们上京告状。比如清末的漕运官员还养着打手，“专殴控漕之人”。从“杨乃武与小白菜案”，可以看到晚清政治腐败，地方官炮制的冤假错案越来越多，但“京控”纠正冤假错案的效率越来越低，让百姓的生活没有保障，日益痛苦。

十　清代死刑的形式及意义

在中华法系中，法就是刑，民刑不分，诸法合体，实体法和程序法紧密地纠结在一起。凌迟、斩首、刺字、戮尸、缘坐等非人道的酷刑，却被中国人视为严惩。身首异处则触发中国人传统的惧怕，即身体残破，便不能投胎转世，也不能享有被祭祀的权利。凌迟并非简单的延长身体痛苦的残酷折磨，而是千刀万剐后肉身的完全破灭，对犯人及其家族来说都是平坟头般的

说明：西方人眼中的凌迟酷刑。

屈辱和惧怕。凌迟一开始用于处置集体犯罪，还被明太祖朱元璋用以处置政治犯。“文字狱”的兴盛让凌迟又有用武之地。在西方人看来，东方帝国公开凌迟犯人是极其野蛮的。“中国是靠棒和杖统治的国家”的概念流传甚广，显示西方人不理解中国传统文化对身体的独特定义，简单粗暴地认为保留凌迟是毫无意义的杀戮。

死刑审判复核监督制度是死刑审判的基本制度，适用于平时。只有经皇帝查核案情，才能勾决，执行死刑。“就地正法”是相对于死刑审判复核监督制度所做的特殊制度安排，主要适用于紧急情况下，从重从快处理谋反、叛乱和聚众抗官等严重危及统治秩序的案件。两者共同构成清代的死刑审判制度。从清代刑事法律制度运行来看，施行就地正法不可避免，但这项失去有效司法监督的应急性死刑审判制度，存在随意性和扩大化等诸多弊端。太平天国兴起之后，“就地正法”被大规模实施，导致最高死刑复核权下移，造成滥用死刑。各地方施行“就地正法”时，对象都不一样。例如，东北地区深受马贼胡匪侵扰，于是“就地正法”章程就是针对马贼胡匪施行的。虽然清朝一再强调“就地正法”的对象是那些强盗土匪等情重盗犯，但在实施过程中，“就地正法”的适用范围往往超出盗犯的范围。

北京的胡同多，街口就多，名气最大的街口是宣武门外的菜市口。外省人士进北京城主要有两条路：水路是京杭大运河过通州进北京城；陆路是走京汉路过卢沟桥由广安门进北京城，一进广安门就是菜市口。菜市口名气大是因为那曾是杀人的地方，是刑场，有不少名人都被斩首于菜市口。戏文中说的“推出午门斩首”，其实是拉到菜市口“出红差”，砍头！当年的刑场就设于今天的菜市口大街北侧十字路口附近。每到冬至前夕，就对判为“秋后问斩”的囚犯执行死刑。囚犯从刑部大牢被押出后，乘坐完全遮蔽的骡马车到达菜市口刑场，而不是如影视剧里那样，站在囚笼车上一路高喊口号，同时被臭鸡蛋和烂菜伺候。到达现场后，囚犯才被押下囚车走进刑场，这时候围观的民众才能看清楚犯人的样貌。根据当时在监斩现场的外国人回忆，在行刑前十五分钟，监斩官进入用芦苇席搭建的棚内，戴着脚镣的囚犯被反捆着押到监斩官面前，监斩官验明正身后，下达行刑命令。

说明：晚清北京菜市口行刑照。

说明：晚清犯人乘囚车赴刑场照，路旁是护卫囚车的士兵与大量的围观群众。

天亮前，死囚被推入囚车，经宣武门，走宣武门外大街到菜市口。到达后，囚犯便被押往距离监斩棚大约100米的地方，准备行刑。犯人必须跪下，被脱去上衣，随后刽子手掏出绳索，将犯人的头部捆扎起来，用力向前拉，头部和上身被向下压，使犯人的颈子尽量露出。在刽子手行刑前，有人会将一篮子馒头放在犯人的身体下面，方便将沾满鲜血的馒头提供给那些需要的人家。囚犯由东往西排好，刽子手手执鬼头刀也依次排列，准备行刑。当犯人的首级被砍下来后，悬挂在枭首柱上示众，起到威慑民众的作用。随后，差役会将这些犯人首级装入事先准备好的木笼里，并在木笼上贴一张纸，标明是哪个犯人的首级。被处决的犯人尸体，不得由家属入殓，而是由专门的收尸人带走，菜市口地面上的鲜血也会被差役们用沙子掩盖，让菜市口恢复行刑前的状态。菜市口处决的犯人头朝骡马市，脚朝虎坊桥，表示这些犯人来世只能做骡马赎罪。有时，得到行刑官的许可后，犯人首级会被差役取下木桩，由犯人家属雇人与尸体缝合，再放入棺材里，始得入土下葬。

说明：现今北京鹤年堂照片。鹤年堂位于菜市口路北，是北京医药行业现存历史最悠久的老字号，大门上悬挂的“鹤年堂”匾额为严嵩题写；“调元气”“养太和”牌匾是明代民族英雄戚继光书写的。

在清代，刑场监斩官的高座位，常设于鹤年堂店门口。鹤年堂位于菜市口大街路北，药店正厅悬挂的黑字金地“鹤年堂”牌匾是明代嘉靖年间首辅严嵩为其题写的，其中“鹤”字笔画独多，却布局很好，为人称道。传说某日菜市口行刑，当夜鹤年堂药店有鬼打门，要买刀伤药。因此，长期以来北京流传一名骂人话：“到鹤年堂去讨刀伤药。”意思是“你这个人要杀头的”，如同诅咒他人死于非命。每当有死囚即将行刑，就在鹤年堂店门口搭一席篷，下放一长方桌子，上摆朱墨、锡砚和锡制笔架，笔架上搁放几支新笔，有几个犯人便要预备几支笔。这是因为每杀一人，刽子手就提头上来，监斩官用朱笔在犯人头上点一点，便换另一支笔。传说这种笔可以压邪驱魔，用过的那支笔就会有人出钱购买，成为刽子手和差役们的生财之道。

刽子手多出身于社会底层，往往迫于生计才进入这个行业，需要拜师学艺，有些也是世袭制，但大多数的刽子手都无后代传承。师傅的要

说明：晚清刽子手照片。

求非常严格，徒弟必须每日练刀，师傅会在一个冬瓜上画条线，徒弟落刀之时必须不偏不倚、正好沿线砍破冬瓜，才算合格。刽子手相貌多丑陋，形象很是瘆人。临近行刑日，刽子手必须先磨刀，然后“择颈之细处而砍之”，落刀的时候讲究快准狠。行刑时，有人托上红托盘，上面有三个白瓷盅，一盅是水，一盅是茶，一盅是酒，喝什么全凭刽子手决定。一般是先含一盅水，漱漱口，吐了；再干那盅酒，也是含在嘴里不喝，喷在鬼头刀刃上，让刀喝酒；最后那盅茶必须饮用，镇定心神，喝了茶后再举刀砍头。按照行业规定，刽子手行刑后必须离开刑场，一路往前走，不许回头看，否则会被亡魂缠住。在行刑前，死刑犯的家人会给刽子手塞钱，希望他手下留情，能在斩断筋条和骨头的同时，尽量带些皮肉，不至于完全砍断。这种诉求也是基于古人的迷信思想，希望能为死刑犯“留全尸”，保证其能投胎转世。在今日看来，这些都是迷信之说，只需理解中国古代的各行各业都有专属的职业伦理与行业规定。宣统年间，刽子手斩下一颗人头，可得到一块大洋，相当于普通家庭一年收入的50%，许多犯人家属还会私自贿赂刽子手，让犯人少受苦楚，所以刽子手的收入还是不错的。直到1914年，北京政府颁布《惩治盗匪法暂行条例》，从此死刑执行改为枪毙，以砍头为生的刽子手正式退出了历史舞台。

十一　清末的司法改革

清末司法改革是中国法律制度由传统走向近代的转折点。欧美列强依恃坚船利炮，强行打开中国门户，堪称“千年未有之变局”。这种被动的社会转型，使社会产生巨大裂痕，让社会现实需求和法律规定严重脱节。直到司法改革前，《大清律例》基本内容都没有大的变动。社会不可能迁就法律，要解决这一困境，就必须改革法律，这是晚清司法改革最根本的原因。

说明：晚清上海租界会审公廨。正会审官由上海道台任命，总管公廨事务。陪审官由外国领事担任。根据中外双方的约定，如果案件涉及洋人或洋人雇佣的华籍仆人，由外国领事参加会审或观审；纯粹华人案件，由中国谳员独自审断。

自 1843 年《中英五口通商章程》签订后，中国丧失了领事裁判权，即外国人在中国领土犯罪的话，可以不接受中国法律的审判，反而由外国派来的领事官（外交官）执行审判权，归属于外国国民的案件则由外国的领事法庭依照本国法律审判。这种特权在国际惯例上，仅交给外交官，一般人民不得享有。究其原因，一方面是中国国力太弱，另一方面是中国司法体制的落后。从古至今，中华法系是“诸法合体，刑民不分”，但在近代西方法律与法学思想传入中国后受到了强烈的冲击。在上海租界内出现的“会审公廨”，名为会审，时有外国领事参与其中，或陪同中国官员进行审判，而实权操于外国领事之手。会审公廨的司法管辖只对中国籍人士及非条约国有效。会审公廨使用的程序法也是中国惯用的程序法和外国程序法的融合体，直到 20 世纪 20 年代末期才相继废止。

晚清重臣张之洞、刘坤一在“江楚会奏变法三折”第三折中，曾提醒清政府应该高度注意现行法律与西方各国法律不太兼容的问题，这些法律大致包括矿律、路律、商律、交涉律及刑律等。袁世凯也在1902年初建议清政府注意司法体制、法律制度方面的改革，注意向日本学习，借鉴日本1899年成功修订条约并全面重建法律体系的经验，甚至可以考虑借助日本法律专家的帮助，修订中国法律。1902年5月13日清政府责成刑部右侍郎沈家本、四品京堂候补伍廷芳参酌各国法律，悉心考订新法律。1904年5月15日“修订法律馆”正式成立。在日本专家的帮助下，清政府参照日本的法律建构，重新规范了中国的法律制度。1902~1911年，清政府从政治、经济各方面进行了一系列的改革，其中沈家本、伍廷芳等修律大臣所主持的法律改革，开启了中国法律近代化进程。

说明：沈家本照片。

清末司法改革主要分为两个阶段：第一阶段以改革司法体制内的弊端为主要任务，并没有触及传统的司法体制；第二阶段从改革官制入手，全面移植西方的司法体制，以实现预备立宪的目的。清末司法机关的改革，涉及司法行政管理机关和审判机关，这是清末官制改革的一个重点。首先就是把原来的刑部改为法部，成为专门的司法行政机关，管理监狱、执行刑罚，监督各级审判厅判决的死刑案件。由此可见，清末司法改革对于司法独立及独立设置司法机关有了比较深刻的认识。作为清朝传统的审判机关，大理寺更名为大理院，正式成为全国最高审判机关。大理院下设民刑庭，并设推事和庭长组成合议庭进行审判工作。同时，大理院还有统一解释法律的权力，其解释在全国范围内都有效。

中国历史上的礼与法，由混一而分化，再由对立而融合，历时久长，过程曲折。自汉代以降，儒法合流，“德主刑辅、以刑弼教”的原则开始主导中国的政治思想和实践。直到 19 世纪晚期，礼的支配性受到挑战，“礼法一体”的格局开始被撼动。围绕修法原则的取舍，争议不断，并在《大清新刑律》的制定过程中达于顶点。争议的焦点，正是礼、法之关系。《大清律例》的十恶、亲属容隐、干名犯义、存留养亲及亲属相奸、相盗、相殴，还有发冢、犯奸各条，均有关于伦纪礼教，未便蔑弃。如中国人有犯以上各罪，应仍照旧律办法，另辑单行法，以昭惩创。此种安排，名为保守纲常礼教，实将其边缘化，而欲将旧律有关伦纪礼教诸条另立单行法，专以对中国人，引起礼教派的讥评。例如，从礼教派与法理派在无夫奸问题上的论辩，便可以看到两派之差异。

所谓无夫奸，指尚未出嫁的女性或寡妇与人通奸的行为。在中国古代社会，无夫奸在大多数情况下都是重罪。清末，时人在无夫奸问题上展开了史无前例的论辩。礼教派主张治罪，维护传统的伦理秩序，包括沈家本在内的法理派主张对此不复治罪。像无夫奸这样的民事议题涉及古代刑律的礼教化与去礼教化，触及中国法律是否遵行儒家礼教的关键。以劳乃宣为首的礼教派，顽固地坚持中国的礼教风俗，认为中华法系应注重纲常伦理。沈家本等法理派人士则主张对传统法律要取其精华，弃其糟粕，并且要参酌西法加以与时俱进的改造。因此，针对无夫奸问题，以张之洞、劳乃宣为代表的礼教派认为，中国社会对于无夫奸的普遍认知都是有罪，国家法律必须规定无夫奸有罪，以制止无夫妇女与人和奸，防止社会风气败坏。以沈家本、杨度为代表的法理派则认为这一条万不能加入正文。理由是无夫奸不定罪，也不会败坏社会风气。地方上放荡不道的人诚然是有的，但他们必须偷偷摸摸，他们畏惧的不是旧律中杖八十的刑罚，而是怕自己的名誉受损、怕女方家人的报复。再从司法角度来看，既然是和奸，男女双方就一定都同意。在审判时，纵然口供不同，也很难找到证人。社会风化责任应在家庭和社会教育，而非国家有无这条法律。双方围绕这一议题持续争辩了五个小时，最后付诸表决，结果多数人赞成无夫奸有罪，即使两相意合，也必须有罪，礼教派取得胜利。最后，《大清新刑律》虽得以颁布，但礼法之争还在继续。礼教派因在朝廷中拥有较大的势力，不断对法理派提出弹劾，沈家本被迫于 1910

年辞去修律大臣一职。

《大清刑事民事诉讼法》《大清新刑律》《大清民律草案》几部根本大法分别在程序法和实体法领域为后来的法律现代化奠定了良好基础，开了很好的先例。虽然许多新法典并没有得到完善，且大部分没有得到执行，但这场改革本身是中国法制史上的革命。清末司法改革的成果是由盲目排外到中体西用、由维护三纲到批判三纲、由专制神圣到君宪共和、由以人治国到依法治国、由司法与行政不分到司法独立、由以刑法为主到诸法并重，并增加民律、商法、诉讼法。诉讼审判制度也进行了改革：确立司法独立原则，区分民事与刑事诉讼案件，建立律师制度和改良监狱管理制度。此外，抄家制度在清末改律中趋于废除。《大清法规大全》中审时度势地提出以国外法律为参考，将抄家从法律规定中以模糊淡化的方式去除，仅保留了“谋反谋叛”一条适用，但处罚程度减轻。历史仍有惯性，抄家制度在中国历史上并未尽行终止，民国时期仍存在众多“逆产充公”事件，某种程度上，也可说是此未废条款的变形延续。

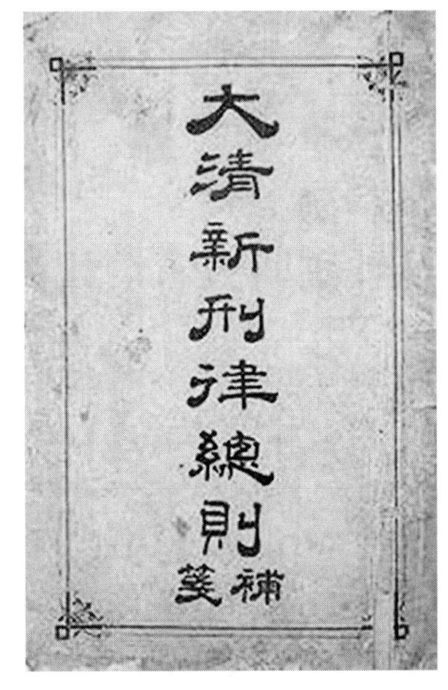

说明：《大清新刑律》是中国第一部近代刑法典。共两编 53 章 411 条，并附有暂行章程 5 条。

第六章
从性别研究看清代社会问题

一　性别研究与清代贞洁政策

过去从事妇女史研究的学者们，往往关注妇女婚姻与社会遭遇的问题，并从单纯研究女性扩展到研究男女两性及社会生活，称为“性别研究”，关注的主题有妇女地位、男女关系、婚姻问题、礼法与人情、生理性别与社会性别。例如历史学者会关注清代的后妃、公主、格格、仕女、才女、妓女、寡妇、贞女、烈女等妇女群体及其家庭生活和社会地位，并延伸探讨这些妇女群体如何获得礼教、法律、宗族及社会的保障或遭受变相的欺压。例如，受到五四运动呼吁保障妇女权益的影响，许多知识分子为了扭转女权低下的社会风气，将传统妇女描绘成受害女性的形象，就像是鲁迅笔下的祥林嫂，借以激起人们对妇女地位的重视。而这样的受害妇女的刻板印象也被历史研究的

说明：清代仕女图。

成果不断地强化，彷佛这些妇女都是被男权压迫的可怜人，让人们一想起传统中国就会联想到男尊女卑与父权社会的面向。又如，随着新式学堂的开办，女学生群体大概在1901年以后出现，渐渐成为学生运动的活跃分子，也成为社会运动的主力之一。可以说，性别研究是一个多元跨学科的领域，涉及心理学、社会学、文化研究、人类学、历史学和语言学等多个学科。在过去的20年中，大量新的研究从根本上改变了我们对古代中国女性史和性别关系史的视角，使我们质疑以往被视为真理的女性作为牺牲品及女性在历史变革中无足轻重的说法。

说明：清代妓女照片。

说明：民国初年女学生参与运动。

古代职业妇女的代表是“三姑六婆”。所谓“三姑”指尼姑、道姑、卦姑，而六婆是牙婆（从事人口买卖或中介服务的女性）、媒婆（介绍婚姻）、师婆（装神弄鬼、画符念咒的巫婆）、虔婆（从事卖淫行业的鸨母）、药婆（卖药治病或出售春药、打胎药）、稳婆（接生、验尸或为大户人家选奶妈）。此外，还有闺塾师这样的特殊存在。闺塾师是古代女性教师，她们超越了闺阁的空间限制，经营出一种新的妇女文化和社会空间。闺塾师的存在，显示出女性的社会性别未必这么绝对，凸显了在儒家体系范围内，女性仍拥有自我满足与赋予教化意义的生存状态。事实上，儒家社会性别体系之所以能长期延续，归之于其在相当大范围内的灵活性。在家从父、出嫁从夫、夫死从子的三从观，虽剥夺了女性的法律人格与独立的社会身份，但她的个性或主观性并未被完全剥夺，她们仍有一定程度的自由，只是这一生存空间是支离破碎的，也没有办法串联各阶层的妇女，仍需要依附在男权的主体空间之中。

说明：三姑六婆。

贞节妇女最早指有纯正高洁的道德观念的女性。巴寡妇清可说是中国最早的女实业家，受到秦始皇的礼遇褒奖，秦始皇为其修建了一座怀清台。明代以前虽已有贞节旌表的制度，但尚未受到朝廷及社会的高度重视，旌表的人数也较少。明代开始，旌表制度远比前代受到重视，明太祖在位期间详

说明：闺塾师。

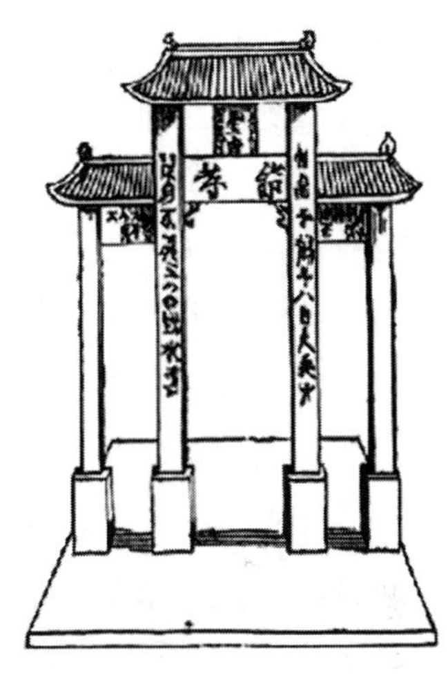

说明：贞节牌坊示意图。

细制定关于旌表的规定，形成一套严密而规范的制度，清代大致承袭了明代的制度。明清两代政府都不断对贞节妇女加以旌表，由政府出资造祠或树立牌坊，并形诸制度：守节十五载以上，逾四十而身故者一律旌表，而对于再嫁之妇，不得因夫或子贵而请求封爵。节妇定义为三十岁之前丧夫，守节到五十岁以上的妇女（已过世的节妇不得旌表）。烈女无明确定义，但一般是指为维护自身的贞操而死的妇女。寡妇守节不再只是道德理想，而是一种道德实践。朝廷立的牌坊被称为贞节牌坊，表彰死了丈夫长年不改嫁，或自杀殉葬，符合当时道德要求、流传特异事迹的女性。

清政府认可殉夫的妇女情操，努力将她们的道德情操导引到更有价值的方向上，如抚育遗留的子女，不应该轻弃自己的生命。清政府禁止殉夫，但对受激于性侵害或骚扰的自杀是支持的，雍正年间更将言语调戏也纳入法律条文中，即以妇女的反应来界定性侵害的罪刑，只要亵语戏谑导致妇女自杀者，依律可处死刑。不是每个贞女节妇都能获得朝廷的旌表。申请手续非常复杂，给申请者带来莫大麻烦；并且受旌表的名额有限，申请者竞争激烈；再加上官僚制度腐化及申请方式的公开范围有限，因此世家大族的贞节烈女更能胜出，平民几乎难有受旌的机会。为了补偿这些妇女的牺牲，也为了纪念她们的辛劳，鼓励更多妇女见贤思齐，士人开辟另外的领域空间来表扬贞节妇女，包括地方志群女传书写各地贞节事迹或节妇传记。

表彰贞妇始于汉宣帝，但真正成为习俗是理学提倡和官方表彰的结果。在宋明理学的推崇下，若干理学家认为“饿死事小，失节事大”，指责寡妇改嫁就是失节。再加上旌表制度的发达，使得不能参与科举考试当官的女性，也有了光宗耀祖的机会，还可除免本家差役，死后还能入祠受祭。不同于五四时期的“礼教杀人”，妇女守贞的理性选择可能出于经济、道德及自我实践三个因素，在这三个因素的影响下，若干妇女主动地选择了守寡一途，使自己在家族中获得较高的地位及财产的继承权。这样的理性选择，加强了儒家礼教对妇女“从一而终”的要求，不但在丈夫生前保持贞洁，丈夫死后还要守节。元明两代特别鼓励殉烈，但清代更重视寡妇守节抚养幼孤、侍奉公婆，不赞同妇女殉死。政府表彰节妇之举，一直延续到民国初期。根据清代《刑科题本》的统计，可知在中国经济富庶或新开发地区，妇女与人犯奸的案例较多（大多数案例都是丈夫出外经商或佣工，妻子再嫁的状况），农业家庭妻子殉节比例较高，可见盛清时期社会流动增加，使传统的内外之别、男女之防的性别规范受到挑战。大部分的寡妇再醮，看似妇女在婚姻上的再选择，其实是把这个女人卖给一个新的丈夫，这也是合法的，只要这个寡妇的再嫁不是被强迫的。再嫁的价金可能被用来支付亡夫的债务，甚至是购买棺材。寡妇再嫁之举，尽管受到理学道德观污名化，但在农民之间是很常见也很有必要的求生之道。

明清小说里不乏艰苦守节的故事，可见寡妇守节之不易。例如，清人青城子《志异续编》记载：某节妇，少年矢志守节，每天晚上关门后，家人总能听到铜钱掉在地上的声音，天亮后，地上并不见铜钱。后来这女子年寿已高，临终时，从枕畔拿出百枚铜钱，“光亮如镜”，可知这名女子天天摸黑捡钱，打发漫漫长夜，如此才能坚持守节。又例，清人沈起凤《谐铎》记载一寡妇故事，描绘其内心活动更为活灵活现。

翁有表甥某，自姑苏来访，下榻外馆。于屏后觑其貌美，不觉心动……而心猿难制，又移灯而出；终以此事可耻，长叹而回。如是者数次，后决然竟去。闻灶下婢喃喃私语，屏气回房，置灯桌上，倦而假寐，梦入外馆，某正读书灯下，相见各道衷曲。已而携手入帏，一人趺生帐中，首蓬面血，拍枕大哭。视之，亡夫也，大喊而醒。时桌上灯荧荧作青碧色，谯楼正交三鼓，儿索乳啼絮被中。始而骇，中而悲，继而大悔。一种儿女子情，不知销归何处。自此洗心涤虑，始为良家节妇。

二　清代贞女及其文化因素

贞女是明清两代的一个特殊现象，明代中期以后开始形成风气，在清朝达到鼎盛，尤其集中在长江下游的江南地区。贞女，指已订婚但尚未结婚的女性，当自己的未婚夫去世以后，或为未婚夫终身守节，或者自杀殉情。在中国古代的皇权社会中，因为未婚夫去世而终身不嫁的故事时有记载，但是后来被称为“贞女”的这一理念，只有到明清时期，才吸引了年轻女子的想象，最终引起公众的注意，得到了迅速发展。五四运动的女权思想，让妇女以自杀来逃避包办婚姻，而明清贞女却以自杀来维护包办婚姻，可谓讽刺。与一般出嫁妇女不同的是，贞女与娘家的关系并未切断，在长期守寡的岁月里，贫困的贞女还会向娘家求助，或轮流生活在夫家与娘家，或要求娘家兄弟代为出头、教育继子、管理财产。贞女故事表明，她们作为贞女而获得的独特道德资本可以转化成影响力甚至权力，从而削弱传统的性别等级、辈分原则对她们的限制，扩大自己对生活的控制力。

这些未婚少女为什么要违背父母意愿选择守贞？贞女现象不是出于父母之命或媒妁之言，更多的是基于个人选择。贞女的信念与情感深深根植于她们赖以成长的社会文化体系之中。在贞女的形象中，不论选择哪种方式的儒家学者都找到自身情感的表达。以自杀来实现道德责任的

	一般假设	真实情形
经济因素	觊觎夫家的财产	无法改善经济生活
名誉因素	沽名钓誉，为了朝廷的奖励、社会的褒美	底层妇女难获官方旌奖，但因节烈概念的宗教化，许多妇女愿意守贞
家庭因素	父母贪图朝廷旌奖、威逼女儿殉死	父母阻止女儿成为贞女
个人理念	实现自己的精神追求	宗教影响
个人选择	逃避婚姻	没有理由，坚持嫁入夫家
个人情感	童年订婚	内化自己是妻子的未来身份

说明：未婚少女选择守贞的原因。

贞女，给儒家学者们提供了一个有力的象征对象，尤其是在明末清初社会剧烈变革的情况下，贞女就象征着那些在明朝灭亡时以身殉国的文人，从而得到了儒家学者热情的膜拜与礼赞。对于这些儒家学者来说，她们不仅仅是杰出的女子典范，更是代表了终极的政治忠贞。贞女与忠臣相联系，为贞女形象添上了更加荣耀的光环。许多汉人士大夫通过赞扬贞女的殉节行为，有力地强化了自己的道德决心，从而阐明要保持自己的政治气节，如同“忠臣不事二主”，要与明王朝共存亡。儒家学者大力地宣扬和美化贞女，为清代的贞女现象持续发展奠定了重要的基础。例如清代学者屈大均就非常支持未婚女子自杀，还有许多儒家学者批评那些想要挽救自己女儿性命的父母，认为他们太过愚昧，竟阻碍了自己女儿实现理想的脚步。

清朝初期，贞女殉节行为成为一个又一个轰动的社会新闻，而这些事件为儒家学者的创作与宣扬带来了更多的题材，有一些作者以一种前所未有的激进态度来描写年轻女性的殉节，并且抱着一种赞扬与鼓励的态度。此外，明清时期流传着很多贞女故事，当受到灾难时，贞女的德操最终会战胜灾难，保佑他人，甚至形成了一种特有的崇拜。普通百姓认为，贞女嫁给了死人，就具有通鬼神的能力，成为沟通阴阳两界的使者。例如，在很多贞女的传记中都有这类情节：贞女自杀后仍然面目如生，尸身所在房间里弥漫着香气，发生火灾后，尸身安然无恙。某种程度上，这些传记的渲染，仿佛赋予了贞女一种灵异之力，也为贞女蒙上了一层神秘的色彩。

除了写文章来赞扬贞女殉节以外，还有一些士人为殉节的贞女举行公开

说明：清代妇女殉死示意图。

的葬礼，并把葬礼当成一种重要的教化场合。当贞女为她的未婚夫殉节，当地有地位的人就组织起来给她办一场盛大的葬礼，邀请全村的百姓观看。就这样，年轻的女子从容地走到了前台，在大家的欢呼声中上吊结束了自己的生命。围观的百姓甚至都在说笑与鼓掌，都认为这是一件全家、全村、全县都非常光荣的事情，让人不寒而栗，感到“礼教杀人”的可怕。

说明：浙江省平湖市乍浦陈山景区贞女亭。

> 福州旧俗，以家有贞女节妇为尚，愚民遂有搭台死节之事。凡女已字人，不幸而夫死者，父母兄弟皆迫女自尽。先日，于众集处搭高台，悬素帛。临时设祭，扶女上，父母外皆拜台下。俟女缢讫，乃以鼓吹迎尸归殓。女或不愿，家人皆诟訾羞辱之，甚有鞭挞使从者。

贞女是儒家女德的理想象征，为贞女立祠也是非常复杂的，不是想建就能建的。如果是个人发起的修建，必须获得地方政府的批准。如果是政府为了表彰贞女，那么就可以由朝廷直接拨发银两修建了。大多数祠堂的修建还是由地方政府、地方社会、亲族、家族或者同乡的积极分子共同出力，而不是由朝廷出资。而地方政府与地方士绅是很乐意干这种事情的，因为他们认为可以促进当地的社会教化。这些纪念性的建筑非常醒目，具有特别的功能，它向每一位观者诉说着烈女贞妇的故事。这些庄重的纪念建筑，或许会让人想起这些女性给自己的家庭、宗族、地方带来的光荣，把当地的道德成就昭示于世。值得注意的是，按照清代的贞洁制度，每一位贞女都应获得立祠的表彰，但只有极少数的贞女有此好运，其他大多数的贞女会湮没无闻，那么贞女祠也会面临败落的命运。

说明：江苏省溧阳市贞女祠。

三　清代刑案里的婚姻奸情

过去研究清代妇女史，受到资料的限制，多重视节烈观以及妇德的观念、诠释及实践。近年来陆续发现清代地方的司法档案，多以下层社会的男女为叙事主体，不同于以士人观点为中心书写的史料，透露了不少关于妇女的活动空间、日常生活的两性互动、下层百姓的生活习惯等信息，很大程度补充了过去的相关研究。前一节讲到清代贞节制度的发展，可知清政府抱有高度自觉的教化使命，而国家对社会生活的高度介入，使得清代法律希望能做到“正人心”的法律化，例如强奸罪的处罚重至绞刑。对强奸与通奸的判定，在于妇女的守贞意图，所以在公堂上真正受审的其实是妇女的贞节与平日的声誉。又如夫妻吵架、贩妻、共妻等家庭纠纷常常变成两个家族的冲突，甚至闹出人命官司，反映娘家在庶民生活中的重要性，与过去“出嫁从夫”的印象不同。

明清时期，为人夫者纵容妻妾通奸或将之贩卖与人为妻妾，均属奸情不法，法律明令禁止，但这样的婚姻奸情却成了贫苦民众的残存之道。在大部分情况下，“卖妻”指的是丈夫贩卖妻子，让她成为另一男人的妻或妾。在清代，卖妻是穷人中普遍存在的生存策略，假如其他资源都已耗尽，一个丈夫能以卖妻作为最后的生存手段。卖妻仅是普遍存在的女性与孩童交易的一个面向，却影响了清代社会与经济的很多方面，这类交易与该时期中国普遍存在的性别比例不均密切相关。女性短缺、男性过多，对贫穷的农村影响最大（男性比起女性可能多出 15%）。贫困地区有无数的女儿与年轻女性被卖到较富裕的家庭里当佣人或妾，使得贫困地区的性别失衡情况更加恶化。

为缓解此种妇女短缺的困境，贫困地区产生了妇女买卖行为，以便相对少数的妇女能够适应相对多数的男性之需求。多夫制（口语说法是“招夫养夫”）及娼妓就是这类行为。另外，卖妻与寡妇再醮也借由让妇女经历一次以上的婚姻，间接达成了类似的功能。于是，结了婚的穷人把妻子“出租”或“卖”给那些单身汉，换取一笔钱财；被出租或被卖掉的妻子为买主生儿育女，到了约定期限就一拍两散，各不相欠。因贫所驱，丈夫无奈典卖其妻以求活路而引发的讼案，不胜枚举。由此可知，典妻交易成了短缺婚姻资源的一种再分配。乾隆年间有个因贫典妻案例，最终却变成杀人案件。余氏与丈夫徐宇柱都是湖北潜江人，自幼成亲，育有二女。乾隆十一年，大水淹没住屋，迫使他们迁移与宋绍孔为邻。乾隆十三年，徐宇柱向宋绍孔借贷 500 文钱。宋绍孔多次讨要，但徐宇柱无力措还，于是唆令妻子余氏与宋绍孔认作义兄妹。乾隆十三年七月，在一次徐宇柱缺席的场合里，宋绍孔借索讨欠银之便，勾引余氏成奸。宋绍孔自此往来频繁，奸宿不计其数，徐宇柱就假意出门，宋、余两人的奸情“丈夫都是知道的，只不当面说破”。奸情因年岁歉薄双方各自迁徙而中断。乾隆十五年，这对处境堪怜的夫妇再次因宋绍孔前来拜年而觅得生机，当夜便留宿了宋绍孔。最终因宋绍孔图娶余氏做长久夫妻，二人联手将本夫徐宇柱勒死而闹上公堂。

历代政府对“典妻”“卖妻”等行为，都是明令禁止的，但是似乎对这种做法的态度又很模糊，实际上是睁一只眼闭一只眼。根据《刑科题本》等卖妻材料分析，清代全期到20世纪初，整个中国皆采用相同的基本程序与契约模式进行此种买卖。是否租典一般由丈夫决定，不需要征得妻子同意。如今收藏在辽宁省档案馆的赵喜堂“典妻合同”，就没有其妻的签名或者手印。也有少数妇女因丈夫长期外出，在无以为生的情况下被迫自典。卖妻满足相关各造不同的目的，交易各造有着些许不同的考虑：对本夫来说，他的妻子在窘迫时期是可以变卖的财产，变卖的价金可以支付债务，赎回典当的田产，甚至买食物、药物或购买双亲之一的棺材。对于妻子来说，被卖掉也许可以提供远离贫困的出路，而且有机会自后夫处谋得较好的生活，换句话说，这个交易等于是让她离婚并提供新的婚姻；有时候，被卖的妻子也可以取得其一小部分卖价。大部分的买主都是贫穷的单身汉，对他们来说，这笔交易提供一条相对便宜的结婚与建立家庭之渠道。卖妻尽管有其风险（毕竟是非法的），但买别人的妻子通常比娶一个寡妇花费较低，比起娶一个未婚的女人费用更是低廉。在他们出得起钱的前提下，这些男人试图建立家庭，他们选择一个妻子的主要考虑是她们能生孩子，而且能帮忙经营一个家庭。为了进行这个交易，单身汉可能已经存钱很久或者向人借钱。买妻的花费通常是相关各造维生所需的一笔颇大的开销（尽管其远低于一般正常大婚所需的花费），约为一个农业雇工两至三年的薪资，或者是一个成年男性几年维生所需的粮食价格，或者几头牛的价格。

卖妻这种交易几乎总是有一个媒人做中介，而且用本夫（也就是卖者）

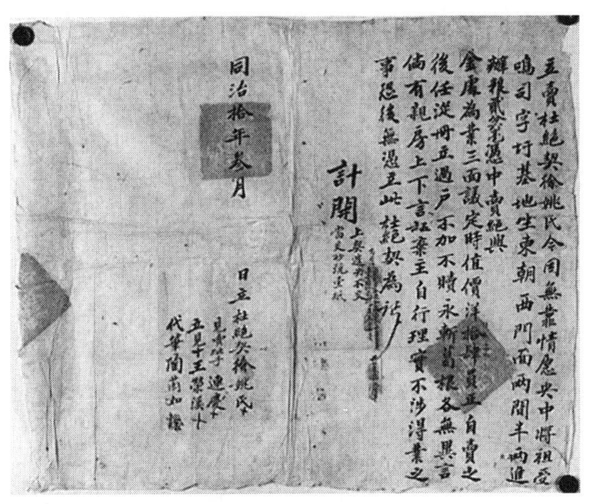

立賣杜絕契徐姚氏今因無靠情愿央中將祖受
鳴司字圩基地坐東朝西門面兩間半兩進
[illegible]貳[illegible]憑中賣絕與
金處為業三面議定時值價洋拾[illegible]正自賣之
後任從冊立過戶不加不贖永斷葛根各無異言
倘有親房上下言[illegible]自行理實不涉得業之
事恐後無憑立此絕契為據

計開

同治拾年叁月　日立杜絕契徐姚氏

说明：清代典妻契约。

的口吻书写书面的契约，同时盖上其手印（有时候还有足印）。这个契约保留在买者手里，以证明他有权拥有这个女人，其形式就像田业契约证明买主保有其所买田业一样。最重要的是，一份卖妻契约可证明本夫是自愿卖掉这个女人的（换句话说，买主并未拐带她），而且上面列出一长串的证人与保人的姓名，他们可以协助调解之后发生的交易纠纷。尽管此为社会现实，但清朝法律把大部分的卖妻行为视为“奸”，而且规定交易双方必须受到严厉的处罚。

说明：清代婚嫁图。

若用财买休、卖休和娶人妻者，本夫、本妇及买休人各杖一百。妇人离异归宗，财礼入官……妾减一等。媒合人各减犯人罪一等。其因奸不陈告而嫁卖与奸夫者，本夫杖一百，奸夫奸妇各尽本法。

在统治者看来，即使卖妻以前并无犯奸的行为，这种交易也非正常的嫁娶方式，其关系是不道德的。在明代，这种解释理路引发了广泛论辩。16世纪中期，刑部官员认为，只有当妻子与买主先有通奸恶行时，卖妻行为才能依据“买休卖休”律文惩罚。清代以后，朝廷对“买休卖休”采取了比较严格的解释，所以不必考虑卖妻的动机，一律引用此律文去惩戒相关人等。总之，清朝刑部官员认为，卖妻应被视为一种犯奸，本夫等于纵容妻子与买休者（后来的丈夫）犯奸。如此，妻子自身的意志不受重视，被当作奸妇，必须与本夫、后夫一同受惩。更重要的是，为了弥补“买休卖休”的恶劣影响，妻子应该与本夫、后夫分开，强制其回归原来的家庭，重新婚配。换句话说，犯奸妇人必须婚配给一与此卖妻交易无关的第三人。清朝官员的做法，反映了清朝对妇女贞洁的偏执想法，也不认可卖妻的现实需求。尽管清代禁止卖妻，但生存困难而出现的卖妻行为并非政治力量所能压制，因而“买休卖休”依然存在。

根据《清稗类钞》记载：“浙江宁、绍、台各属，常有典妻之风。以妻典于人，期以十年、五年，满期则纳资取赎。为之妻者，或生育男女于外，几不明其孰为本夫也。”在这种情况下，卖妻行为应该是你情我愿的私下交易，但为何会提告到公堂之上呢？司法规定与社会实践之间的尖锐矛盾，使卖妻成为清代地方官府里常见的诉讼案件，留下许多丰富多元的司法档案。对 212 个地方官府的诉讼文书加以整理，发现主要有三个类型：遭到卖夫或他家人的勒索，共有 103 个案件；妻子和/或她的娘家反对交易，共有 80 个案件；其他人勒索或金钱纠纷，共有 26 个案件。在中国社会，一个男人因贫穷被迫卖妻，会被人看不起，有时会表现为组织性的集体欺凌。同样，买他人妻子的男人被视为利用他人的不幸获取利益，因此有一句民间俗谚为“好汉子不娶活人妻”。卖妻行为，与其说斩断了一个人与其妻的关系，不如说它启动了卖主与买主间一种崭新且持续的关系——在这种关系里，买主在道德上被视为有义务帮忙卖主，因为卖主的不幸造就了他的利益。这种买主与卖主间的不对等，也意味着买主比卖主更可能输掉诉讼。这就是为何在卖妻已经过了很久以后，买主有时仍然支付卖主两次或更多次找价的原因，这些找价数额相当高，甚至有时会超过原来的买价。这种男人之间的协商，让卖妻行为充满了勒索与暴力，遂诱发了很多卖妻诉讼。

四　清代溺女与童养风俗

溺女婴是古代中国社会的民间恶俗，流行于全国大部分地区。先秦时已有溺女习俗，历代史不绝书。少数有识者曾呼吁禁溺女婴，但由于贫民经济与劳力上的选择及普遍的重男轻女思想，始终不能根绝溺女习俗。例如，苏轼《与朱鄂州书》提及“岳、鄂间田野小人，例只养二男一女，过此辄杀之”，王得臣《麈史》一文提及“闽人生子多者，至第四子则率皆不举”，“若女则不待三，往往临蓐，以器贮水，才产即溺之，谓之洗儿”。溺女的过程往往很残忍。女婴呱呱坠地，不论性情，不辨体貌，只要父母默认不留，接生的稳婆便用盆打水，将婴儿按入水中，任其挣扎啼哭，直到溺毙。

为什么会有溺杀女婴的现象呢？表面原因是重男轻女，但归根结底还是与清代社会人口问题有关。在中国封建社会时期，各种不同名目的人头税重负曾是导致社会上流行溺婴的主要因素。然而，清代自康熙五十一年（1712）下诏“盛世滋生人丁，永不加赋”，及雍正年间实行“摊丁入亩”后，虽然废除了长达几千年的人头税，但是社会上淹杀新生女婴的现象不仅未见减缓，反而愈演愈烈，其根本原因是人口增长与农业发展的非同步性造成巨大的人口压力。民国时期，中国面临内忧外患，许多百姓陷入贫困，无法养活子女。例如，朱德《回忆我的母亲》提及：

说明：古代中国的婴戏图。

“母亲一共生了十三个儿女。因为家境贫穷，无法全部养活，只留下了八个，以后再生下的被迫溺死了。”

说明：1896 年福州“婴儿塔”。

清代的溺女婴是一种社会陋习，但溺婴现象背后是严重的社会人口压力问题。某些学者主张 18 世纪的中国约有 25% 的女婴遭到杀害，尽管有人争议此一估计可能太高了，但无论实际杀婴比例如何，学界有高度共识，那就是女婴的死亡率确实远高于男婴，偏爱男孩的文化传统导致危机时代中的女婴较不容易存活下来。清代农业生产发展极其缓慢，农业生产力的落后阻碍了粮食生产的发展。有限的土地和农业生产力无法满足日益增长的人口的需求，导致生活日渐贫困化。贫民迫于生活的压力在节育措施比较落后的情况下，不得不采取这种残忍的手段，避免自己更加贫困。因此，清代溺女习俗分布广泛，十二省均有溺女婴习俗，且江西、湖南、浙江、福建数省溺女婴风气最盛。各省的地方志通常使用“多”“盛”“风”等词，反映出溺女的盛行程度，如“建宁俗多溺女”“祁阳贫民溺婴甚多”，由此可见溺女习俗的普遍性与持久性。

对于溺婴风习，许多官员、文人认为“残忍不仁，伤风坏俗”，多从道德层面进行批判。朝廷对于这一陋俗，也三令五申予以禁止，要求地方官员进行劝导，同时以法律手段对溺女者加重惩戒。按照《大清律例》的规定，溺杀女婴，比照祖父母、父母故意杀害子孙的条例，“杖七十，徒一年半”。除此之外，还按照杀子孙条例治罪，对家长、邻居、保长实行连坐。溺女造成的最直接后果是人口性别比例失调。根据《清朝续文献通考》所载的北京城、吉林、黑龙江、山西、浙江、江西、四川、贵州等地的统计数字，男性均多于女性10%。男子婚娶难已成为社会的不安定因素，“男女之情乖，则嬲淫之事起。室家之念绝，则盗贼之心生。奸淫则风俗不正，盗贼则地方不宁”。男女性别比例悬殊还引发一系列社会问题。一是娼妓行业的发达。在一个性比例失调的社会里，娼妓的存在是必然的。下层民众的性需求与统治阶级、有钱阶层色欲泛滥在一起，共同形成了每个朝代盛衰不定的娼妓行业。二是女性在婚姻市场中成为稀缺资源。在清代的法律中，父母卖掉自己小孩的行为是完全合法的，出现了买拐幼女作为童养媳的现象。三是待嫁女性太少，聘金太高，单身男子无法成家立业，成为社会秩序不稳定因素。四是卖妻、共妻、典妻。

为了解决溺女问题，政府和民间投入大量的资金发展育婴事业，但各地仍在溺女。南安知府游心水出示训饬：“近来有女之家，未离襁褓即行议婚，不拘周卒数岁，多为男家抱过自养……虽于情理不顺，然视溺死犹为彼善于此也。”官府和士绅对民间的自救行为，即对童养持赞同和鼓励的态度。嫁资过重也是童养盛行的重要原因。很多农人一般的婚姻模式显然就是一种把女儿卖给男方的行为，虽然为了面子，这种交易不会明显地贴上买卖的标签。换句话说，男方付给女方家庭的彩礼远超过任何的嫁妆，后者实际价值通常很低。对于有钱人家来说，嫁女儿时拿出一份大部分人难以支付的嫁妆，是一种地位的象征：精英家庭借由一份公开展示的丰厚嫁妆把自己的物质资本转换为象征资本，表示他们足够富裕且道德，因此不需要卖女儿——不像大多数穷人。

嘉庆、道光年间，社会风气竞尚奢华，造成因奁费高、遣嫁难而私溺女的现象，“生女苦于嫁奁，多致沉溺”。童养之法“有两省而无两难”，女家可省去抚养费和高额的嫁资，男家可省去大量的聘金，又可挽救溺女之风，于是受到了民间和政府政策的支持，比较盛行。童养媳在解决溺女陋俗及其引起的社会

说明：民国初年的童养媳与小丈夫。

问题上有一定的作用，但也带来了新问题。第一，加剧了妇女地位的低下。第二，早婚早育风气泛滥，人口增长速度过快，恶化了人地比例，加上土地兼并日益剧烈，百姓生存环境急剧恶化，产生了大批无业无地的游民，地方社会秩序混乱。可以说，童养婚姻和溺女婴之举，互为因果，却成为清代生育行为自我调节的一种机制。只能说，在对待生命问题上，童养媳婚姻比溺婴更具进步意义，并且缓解了因溺女婴造成的男性婚娶难和女性因嫁妆昂贵而难婚嫁的问题，在一定程度上稳定了社会秩序，却加重了早婚早育现象，使人口数量进一步增加。在严峻的形势下，溺女婴是人地矛盾恶化的悲剧，在当时的社会条件下，成为调节人口增长速度的一种被迫选择，但男女比例失调又成为新的社会问题。

五　清代禁娼政策及其衍生问题

清代以前，各朝代对于性产业，基本都持宽容态度，有的甚至还相当支持，发展性产业很早就被当作财政收入新的“增长点”。例如，管仲通过创设国营妓院，发展“特色旅游项目”，吸引各国寻芳客，增加税收。这位改革者也因此被后世妓院奉为行业始祖。唐代性产业与主流文化水乳交融，文人骚客寻花问柳，不以为耻，反以为雅。文学艺术乃至思想，成为性产业发展的前提。宋代以程朱理学为思想武器，官方开始要求领导干部做道德的模范，嫖娼狎妓因此成为官员的禁区。其实，所谓的禁令，无非是提高了官员的参与难度，倒逼着性产业在“高端服务”方面更上一层台阶。

元明两代，延续了宋代对官员嫖娼狎妓的禁令。明初宣德年间废除唐代的官妓制，严禁官员狎妓宿娼，如有官吏宿娼，其罪只比杀人低一等，哪怕遇到皇帝大赦，终生不得再聘用。这种将官员生活作风问题上升到刑律高度的做法，令当时的人们颇有占据道德高地的自信，但这一混杂着道德理想主义和严苛惩罚措施的律令，最后还是成为一纸空文。余怀《板桥杂记》描写秦淮一带才貌双绝的姑娘，并将这个地方称为“欲界之仙都，升平之乐国”。张岱《陶庵梦忆》描述晚明江南风情时，常有妓女点缀其中，如扬州的二十四桥风月："巷口狭而肠曲，寸寸节节，有精房密户，名妓、歪妓杂处之。名妓匿不见人，非向导莫得入。歪妓多可五六百人，每日傍晚，膏沐熏烧，出巷口，倚徙盘礴于茶馆酒肆之前，谓之站关。"

清代顺治年间，裁撤教坊女乐，废除官妓，而用太监替代吹奏之事。康熙十二年重申禁令，"各省乐户皆令责削籍，改业为良"。历行千年之久的乐籍官妓制度，至此废除。但因官方后续安置政策的匮乏，乐户妓女这个群体只好重操旧业，无非从官妓转为私娼、从国营转为私营。对官员嫖娼的惩处，《大清律例》延续了明代规定："凡（文武）官吏宿娼者，杖六十。媒合人减一等。若官员子孙宿娼者，罪亦如之，附过。俟荫袭之日，降一等，于边远叙用"，并在《大明律例》的基础上，加入"挟妓饮酒，亦坐此律"。对于涉案官员，当然还要有行政处分，那就是"永不叙用"，等于是判处了政治生涯上的死刑。值得注意的是，这一条款，惩罚嫖客、拉皮条者，却并不针对卖淫者。此外，这一禁令，也延伸到体制内的知识精英，"监生生员"若犯此条，"问发为民，各治以应得之罪，得赃者计赃从重论"。

清代政府的目标已不仅是扫除官场的性腐败，还直接针对性产业的铲除。对"买良为娼"者，《大清律例》也给予重拳打击："凡娼优乐人买良人子女为娼优，及娶为妻妾或乞养为子女者，杖一百。知情嫁卖者同罪。媒合人减一等。财礼入官，子女归宗。"若有公职人员涉及经营性产业，其刑责很重："凡无籍之徒及生监、衙役、兵丁，窝顿流娼土妓，引诱局骗及得受窝顿娼妓之家财物、挺身架护者，照窝赌例治罪。如系偶然存留，为日无几，枷号三个月、杖一百；其窝顿月日经久者，杖一百、徒三年；再犯，杖一百、流三千里。得受娼妓家财物者，仍准枉法计，赃从重论。邻保知情容隐者，杖八十，受财者亦准枉法论，计赃从重科断。其失察之该地方官交部照例议处。"即使是旗人，也会受到严厉的约束，《钦定大清会典则例》规定："八旗有卖良为娼或将家下妇女故纵为娼者，娼妇入官，其主系官，革职枷一月，鞭一百，不准折赎。常人枷三月，鞭一百。至家人将伊自置仆妇故纵为娼，亦枷三月，鞭一百，其主不知情者，系官降一级留任，仍罚俸一年。常人鞭一百。知情者系官革职枷一月，鞭一百。常人枷三月，鞭一百。

族长系官罚俸一年，常人鞭一百。领催鞭一百，骁骑校罚俸一年，佐领罚俸六月，参领罚俸三月，都统、副都统罚俸一月。”惩处范围甚至还包括提供住房的房东及知情不报的邻居：“京城内外拿获窝娼，并开设软棚，月日经久之犯，除本犯照例治罪外，其租给房屋之房主，初犯杖八十、徒二年；再犯杖一百、徒三年；知情容留之邻保，杖八十。房屋入官。若甫经窝娼及开设软棚，即被拿获，知情租给之房主，杖八十；知情容留之邻保，笞四十。若房主邻佑实不知情，不坐房至，免其入官；如业主所置房屋，交家人经手，有赁给窝娼开设软棚，伊主实不知情者，罪坐经手之人；傥系官房，即将知情租给经手官房之人，亦照前例治罪。”乾隆年间，对娼妓的打击力度更大，甚至将嫖娼与盗贼、赌博、打架归为“四恶”，认为“为善良之害者，莫大于此”。

清政府惩处嫖客，这是从市场需求的角度下手；惩处妓院经营者，这是从市场供应的角度下手，如此双管齐下，对延续千年的性产业来说是相当强大的打击。清代严打性产业取得了一些成果，清代中期之前，性产业转入历代最萧瑟的低谷。在这样全方位的打击下，法律给性产业所能提供的缝隙，也就只有两条：一是传统的私娼，“私窠子”“半月门”“扬滨”“船娘”这类暗娼、私娼继续活动，只要风声一紧，她们便集体消失；二是新兴的“像姑”，就是与女人相似，指代那些提供同性恋性服务的男色，“像姑”传得多了，其谐音成了“相公”，至少听起来比较雅致了。因此，清代男风盛行，也是“上有政策、下有对策”的体现。此外，为了迎合扬州盐商的变态欲望，人贩子特意训练容貌姣好的贫家小女孩，教以琴棋书画各种才艺，称为“扬州瘦马”。这些可怜的女孩如同瘦小的马匹，成为任人挑选的商品，或被达官贵人选中，或被卖到青楼，没有掌握自己命运的权利，例如，《红楼梦》中的香菱、电影《投名状》里的“扬州瘦马”角色，可见当时拐卖人口卖给妓院的社会乱象。

随着清代承平日久，清朝对于性产业的压制不断放松。李斗的《扬州画舫录》让我们清楚了解这些妓院对江南文化生活的巨大影响。这种生活有很多阴暗面，比如罹患性病的风险很高。16 世纪初梅毒的流行，给这些无所顾忌的生活投下了阴影。《清稗类钞》一书，在“娼妓类”中，用五

说明：晚清名妓赛金花照片。

万多字的篇幅，描绘北京、天津、开封、郑州、奉天、兰州、山东、苏州、上海、江宁、扬州、杭州、芜湖、南昌、重庆、汉口、沙市、长沙、广州、潮州、梧州、横州南乡、福州、厦门等 24 个地方的性产业概况和各种轶事趣闻，相当详尽。旧社会全国形成了大大小小多个红灯区，如京城的“八大胡同”、上海的“十里洋场”，登记的妓院竟超过 800 家。新中国成立后，人民政府解放了妇女，扫除了旧社会的垃圾文化，社会风气为之一新。

清末新政改革时，长期处于灰色地带的性产业，实现了合法化。1905 年，新成立的巡警部，在北京率先开设红灯区，按月抽收妓捐。《清稗类钞》记载：“古有官妓，今无之，然有公娼、私娼之分。纳捐于官中，略如营业税，得公然悬牌，可以出而侑酒、设宴于家者为公，反是则私。”清政府一面保护和管理“公娼”“官妓”，一面打击私娼。无论是保护还是打击，都不是为了捍卫道德，而是为了增加税收。民政部内甚至有专门部门监督妓院纳税情况，对妓院实行总量控制。清政府将妓院划分为“清吟小班”、“茶室”、“下处”及“小下处”四等，设定了不同的税率，并规范妓院的运营，对性工作者实行一定的保护，年未满十六岁或已满十六岁而身体未发达者不得为娼妓，妓女须定期体检，领家不准虐待娼妓，娼妓有愿从良者，领家不得妨害其身体自由并勒索重价多方措阻。性产业的开放，也导致淫靡文艺作品大行其道，传统社会日渐失序，这也是清政府掌控能力不断衰弱的标志。

六　清代男色之风及其社会因素

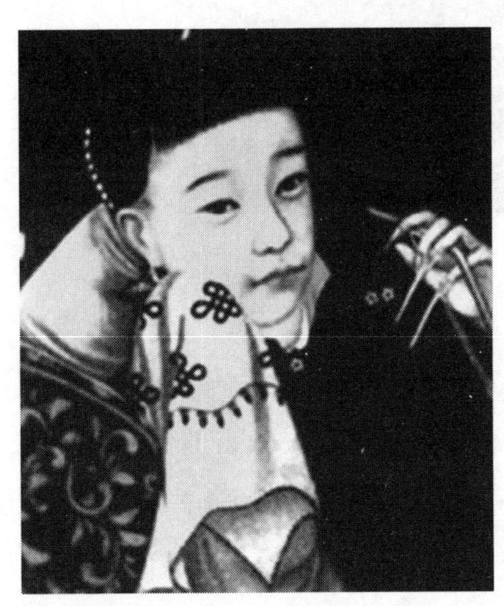

说明：清代相公画像。

中国古代对同性恋有许多称谓，例如“分桃”（也称为“余桃”，出自卫灵公和他的男宠弥子瑕）、“断袖”（出自汉哀帝和他的男宠董贤）、“安陵”（出自楚共王和男宠安陵君）、“龙阳”（出自魏王和男宠龙阳君）等。汉代以前“狎昵娈童”仅为君王贵族的特殊癖好，但到了魏晋南北朝，此风渐渐普及于士大夫，并且多有歌咏之词。中国历史上的“男风时代”非魏晋莫属，士大夫们趋之若鹜，一时之间风头甚至盖过了女色。魏晋时期，男人必须长得像美女、少妇才会被人称赞，阴柔美才是美男的标准。唐朝与五代期间，男风渐衰，但至宋朝又兴盛起来，男子公然为娼，聚集于风月作坊，招徕生意。元代男色之风又衰，到明清时期复盛。明中期以后的士人不排斥同性恋，反而相当宽容，常把它当作一种风流韵事而津津乐道。尤其是清代，此风更是甚嚣尘上。例如，张岱《陶庵梦忆》的《祁止祥癖》就提到友人祁止祥贪图男色，在南明政权崩溃、江南战乱时，与情人阿宝同甘共苦，阿宝也不离不弃的故事。

人无癖不可与交，以其无深情也；人无疵不可与交，以其无真气也。余友祁止祥有书画癖，有蹴鞠癖，有鼓钹癖，有鬼戏癖，有梨园癖。壬午，至南都，止祥出阿宝示余。余谓："此西方迦陵鸟，何处得来?"阿宝妖冶如蕊女，而娇痴无赖，故作涩勒，不肯着人。如食橄榄，咽涩无味，而韵在回甘。如吃烟酒，鲠噎无奈，而软同沾醉，初如可厌而过即思之。止祥精音律，咬钉嚼铁，一字百磨，口口亲授。阿宝辈皆能曲通主意。乙酉，南都失守，止祥奔归。遇土贼，刀剑加颈，性命可倾，阿宝是宝。丙戌，从监军驻台州。乱民掳掠，止祥囊箧都尽。阿宝沿途唱曲以膳主人。及归半月，又挟之远去。止祥去妻子如脱屣耳，独似娈童崽子为性命，其癖如此。

又如，冯梦龙在《情史》中搜集多种文献中的同性恋故事，并加以点评，认为同性恋与异性恋之间不存在优劣或正常异常的区别。清代学者袁枚酷好男色，引为风流。年近七旬时还收了年轻貌美的秀才刘霞裳做学生，师徒偕游，俨然一派名士风流。此外，清代画家郑板桥在《板桥自叙》中就提到了自己有"断袖之癖"，一生养过多个男宠，其做官的俸禄与卖画所得的钱多耗在此事上了，所以在年老时，郑板桥也不无伤感地坦陈："自知老且丑，此辈利吾金而来耳。"

《大清律例》规定，文武官员嫖娼、吃花酒的要打六十大棍，拉皮条的打三十大棍，但狎优可以通融。于是官员们另辟蹊径，招伶人陪酒唱曲，狎相公、玩像姑、逛相公堂子（男娼馆），狎伶之风在官员中盛行一时。北京巨商富贾、达官贵人纷纷买来眉清目秀的男童当男宠。优伶（也称为娈童、优童、歌童等）在很大程度上取代了妓女的角色。他们多在 20 岁以下、15 岁以上，俗称"兔子"。《清稗类钞》里专有记载，他们从小就要做一番特殊的打理和培养，培养成本比上等妓女还要高：必须挑选那些"眉目美好，皮色洁白"的幼伶，大多选自苏杭和皖鄂一带，先要教戏三两折，学戏中女子之语之步之态，然后，每天"晨兴，以淡肉汁盥面，饮以蛋清汤，肴馔亦极浓粹，夜则敷药遍体，惟留手足不涂，云泄火毒。三四月后，婉娈如好女，回眸一顾，百媚横生"。相公，就是因"像姑娘"而得名的。此外，北京、江南地区盛行"私寓"制度，官吏富商蓄养相公成风。这些大户人家买来眉清目秀的小男孩供主人赏玩。直到清末民初引入新思想后，许多伶人出面倡议回归专业，这种"私寓"制度才废止。

说明：民国时期仍有包养优伶的风气。电影《霸王别姬》剧照。

对于男色之风，古代中国士人更多的是将其看成一种癖好。清代喜爱男色的士大夫并不算纯粹的同性恋，他们狎优蓄伶，供自己玩乐，但仍娶妻生子，完成传宗接代的任务。中国传统文化特别重视家庭伦理，士大夫与娈童的相处并不是长久的、稳固的。很多娈童长大后，同样也会娶妻生子。

> 闽人酷重男色，无论贵贱妍媸，各以其类相结。长者为契兄，少者为契弟。其兄入弟家，弟之父母抚爱之如婿，弟后日生计及娶妻诸费，俱取办于契兄，其相爱者，年过而立尚寝处如伉俪……其昵厚不得遂意者，或至相抱系溺波中，亦时时有之。此不过年貌相若者耳。近乃有称契儿者，则壮夫好淫，辄以多赀聚姿首韶秀者，与讲衾裯之好，以父自居，列诸少年于子舍，最为逆乱之尤。

不过，也有例外者。例如，清代著名才子毕秋帆一直把妻妾冷落一旁，而在他左右朝夕侍奉的则是他落魄时所结交的伶官李桂官。清代钱泳的《履园丛话》中也提到，毕秋帆本好龙阳之癖，所以他担任陕西巡抚时，幕中宾客也大半是爱好男色之人，清代描写男同性恋的著名小说《品花宝鉴》便以毕秋帆作为主人公田春航的原型。此外，清朝的耽美文学，《无声戏》

《十二楼》《闽都别记》《梧桐影》对男色描述甚多。《无声戏》的作者李渔甚至评价说清朝男色之风相当普遍：“如今世上的人，一百个之中，九十九个有这种毛病。”各地对此也有许多特殊用词，“读书人总题叫做翰林风月”，“北边人叫炒茹茹，南方人叫打蓬蓬，徽州人叫塌豆腐，江西人叫铸火盆，宁波人叫善善，龙游人叫弄苦葱，慈溪人叫戏虾蟆，苏州人叫竭先生”。①

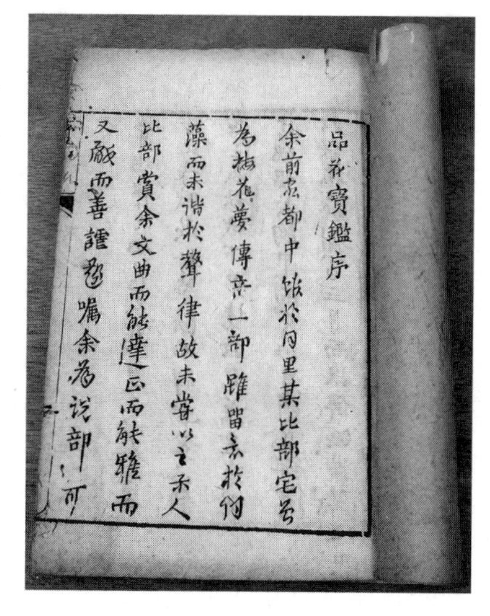

品花寶鑑序
余前在都中館於門里某比部宅爲
爲梅花夢傳奇一部雖留意於詞
藻而未諧於聲律故未嘗以之示人
比部賞余文曲而能達正而能雅而
又敵而善謔囑余爲說部可

说明：清代《品花宝鉴》书影。

清代学者袁枚《子不语》曾记载“兔儿神”的故事。话说清初有一个御

说明：晚清时优伶常因争风吃醋而大打出手甚至酿出命案。出自《点石斋画报》。

史，巡按福建。有一个叫胡天保的人，酷好男色，看见这御史大人少年美貌，不觉心动，每逢御史升舆坐堂，总在一旁偷看。御史相当疑惑，但不明

① （明）天然痴叟：《石点头》卷14。

说明：兔儿神胡天保的形象。

所以，胥吏也不敢坦白其故。过了一阵子后，御史转巡他处，胡天保竟跟了去，并在御史如厕时，偷偷伏在厕所，偷看御史的臀部。御史大惊失色，派人拿问胡天保。严刑讯问之下，胡天保只好坦承，自己偷偷跟踪大人，实见大人美貌，心不能忘；明知天上桂，岂为凡鸟所集，然神魂飘荡，不觉无礼至此。御史勃然大怒，当场就把胡天保杖毙。胡天保死后却给邻人托梦，说阎王怜他痴恋，死后封他做兔儿神，专司人间男悦男之事，希望邻人能给他塑像立庙，供奉香火。邻人听信后，竟争相聚资立庙。从袁枚的记载来看，这未必是真实发生的故事，而是根据福建地区男风鼎盛的社会风气衍生出来的，所以福建地区若有情投意合的两男子要互结为契兄契弟时，会请兔儿神做主立据。据说福州现在还有胡天保祠，而台湾地区也有兔儿神庙供奉兔儿神。

清朝有关男风的犯罪案件可谓历代之首，重大刑事案件记录在册的就有55起之多，而真实数字当远多于此。清代男风案按照犯罪主体和情节的不同，可分为强奸幼童案、男子拒奸杀人案、儒师/僧道犯奸案、狎优蓄伶案、容留卖奸案及特权阶层犯奸案等类别。通过分析各类男风案例，可见清代司法处理男风案的总体特点是严苛与宽容并存。开设软棚即“男子卖奸之处”，与“窝娼”并论，正是律法间接规范男子卖奸之意。案例所见，男子卖奸常与某些行业相涉，特别是剃头之人、澡堂业者、开班教戏唱戏之流。例如，张添佩等开设浴堂，商同刘珍等雇觅良民子弟卖奸图利，乃依诱买良家之子为优例，枷号三个月，杖一百，徒三年。直到清末民初，许多旦角儿还是相公，获得富商或官员争相吹捧，但不再像清代那样鼎盛了。

七　清代社会中的身体文化

房中术源于先秦神仙方士，盛行于秦汉。据统计，自秦汉至宋代，有关房中术的著作就达 30 多部 390 多卷。成书于西汉初的《黄帝内经》是中国最早的医学典籍，也是传统房中术经典之一。汉代《玄女经》《素女经》《素女方》等著作肯定了两性交往的重要性，更强调克制节欲，而明代朱权《房中炼己捷要》、明末岳甫嘉《妙一斋医学正印种子编》偏重子嗣延续的方法，并强调阴阳调和之道，说明两性交往对家庭和谐的重要性。

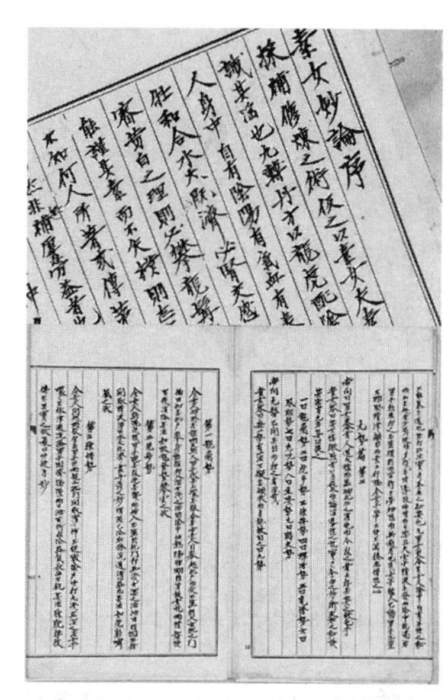

素女妙論序

说明：《素女经》书影。

明清小说中的人物描写，比较强调多愁善感、才子佳人式的爱情，回避爱情中的欲望。在主流审美取向上，女子大多是溜肩、平胸、扁臀、胳膊瘦长，而理想的男子则是面白瘦弱、脖子长、双肩窄小、多愁善感。嘉靖以降，阳明心学兴起，强调个性解放、突破礼教限制，再加上民间出版业发达，商人逐利，所以出现了许多官能小说。例如《金瓶梅》和《肉蒲团》大受市场欢迎，反映明代中期社会呈现趋利拜金、追求物质享受的特点。这些小说的大量出现，恰恰出于人们对封建礼教的反抗。在明代森严封建礼教的压力下，这些小说呈现肆无忌惮的纵欲面相，两性关系也突破礼教的限制，反过来又更加触动了封建礼教最敏感的神经，导致朝廷严禁这些小说的出版、阅读，一旦发现便予以禁毁。

说明：《雍正十二美人图》女性形象。

从京剧《卖胭脂》中郭怀的唱词，可知明清时代男人的审美观。“你看大姊生得这样标致，但不知她那双金莲大小若何。待

说明：《卖胭脂》，《绘图京调六十二种》，石印本，第1页。

我跟进柜去看他一个明白。郭怀跳上了红漆板柜，王月英赛过了月里嫦娥，身穿着红绫袄不长不短，绣罗裙遮住了三寸白莲。头挽青丝发，乌云盖鬓边，樱桃口露银牙一点朱唇，忍不住将他来戏一把”，从此戏文可见明清时代的男子对三寸金莲的痴迷。据说南唐李煜为其宠妃官娘设计的莲花舞是中国女性缠足之始，后来此风愈演愈烈，直至民国方止。三寸金莲的标准为“小、瘦、尖、弯、香、软、正”。清末的辜鸿铭是名“莲迷”，他说：“中国女子裹足之妙，正与洋妇高跟鞋一样作用。女子缠足后，足部凉，下身弱，故立则亭亭，行则窈窕，体内血至‘三寸’即倒流往上，故觉臀部肥满，大增美观。”荷兰汉学家高罗佩也在《秘戏图考：附论汉代至清代的中国性生活》中指出，三寸金莲是以儒家风范塑造出来的女性端庄淑静的标志，使一个男人往往将触及女人的脚，当作某种情感暗示。

按照封建礼教的道德标准，规矩的女人不应该在陌生男人面前暴露自己的脚。在《金瓶梅》中，潘金莲出场就是从三寸金莲开始描述的，三寸金莲既是她勾引浮浪子弟的资本，又是她与西门庆幽会的先导，也是西门庆勾搭潘金莲的原因之一。

中国古代的春宫图既用于宫廷的纵乐，也用作于民间官能小说的插图，还作为床笫教育的教材，用以指导新婚夫妻。与仅限于理论的房中术相比，春宫图就更直观了。古代女子出嫁前，母亲就会把这些画放在陪嫁的箱子底部，并传授一些洞房的经验，这就是“压箱底”的由来。因此，这些图片又称为“女儿图”、“枕边书”或“嫁妆画”。由于社会需求量大，明代民间已有若干专营这些绘画或雕塑的店铺。此外，明清社会民间日常需用参考之百科全书《万宝全书》也收入一些两性身体与医疗知识，却没有床笫嬉戏技术，文字典雅，多有规诫之言，并在两性相处上，教导男女风貌谈吐如何保持体面。从中可见明清时人们生活中食疗保健、育婴妇保、两性往来、出行交游等日常生活情形。

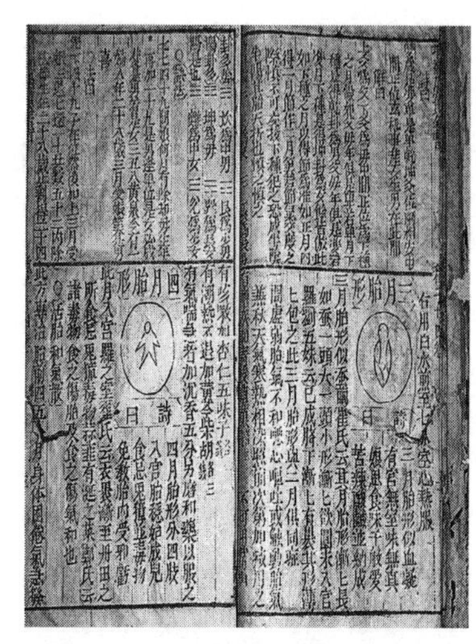

说明：《万宝全书》中的医疗知识。

明代中期以后，春宫图成为一门“朝阳产业”。许多文人雅士都投入春宫图的创作，这方面的名画家首推唐寅（唐伯虎），他画的春宫图除了表现他风流不羁的性格，可能也有对当时官场、社会及封建礼教的讽刺和反抗意味。当时品质好的春宫图并不画裸体，画中的人物全身都穿着衣服。如果这些画家们想使她们的画带有更明显的挑逗性，便会加上几笔，使其略带暧昧意味。例如在画中仔细描绘小昆虫或小动物，或女子刺绣，或男子习书，借以暗示欲望的流动。而套色印刷技术的进步，让春宫图更显丰富，成为情色艺术的珍品。相传唐寅、仇英最工此技。这些春宫图，可以反映传统中国两性关系、身体知识及养生医疗等面相，高罗佩致力于收集这些流落到海外的春宫图，并开严肃研究中国性知识、性技巧艺术之先河。

说明：明代讲求意境的春宫图。

根据高罗佩《秘戏图考》中的考证，晚明社会春宫画册非常流行，品种风格各异，而以五色套印的木版春宫画册最为精美。这类画册装裱非常讲究，以二十四幅的册页居多，画面之外皆配以艳情诗词。画面纯以线描、气韵生动、清新脱俗，分别用红、黄、绿、蓝、黑五种颜色套印起来，严丝合缝毫不走样，给人以明洁流畅之感，不仅是春宫画册中的佼佼者，也代表着中国传统套色木版画的最高成就。尽管晚明套色春宫版画的数量不多，流行有限，但它们以高超的质量，对中国和国外的情色艺术产生了巨大的影响。

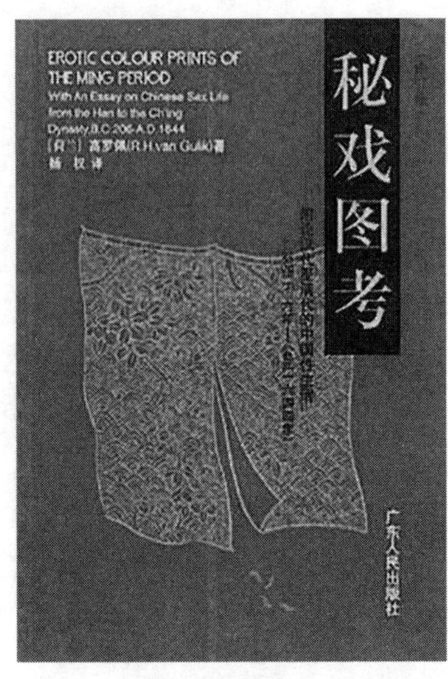

说明：《秘戏图考》书影。

晚明套色春宫版画成为中国春宫画的范本。通过宁波的海外贸易，许多中国春宫画册流到日本，使日本的浮世绘版画和春画受到影响，例如把嘴画成水平的 V 字形。日本春画受中国影响很大，继承了中国房中术阴阳调和的思想，但“通过房中术达到长生不老”的意识被削弱，侧重于探讨增加男女快乐的技巧。例如，19 世纪以前，日本父母在新婚之夜要把春画送给女儿，让女儿尽夫妻之道。

清代皇权专制、政治高压、多有文字狱，并自上至下掀起了“禁娼运动”，不只在《大清律例》中明文规定“凡伙众开窑诱取妇人子女藏匿勒卖……为首照光棍例，拟斩立决；为从，发黑龙江等处给披甲人为奴”，还开始打击“琐语淫词”，《金瓶梅》就首当其冲，成为禁书。所谓“琐语淫词”指的是有伤风化的剧本和小说。康熙皇帝深恶痛绝，屡次颁布严禁官能小说的谕旨。康熙五十三年（1714），康熙皇帝要求地方官员严查禁绝官能小说或淫邪图画，将木板与纸质书尽行销毁。如仍行造作刻印者，系官革职，军民杖一百，流三千里；市场面者杖一百，徒三年。该官不行查出者，初次罚俸六个月，二次罚俸一年，三次降一级调用。清政府的强力打击，让清代士人已不再有闲情逸致去描画春宫图，也不敢以纵欲狎妓为风流之事，而是终日惴惴不安，担心大祸临头。乾隆三十八年（1773），《四库全书》纂修工作启动，对全国书籍进行大清查。乾隆认为“明季末造，野史甚多，其间毁誉任意，传闻异词，必有诋触本朝之语”，故打算借清查之机，一举予以销毁。小说当然也难逃焚毁厄运，仅在 1779～1882 年，就有多起查禁野史小说的例子。例如，1780 年 1 月两江总督萨载奏请焚毁小说数十部，其中就有讲述甲申之变的《剿闯小说》。可以说，清代士大夫的退场，让春宫画不再是表现文人雅趣的艺术品，完全变成坊间书商营利的商品，也成为迎合世俗的亵玩品。

在官方严禁春宫图、文人提心吊胆创作的背景下，再加上书商急功近利的创作心态，清代春宫图日益低俗、几近下流，自然很难产生精致的艺术品。

八　清代社会中的身体医疗

《黄帝内经》是中国最早的医学典籍，奠定了人体生理、病理、诊断及治疗的认识基础，是影响极大的一部医学著作，被称为“医之始祖”。尔后的汉代经典《玄女经》《素女经》《素女方》等著作肯定了性的重要性，更强调节欲的面向。中国古代不少皇帝在追求长生不老之余，采取药疗、食补、迷信等手段求子，或是吃一些可增强血液循环的鹿茸、牛鞭、淫羊藿之类的滋补食物，或是采取求神拜佛的迷信手段。

说明：《黄帝内经》的养生理论。

针对这些达官贵族的私欲，医家方剂号称有四个方面的作用：一是求子嗣，主治纵欲不孕、子嗣孱弱；二是治疗体虚肾亏，滋阴壮阳；三是催情助兴，例如《房中奇术》中的春方药性及助阳丹歌诀、《璇闺秘戏方》中的金凤衔朱丹配方；四是治疗精神疾病或花柳病。其中，秋石最受青睐，其别名为秋丹石、秋冰、淡秋石，属钙化合物，主治

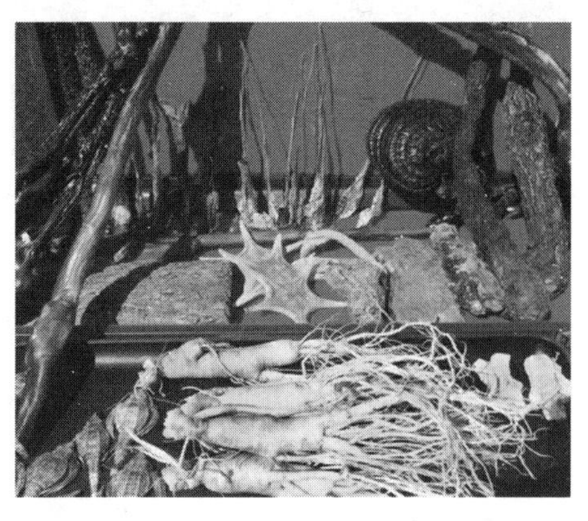
说明：古代中国养生药材与滋补食物。

虚劳羸瘦、骨蒸劳热、咳嗽、咯血、咽喉肿痛、遗精等症状。据汉代的《周易参同契》记载，秋石制作方法很简便，把采集到的人尿用大火熬成盐状结晶体就好了。明代中期，秋石成了江南一带的特产。家住南京的无锡人黄仁卿，烹炼食用秋石，活到96岁，所以给秋石取了个极雅致的名字，唤作“龙虎霞雪丹”。这位黄老先生有一位姻亲，名叫顾可学，从亲家那里学得了炼秋石的神技。顾可学本是个低级官员，在浙江参议的位子上，因为贪污而被迫退休，声名狼藉。后来他向嘉靖皇帝进献家中秘炼的秋石，皇帝“饵之而验”，发现效果好极了。于是顾可学被召到北京，提拔为礼部尚书，专职为皇帝炼秋石。很快社会上就流传“千场万场尿，换得一尚书”。吴方言中“尿”和“书”二字读音相近，所以笑话很押韵。段子流传很广，到了清代，还被编入笑话集《笑笑录》中。据吕毖《明朝小史》记载，顾尚书走在大路上，大家都争着叫他的雅号“尝尿官”。英国学者李约瑟认为，秋石混合了纯净的性激素、尿酸钙和磷酸钙，专治性功能障碍，是中国古代科技的重大发明之一。不过，秋石含有大量的砷，砷在体内蓄积后，攻击的主要是胃肠道、心脏、皮肤、骨髓、肾脏和神经等器官，造成它们的慢性损伤甚至癌变。

说明：古代道士在宫廷炼丹的外丹术。外丹术指道家通过各种秘法烧炼丹药，用来服食，或直接服食某些芝草，以点化自身阴质，使之化为阳气。

说明：现代制作的中药秋石。

唐代是炼丹术的全盛时期，唐朝几乎所有皇帝都热衷于炼丹，而这些皇帝们也大多死于“长生不老丹”。在唐代，服丹身亡的皇帝就有唐太宗、宪宗、穆宗、敬宗、武宗、宣宗等，其中还不算铅中毒的皇帝们。明代的皇帝服用丹药求长生、练采战，有着悠久的传统。从明成祖迁都北京开始，元代遗留在故宫中的密宗修炼法门就在明廷中流行。从宪宗到武宗，都喜好任用西番僧，修炼喜金刚。嘉靖皇帝不喜欢密宗传统，下令打碎销毁，取而代之的是汉地本土的道家房中术。这是明代皇家修身传统的重大转折。嘉靖皇帝在位期间，沉迷道教，热衷炼丹。所谓炼丹，就是制作壮阳的药物。将金石、汞、硫黄等成分，经炉火中炼成丹药。这些丹药，大多燥热异常，毒性很大。服用以后，遍身烦躁，体温上升。嘉靖皇帝服用丹药后，经常折磨那些可怜的宫女，还激起了一场宫闱叛变，史称“壬寅宫变”。嘉靖二十一年（1542），以杨金英为首的十几名宫女，乘半夜嘉靖皇帝熟睡之际，企图用黄绫布勒杀之。但这些宫女太过紧张，竟打了死结，无法收紧绳索，自然勒不死皇帝，宫女看皇帝未死，又用钗、簪等物刺向皇帝，嘉靖被勒个半死，昏迷不醒。幸好方皇后赶到，将宫女们制服。最终，涉事宫女全都被凌迟处死，而参与谋逆的曹端妃、王宁嫔也一并被斩首。隆庆皇帝也有样学样，更加荒唐，常常因服用丹药后整个人太过兴奋，不能视朝，最后纵欲而亡。

说明：明代嘉靖皇帝画像。

古代房中术的药物药方，大多功效尚有待验证。即便是有效验的药方，自宋代以后，许多医家也逐渐认识到辨证论治的重要性，不能一味套用古书。清代医家在《石室秘录》中记载“人有头角生疮，当时即头重如山，第二日即变青紫，第三日青至身上，即死。此乃毒气攻心而死也。此病多得之好吃春药”，直白指出这些药物可能对人体造成的危害，使清代皇帝尽量不服丹药，而是服食天然的补药。以狩猎为生的满族，尤其喜欢猎鹿、吃鹿肉，也有喝鹿血的习俗。爱新觉罗家族入关后为表示不忘本，在饮食、服饰、礼仪等方面仍坚持满洲传统习俗。清朝皇室还普遍喜欢喝鹿血，甚至把鹿血当作皇室专享的强健体魄的秘方！《清史稿》记载，乾隆皇帝曾命侍卫举着假鹿头当诱饵，用木兰作呦呦声模仿鹿鸣，等鹿靠近后立即射箭，射中就直接取鹿血喝，还说“不唯益壮，亦以习劳也”。当咸丰皇帝还是皇子时，身体一直很瘦弱，后困于内忧外患，不胜劳心，竟走上了声色犬马的道路，身体就更加不好了。稗官野史记载，丁文诚意外得知咸丰皇帝暗自服食刺激性药物后，在圆明园面谏咸丰皇帝“皇上调养圣体，最好每天饮鹿血一杯，燥热之药切不可用”，可见清朝皇室看重鹿血滋补的功效。

说明：清代满人猎鹿图。

中医认为先天之精储藏于肾中，肾为五脏之本。清末民国面临内忧外患，中国人被贬为“东亚病夫”，西方科学传入中国加上人口流动迁移导致对药物需求的增加等，都促进了当时医药业的繁荣。或许是受到欧美诸国侵略的刺激，清朝百姓通常认为自己身体的先天条件比西方人差，所以才处处不如别人，弄得朝纲不振、国力衰弱，必须进药滋补。在各路以强健国人身体为目标的滋补药品中，补肾补脑的药大受欢迎。当时人们认为强身健体、保家卫国之本在于补肾，而适当节制房事之自我禁欲，有助于养肾护肾精。当时人们对西方医学一知半解，再加上传统中医书的宣传，成就了许多报纸上的药品广告。近代报刊登载许多国产药品的广告，那些广告大多宣传该药品具有补肾、补脑、补血、戒烟之效，有效激发了人们的消费欲。商人们对市场天生的嗅觉与敏感，让他们在商业广告中主动迎合了当时的社会思潮。“爱国、强种”的滋补药，能够让消费者们接受并且迅速流行，还在于它暗合了人们的集体情绪。在中国百姓忧惧亡国灭种的社会背景下，鼓励生育、优化生殖力的医药广告也容易被人们接受。

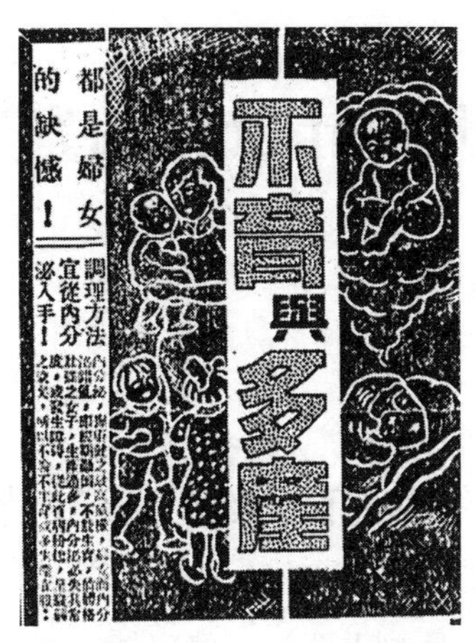

说明：《申报》刊登的医药广告。

第七章
清代盐商与扬州城市文化的发展

一　明清商业经济发展情形

明朝时期，人口迁移是很重要的一件事情。元末常年战乱，很多地区都没有人居住，朱元璋上位之后，把人口密集的地区分出一部分人去人烟稀少的地方。明代商业的雏形，有几种都是皇帝“无心插柳柳成荫”，就像人口迁徙，一开始只是为了让荒无人烟的地方有人居住，但随着人口的移动，许多地区的商业开始逐渐恢复，让经济得到了飞速发展。人口的流动，可以让一个地方的经济发生巨大的变化，有人居住的地方，交通会日渐完善，有人的地方就会有交易，商人也会开始增加。这也是明朝商业政策的肇端。明朝手工业和商业经济繁荣，首次出现了商业集中和资本主义的萌芽。可以说，“要想富，先修路”，这也是明代商业发展起来最根本的原因。明代驿站是我国历史上制度最完善的，一开始用来传递信息，只有军国大事才会开启驿站。随着驿站的恢复，许多地方的联系开始日益密切，商家也越来越多，大大地促进了当时经济的发展。明代中期，许多官员及其亲属无视禁令，随意使用驿站，导致百姓背负沉重的劳役，压力极大，最终爆发了大规模的农民起义。

明朝建立后，洪武皇帝为了防止倭寇侵扰东南沿海地区，先后撤除泉州、明州等市舶司，并且严禁一切私人海外贸易。洪武四年（1371），“片板不得入海”的严厉海禁政策正式颁布。洪武二十七年（1394），朱元璋一边再次强调严禁私下与诸番互市，一边鼓励检举揭发，掀起海禁的群众运动。举报者可获得“犯人家资之半”，而隐匿不报者，就会被严厉处置。本来比较繁荣的海上贸易，被一纸禁令打乱。外国需要的丝绸、陶瓷、茶叶等更加紧缺。在暴利的驱使下，走私必然会出现，这也为海盗的生存提供了可能。明朝对待这一类人，不仅坚决予以打击，甚至与其他小国联合起来一起针对他们，沿海地区的社会经济也因此而停滞，甚至倒退。1566年，戚继光和俞大猷等将领付出了极大的努力，才平息东南沿海的倭乱。在朝堂之上，人们开始反思起海禁政策的合理性。如果说明朝的海禁真的那么深得人心，又何至于引来如此多商人的反抗呢？

说明：明代海盗示意图。

1567年，福建巡抚涂则民请求在漳州的月港开港获得批准。于是月港成为明朝唯一的民间贸易港口。月港开放之后，立马成为许多商户聚集之地，所在的海澄也因此发展成了一个小都会。隆庆年间开放海禁后，海运发展迅速。海上贸易的产生，大大刺激了经济的发展，使东南沿海地区的商业日益繁荣，在社会的发展中起到了很大的推进作用，而倭患也在不知不觉中消失了。

明朝采取抑商重农政策，但抵挡不住历史前进的脚步，商业的发展成为一种必然。明朝中期，很多官员提出实施通商的政策，商业的发展已经成为一种趋势，许多人慢慢转变对商业的看法，开始重视商人对社会的作用。明代中期以后，中国逐渐成为世界经济的中心，这依赖于中国强大的商品制造能力及其生产的丰富商品，如生丝、丝织品、瓷器、茶叶、棉

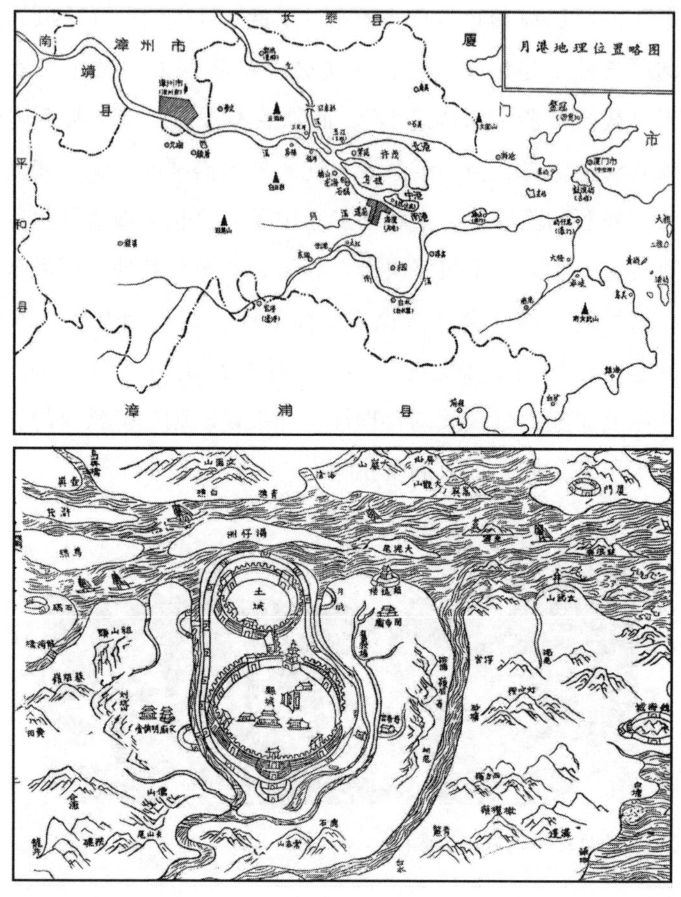

说明：明代月港地理位置图。

布、砂糖、粮食、药材等，中国制造在国际市场上享有很高的声誉，具有很强的竞争力。除了质量优越之外，明代中国商品的价格优势也很突出。这一方面是由于中国劳动力资源丰富，劳动力成本低廉；另一方面是由于宋明之际中国白银需求增长一直快于供给增长，明代白银购买力相当于宋、元时期的两倍。相对于欧洲各国，中国商品以白银标示的相对价格极为低廉，在国际市场上具有极大的竞争优势。质优价廉的中国商品在与欧洲、美洲各地商品的较量中势如破竹。中国与欧洲、美洲海上贸易航路的开辟，为中国日用消费品获得了广阔的国际市场。海外贸易大大推动了经济发展，明代经济进入跃进的繁荣时期。商业市镇纷纷兴起，其中江南市镇发展最快。江南地区通常指的是苏州、杭州、松江、嘉兴、常州、镇江、湖州、江宁等八府和太仓州。这些商业市镇，以经营布帛及米粮贸易为主。具有地方特色的手工业产品和原料作物的生产地等不同地区之间的专业性商品流通，也逐渐出现。可以说，自 16 世纪 50 年代中欧海路开通至 19 世纪初，中国保持巨额贸易顺差达两个半世纪之久，明清时期的中国吸纳了全球巨量白银。

说明：明代市井商业繁荣。

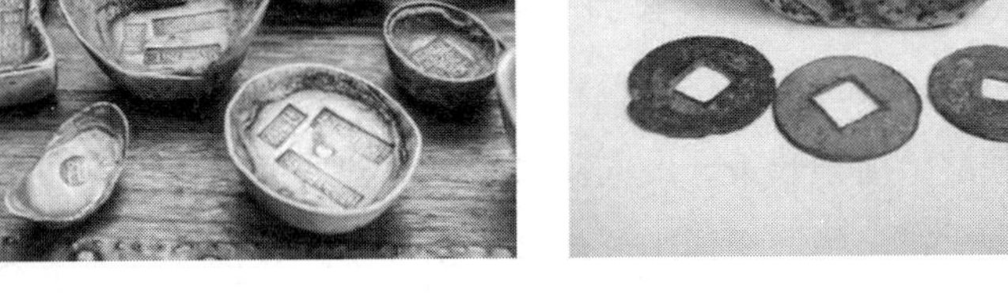

说明：美洲白银流入中国。

明朝末年，政治腐败，激起农民起义，连年战争产生了很多荒地废地，严重影响了经济的发展。为了恢复农业，清政府大力推动荒地的开垦，将其立为“国之大计”，农田面积增加。清代政局安定，人口增长率提升，也为农业发展提供了劳动力保证。顺治、康熙及乾隆等诸位皇帝都十分重视农业生产，大力垦荒，大兴水利，发展水陆运输，促进了商业的流通。改进种植技术，引进优良品种，同时，手工业包括瓷器、纺织及印染等行业都取得了极

说明：雍正劝耕图。

大的发展。清朝的瓷器、丝绸和茶叶等产品在国外市场受到追捧，而由于江南地区处于海上丝绸之路沿线，对外贸易交通十分便利，促成对外贸易繁荣。

在这个大背景下，清朝江南地区的商业也达到了空前的繁荣，繁荣的原因有四点。

第一，优越的自然条件优势。江南地区处于长江中下游平原，地势低平、河网密布、土壤肥沃、降水丰富，农业条件优渥，稻米产量高，且多微碱性砂质土壤，有利于棉花的生长。江南地区地理条件具有先天优势，水流平稳、水量充足，有十分便利的航运条件。便利的交通为江南的商品经济发展提供了更大的市场。

第二，清朝前期江南经济飞速发展，主要与天时、地利、人和密切相关。另外明清之间的战争主要发生在北方，南方地区的受破坏程度比较小，所以从战后恢复来讲南方也要强于北方。

第三，国家形势稳定，政策支持。清朝初年，大业刚定，人口增长，北方劳动人民不断南迁。国家致力于扶持农业的恢复和发展，进行了赋税改革，同时引入了美洲高产作物，农作物产量激增，让农业商品化程度大大提升。隆庆朝解除海禁政策，民间获得了与海外通商的许可，加之江南地区位于海上丝绸之路沿线，交通十分便利，出现了一大批手工工场及大量的手工业者，丝绸与瓷器的产量非常可观，供给量远超本地需求量，开始销往外地。朝廷在江南地区设置了织造局，生产皇家所用丝绸，这些都推动了商品经济的发展。

第四，商业市镇增加，促进了商品经济发展。清朝时期，由于便利的水陆交通和较发达的经济，航道周边吸引了一大批的百姓再次聚集。随着人口的聚集，江南地区出现了一大批商业市镇，大量原本务农的人口也进入市镇，开始从事商品贸易，形成了江南四大米市，这些市镇的商品生产和交易极大地推动了商品经济的发展。

说明：清代茶叶生产与出口装箱图。

二　明清盐政的变化

在自然经济占统治地位的广大农村，仍然需要不可或缺的商品流通作为补充。中唐以来，随着赋税重心的南移，淮南盐业应运勃兴，盐税在国家岁入中占据了较大比重。据研究，在鸦片战争前中国的主要商品市场中，盐的流通额占第三位，仅次于粮食和棉布，而在棉布兴起之前，则仅次于粮食，位列第二。

洪武年间，为抵御外患，筹备边储，仿宋折中之制而行“开中法”：由户部出榜招商，令其输粮于边塞或其他缺粮地方，政府收粮机关登记所纳粮数及应支盐数，填给仓钞；商人持钞向运盐使司换取盐引，持引赴盐场支盐，运赴指定地区销售。开中法以场盐官收为基础，属民制、官收、官卖、商运、商销的就场专卖制。故其产、运、销制度大部分沿袭元代旧制：全国盐政归属户部；在产盐大区设都转运盐使司，掌管一区盐政；盐场设场署，谓之盐课司，掌督产收盐；一区所属盐场甚多，乃于运司之下，增设分司，作为运司的派出机构，对分辖的盐场实行就近管理；又于运盐使之上，设巡盐御史一职，由皇帝按年特遣大臣，综理一区盐政大事。其煮海之民，仍编灶籍，官发盘铁，实行团煎；盘铁之外，复有锅锨，为团煎轮次未到时一家一户煮盐之具；所煮之盐，交场官收纳入仓，以备商支，场官付给工本米粮或工本钞。商人凭引支盐，例有定场，不得越场支盐；所赴销区，亦有定岸（指定区域），不得越界侵销；其余验引放盐、查引截角、销毕缴引等手续，皆与元代同。

开中法施行后，商人为便于纳粮报中盐引，各就边地召民垦荒种粮，并建筑台堡，自相保聚，谓之“盐屯”，收到节省转运、充实边饷、开发边疆之效，史称“有明盐法莫善于开中”。一方面，开中法解决了军队缺粮的问题，增强了抵御边疆的军事能力，商屯的开发还利用了流民的劳动力，有利于边境地区的经济发展，同时重新打开了盐业贸易。它将盐的国家专卖制正式演变为国家垄断下的合法商人经营，算是中国于600多年前在盐业经营领域的一次“改革开放”。另一方面，开中法存在很多弊端，比如边境将领仗着手里有盐商要的盐引就多抢粮、受贿等，商人不肯再筹粮换盐引，导致私盐交易出现，政府收入减少。如果没有盐引，那就是私盐，贩私盐是重罪。私盐贩销不仅影响了政府的财政收入，还给地方社会增加了不稳定因素，弱化了政府对地方社会的控制力。明代中期以后，政府为笼取盐利，只知招商中盐，不计产销平衡，滥发盐引，超过盐场生产能力，致使盐商持引到场无盐可支。加之权贵专擅盐利，官商勾结舞弊，开中法逐渐被破坏。于是官盐壅塞，私盐盛行，盐引积滞，国课亏宕。

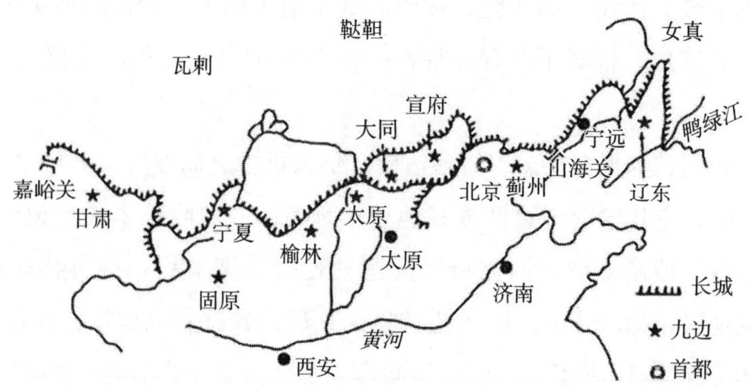

说明：明代九边边镇。

万历末年，盐引滞积，私盐猖獗，明朝决定用纲盐法，固定每年两淮盐场所配给到销售的食盐数量，分成一定的纲，由能够预先交盐税的商人获得。每年照册上旧数派行新引，纲册上无名的商人不得加入盐业运营。纲盐法直接使用白银换盐引，且盐商累世享有食盐专卖权。从此官不收盐，由商人与煎户直接交易，收买、运销之权悉归于商人，并得世袭。唐代中期刘晏创立的民制、官收、官卖、商运、商销的就场专卖制，沿用850多年，至此被民制、商收、商运、商销的商专卖制所取代。两相比较，前者利归于国，后者利归于商。纲法的推行，有其进步作用，但行盐成为盐商专利的世业，开启此后绵延300余年之专商引岸独擅盐利的弊端。纲盐法的改革，让山陕商人的地理优势被抵销，而两淮盐场的产量很大，徽商积累了大量的资本，可用以兑换盐引，明清时期扬州又是长江和运河交汇处、南北交通的枢纽、两淮盐运的中枢，盐商多在此聚集，所以扬州/两淮盐商崛起，与统治者成为利益共同体。扬州盐商虽因明清易代的大动乱惨遭浩劫，但在康雍乾时期，由于生产的恢复、人口的增加，引盐的销量亦大增，加之清朝又采取了一些“恤商裕课”的措施，经营盐业遂有大利可图，扬州盐商又重新崛起。

说明：晚明私盐猖獗。

清代盐业贸易组织分为盐官系统、食盐生产部门、食盐运销部门。在整个盐业贸易中，由生产部门和运销部门组成的结构受到盐官的管辖。盐官系统是一个由巡盐御史（后改称“盐政”，其职责主要是收缴盐税，并监督盐商的专卖）所领导的庞大官僚系统。巡盐御史的利益颇丰，通常由内务府的满臣来担任。除了俸禄，盐官的利益来源更多更频繁的是“匣费”。官僚时常对盐商群体提出数额不菲的规费，而商人们可以挪用全体盐商的“公库”（这个“公库”事实上由少部分商人控制，却需要所有运商共同承担）摊派来的钱用以招待官员以及给地方政府各类报销捐输。这一“关系费”鼓励了贪污，但这种并不光彩的行径是被默许的，通常还是被上层盐商鼓励的，他们与少数盐商分享油水。食盐生产系统包括产盐区、盐场、亭、盐田。清代有11个产盐区，其中，四川、云南为井盐，河东、陕甘为池盐，其余均为海盐。各产盐区又有若干盐场，附属可以有“亭”，每个盐场都包含一些盐田。淮北采用日照法，从盐水中取得食盐。淮南采用煎煮法，当地临沼泽地，芦苇正可以提供煎盐的燃料。两淮地区的产盐区产量都很大。生产者主要分为灶户、垣商和场商。灶头就是食盐生产的工头，是名义上的盐场拥有者，生产食盐和纳税的义务是世袭的。垣商是屯存处或者小规模的场主，场商是场主或经理，他们雇佣灶户直接生产食盐，起到收购人的作用。但实际上，随着场商资本规模的不断扩大，他们逐渐成了盐场的实际拥有者或者赞助商。食盐在生产之后的运销过程，主要靠运商。运商根据经营规模大小可以分为总商和散商，清代全国大约有30个总商和200个散商。总商在盐业中有最大占有率，而且可以延迟缴税，由盐务机关任命，具有半官半商的性质。总商组织并监督散商完成食盐运销、盐税完纳和官府分派的任务，在控制食盐生产的同时，控制分配与销售。散商在盐业的经营规模方面，相对总商较小，大部分拥有实质的运输工具。盐务机关从总商中选出的精于理财的商人作为大总来统治整个运销集团。运销这个环节中，有两个概念，是关于政府设定的区域和政策。专岸是只保留给特定商人的卖盐区。而在“自由贸易区”，政府设置一个固定食盐比来引导盐商的售卖行为，但这使大部分有企图心的商人很难扩大贸易量。所谓“自由贸易区”其实是政府干预市场的行为，破坏了食盐市场的正常形成，只允许在一个很小的空间内进行竞争与理性化发展。

综上，盐业贸易组织主要分为生产部门和运销部门，直接生产食盐的是灶户，他们生产出食盐，交给场商。运销部门主要是总商和散商，统称为运商，其中总商监督散商。场商把食盐转售给运商，再卖给各个地方。外部还有盐官系统，也就是政府的盐务机关，会对总的贸易进行宏观控制，比如管辖转售的环节，又如从总商中选出大总来控制整个运销集团。

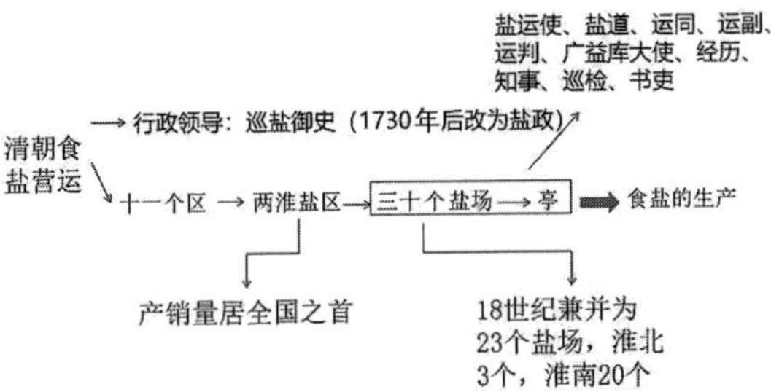

说明：清代食盐生产及运销组织。

清代盐务管理体制总体承袭自明代，通过官商结合来控制和垄断运销。盐商是官督商销制的主体，在享受政府赋予的食盐销售权带来的巨大直接收益的同时，作为交换和巩固权利与地位的条件，他们成为纳税主体，为政府提供大额“报效”“捐赠”。盐商集团只是王朝的工具，其实政府才是最终获利者。政府与商人相互利用、依赖，也相互冲突、制约。这对国家经济实力的巩固、盐业经济的正常发展必然有其合理性和必要性，但这种官商勾结的腐败体制，鼓励了贪污，形成了僵化的死循环，加大了贫富差距，使经济失去活力、技术停滞不前，成为长远发展的阻碍，最终导致了道光十年的盐政改革。

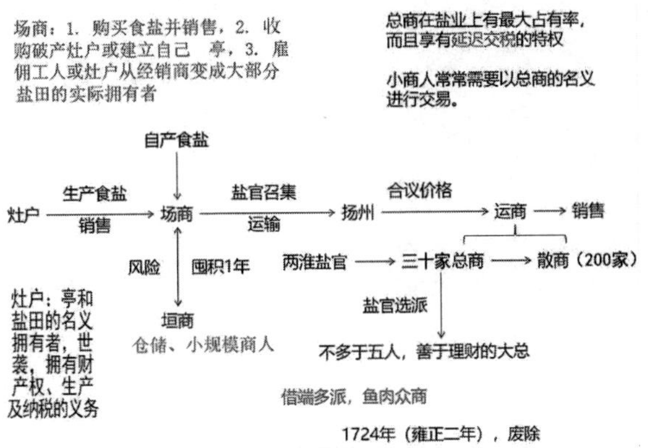

说明：清代食盐生产及运销组织。

三　明代徽商的兴衰

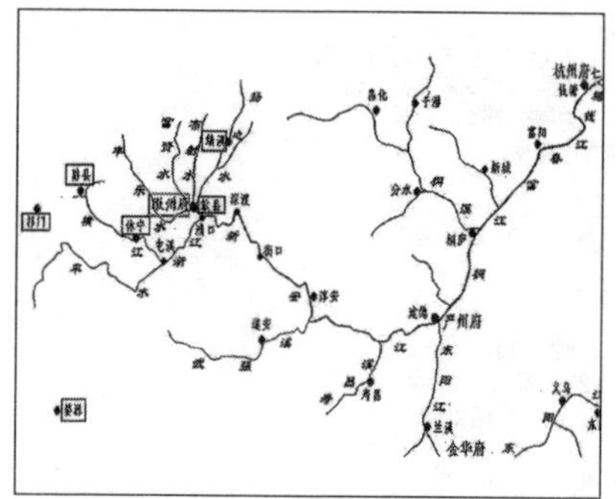

说明：明清徽州府与新安江流域图。

说明：《天下徽商》电视纪录片宣传海报。

徽商，即徽州商人，又称新安商人。徽商的徽，不是指现代的安徽省，而是指古代的徽州。徽州地处安徽南陲，北有云烟缭绕的黄山，南有峰峦叠嶂的天目山。事实上，安徽省出现的时间本身就很晚，直到 1667 年，也就是康熙亲政的那一年，才出现了安徽省，名字的由来就是于安庆府和徽州府各取首字。徽州府下辖今皖南的歙县、休宁、祁门、绩溪、黟县及赣东北的婺源。根据《徽州府志》记载：“徽州保界山谷，山地依原麓，田瘠确，所产至薄，大都一岁所入，不能支什一。小民多执技艺，或贩负就食他郡者，常十九。”顾炎武说：“（徽州）中家以下皆无田可业。徽人多商贾，盖势其然也。”徽州山多田少，人口日增，经商谋生之路一旦打开，人们便蜂拥而出，求食于四方。徽州有谚语谓“以贾为生意，不贾则无望”，所以“人到十六就要出门做生意”。

关于徽商形成的年代，学者有不同的说法，有的主张在东晋时，有的主张在唐宋，但作为一个以乡族关系为纽带的商帮，并手握巨资成为商帮的中坚力量，则始于明中期。从成化、弘治之际到万历中期的 100 余年是徽州商帮的发展阶段，它的发展主要表现为徽人从商风习盛、经营行业多、活动范围广、财力雄厚等方面，成为明清社会经济史上最引人瞩目的现象之一。明清徽商的发展可以分为下列四个阶段：徽商的出现（1573～1620）；徽商的中衰期（1622～1722）；徽商的兴盛阶段（1796～1850）；徽商的衰落与解体（1850～1911）。

说明：晚清徽商开设的茶庄。

徽州六县中，除黟县、绩溪从商风气形成较晚以外，其他几县的从商风气在明中期已经很盛了。如“歙县则业贾者什家而七”，休宁则“以货殖为恒产”，祁门则“服田者十三，贾十七”，贩运木材和茶叶则成为婺源人谋生的重要手段。从商风气之盛，反映在人们的价值观念上也有所变化。当时徽州“右贾左儒”之说颇为流行，而获利之多寡竟成为评量人物贤与不贤的主要依据。

徽商经营的范围极广，“其货无所不居”。由于商品经济的发展，徽商中开设当铺，从事货币经营的人也增多。在盐、茶、木、粮、布、丝绸、瓷器等行业中，徽商人数之多、经营规模之大，都是前所未有的。尤其是盐、典、茶、木四大行业之盛，更为当时其他商帮所望尘莫及。

徽商也利用运河、长江及东南海运之便，把五府地区的丝绸、棉布，扬州的食盐，景德镇的瓷器以及徽州当地出产的竹、木、茶、漆、纸、墨、砚等运销全国各地，又把华北的棉花、大豆，江西、湖广的稻米与长江中上游的木材运销苏浙。南北二京及各省都会是徽商辏集之地，而且在“山陬海堧、孤村僻壤”也不乏他们的身影。由于商运路线的增辟和延长、市场网络的发展，徽商的活动范围也不断扩大，赢得了“徽骆驼”“绩溪牛”的美称。为了从事商品贩运活动，徽商“足迹几遍天下”。他们或沿运河北上，奔走于华北各地；或沿长江一线，往来于川楚吴越之间；或经赣江，越大庾岭，入广东；或扬帆海上，贸贩于沿海各地。徽商的足迹还远至日本、东南亚各国以及葡萄牙等地，于是民间有“钻天洞庭遍地徽”之谚。

很多徽州商人在长途贩运贸易中，获得厚利，这就使徽州人中迅速地涌现出一大批手握巨资的富商大贾。如休宁的商山吴氏“家多素封”，艳草的孙氏“比屋素封”，歙县竦塘的黄氏则几乎全是“富等千户侯，名重素封”的大贾。其他家族经商致富者也不胜枚举，致使当时的徽州以“富甲天下”而著称于世。事实表明，明代万历时期的徽商已是与晋商齐名而称雄于全国的重要商帮了。明代博物学家谢肇淛（1567~1624）曾指出：“富室之称雄者，江南则推新安，江北则推山右。新安大贾鱼盐为业，藏镪有至百万者，其他二三十万则中贾耳。”徽商财力之雄厚于此可见一斑。

说明：安徽省宣城市旌德县江村江氏宗祠。

在徽州山区争夺生存空间的竞争中，宗族要生存、发展，就需要功名和财力的保障。徽商的凝聚力特别强，他们是以血缘、地缘两条纽带绞合起来的群体。徽商的行为不仅是个人的，而且含有宗族群体的成分。徽商内在的宗族凝聚力，造成“人和”的气势。徽商在异地扬州长期保持着聚族而居的习俗。宗族组织对徽商经营的全过程给予强有力的支持，在外经商的族人，则与家乡保持着密切的联系，他们将一部分商业利润输送回家乡，为族中建祠、修谱、置族田、办族学等提供资金，因而大多数徽商也可称为族商。

> 以故一家得业，不独一家食焉而已。其大者能活千家百家，下亦至数十家数家，其人亦皆终岁客居于外，而家居亦无几焉。今不幸一家破则遂连及多家与俱破。

徽州商人还设立族学，为宗族子弟提供学校教育，有时亦惠及乡民子弟，所谓天下书院最盛者，无过东林、江右、关中、徽州。朱熹、戴震、胡适等著名学者都是徽商之后。宗族对文化教育的重及其自身所具有的悠久的文化传统，加上商人对教育的投资，使徽州人才辈出，整体文化素质提高，从而被誉为“理学之乡”“东南邹鲁”。功名地位不仅使昔日的士族衍变为望族，而且给徽商的经营活动（尤其是国家专榷的盐业）以特权的庇护。经过一系列的社会变迁，徽州地域已形成宗族组织、文化科举和商业经营三者间良性的互动。三者中宗族居于核心地位，这便是该地域社会整体的特征。

汪道昆形容徽商是“贾而好儒”，喜爱藏书。程晋芳、鲍士恭、马裕、汪启淑皆兴建藏书楼，所以徽商有了“儒商”之称。余英时《中国近世宗教伦理与商人精神》指出，徽商创造了儒商，并形成了儒商精神。徽商的文化积淀和道德修养，使其对儒家思想的理解上升到不仅仅是“治生”，而且是“治人”“治事”“治国”的境界，用从儒家教育中所得来的知识去经营他们的商业，再达到实业救国、富民安邦。宗族所固有的组织性、持久性和家族地位至上性都渗入徽商的经营活动中，使这一商人群体有着极强的竞争力。明朝废除开中法，改行纲盐法后，徽商可以利用宗族筹集资金，取得盐的专卖权，成为官商。可以说，在社会互动中，徽商往往兼备了儒商、官商和族商这三种身份。

从万历后期到康熙年间（1622~1722），徽商的发展受到挫折，原因有三点。第一，朝廷横征暴敛、矿监税使四处搜刮，徽商罹祸尤惨。大凡矿监税使肆虐最甚之处，都是徽商辏集之地，徽商自然成为他们勒索的主要对象。宦官陈增、阉党程守训等，在大江南北及浙江一带“大作奸弊”，多次制造冤假错案，广为株连，使许多徽商倾家荡产。天启时，魏忠贤又发“黄山旧案”，“搜通邑殷实之户毒而刑之”。在这场大狱案中，徽商财力的消耗是难以估量的。第二，明末农民起义军对徽商的打击。李自成领导的农民军虽然实行“平买平卖”、保护商人的政策，但对为富不仁的豪商巨贾则坚决予以打击。徽商处处与农民军为敌的态度，加剧了农民军对他们的仇恨。故农民军所到之处，必以徽商为追赃比饷对象，“谓徽人多挟重赀，掠之尤酷，死者千人”。还有一些徽商以“多藏贾祸”为戒，因而焚债券、散资财，落得个囊空如洗，停止了商业活动。第三，明清战争的破坏。清兵南下时，苏浙、湖广遭受战祸最为严重，而这两个地区恰恰是徽商最为集中的地区，他们受祸之惨是不难想见的。反观晋商没有受到损失，正因为在后金政权崛起的过程里，努尔哈赤曾得到晋商的资助，尔后清朝在统一全国的战争中，大多得到晋商的财力支持，使山西商人获得清政府的信任，得到各省田赋转汇户部的重要业务，遂获得大量利润，其发展得以胜过徽州商人。

四　清代徽商的兴衰

说明：明清两代的徽商凭借高超的手艺发家致富，例如杭州的张小泉剪刀，制作精良、用料扎实、价格公道，成为举世闻名的国货。

当徽商崛起之际，晋、陕、闽、粤等地的商人也都在长途贩运贸易中发展起来，在全国各地市场上成为徽商强劲的竞争对手。万历末始行纲盐法，徽州盐商累世享有行盐的专利权，逐渐占领盐业市场。纲盐法有利徽商，但行之未久，就遇到明清之际的大动乱，盐商聚集的扬州更惨遭浩劫，所以当时的徽商并未能因纲盐法的推行而真正得到实惠。万历后期到康熙时期，徽商发展受挫。康雍乾时期，由于生产的恢复、人口的增加、政府的扶持，经营盐业遂有大利可图，徽商也重新活跃起来。他们的实力不但得到了恢复，而且在许多方面还超过了明代。在清政府的支持下，徽州盐商坐享高额的垄断利润，财力猛增。乾隆时，他们中有资本多达1000万两白银者。如果把白银购买力降低的因素计算在内，那么他们的资本也比明代扩大了四五倍。可以说，从康熙中期到嘉庆（1796～1820）、道光（1821～1850）之际的100多年是徽商的兴盛阶段，而徽商复起的变化如下：徽州人从商风气更为普遍；徽州盐商势力继续发展；徽商在长江一线扩张商业活动；徽州会馆普遍建立；徽商与清政府的关系更密切，组成官商利益共同体。

一是从商风气更为普遍。清代徽州府的休宁、歙县、祁门、婺源从商风气更盛，而且黟县、绩溪两县人也已经从商成风了。明代的黟县“民尚朴实，读书力田，不事商贾”，入清以后则“始学远游，亦知权低昂，时取予，岁收贾息，以资衣食”。绩溪人直到乾隆初年还是“惟守农业，罔事商贾”，但乾隆中期以后，其外出经商者日益增多，他们的足迹遍布全国。胡适认为绩溪人的移徙经商构成了绩溪疆界以外的“大绩溪”，“若无那大绩溪，小绩溪早已不成局面”了。绩溪是胡适的故乡，他的这个说法是可信的。由此可以推断，徽州六县普遍盛行从商风气，自必扩大了徽商的队伍，增强了徽州商帮的实力。

二是盐商势力继续发展。万历晚期实行纲盐法，重要产盐地区两淮、两浙成为盐商集聚中心，徽商占人地之利，许多手握巨资的徽州富商纷纷占窝行盐，把持盐利。徽州盐商集聚扬州，累世享有行盐的专利权。可以说，清代扬州声势显赫的盐业世家，大部分是徽州人，即“两淮八总商，邑（歙）人恒占其四”。食盐是不可缺少的日食必需品，贸易量很大。胡适在自叙家世时就曾指出，近几百年来的食盐贸易差不多都被徽州人垄断了。因为徽州商人垄断了食盐贸易，所以徽州盐商一直是不讨人喜欢的，甚至是一般人憎恶的对象。一个地方如果没有徽州人，那这个地方就只是个村落。徽州人住进来了，他们就开始开立店铺，然后逐渐扩张，发展成市，就把一个小村落变成一个小市镇了，正是俗谚“无徽不成镇”的来源。

三是徽商在长江一线扩张商业活动。明代国内贩运贸易的绝大部分还集中在沿运河一线的南北贸易上。及至清代，则不但南北贸易继续扩大，沿江

说明：北桥制盐图。

一线的东西贸易也发展起来。长江流域关税的猛增，表明东西贸易规模的迅速扩大。长江流域正是徽商称雄的地方，沿江贸易有很大一部分都掌握在徽商手中。明代全国共置八个钞关，其中七个都设在运河沿线，而长江一线仅有九江一关。万历时，九江关岁收关税银不过 2.5 万两白银，仅相当于沿河七关收入的 8%。根据清代乾隆时期修撰的《清朝通典》的记载，在长江流域设置的常关共有芜湖关、九江关、赣关、武昌关、荆关、夔关等六处，岁收关税银近百万两，约相当于沿河诸关岁入的 85%。长江流域关税的猛增，表明东西贸易规模的迅速扩大。长江沿江贸易的扩大与徽商实力的增强是分不开的。

四是徽州会馆普遍建立。明代嘉靖、万历时，徽州人在北京先后建立了歙县会馆和休宁会馆，但二者都是“专为公车及应试京兆而设”，并不许商人使用。明代始建于常熟县的梅园公所虽可以说是由徽商所建且为徽商所用的场所，但房舍无多，仅可作厝棺停柩之用。即使像上述类型的徽州会馆，在明代都是罕见的。入清以后，全国大小商业都会中几无不有徽州会馆，其中大部分都成了徽商的活动中心。南京上新河、江西景德镇等地徽人所建的会馆则径被称作“徽商会馆”，表明徽商在会馆中占有支配地位。徽州会馆的普遍建立对于加强徽州商帮的凝聚力发挥着十分重要的作用。有的会馆不但规模宏大，还附设新安码头、义学讲堂等，以供徽商运货及培养子弟读书之用。

说明：现今常熟徽州会馆照。

五是徽商与清政府的关系更密切，组成官商利益共同体。明中期以后，徽商结交权贵、贿通官府已司空见惯。入清以后，官商之间的结合进一步紧密。清代大兴捐纳之例，为徽商猎取爵衔开了方便之门。当时不但富商巨贾荣膺高位者比比皆是，即便是中等之家也往往通过捐纳而列名于缙绅。随着徽商财力的增强，通过“急功议叙”的途径获得官爵的人也越来越多。清政府为奖励两淮盐商“捐输报效”之功，对他们频频加官晋秩。歙商江春竟被加授布政使衔，荐至一品，并“以布衣上交天子”。这表明徽商与封建政治势力的结合已达到登峰造极的地步。

从道光中期至清末的近百年间，是徽州商帮的衰落与解体阶段。徽州商帮的衰落是从徽州盐商的失势开始的。道光十二年，清朝废除纲法，改行票法，徽商从此丧失了他们世袭的行盐专利权。而清政府迫于财政困难，又严追他们历年积欠的盐课，更使许多徽州盐商破产。徽州盐商向来是徽州商帮的中坚力量，徽州盐商的失势使得整个徽州商帮的势力大为削弱。太平天国期间，徽商的损失又极为惨重。当时长江中下游地区成了主要的战场。长江运输通道受阻，沿江贸易不能正常进行，致使“向之商贾今变而为穷民，向之小贩今变而为乞丐”。徽州向来是鲜遭战祸的地区，但在近代，徽州成了太平军同清兵激烈争夺的地带，双方拉锯 12 年之久，许多徽州富商聚居的村落、城镇遭受战火的洗礼。曾国藩驻师祁门时，更“纵兵大掠，而全

说明：电视剧《大清盐商》男主角的原型即“以布衣上交天子”的扬州盐商江春，扬州盐商与盐运使是互相合作、互相利用的关系。

郡窖藏为之一空”。徽州经此浩劫后，许多富户破产，“男丁百无一二，有妇人随人，不计一钱而任人选择者”。徽商受祸之惨可见一斑。

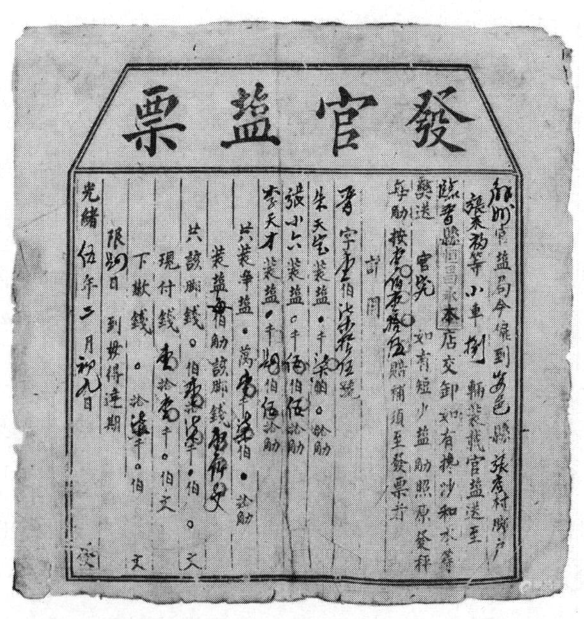

说明：光绪五年票法的盐票。

西方列强的侵略带给徽商的打击尤为沉重。由于洋纱、洋布、洋颜料及南洋木材的进口日增，徽州布商、木商的生意大受影响。钱庄、银行业的兴起，又使徽州典商丧失了在金融业中的原有地位。徽商所赖以支撑残局的只有茶商和丝绸商两个主要行业了。五口通商后，丝、茶的外销量大增，成为主要的出口商品。但因捐厘课税的不断增加，成本大增，削弱了茶叶和生丝在国际市场上的竞争力。洋商又乘机操纵市场压价收货，致使华商“连年折阅”（商品减价销售），形成“十商九困”的局面。光绪中期，徽州茶商和丝商都已亏本折利而难以支撑了。总之，徽商衰落的原因如下：第一，徽商垄断盐业的特权消失；第二，太平天国运动与清军战争的破坏，使徽商经营陷于瘫痪；第三，交通路线改变，海运轮船与津浦铁路的利用使运河风光不再；第四，商业中心从扬州转移至上海，大批官商迁往上海，带去大量资金、人才、劳动力，形成外贸市场，浙商捷足先登，徽商落后。在新的经营方式与商业网络的进逼下，广东商人、江浙商人适应潮流，迅速崛起，徽商失去优势，逐渐衰落于历史长河之中。

五　清代扬州盐商的发展

明清时代因长期统一、人口增加、农工进步，加上大运河的疏通、漕运便利，以及白银的输入，商业相当发达。商业市镇纷纷兴起，其中江南市镇成长最快。这些商业市镇，以经营布帛及米粮贸易为主。扬州也成为江南最为繁荣的城市之一。扬州地处长江以北、淮河以南，西濒运河，东临大海，方圆数百里内河道纵横，水陆交通便捷，是自隋朝开凿京杭大运河以来南漕北运船舶必经之咽喉，城市的发展拥有非常有利的条件。加之扬州附近有当时全国最大的海盐产场，即江苏境内淮河以南和淮河以北的两大片产盐区，历史上一直流传着“两淮盐，天下咸”的民谚，而两淮盐业的管理中心就在扬州，扬州自然也就成了两淮盐商的聚集地。嘉庆《扬州府志》序曰：“东南三大政，曰漕，曰盐，曰河。广陵本盐筴要区，北距河、淮，乃转输之咽吭，实兼三者之难。”盐商与扬州城市发展的关系尤为密切。万历四十二年（1614）开始，朝廷在两淮地区推行纲盐法，将每年出产的官盐分成固定批次，交给预先缴纳盐税的有实力商人，并将商人姓名登记造册，让他们成为拥有食盐专卖权的御用商人。扬州是两淮盐场汇总之地，而徽商占人地之利，许多手握巨资的徽州富商集聚扬州，把持盐利，累世享有行盐的专利权。可以说，清代扬州声势显赫的盐业世家大部分是徽州人，他们对扬州城市的地域分异，产生了极其深刻的影响。

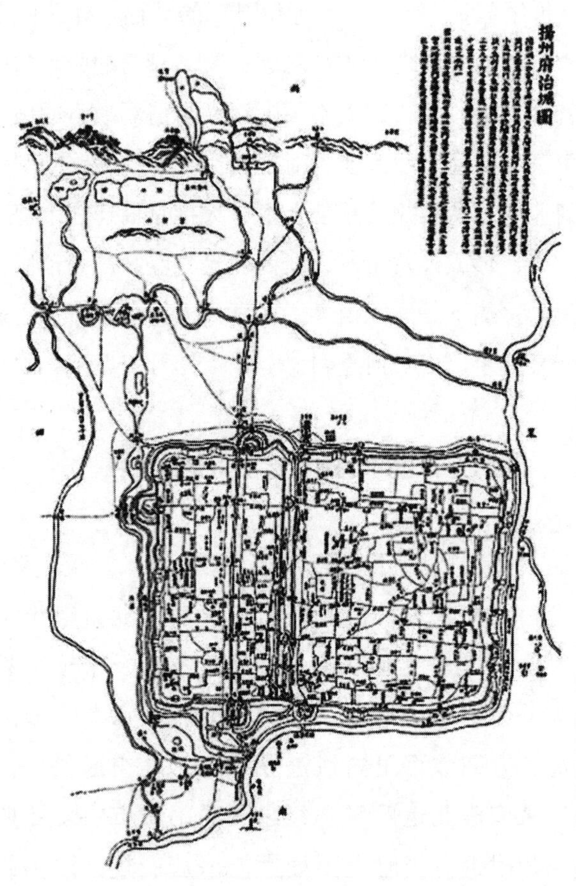

说明：扬州为大运河转输之咽吭，实兼漕运、盐政、河工三者之难。

扬州盐商的发财密码表面上是“盐”，实则是个“官”字。明代万历年间改行纲盐法后，官不收盐，灶户制盐，商人与灶户直接交易，收买、运销之权悉归于商人，并得世袭。换言之，灶户承担朝廷摊派下来的盐课。为了方便管理，又在灶户之上指明场商总领。场商从灶户手中收买食盐囤积起来，等到盐官召唤，就将食盐运到扬州集中，以事前协商的价格转交给贩卖商人。这种专卖权的证明就是盐业历史上的重要概念“根窝”。根窝所依靠的是食盐官营的国策，其隐藏利润非比寻常，市场价值也是水涨船高。凭借政府给予的特权，盐商获得了江苏、安徽、河南、江西、湖南、湖北等六个省的巨大市场，而这六个省是当时中国经济发达、人口稠密的地区，因而成就了扬州盐商的鼎盛，也造就了扬州的繁荣。尤其是在清代康熙、雍正、乾隆年间，政治清明、社会安定，让扬州盐商的财富和影响力可谓达到了极致。

说明：纲盐法后，官不收盐，灶户制盐，商人与灶户直接交易，收买、运销之权悉归于商人。

万历年间，在扬州的盐商多达数百家，资本总额超过 3000 万两白银，扬州“四方之托业者辐辏焉”，适应奢侈消费需求的服务阶层也纷至沓来。清兵南下劫掠扬州之举，重创扬州经济与城市生活，但到康雍年间，扬州城的经济迅速恢复。乾嘉年间，城中商民杂处，一度多达数十万家，“笙歌舆从，竟日喧聚。”如乾隆三十七年(1772)，扬州盐商年赚银 1500 万两以上，上交盐税 600 万两白银以上，占全国盐课的 60%左右。扬州盐商可谓富甲天下，“扬州盐商”四个字也几乎成了盐商的代名词。清代中期，每一引盐的根窝价值上涨到 2.5 两白银。为了保证盐价平稳，清政府不得不规定每引食盐的根窝价格上限为白银 1 两。手握根窝的贩运商们，自然高枕无忧，闷声大发财。虽然灶户的劳动成本低廉，但官营盐场的盐价并不真正便宜，还附加了国家税费、给官员的私人回扣及盐商自治团体的基金，所以整体来说盐商能获得的利润有限。

乾隆晚期，每引盐卖给贩运商的批发价格在 12 两银子上下。这些

说明：《扬州画舫录》，作者李斗，字北有，号艾塘，江苏仪征人，生卒年不详。史书记其撰写本书历时三十年，书中记载扬州一地园亭奇观、社会风俗、精英人物等，具有极高史料价值。

食盐运到主要销售市场湖北、湖南、江西等地，保守估计可以获得每引 3 两的利润。25% 的利润率，乍看起来并不惊人，但请不要忘记这是国家统购统销的，所以拥有根本不愁销路的巨大市场。再加上清朝中期人口快速增长，食盐需求量巨大，几乎消化了两淮地区所有食盐产量。即使有的地方食盐供应饱和了，官府也会将本年度的销售指标摊派到未来几年。这是因为政府要保证每年捆绑在销售指标上的盐课收入稳定。由此推估清朝中期的 50 年时间里，大概销售了 700 万引的食盐。这些食盐的生产利润和贩运利润，绝大部分进入扬州的盐场场商和食盐贩运商囊中。扬州盐商们在暴富后的穷奢极欲模样，多半记载于《扬州画舫录》。时人给这些掌握盐专卖权的盐商一个带有贬义的绰号“盐呆子”，嘲讽他们有钱不知何处花的暴发户嘴脸。为了维持比各地商人“不知道高到哪里去”的商业帝国，扬州商人穷尽心力要保住自己被国家钦点的专营商人地位。扬州盐商利用中央政府需要增加财政收入这一根本动机，一面为国家创造大量的盐税，一面为自己攫取丰厚的利益。他们出于利益需要，也会选择适当的时机“报效”国家，或是直接“报效”皇帝，以此获得政府更加有力的支持，这无疑是深谋远虑之举。嘉庆年间，四川、湖南、陕西等地爆发白莲教起义，清政府极感军饷匮乏，盐商鲍漱芳积极向清政府“输饷”。有时他们是间接回报政府，如清政府治河经费不足时，盐商们“聚众输银三百万两以佐工需”。在扬州盐商们看来，这种“报效”或“乐输”是一石数鸟的好事，一方面可以取悦清朝最高当权者，使之放心于地方的安宁和盐税的收入保证；

另一方面，可以与政府特别是盐务主管部门保持良好关系，以便于争取更多政策。同时，对公益事业的建设，如水上航道的疏浚和维护等，也有利于其盐船的通行。当然，这种“报效”并不都是扬州盐商们所心甘情愿的，但客观上他们的确为国家做出了巨大的贡献，从而使政府在决策时不能不考虑他们的利益和感受。

说明：扬州五亭桥。现今扬州城市风貌的形成，奠基于清代扬州盐商大事营建。

扬州盐商对清朝有四大贡献。一是为清朝中期以后的重要军事行动提供财政支持，避免军事支出拖垮国家财政。二是扬州盐商热衷于捐官。据统计，从顺治元年至嘉庆七年（1644~1802）先后有180名盐商家庭成员通过捐纳得官，并培养了一大批自己的子弟进入官僚系统，顺治三年至嘉庆七年（1646~1802）产生了139名进士和208名举人。这些进入统治阶层的盐商子弟，便成了扬州盐商在政坛的一支重要力量，建立了从中央到地方的官僚—商人关系网络，其作用是不言而喻的。三是积极赞助知名文化人士和各项文艺事业，为盐商博得了良好的社会声誉。比如清代文艺界的代表人物扬州八怪，许多人就受到盐商的资助。当时广储门外的梅花书院、三元坊的安定书院、府东的资政书院、府西的维扬书院和仪征的乐仪书院均靠盐商财力支撑。扬州书院繁荣、人文荟萃，开清朝一代风气之先，逐渐形成了秩然可观的“扬州学派”。四是积极协助清政府在江南地区的事务，并创造出各种时尚与流行元素，形成独特的扬州城市文化。例如，盐商建造的园林有鲍志道的西园曲水、乔国桢的东园、郑侠如的休园、陈静斋的梅庄及黄应泰的个园。

正所谓“成也萧何，败也萧何”。扬州盐商由盛而衰，尽管有战争等诸多因素影响，但主要原因还是清政府盐业政策的改变。从乾隆后期到道光时期，随着通货膨胀加剧和各种费用增加，根窝制度造成盐价高昂，引发了一连串社会问题。道光十一年（1831），经两江总督陶澍奏请，清朝废除官盐由少数商人专卖的办法，改为任何人都可以运盐贩卖、凭票纳税的票盐制度。此项政策取消了特许专商制度之后，各地的小商贩竞相参与盐的运销，原有大盐商的垄断利润也就一去不复返了，扬州盐商的商业霸主地位立即受到了极大的动摇。票盐制度的推行，符合清朝中后期经济规模扩大的总趋势。从这一点来说，扬州盐商们稳固自身经济地位的个人努力，不可能阻挡历史发展的进程。

说明：清代盐政败坏，始于乾隆朝。

六　扬州盐商的儒商倾向

明代万历和清代乾隆年间，淮南盐业极盛，盐商获利甚巨。据何炳棣先生的估计，运商每年可获利润500万两白银；1750~1800年，运商共获利高达2.5亿两白银。一些盐商巨子，两至三代便可积资千万两以上。巨额的利润，使这些从事盐业的商贾迅速致富。然而，传统的中国社会，是一个主要以功名、官位和文采取定威望与地位的社会。在这种价值取向下，因经商而囊丰箧盈的商人，往往被人视作暴发户，社会上称呼盐商为“盐呆子”，显然是讽刺他们缺乏文化修养，尤为诗书举子所藐视。修禊，就是诗人集会，一些文人骚客雅聚酬唱，他们一起吟诗作画、谈古论今、借景托物、抒发情怀，其中以发生在东晋会稽山阴的“兰亭修禊”和清代扬州的“虹桥修禊”最为著名。乾隆六年（1741），扬州知府曹某，因整日在平山堂和商贾宴游，被一秀才题了一副长联横加嘲讽。从此，凡是盐商，都不允许参加“虹桥修禊”的盛会。在这样“万般皆下品，唯有读书高”的社会环境中，暴富的盐商在心灵深处，隐藏着极其强烈的自卑感。一种以财富弥补社会地位和个人声望的冲动，也就油然而生，显著的表现便是挥金如土，以此显示自己的阔绰和不同凡响，并发泄心中的郁闷。

说明：东晋会稽山阴“兰亭修禊”示意图。

许多扬州盐商出身徽州府，“亦儒亦贾”是其传统，“贾为厚利，儒为名高”，富裕的盐商家庭，将财富转化为科举及第与仕宦上的成功，可以大大地获得社会声望，还可以自立为官商，以保护其专卖权益。康熙年间，歙人吴从殷在扬州创建存园，“仿闱中号舍数十楹，每乡举之年，联同人遴日课题，以闲习之”。其子得以举业，先中进士，后为御史，成为盐商转仕宦的典范。一些盐商家族，文人辈出，世代簪缨，成为提倡风雅的带头人。

说明：马曰琯，字秋玉，号嶰谷，祁门县人。清代著名盐商、藏书家，为清代前期扬州徽商代表人物之一。

例如，盐商马曰琯，字秋玉，号嶰谷，是祁门县生员。其弟马曰璐，字佩兮，号半查，与兄齐名，号称“扬州二马”。马氏兄弟虽为盐商，富敌扬州，但不奢侈。他们喜欢广交文友，酷爱藏书，遇有秘本、善本，不惜重金收购，是江浙有名的藏书家。过从交游，都是名家。四方游士过访，“适馆授餐，终身无倦色”。马曰琯本人好古博学，考校文艺，评骘史传，旁逮金石文字，擅长作诗，著有《沙河逸老诗集》，当世论诗有“南马北查”之誉。马氏兄弟与门人精心校勘，“得专家、学者论定一语，即浮白相向”，因此版本极佳，当时称为“马版”。曾经为著名学者朱彝尊刊刻《经义考》，花费千金为蒋衡装订《十三经》，又刻《说文解字》《玉篇》《广韵》《字鉴》等书。

马氏不仅藏书极富，建有“街南书屋”（即小玲珑山馆），藏书百橱，多达十余万卷，所藏字画也多为珍品，“每逢午日，堂斋轩室皆悬钟馗，无一同者，其画手亦皆明以前人，无本朝手笔”，令人叹为观止。乾隆三十七年（1772）开四库馆，奉旨采访遗书。马氏后人进呈藏书776种，位居当时江浙四大藏书家之首。对此，乾隆皇帝褒奖有加，御赐《古今图书集成》一部，以示青睐。

此外，马氏兄弟宾礼海内贤士，慷慨好义，当时名流厉鹗、全祖望、陈章、陈撰、金农均馆于其家。例如，杭州人厉鹗，工于诗词及元人散曲，为

说明：小玲珑山馆。

马曰琯的食客，利用马曰琯的藏书，撰有《辽史拾遗》《宋诗纪事》《南宋杂事诗》《东城杂记》《南宋院画录》《湖船录》《樊榭山房诗词集》等，蔚成大家，但因年届六十尚无子嗣，马曰琯为之割宅蓄婢。而与厉鹗同时寓于小玲珑山馆的全祖望，曾一度得恶疾，马曰琯出千金招聘医师，加以治疗。吴兴人姚世钰客死扬州，马氏替他料理后事，刊刻《莲花庄集》。浙江诸生楼锜，年长未婚，也赖马氏为之择配完婚。马氏兄弟悉心招养食客的类似事例，不胜枚举，诚如袁枚在《扬州游马氏玲珑山馆感吊秋玉主人》一诗中所指出的那样："横陈图史常千架，供养文人过一生。"

乾隆年间的盐业总商江春，祖籍歙县，仪征诸生，扬州八大商之首。江春接任两淮盐业总商后，广交官府王侯，熟悉商法，精通商务运筹，练达多能，在担任总商的40年中，充分发挥了自己的才华，先后蒙乾隆赏赐"内务府奉宸苑卿""布政使"等头衔。乾隆六下江南，均由江春筹划张罗接待，倾力报效，共输送白银1120多万两，并因其"一夜堆盐造白塔，徽菜接驾乾隆帝"的奇迹，"以布衣上交天子"。乾隆曾于金山行宫与江春奏对称旨，亲解御佩荷囊，面赐佩带，并两次亲临江春的别墅"康山草堂"，赐金玉古玩，题写“怡性堂”匾额，并以“皇商之财力，伟哉”赞叹江春富可敌国！乾隆三十八年（1773），江春等人因小金川战争获胜，自愿捐银400万两。同年八月，诰授江春为光禄大夫，正一品，并赏赐顶戴花翎，为当时商人仅有者。

说明：盐商与食客们一同赏文。

江春“工制艺，精于诗”，著有《随月读书楼诗集》、《水南花墅吟稿》和《深庄秋咏》等，诗坛领袖袁枚曾大加叹赏。在《随园诗话》中，袁枚指出：“凡咏险峻山川，不宜近体。余游黄山，携曹震亭、江鹤亭（江春）两诗本作印证，以为江乃巨商，曹故宿学，以故置江而观曹。读之，不甚慊意，乃撷江诗，大为叹赏。”对比江春、曹震亭两人的诗，袁枚认为，江春“心胸笔力，迥异寻常，宜其隐于禺荚（盐业），而能势倾公侯，晋爵方伯也”。江春继子江振鸿，也好读书，擅长诗歌。江氏家族“世族繁衍，名流代出”，兄弟侄孙中皆有文名，见于《扬州画舫录》记载的著名诗人、艺术家和鉴赏家，就达15名之多，可说是“坛坫无虚日，奇才之士，座中常满”，蔚为一时之盛。

七　扬州盐商与扬州学派的兴起

根据何炳棣先生的研究，1371~1643年，两淮盐商中出的进士多达106名；及至清代，1646~1804年产生的进士数为139名。由于两淮盐商的财富创造了高度发达的文化，清代扬州府的进士总数多达348名，还出过11名一甲进士，成为国内重要的文化发达地区之一。盐商的贡献及其儒商倾向是显而易见的。乾隆初期，扬州诗文之会的盛况，首推马曰琯的小玲珑山馆、程梦星的筱园及郑元侠的休园。诗会以酒肴珍美蜚声远近，“诗成即发刻，三日内尚可改易重刻，出日遍送城中矣”。盐务官僚卢见曾等人，也以“风流总持”自居，与文人交相唱和，游宴觞饮。一时间，扬州风尚大变，文风极盛，“邗上时花二月中，商翁大半学诗翁”。郑板桥曾不无夸张地指出，当时扬州“巨富之商，大腹之贾，于玩弄骨董余暇，家中都聘有冬烘先生，明言坐馆，暗里捉刀，翻翻诗韵，调调平仄，如唱山歌一般，凑集四句二十八字，使人扬言于众，某能做诗矣，某能作文矣”，以自抬身价，跻身地方名流之列。一些门人食客，在社会上大造舆论，“谓某诗近古，某诗逼唐，才由天授，非关人力，谁说商贾中无才乎”。后来连他们的主人也飘飘欲仙，忘乎所以，真以为自己才华横溢。《儒林外史》中盐商万雪斋的七太太办了个诗会，“十日一会，文武衙门、官亲幕友，无一不在诗会中”。由于商家席丰履厚，天下文人稍能言诗，辄思游食淮扬，乃至当时有“扬州满地是诗人”的说法。

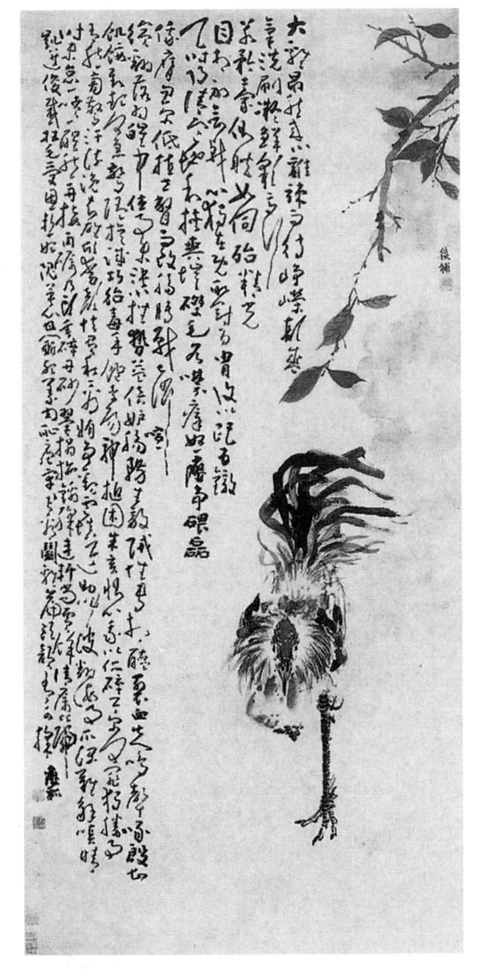

说明：郑板桥作品。

乾嘉盐务全盛时期，“士大夫起家盐策，尤操赢余。华盛之族，席丰履厚；器物财用，力求精美。以故艺能日进，片长薄技，新巧相尚，争自揣摩，求其尽善”，这在书画方面表现得尤为显著。其时，浙西画学极盛，扬州画坛成了名流竞逐的大舞台。仅据《扬州画舫录》的记载，从清初至乾隆末年，活跃于扬州的书画家就达100多名。在商品经济的氛围中，走俏的艺术作品，往往要趋合收藏者的旨趣。

扬州八怪的形成，便是盐商小圈子文化的典型产物，它与盐商追求怪诞、新奇的性格不谋而合。扬州八怪是清代中期活动于扬州地区一批风格相近的书画家，或称扬州画派。具体人物在中国画史上说法不一，较为公认的为金农、郑燮、黄慎、李鱓、李方膺、汪士慎、罗聘、高翔八人。扬州八怪继承和发扬了我国的绘画传统，但他们对于继承传统和创作的方法有不同的见解，不愿走别人已开创的道路，而是另辟蹊径。他们要创造出“掀天揭地之文，震惊雷雨之字，呵神骂鬼之谈，无古无今之画”来自立门户，就是要不同于古人、不追随时俗，风格独创。他们的作品有违人们的欣赏习惯，人们觉得新奇，也就感到有些“怪”了。他们继承了石涛、徐渭、朱耷等人的创作方法，“师其意不在迹象间”，不死守临摹古法。扬州八怪从大自然中发掘灵感，从生活中寻找题材，下笔自成一家，不愿与人相同，在当时使人耳目一新。他们的作品用笔奔放，挥洒自如，不受成法和古法的束缚，给中国绘画带来新的生机，影响和哺孕了后来赵之谦、吴昌硕、齐白石、徐悲鸿等艺术大师。

说明：扬州八怪。

除了书画以外，收藏古董也风靡一时。盐商后裔中有不少收藏、赏鉴古董的专家，如江恂收藏的金石书画，在东南地区首屈一指；巴慰祖“收藏金石最富”，项细“彝鼎图书之富”也甲于天下。正是在这种环境下，乾嘉学派主将、江春甥孙阮元，才能撰录《积古斋钟鼎彝器款识》那样划时代的巨著。据嘉庆九年（1804）阮元自序称，该书以芸台自藏鼎器，加上友人同好者（如江德量、朱为弼、孙星衍、赵秉冲、翁树培、秦恩复、宋葆醇、钱坫、赵魏、何元锡、江藩、张廷济等人）的藏器拓本汇集而成，著录器物多达 560 件。在上述绅商的提倡和影响下，扬州的盐商中形成了比较高雅的文化氛围。盐商大多风雅好客，“喜招名士以自重”。巨商大族，均以宾客争至为荣。“文人寄迹，半于海内”，“士子稍读书者，即不忧贫矣”。于是，扬州成了全国的文化中心之一。乾嘉年间，扬州经学之盛，“自苏、常外，东南郡邑无能与比焉”。扬州学派就是在这种背景下产生的。可见扬州学派是以扬州当时安定的社会环境为前提，以扬州优越的地理位置为条件，受扬州深厚文化的影响，继承皖派之学而形成的。扬州以盐为支柱的经济繁荣为扬州学派的形成提供了必要的物质基础。

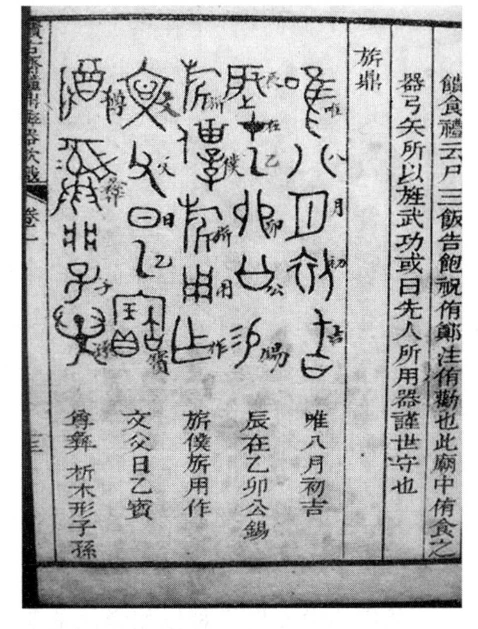
饋食禮云尸三飯告飽祝侑鄭注侑勸也此廟中侑食之
器弓矢所以旌武功或曰先人所用器謹世守也
旂鼎
唯八月初吉
辰在乙卯公錫
旂僕旂用作
文父日乙寶
尊彝 析木形子孫

说明：《积古斋钟鼎彝器款识》书影。

说明：《扬州学派年谱合刊》书影。

谈起清代学术，学者的第一反应往往是乾嘉考据学。在乾嘉考据学中，以惠栋为代表的吴派和以戴震为代表的皖派为学界所熟知。吴派的学风即搜集汉儒的经说，加以疏通，其特点是“唯汉是信”，盲目崇拜汉学，只要是汉学，就不论是非，一一加以疏通解说。皖派反对墨守古人经说，主张择善而从，而断之以己之考证。根据梁启超在《中国近三百年学术史》中所说，在吴、皖两派之外，尚有“扬州一派”。张舜徽《清代扬州学记》也提出“清代学术，以吴学最专，徽学最精，扬州之学最通。无吴、皖之专精，则清学不能盛；无扬州之通学，则清学不能大”，并认为“吴学，其失也固；皖学，其失也偏”，唯有“扬州诸儒，承二派以起，始由专精汇为通学，中正无弊，最为近之”。可以说，扬州学派是乾嘉学派的分支，其代表学者有阮元、汪中、焦循、王念孙、王引之、刘宝楠、刘文淇、任大椿等人。

戴震的学术思想对扬州学派的影响极大，扬州学派的中坚人物焦循、汪中、阮元、任大椿都师法戴氏。支伟成《清代朴学大师列传》指出扬州学派和乾嘉学派中皖派的师承关系，证明戴震“施教京师，而传者愈众。声音训诂传于王念孙、段玉裁，典章制度传于任大椿，既凌廷堪以歙人居扬州，与焦循友善；阮元向教于焦、凌，遂别创扬州学派”。扬州学派根据戴震以音韵文字通诸子百家的主张，欲达到“君子之为学，以明道，以救世”的目的，并在经史、子学、小学、古籍整理等方面都取得了很大成就，反映了乾嘉汉学的鼎盛，也反映了汉学走向没落之际，新的学术思潮即将兴起的某些先兆。作为扬州学派的领军人物，阮元曾抨击宋代理学的空疏之弊，“故理必附于礼以行，空言理，则可彼可此之邪说起矣”，并强调“圣贤之道，无非实践”，奠定了扬州学派不务空谈、崇尚实学的学风。总之，扬州学派的学者们具有坚实的小学功底，以严谨考据训诂为理论创新的基础，博学而能明辨，亦跳出小学研究的领域，重视科学技术，并根据关切民生、顺应民心、勤政廉洁的治世理念，紧跟时代步伐，贴近社会现实，致力于通经致用，开晚清经世派的先河，深刻影响了19世纪东亚儒学的发展。

八　清帝南巡与扬州城市的发展

扬州地处京杭大运河沿岸，紧邻长江，自唐朝以来，一直是重要的经济、文化中心和主要贸易港口。康、乾二帝南巡扬州，尤其是乾隆六次驻跸邗上，对于新旧两城的发展，产生了巨大的影响。从雍正开“报效”之先例后，乾隆年间，每遇国家大庆典或銮驾巡幸，多由盐商捐输，动辄耗费数十万两白银。政府既受此巨贿，势必难以更换新商。事实上，在乾隆之前，康熙六次南巡，就已大量接受盐商的“报效”。继康熙南巡之后，乾隆皇帝“法祖省方”，亦六度巡幸江南。当时“盐筴极盛，物力充羡，值高宗南巡，大构架，兴宫室，建园地，营台榭，屋宇相连，矗似长云”，扬州城面貌焕然一新。为了供邀宸赏，扬州盐商不惜血本，大兴土木，竭尽献媚邀宠之能事。为酬答输诚，清皇室投桃报李，“时邀眷顾，或召对，或赐宴，赏赉渥厚，拟于大僚”，徽商遂牢牢控制了清代两淮盐务的运作。乾隆南巡经过扬州时，盐商在御驾所经道路两侧，设立戏班接驾。扬州官、绅、商在城内街衢张设棚幔，一到夜晚，华灯大起，各种灯彩斗丽争艳，“别有绡帐艳姝，秋千舞伎，侲童鲍老，百戏淼流，乃积日以为常，恒中宵而未已”。除了岸上道路两旁设立戏班外，沿途水路也俱设灯船、戏船台阁。由扬州入长江往镇江时，“箫籁既发，櫂歌远扬，金石铿锵，宫商缥缈”。

说明：《扬州府图说》共收编12幅画，分别描绘了清代扬州全府及江都、瓜洲、仪征、泰兴、高邮、兴化、宝应、泰州、如皋、通州、海门等11城的风貌。每幅画均附有一篇文章，介绍所绘各地的历史。

《扬州画舫录》是李斗所著的笔记集，共十八卷，记载时间自乾隆二十九年（1764）至乾隆六十年（1795），历32年。书中记载了扬州

说明：乾隆皇帝南巡图。

一地的园亭奇观、风土人物，还有戏曲史料与扬州评话的相关记载。《扬州画舫录》也记载了南巡盛况："自高桥起至迎恩亭止，两岸排列档子，淮南北三十总商分工派段，恭设香亭，奏乐演戏。"此外，扬州西北的平山堂一带，是闻名遐迩的名胜古迹，也是康、乾二帝多次登临观赏的地方。其下的保障河，也称"炮山河"，襟带蜀冈，蜿蜒曲折。雍正十年（1732），两淮盐运使尹会一"周回故址，扩而疏之，更为凿其断港绝潢，使欸乃相闻，迤逦以至于平山之下"。沿河两岸，植柳种桃，以"壮郊原名胜之观"，供"市河之蓄泄"。乾隆二十三年（1758），又凿莲花埂，疏浚河道直通平山堂。从此，保障河畔，笙歌竟日，画舫云集，成为扬州城西北著名的冶游胜地，可以与杭州的湖光山色媲美，所以有"瘦西湖"之称。嘉庆二十年（1815）后，扬州盐业衰退，扬州经济也受到影响，瘦西湖的湖上园林逐渐萧条荒废。

为了供邀宸赏，诸盐商"以重资广延名士为之创稿"，对城外风景区加以系统规划。他们力图将各地名胜荟萃于扬州一地，于是，金陵、杭州、北京、镇江、苏州、山西和安徽等地的名胜，都移植到扬州内外二城，形成了颇具特色的小秦淮、瘦西湖、白塔晴云、小金山、观音山、桃花坞、小五台和小九华诸景点，典型地反映了盐商追求新奇、兼容并包的特征。由于园林的大量构筑、城内外河湖系统的疏浚和沟通，扬州成为远近闻名的旅游城市，游子过客无不盘桓流连。加上城内达官贾客、帮闲篾片日益增多，"居斯土者，大多安乐无事，不艰于生"，冶游风气日盛，因此，城市旅游业相当发达。天宁门外、平山堂下，画船箫鼓，殆无虚日。适应城市的消费需求，四乡农村形成了依托城市、服务城市的“城郊型经济区”。扬州市民阶层依附商家而沾其余润，其中颇多小康之家，甚至“贩夫走卒，工作隶役之人，无不绣衣丝履，持粱齿肥”。

说明：扬州瘦西湖景色。

经过明清两代盐商的悉心经营，扬州城市的地域分异日趋明显，城市经济呈现显著的奢侈消费性质，“富商大贾出有余以补不足，而技艺者流，借以谋食”，禺筴巨商奢侈豪华，市井小民沾其余润。早在万历年间，扬州城内便“多杂居之人。处新城者尽富商大贾，崇尚侈靡……旧城多缙绅家，阖户不事事；而出入闾阎，止沽浆市饼及与皂，以是群居饮博，往往有之”。当时，新旧二城“贫富不相轧轧”，勾勒出当时城市功能分区的粗略轮廓。及至清代，这个轮廓便显得更加清晰。其中最为显著的，便是位于新城河下一带的盐商麇居区。除了商业区外，城外风景名胜区的形成，更是与两淮盐商有莫大关系。“扬州园林之胜，甲于天下”。城内名园有数十处，“增假山而作陇，家家住青翠城闉”，蔚成一时风尚。据时人描绘，扬州“城中烟水胜如山”，园林多达数十处，尤以南河下盐商麇居区最为稠密。清代前期，扬州城外名胜26处，共39个风景点，“率皆商人自修其业，供奉宸游之所”。有一条“花园巷”，由徐凝门起向西，全长近2华里，巷南陌北，花园绵亘不绝。乾隆六次南巡，盐商穷极物力以供宸赏，湖上山林也多得不胜枚举。黄、江、程、洪、汪、周、王、闵、吴、徐、鲍、田、郑、巴、余、罗、尉等姓商人，都建有园林，其风格以取法自然、变化含蓄、淡雅朴素和文景结合等见长。“扬州以园亭胜”，也一时成了定评。

园林艺术是盐商追求士大夫生活方式的一种表现。园林是综合的建筑艺术，其主要功能是修身养性、闲适自娱，贯注文人学士寄老林泉、清高出世的高雅意境。盐商在积累财富的同时，也竭力追求自身在文化上的价值。“当明季承平日久，故家大族，多占地为园亭，以自娱乐。方其盛时，高台曲沼，酒座琴歌，意气雄豪。”歙县郑氏家族有兄弟四人，各建有王氏园、影园、嘉树园和休园，以园林相互竞尚。扬州名园绝大多数为徽商所建，沿着保障河两岸，随着水流的脉络蜿蜒分布，由北门外直抵平山堂，两岸数里“楼台相接，无一处重复。其尤妙者在虹桥迤西一转，小金山矗其南，五顶桥锁其中，而白塔一区雄伟古朴，往往夕阳返照，箫鼓灯船，如入汉宫图画”。黄钧宰《金壶浪墨》对盐商张氏的容园，描写如下：

> 一园之中，号为厅事者三十八所，规模各异。夏则冰绡竹簟，冬则锦幕貂帷，书画尊彝，随时更易。饰以宝玉，藏以名香，笔墨无低昂，以名人鉴赏者为贵；古玩无真赝，以价高而缺损者为佳。花史修花，石人叠石，水木清湛，四时皆春。每日午前，纵人游观，过此则主人兜舆而出，金钗十二，环侍一堂，赏花钓鱼，弹琴度曲，惟老翁所命。左右执事，类皆绮岁俊童，眉目清扬，语言便捷，衣以色别，食以钟来……梨园数部，承应园中，堂上一呼，歌声响应。岁时佳节，华灯星灿，用蜡至万数千斤，四壁玻璃射之，冠钗莫辨。只见金碧照耀，五色光明，与人影花枝，迷离凌乱而已。其埒于容园者，若黄，若程，若包，莫不斗靡角妍，如骖之靳。

清代“广陵甲第园林之盛名冠东南，士大夫席其先泽，家治一区”。如康熙、雍正年间，扬州盐商中，江春的康山草堂、汪懋麟的百尺梧桐阁、马曰璐的小玲珑山馆，“后先媲美，鼎峙而三”。从《扬州行宫名胜全图》中可看出，当时禺筴富贾共建楼廊达5154间，亭台则有196座，花费的金钱难以数计。

说明：现今扬州园林一隅。

园主在造园时，往往以“重资延名士为之创稿”，因此，文人画家的美学思想，也就渗透园林建筑之中。例如丹青高手释道济（石涛），就兼工垒石。片石山房中的假山，相传就是石涛堆栈的。诗情画意，盎然成趣。总商江春园中有瀑布深潭，水树俱佳，论者谓“此善学倪云林笔意者之作也”。故此，扬州的亭台楼阁，“结构曲如才子笔”，素有“翰墨园林”之誉。钱泳曾说：“造屋之工，当以扬州为第一，如作文之有变换，无雷同，虽数间小筑，必使门窗轩豁，曲折得宜，此苏、松工匠断断不能也”。可以说，扬州园林正是当时扬州文化氛围的特殊产物。

九　清代扬州风俗娱乐

明朝初年，扬州民风淳朴，室庐佩服，无大文饰。百姓惮讼劝业，婚丧交际，崇尚俭素。及至成化、弘治以后，盐商大量辐集邗上，盖以四方商贾陈肆其间，易抄什一起富，富者辄饰宫室，蓄姬媵，盛仆御，饮食配服与王者埒……妇人无事，居恒修冶容，斗巧妆，镂金玉为首饰，杂以明珠翠羽，被服绮绣，袒衣皆纯采。其侈丽极矣。于是闾左轻薄少年，率起效仿，扬州风气大变，“其民多嗜利，好宴游，征歌逐妓，袨衣媮食，以相夸耀”。对此，嘉靖前期，有人曾一针见血地指出：“扬人俗尚侈，蠹之自商始。”此后，奢风盛行，愈演愈烈，令人不禁有“沃饶而近盐”之叹。扬州盐务中人，竞尚奢丽，尤其在婚嫁之时，“一婚嫁丧葬，堂室饮食，衣服舆马，动辄费数十万”。以婚媾言之，府城以“华靡相竞，财帛相高”。富室侈汰无节，“赁一彩轿，费至数金，他物可知”，贫家也“称贷效之”，娶亲无论大小户，“择吉之后入市，订好花轿”，虽然可供挑选的种类很多，但一般人都以新潮华丽为佳。民间婚姻，“男家责妆，女家责财”，成为普遍的风尚。男子迎亲前一夕入浴，动辄费数十金。可以说，在盐商文化的熏陶下，扬州风尚习俗发生了巨大的变化。

扬州人中，“大抵有业者十之七，无业者十之三。而业鹾务者任职不重，是以士耽乐逸，甚于他地”。尤其是雍正朝以后，根窝世袭，不少盐商坐享厚利，成为腐朽的寄生阶层。“扬州盐业，以吃酒看牌为事”，积习成例，积例成弊。

自官场以至民间，无不三朋四友，群居终日，“论办公则莫展一筹，论聚赌则迭生百计”。市民中“同游会聚，多喜斗叶”。甚至有“清明不看牌，死了没人抬”的俗谚，每届清明日，大家小户多为樗蒲之戏，置正事于不顾。

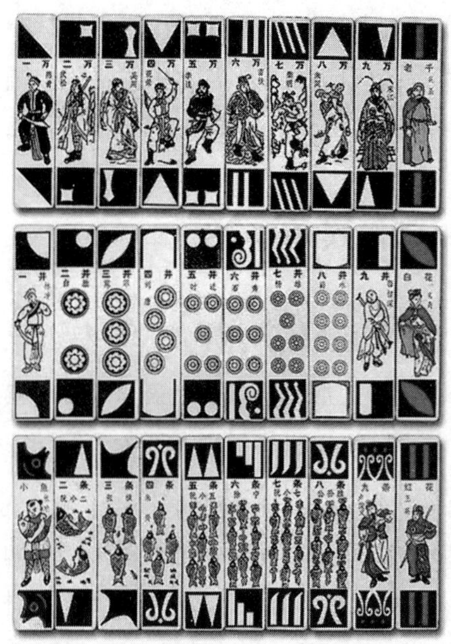

说明：清代的叶子牌。

明人陆容《菽园杂记》卷十四记载：“斗叶子之戏，吾昆城上自士夫，下至僮竖皆能之……近得阅其形制，一钱至九钱各一叶，一百至九百各一叶，自万贯以上，皆图人形。”因此，李约瑟博士在《中国科学技术史》中，将桥牌的发明权归于中国人。

清代前期，士大夫能清唱昆曲是一种时髦的风尚。富贵人家，平日里虽然听惯了弋阳、四平诸腔，“极嫌昆调之冷”，然因世人“雅重昆调，强令歌童习之”，每听一曲，“攒眉许久，座客亦代为苦难”，但为了附庸风雅，还是乐此不疲。乾隆精通音律，痴迷戏剧。《清稗类钞》记载：“高宗邃于音律，凡乐工进御钧天法曲，时换新声，每盼晴，则令奏月殿云开之曲。”傅雪漪指出，乾隆极爱演唱，但不便在大台上扮演，故在室中建筑一台，时常命内侍陪演。又因自己嗓音极低，够不上昆弋宫调，故特创一调，半白半唱，命内侍学之。现宫中所存之《月令承应》《九九大令》等剧本，大半系此调（御制腔）。为了迎合皇帝的喜好，乾隆年间，扬州城内演唱皆重昆曲，称为“堂戏”。

说明：清代妇女做叶子戏。

说明：扬州戏班为乾隆皇帝表演。

为了更好地迎接乾隆南巡，盐商不惜重金聘请名角，总商黄元德、张大安、汪启源、程谦德等，都备有家班。洪充实蓄“大洪班”，江广达（即江春）蓄“德音班”（又称内江班），又集花部（即乱弹）为“春台班”（又称外江班）。乾隆末年，内江班归洪箴远，外江班隶罗荣泰。上述诸人，基本上都是当时的盐务总商。除了春台班外，余下诸班为昆剧史上著名的扬州“七大内班”。乾隆皇帝六次南巡，盐商备演大戏以供宸赏，经费则出自两淮盐务。当时，盐商家中都招养了一批名流，专门制曲，如蒋士铨在康山草堂的秋声馆，所撰九种曲中的《空谷香》《四弦秋》，皆朝拈斑管，夕登氍毹。扬州城内外精谙工尺的盐商，也颇不乏人。除了江春以外，富商程志辂也喜好词曲，收录的工尺曲谱多达十数橱，绝大多数是当世孤本。“凡名优至扬，无不争欲识。有生曲不谙工尺者，就而问之。”其子程泽，也擅长作诗，习承家传工尺四声之学。此外，纳山胡翁、西乡陈集的詹政，也都是熟谙戏曲的富室。

说明：扬州戏曲《珍珠塔》。

由于扬州盐商的征召，姑苏名优络绎奔邗上，城内“苏唱街”是优伶聚居之地，几乎囊括了昆曲界的精英人物，街上的“老郎堂”① 为扬州梨园总局之所在，也成就了扬州“昆曲第二故乡”的美名，征歌度曲极为盛行。嘉庆十三年（1808），新城大树巷一带有总商余晟瑞创立闲园，并仿效京师样式，开设了戏馆。乾隆四十二年（1777），巡盐御史伊龄阿在扬州设局修改曲剧，黄文旸著有《曲海总目》12卷，其中杂剧传奇多达1000余种。例如，扬州清曲《卖油郎》，唱的是卖油郎独占花魁的故事，出自明人冯梦龙话本小说《醒世恒言》，清末民初时以此调演唱无锡风光，其中有一句词是“让我唱来一支无锡景呀”，一时流传，四方皆知，故又名《无锡景》。又如，扬州清曲之《个园竹语》，唱词选自扬州个园内的诸多楹联。个园位于扬州东北隅，以遍植青竹而名，由两淮盐业总商黄至筠在寿芝园的基础上拓建而成。

适应有闲阶层的需要，扬州城内外茶肆林立。两城之中，《扬州画舫录》记载的著名荤、素茶肆，就达13家。尤其是新城旧教场，茶馆更是鳞次栉比。闲居茶肆，啜茗清谈，成为扬州人普遍习惯，常能见到“教场茶肆闹纷纷，每碗铜钱十四文。午后偷闲来到此，呼朋引类说新闻”的场景。

① 老郎神传说是主管戏曲行业的神仙，他白面无须，头戴王帽，身穿黄袍。关于老郎神有各种说法，有人说是为祭拜创立妓院的祖师爷管仲，但最主流的说法是，老郎神其实是大名鼎鼎的唐玄宗李隆基。

除了“皮包水”外，扬州当地还有午后“水包皮”的说法。城内外浴室众多，数以百计，浴湢之盛，“美甲他处”。茶香酒碧之余，侍者“折枝按摩，备极豪侈”，所谓“摹挲遍体客忘疲，香茗沁心脾”，指的便是这种情形。扬州的澡堂是一个公共社交场所，洗完澡可以品茗、聊天，也是会友讲闲之处，甚至可以在此谈谈生意、逸闻八卦等。进浴室不仅是洗澡搓澡，还有修脚、捏脚、刮脚、捶背、理发、刮胡子这些项目，着实忙得很。其中以修脚师傅最受欢迎，相传扬州的修脚师曾为乾隆皇帝修过脚，皇帝御封“君臣对坐”。修脚成为扬州传统特色技艺，被誉为“肉上雕花”，使扬州“三把刀”（厨刀、理发刀、修脚刀）享誉国内外。这些澡堂技艺传承至今，却鱼龙混杂，泥沙俱下，使人不敢轻易尝试。直到2018年扬州市沐浴协会推出行业规范，扬州澡堂使用的敲背与修脚等技艺才逐渐规范化，被认可为非物质文化遗产。

说明：扬州茶馆。

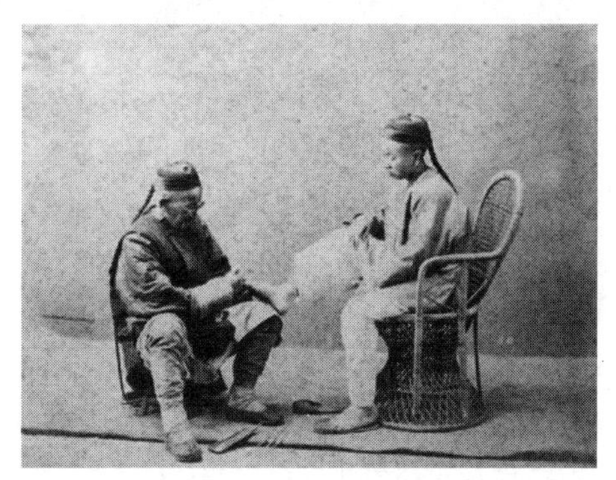

说明：清代扬州澡堂的修脚师傅。

城内的富商巨室、缙绅文人，大多是游手好闲之人，书场也是他们时常光顾的消遣场所，正所谓“书词到处说隋唐，好汉英雄各一方。诸葛花园疏理道，弥陀寺巷斗鸡场”。董伟业《扬州竹枝词》所叙的东关一隅，就有数家书场，扬州街衢巷陌间书场之多，便可想而知了！李斗曾说，扬州书场，“各门街巷皆有之”，大概并非夸张之词。扬州评话，又叫扬州评词，是以扬州方言说表的曲艺说书形式。扬州评话始于明朝末年，发展于清朝初年，到清代中期的时候就达到了极盛阶段。扬州评话以描写细致入微、结构严谨、首尾呼应、头绪纷繁但井然不乱见长，讲求剧情细节丰富，人物形象、个性鲜明，语言生动有趣。扬州风俗，无论大小人家，凡遇喜庆吉事和设席宴会，“必择著名评词、弦词者，叫来伺候一日，劳以三五钱、一二两不等”，相沿成习。当时的评词演出，多在小茶肆中，一人高立台上，手执胡琴，自说自唱自拉。评词内容以文书为主，传统文书书目有《白蛇传》《青蛇传》《十美图》《粉妆楼》《双珠凤》《黄金印》等，也有部分武书的传统书目，如《麒麟豹》《天宝图》等。

说明：扬州即景图。

城市佳节名目繁多，市民结伴出游也是扬州社会的一大特征。如二月、六月和九月的十九日为“观音圣诞”，扬州周边乡村及城内坊铺街巷，结会上山；虹桥一带，“每岁正月，必有盛集”；画舫则有市有会，春季有梅花、桃花两市，夏天有牡丹、芍药、荷花三市，秋季有桂花、芙蓉两市。另外，还有农历正月财神会市、三月清明市、五月龙船市、七月盂兰市、九月重阳市。除了《扬州画舫录》记载的节日之外，不见于《扬州画舫录》记载的节日尚有不少，“佳节则游船进櫂，胜地则肩舆至止。花晨则酒如渑池，月夕则觞如曲水……三百六日，无冬无夏。一十二时，无昼无夜。每逢节日市会，四方流寓及徽商西贾、曲中名妓，一切好事之徒无不咸集”。尤其是那些商家妻妾，平日里“不事蚕织，珠翠纨锦，冶衔斗工，踏青结伴，钿舄纷委，土著之人为之所熏染”，于是，扬州闺阃风俗大变，妇女不居于深闺，而是出门逛街，“凡在邻境皆有妇工，惟扬州群与嘻嘻、无所事事。共趁青春之景，约去看花；难消白日之闲，邀来斗叶”。甚至在锣鼓响处，许多妇女争着看热闹，莲步争趋，茶酒肆中，玉颜杂坐。

扬州人“以盐务为生，率习于浮华而精于肴馔”。商贾仕宦中，美食家极多，如盐商吴楷，精于烹饪，著名的扬州“蛼螯胡涂饼”，就是由其首创，扬州名菜“肉笑靥”“玉练槌”，更是他的拿手佳作。亦儒亦商的江藩，也以“十样猪头”的风味闻名邗上。僧文思的“甜浆粥”和“文思豆腐”，也颇具盛名，后者还载入扬州行宫御膳房的菜谱。扬州著名的五丁包有五种馅，分别是春笋、鸡肉、猪肉、海参、虾仁。一碗虾籽饺面里，汤头里酱油都是用河虾籽去熬制的。还有极考验刀工的烫干丝，一块豆干片至少切成28片，再切成细丝，用热水烫上3遍，浇上调料。最为人称颂的是扬州的蟹黄汤包，得配上吸管喝汤，汤包里面的高汤是用老母鸡、猪骨熬制的，加上蟹黄蟹肉，滋溜一吸，满口鲜甜。当时，饮食宴会，“涉江以北，宴会珍错之盛扬州为最。民间或延贵客，陈设方丈，伎乐杂陈，山海罗列，一筵之费，每逾数金”，“豪家日食万钱，编户辄陈四簋”，“饮馔精凿，珍错中娱，肥甘不足，水陵搜奇，烹羔膰熊，炮鳖脍鲤，鳞髓鼋脂，腥蜃凤脂”。扬州饮食烹饪精益求精，甚至连乾隆皇帝也对此念念不忘，以至“每饭不忘扬州”。一般扬州百姓为满足口腹之欲，“一日所获，只供一日

文思豆腐

三丁包

狮子头

说明：扬州美食。

酒肉”，“浪子掷其缠头，妇人典尽簪铒”，可见扬州经济繁荣及追求个人享受的社会风气。

十　扬州兴衰与清代河务问题

明清两代，大运河的运输量远超过元代。在近代海运和现代陆路交通兴起前，京杭大运河的货物运输量占到全国的75%。明清两代，大运河沿线也集中了全国大部分的商业中心城市，在长江以北的半个中国，所有的繁华几乎都集中在运河沿线——扬州、淮安清江浦、济宁、临清及后来居上的天津，尤其是天津曾以“小扬州”为豪。明清两代，在京杭大运河的枢纽部位（运河与黄河故道交会处）淮安府城中心，专门设有漕运总督和下属庞大的机构，负责漕运事宜。在城西30里外南船北马的水陆要冲清江浦设有南河总督，负责江苏、安徽两省河道。富甲天下的两淮盐商，聚居在扬州以及淮安河下镇，竞相建造精巧雅致的私家园林。

鉴于明代河工的积弊，清政府对河工体制进行了大幅度改革：一是管河体制归一，职权大、任职久；二是治河权责从工部转移到总河衙门，大大减少了河道衙门系统受到的掣肘；三是国家河工从黄、运两河扩展到直隶诸河，河工治理方式也由以河为纲转变为划区分治。雍正七年（1729），正式分设江南河道总督（简称南河总督），驻清江浦；河南山东河道总督（东河总督），驻济宁。次年又增设直隶河道总督（北河总督），归直隶总督兼领。

黄河是世界上含沙量最多的河流，历史上也常常发生决口，遂有“三十年河东，三十年河西”的俗谚。历史上黄河下游较大的改道有26次，其中最大的改道有6次，其中4次都是人为改道，尤其是1128年（南宋时期），为了阻止金兵南下，宋人在滑县李固渡（今滑县西南）人为决堤，使黄河东流夺泗入淮。在南宋建炎二年（1128）至清代咸丰五年（1855）间，黄河以淮河的河道为出海口。淮河被黄河带来的泥沙阻塞河道，主流被迫流入洪泽湖，改经高邮、扬州，汇入长江出海。这条新的入海通道无法承载淮河充沛的水量，所以在该条线路的浅洼地带逐渐汇聚出了高邮湖和邵伯湖等大型湖泊，造成严重水灾，也出现了严重的旱灾。随着黄河夺淮入海，范公堤以东因泥沙淤积而形成陆地。苏北、苏中海岸线向外延伸，整体向东推移了五六十公里。因海而生的盐城，竟距离海洋越来越远。原本与大陆分离的郁洲岛（今连云港市的云台山），因泥沙堆积，也渐渐与大陆相连。

历史上黄河下游洪泛频率			
朝代	统计时间段	决口次数	决口平均间隔时间
东周、秦、汉	前 602-220	20 次	41.1 年
三国、隋、唐	221-907	40 次	17.15 年
五代、宋、元	908-1368	103 次	4.47 年
明朝	1368-1644	77 次	3.57 年
清朝	1644-1911	110 次	2.42 年
民国	1912-1949	19 次	1.89 年

说明：历代黄河下游洪泛频率。

为了“挽黄保运”，明清两代统治者不惜逆河之性，坚筑堤防，固定河槽，并根据水沙关系的自然规律，利用水流本身的力量来刷深河槽，减少淤积，增大河床的容蓄，强使“全河尽出徐、邳，夺泗入淮”。清代对黄河的管控呈现不断加强的态势。顺治元年，设置总河，综理黄运两河事务。康熙皇帝亲笔将“三藩、河务、漕运”六个大字，书写在乾清宫中柱上。在黄河长期夺淮的影响下，下游地区灾患频发，“倒了高家堰，淮扬二府不见面”“一夜飞符开五坝，朝来屋顶已行舟”等俗谚是对这一地区水灾最生动的描述。乾隆二十年（1755）后，黄河河道进入了恶性循环的模式，即河床淤高产生决溢，决溢又进一步加重河道淤积，进而决溢频繁、尾闾问题更加严重。从嘉庆元年至咸丰初年，黄河决口地点集中在曹县、单县、丰县、沛县一带，随后向河南境内移动，可知其决堤范围逐渐扩大。

黄河的日常修守主要由河夫负责。顺治十二年，添设江南河兵。康熙十三年，正式设置了武职管理机构河营。乾隆四十六年的情况为，南河总督辖 21 河营，拥有河兵 15000 名；东河总督辖 3 河营，拥有河兵 1700 名。每里河堤平均设 5~6 名河兵，其职责为堤岸的日常修守，还承担维持黄河沿岸地区的社会秩序、保障漕粮运输的顺利进行，乃至在大规模施工期间防范河夫暴乱等任务。黄河的每一次决口都既是水灾，又是沙灾。洪水和泥沙吞噬大量的农田和城镇，留下大片的沙荒碱地，严重影响农作物的生长，并对房屋、城市、交通产生严重影响。黄河的决口改道，使平原上地貌复杂化，淤塞了河流，填平了湖泊，毁灭了城市，阻塞了交通，使良田变为沙荒、洼地沦为湖沼、沃土化为盐碱地，生产遭到破坏，社会经济凋敝。

乾隆三十一年岁出银数明细表(单位:银两)	
满汉兵饷	17037100
王公百官俸银	938700
外藩王公俸银	128000
文职养廉银	3473000
武职养廉银	800000
京师各衙门公费饭费	143000
内务府、工部、太常寺、光禄寺、理藩院祭祀、宾客备用银	560000
采办(颜料、木、铜等项)	121014
织造	140050
宝泉、宝源局工料银	197670
满汉兵赏恤	300000
八旗添设养育兵	422000
赏旗兵钱粮	380000
京师各衙门胥吏工食粮	83330
京师官牧马牛羊象刍秣	83560
河工岁修银	3800000
驿站钱粮	2000000
学校廪粮、学租	144000
漕船开销料银	120000
内监	70000
总计	30851424

说明：乾隆三十一年，河工岁修银达 380 万两，占当年总支出的 13%。

咸丰五年（1855），黄河再度在河南铜瓦厢决口改道，全河夺溜，流向西北，淹封丘、祥符（今开封），折转东北，淹及兰仪、考城、长垣等县村庄，漫水分三股行走，均汇至张秋，夺大清河至利津县注入渤海。此后，黄河大致以山东济水河道为入海口至今（古代山东大清河乃济水，非今天大清河），原本自苏北入海的黄河河道化为遗迹。究竟是让黄河重回江苏还是就此长期稳定在山东，清政府内部争论不休。再加上1842年五口通商后，长江沿岸物资逐渐汇集上海，商业中心转移，扬州衰落，难以重振盛况。清朝的内乱也加剧了大运河的衰落。1850年，太平天国战争爆发，运河漕粮被迫中断，此后，太平军转战南北，先后攻占南京，又多次在扬州等运河沿线城市与清军作战，多个城市遭到战争破坏，繁华毁于一旦。正因为内忧外患不断，清政府无力旁顾黄河河患问题，使黄河在鲁西自由漫流32年，鲁西生产力被破坏殆尽，经济萎缩，落后于山东其他地区的发展。直到光绪元年（1875）山东巡抚丁宝桢创修南岸障东堤，黄河才受两岸堤防束范，形成现今河道，流经东明、菏泽、郓城一线。清政府无力将黄河束回故道，只好采取了以黄河为界，大运河南北分运的错误措施，造成京杭运河继续断航，使华北平原失去了水资源南北优势互补、矛盾自消的条件，引发了华北平原严重缺水和地面沉降的地质灾害。也因为大运河的破败，黄河北移渤海湾出海，整个地理景观为之一变。

随着海运及铁路运输的发展，京杭大运河的作用逐步减小，特别是近代中国处于动乱时，京杭大运河很多河段水利工程荒废，导致河段堵塞、水源不足，几乎荒废萧条。1872年轮船招商局成立，漕粮海运，改用轮船，而1911年津浦铁路全线通车，使京杭大运河的交通功能几乎消失殆尽。中华人民共和国成立后，对各段运河及其周边河岸环境进行了大规模整修，使其重新发挥航运、灌溉、防洪和排涝等多种作用。1988年底建成的京杭大运河和钱塘江沟通工程，将江、河、海衔接起来，构成京杭大运河与长江、黄河、淮河、海河、钱塘江五大水系相连通的水运网。目前京杭大运河全年通航里程为877公里，主要分布在黄河以南的山东、河南、江苏和浙江。2014年6月22日，京杭大运河正式列入世界遗产名录。

十一　清代徽商兴衰的范例：红顶商人胡雪岩

胡光墉（以字行于世，惯称胡雪岩）是晚清徽商代表人物。从胡雪岩

说明：胡光墉画像。

发家与破产的经过，可一窥晚清徽商衰落的诸多原因。

胡雪岩自幼丧父，13 岁就孤身出外闯荡，先后在杭州杂粮行、金华火腿商行当过小伙计，后在杭州信和钱庄当学徒，从扫地、倒尿壶等杂役干起。三年师满后，胡雪岩因勤劳、踏实成了钱庄正式的伙计。钱庄业务主要是货币兑换，后渐增加存款、放款和汇兑业务。钱庄大多分布于长江流域及江南各大城市。钱庄有独资经营，亦有合资经营的，实行无限责任制。道光二十二年（1842），19 岁的胡雪岩被杭州阜康钱庄于掌柜收为学徒，于掌柜没有后代，把办事灵活的胡雪岩当作亲生儿子。于掌柜弥留之际，把资本额 5000 两白银的阜康钱庄托付给胡雪岩经营。湖州知府王有龄相当信任胡雪岩，任命胡雪岩代理湖州公库，并在湖州办丝行，用湖州公库的现银扶助农民养蚕，再就地收购湖丝运往杭州、上海，脱手变现，再解交浙江省“藩库”，其间不需要付任何利息。随着王有龄不断高升，胡雪岩的生意也越做越大，大量的募兵经费存于阜康钱庄。后来，王有龄升任浙江巡抚，鼎力相助胡氏阜康钱庄，委胡雪岩以办粮械、综理漕运等重任。

咸丰十一年（1861），杭州城被太平军攻破，王有龄自缢身亡，胡氏顿失依靠。胡雪岩幸得闽浙总督左宗棠支持，主持杭州城解围后的善后事宜，并向官绅大户劝捐，解决战后财政危机，进而筹办浙江全省的钱粮、军饷，使浙江的城市秩序与社会经济迅速恢复。除此之外，湘军军士也将劫掠财物存在阜康钱庄，使胡雪岩的资金大增，得以从事投机事业，大获其利。胡雪岩先后为王有龄、左宗棠运军火、粮米接济清军，又帮助左宗棠创办福州船政局，主持上海采运局局务，代借外款高达 1195 万两。采供军饷、订购军火之余，并做情报工作，常将上海中外各界重要消息报告左宗棠。同治十二年（1873），陕甘总督左宗棠准备发兵新疆。胡雪岩以江苏、浙江、广东海关收入作担保，先后六次出面借外债1870万两白银，为左宗棠筹办粮饷与军火，解决湘军西征的经费问题，还给西征将士送了“诸葛行军散”“胡氏避瘟丹”等大批药材，免去了水土不服之虞。后来左宗棠西征成功，保举胡雪岩官居二品，赏穿黄马褂。

说明：杭州河坊街的胡庆余堂。

说明：杭州胡庆余堂内部。

胡雪岩依靠湘军的权势和卓越的商业才能，利用过手的官银作为资本，不但在上海筹办私人钱庄，从事贸易活动，还在各省设立阜康银号20余处，兼营药材、丝茶，利润颇丰，竟在短短几年就操纵江浙商业，其资金量最高时达2000万两白银以上，是当时“中国首富”，被称为“活财神”。光绪四年（1878），胡雪岩在杭州成立“胡庆余堂”药号，推出了十四大类成药，并免费赠送“胡氏避瘟丹”“诸葛行军散”“八宝丹”等民家必备的太平药，将救助对象范围扩大到全市百姓，又设立粥厂、善堂、义塾，修复名寺古刹，收殓了数十万具尸骸，赢得“江南药王”“胡大善人”之美誉，名声大振。光绪五年（1879），胡庆余堂资本达到280万两白银，还在《申报》上大做广告，声名远播，信誉度也大大提高，与北京的百年老字号同仁堂南北辉映，当时有“北有同仁堂，南有庆余堂”之称。胡雪岩乐善好施，其慈善义举主要有：设钱塘江义渡，为候渡乘客提供方便；多次向直隶、陕西、河南、山西等涝旱地区捐款赈灾，累积捐出的赈灾款约20万两白银；在“杨乃武与小白菜”一案，胡雪岩赞助钱财，利用自己的声誉，活动浙江籍京官，鼓动《申报》追踪报道，让这件冤案得以昭雪；两度赴日本，高价购回流失在日本的中国文物。

说明：杭州胡雪岩故居。

光绪八年（1882），胡雪岩在上海开办蚕丝厂，耗银2000万两。当时生丝价格日跌，他企图垄断丝茧贸易，收回定价权，借以排除外国商人在丝绸业的势力，却引起外商联合抵制。雪上加霜的是，欧洲意大利生丝突告丰收，再加上光绪十年（1884）中法战争爆发，市面剧变，金融危机突然爆发，胡雪岩被迫贱卖蚕丝厂，亏耗1000万两白银，元气大伤，一时周转不灵。然而，为了削弱左宗棠的势力，李鸿章与盛宣怀鼓动各地官府止付协饷，提取存在阜康钱庄的公款存款，汇丰银行也不同意延付80万贷款，迫使胡雪岩破产抄家，郁郁而终，仅胡庆余堂与胡雪岩故居留存于世。胡雪岩故居，位于现今杭州市河坊街、大井巷历史文化保护区东部的元宝街。整个建筑南北长、东西宽，占地面积10.8亩，建筑面积5815平方米，建于1872年，1875年竣工，是一座富有中国传统建筑特色，又具西方建筑风格的美轮美奂的宅第。无论是建筑还是室内家具的陈设，用料之考究，堪称清末中国巨商第一豪宅。

十二　陶澍的盐政改革及其局限

清代盐政沿袭明末纲盐法，实行民制、商收、商运、商销的商专卖制，又称为官督商销制。清朝一开始遣派巡盐御史，总理一区盐政，后因效果不好，改归各省总督、巡抚兼理盐政，其余盐运使司、分司、盐课司之设置及职掌同样沿袭明代制度。全国盐务政令归户部统管，户部掌理盐引的印刷和盐课的奏销。各区盐商、灶户归由运司统辖，运司具体办理卖引、放盐、征课等事宜。灶户仍编盐籍，专事煮盐，规定若干产额，并停铸盘铁，颁发锅镦，废除团煎，实行一家一户独立生产，避免灶户串联、私下产盐。灶户所产之盐，交盐商收购，立即以所得价银，完纳灶课，避免灶户逃税。值得注意的是，清代盐政虽沿续明制，但在称掣放盐、验引截角及缴销盐引环节手续愈加细密，例如要求运商所认根窝必须实地运输，若有偷税漏税者必严惩，无力办运者一律革退，尽量保证盐政的运作，避免贪渎的弊病。

清初依循明制，由各地都转盐运使司（也称盐运使、运司）招商，认领专卖若干销岸、若干数额的引盐，并依此认纳相应的盐税，所认销岸及引数被称为根窝（又称引窝、窝根，即证明拥有运销食盐特权的凭据），以后按年照根窝认缴盐税，无形中享有世袭的专卖权。盐商群体，按资本多寡及

说明：清代盐政袭明末纲盐法，实行民制、商收、商运、商销的商专卖制，又称官督商销制。

商业功能而有不同的称呼。在盐场立垣向灶户收盐者，称为垣商；向销区行盐者，称为运商。每年开征盐课时，运商向运司按引数纳课领引，至指定盐场向垣商买盐，然后运至指定销区销售。后来因为盐运使司衙门官商勾结，遂选定数人，便于长期索贿、中饱私囊，所以对实运与否之事，便敷衍迁就，睁一只眼闭一只眼，导致有商人借窝本之说，取得专买专卖权，由盐商子孙相承根窝，世袭其业，形成少数人把控、垄断盐业的局面。因此，占根窝者，称为业商；租借根窝者，称为租商；代替租商办理运盐者，称为代商。这样一来，业商凭一纸根窝，便能垄断某一地区的盐专买专卖权，坐收巨利，而租商、代商也能借此租运，层层剥削致富。

雍正、乾隆、嘉庆之际，清朝人口大增，盐销量也剧增，有专利的盐商遂致暴富，生活穷极奢侈。上至皇帝，下至盐务和地方官吏，皆以盐商为利薮，竞相分肥。每遇军兴、庆典、营建，辄令盐商捐资“报效”，这些金额少则数十万两白银，多则数百万两白银。乾隆皇帝数次南巡，铺张奢华，经费浩繁，皆由扬州盐商供给，可见清代官商勾结之紧密，连皇帝也乐于榨取盐商的财富。为了奖励盐商，清政府不但赏给职衔，还准盐商“加价”售盐，或在原有规定的数量上“加耗”，但加价则病民，加耗则启夹带之弊，导致正盐壅滞、私盐泛滥。盐商资本偶有缺乏，一时难以转圜，内务府曾发国库帑银数百万两，私下借贷盐商，以资周转，谓之帑本；盐商交息银，谓之帑利，等于清政府放贷给盐商，盐商在缴纳国课之外，还得付帑利，无形中有两重负担，渐感不支。雪上加霜的是，清朝后期战争不断，要求盐商“报效”的数目也不断增加，甚至到了明取豪夺的程度，渐开先领引行盐，待售盐得价后再完课归款的“先盐后课”弊端。

除了支付朝廷的盐税与各种“报效”之外，盐商还要应付各种勒索与杂费。对于盐运使司衙门，盐商仍须承担办公的规费；对于销岸的经营，盐商须承担口岸的匣费；对于产销两区之地方官，盐商须补贴养廉银。以上三项所费不赀，每年花销数万两白银，皆须按引分配，按比例连带征收。此外，盐务官吏又时常借名索取陋规、黑费等，使盐商们不胜其烦、苦不堪言。为了转嫁负担，盐商哄抬盐价。百姓承担不起高盐价，民怨四起。有的盐贩子就通过各种手段逃避盐税，然后以低价把盐卖出去，私盐由此开始畅销。私盐泛滥导致盐商大受打击，盐引滞销使得国家的盐税收入进一步受到影响。由此可知，克扣盐商的浮费日增，盐业成本渐高，盐价也越贵，官盐销路逐渐萎缩，私盐却越来越多，盐商经营日益困难，清政府能收到的盐税越来越少，而盐政似乎很难运转，颇有不可收拾之势，两淮盐政几乎败坏，以扬州盐商受创最为严重。可以说，清代盐政坏于乾隆朝，而无止尽的“报效”实为盐政败坏的主因。

说明：两江总督陶澍画像。

道光时期，盐务问题不仅没有得到解决，反而更加严重。贪官污吏与贩卖私盐的“盐枭”相互勾结，两者尽收利润，盐税收入连年下降，导致清朝财政恶化，衍生出各种弊病。江苏是重要的盐产地，当地盐场处于淮河故道入海口的南北位置，淮河以北的是淮北盐场，淮河以南的是淮南盐场，总称两淮盐场。经世派的陶澍（1779～1839）升任两江总督后，立即整顿两淮盐务。为了保证盐法改革的顺利进行，陶澍使用“擒贼先擒王”之计，向道光帝奏请杀掉两淮盐场的私盐头目黄玉林，震慑猖獗的私盐贩子。很多两淮官员听闻陶澍的方案后，都非常震惊，害怕“盐枭”起而叛乱，频频劝阻陶澍，盼其三思而行。但陶澍相当坚持，将黄玉林押赴闹市的刑场，当众处死，使两淮官场为之震动，吏治一清。黄玉林的死，给两淮社会带来了巨大的震动，不仅“盐枭”为陶澍的胆量所震慑，收敛走私，朝廷官员也敬畏陶澍，道光皇帝更加信任他，放手让陶澍整顿盐政。

为了整顿盐务系统的内部腐败，陶澍请求裁撤两淮盐政，道光皇帝毫不犹豫地准许了，并命令他总管盐务，彻底整顿两淮盐场的弊病。陶澍兼管盐务后，精兵简政，革除陋规，制定新的规章制度，并以身作则、洁身自好，坚拒养廉银 5000 两，还整顿盐务系统的贪风，废除各种陋规，借以压低官盐的价格，让百姓能买得起官盐，减轻盐商的负担，增加朝廷的盐税收入。除此之外，陶澍还革除了总商，避免盘剥，也减少盐商群体阻碍改革的力量，并禁止“商船借官行私”，杜绝私盐贩运的管道。陶澍的禁令施行后，弊肃风清，“盐价稍减，销路渐通”。值得注意的是，陶澍认为盐政之弊不在私盐，而是要纠正盐政层层盘剥的制度问题，所以没有全力剿灭盐枭，避免激起两淮社会更大的冲突。只要官盐价格压到跟私盐差不多甚至更低廉时，盐枭无利可图，自然也就解散，根本不用朝廷动手。当时的大学士曹振镛是盐商子弟，仍有不少亲属是盐商。推动盐业改革过程中，陶澍很担心曹振镛从中干预，阻碍改革，所以亲自致信，详细说明盐业问题，剖析利害，让曹振镛明白改革盐业势在必行，否则清政府将面临财政危机，受损最大的还是国家。得到曹振镛的支持，盐政改革得以顺利推动。

明清以来，盐商贩盐都要经过国家的准许和认可，在指定的地点买盐，再到指定的地点去卖，完全是一种垄断式、计划式经营。陶澍认为欲增加盐课，必先使官盐畅销，欲使官盐畅销，必先使其价低于私盐。如果要做到减费、敌私、畅销、增课，就必须先废除专商与纲盐法，改行“票盐法”。陶澍推动票盐法的办法如下：在淮北盐场各场分设行店，允许商民自赴行店购盐运售，并择各场要隘之地设局收税，给以贩盐执照与购盐票据，在票据上注明购盐斤数及运往何处售卖字样，再规定每一票运盐十引，个别产盐州县亦可一引就有一票。推行票盐法后，不需要特殊的关系、资格和手续，只要照章纳税，即可领票，运盐贩卖；至于掣验放盐手续，则仍沿续惯例，但无票贩盐及越境贩卖者视为私盐，予以惩处。道光二十六年（1846），陶澍专设盐捕营，缉捕盐枭，弹压私贩，压制私盐泛滥的弊病。

票盐法推行后，打破了盐商的垄断，促进了盐的销售，生产的食盐既廉价，质量又好，很快受到了民众的欢迎，盐业一时之间繁盛起来，增加了清政府的财政收入。此后，大家都改领票盐，老百姓不再热衷于买私盐。以前的私盐贩子也没必要走私了，反正只要花钱从官府那里领票，就可以卖盐，不用再遮遮掩掩地走私，淮北私盐绝迹。

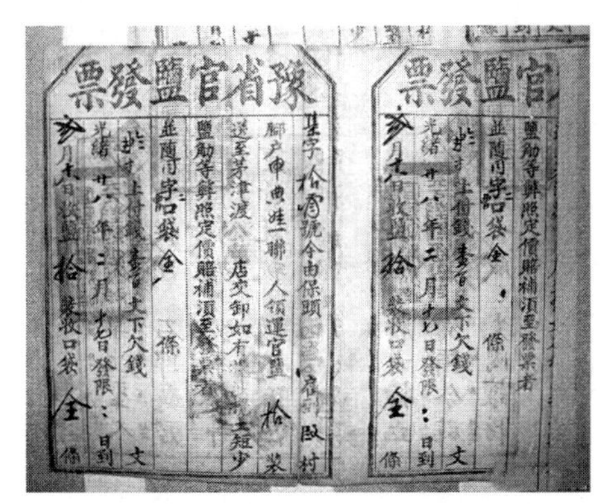

说明：光绪年间河南省官盐发票。

陶澍改革盐政最显著的效果就是清朝盐税的增加，不但补上了两淮盐政亏损的700多万两白银，还能存银300多万两，政府和百姓双方都受益，达到了双赢的效果。陶澍本想推广票盐法，但还没有来得及在淮南推广，就因操劳过度而病逝。听闻陶澍的死讯，道光悲痛万分，赞扬他实心做事、不避嫌怨，追封太子太保头衔，谥号文毅。道光三十年（1850），新任两江总督陆建瀛继续推动盐政改革，将票盐法推广到淮南盐场，其办法与淮北盐场相似，但仍有若干差异：在扬州设局，收纳课税；凡商贩请运，自百引起至千引止，并不作为常额；淮南盐场所运盐斤，准在两淮盐界内行销，并不指定专岸。最后，票盐法既行，成效大著，朝野上下多以“改引行票”为救弊良策，迅速推广票盐法，使盐商群体不再是引商，而是变为票商。

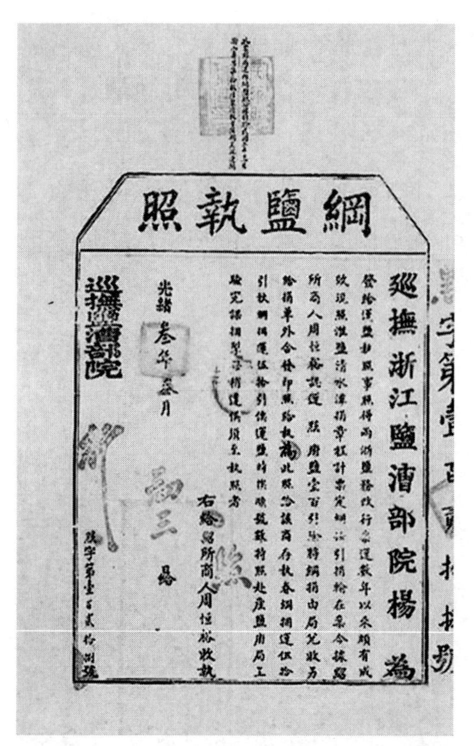

綱鹽執照

巡撫浙江鹽漕部院楊 為

右給照所商人周恒裕收執

光緒叁年叁月

巡撫浙江鹽漕部院

说明：光绪年间浙江纲盐执照。

咸丰年间，太平天国起义爆发。清政府为佐军费，对百物抽取厘金，推及盐务，称为盐厘。时日一久，盐厘数额逐渐过于盐税正课，使清政府的盐政收入虽增，却以盐厘为大宗收入。同治年间，两江总督曾国藩标榜整顿票盐法，排斥小商，招徕大商，等于重新恢复纲盐法。凡行湖南、湖北、江西三岸者，须以 500 引起票，名为大票；行安徽岸者须以 120 引起票，名为小票，并在各岸设督销局，凡有盐船到岸，由督销局经理，按先后次序、挨轮批销，盐商不得越次抢卖，谓之整轮。同时，由督销局按销市畅滞，酌情核定盐斤售价，盐商不得跌价抢售，谓之保价。此法既行，承办票运者尽属大商，小本商贩无力领运。此后，两江总督李鸿章为筹备军饷，令运商“报效”巨额捐款，作为票本，才准其继续经营，并承诺不复再招新商，使其可作为世袭家业，谓之循环给运，美其名曰“参纲法于票法之中”，使票商持有专利，如同纲商，所报效的票捐重于窝本。至此，光绪年间的盐政制度虽称票法，但与纲法已无实质区别，同样也会面临纲法可能出现的弊病，或为赔款，或为练兵，或为要政，或为海防，或为抵补药税，或为兴筑铁路，因事立目，迭行加价，使盐政渐趋紊乱，盐价日贵，私盐愈甚。为了清理财政，清政府曾一度变动盐务官制，图谋整顿盐务，但未采取实际举措，盐政之弊一如既往，官视商为利薮，商视官为护符，官商勾结，因循苟且，抗拒改革，直至清朝覆亡。民国肇兴，却未能改革清末弊政，并因军阀乱政，盐政更为混乱，百姓生活更加艰辛。

第八章
清代民间信仰与秘密会社

一 传统中国民间社会的祭祀观

什么是大传统？什么是小传统？有别于流行的以精英文化为大传统而以民间文化为小传统的文化传统划分，从传统中国宗教思想与祭祀仪式出发，大传统是儒、道、佛以及其他信仰在社会生活中的混融，而小传统是传统中国民间信仰与宗教活动，例如超度亡灵、驱邪打鬼、祭祀节日庆祝活动。总而言之，传统中国民间信仰的思想资源即探讨神、人、鬼三界的关系及其互通渠道。大传统与小传统的区别就是上层文化与下层文化、正统文化和民间文化、学者文化和通俗文化的区别。大传统是私塾、学堂、书院及书本，有教养和有财产的家庭环境，上层社会规则和礼仪。小传统是耳濡目染、口耳相传的经验，通俗读物，民间娱乐活动中的戏曲、故事、说书，节令仪式、家族祭祀和佛道庆典的暗示。

一个人祭祀神明，主要目的在于换取相应的庇护，如果这个神不灵，便可能改去拜其他神。人与神两者之间的关系有点像是人缴税给官员，官员帮忙处理辖下人民的祈求。人要是做了坏事，神明会惩罚人，如同俗谚“举头三尺有神明”说的那样。信仰的目的是子孙兴旺、祛病长寿、升官发财、平安无事及其他。宗教知识的范围不外乎以下几项：主要的阅读文本、宗教仪式与方法、超度亡灵、祭祀先祖、求雨祷晴、治病祛邪。在古

招魂
Using the dead's clothes to call back the soul
人刚断气，要迅速把游离的灵魂招回。用一根竹梢留有竹叶的青竹，近竹梢处绑一只白鸡，挂上死者最近穿的衣服，衣服领口置一面铜镜。一位家人手持竹竿在屋舍旁走动，同时主持仪式的法师一边摇铃，一边叫唤死者名字。这是招魂的一种方式。

哭丧棒 A filial staff
3—4尺长的木竿或竹竿，外裹白纸，服丧期间，孝子出门或送客，都要拿在手里。

神主
An ancestral tablet used to represent a person after death
为死者制作的牌位，木制，高约6寸至9寸，中间竖写死者名讳，旁题主祀者姓名。

爬刀梯
A sorcerer climbing up a ladder of knives to cure a patient's illness
凡人都会生病，中国人用中草药、针灸等手段治病，但也相信用巫术驱除病魔，爬刀梯便是其中之一。请来治病的法师用刀或剑扎成刀梯，锋刃向上，一位法师赤脚踏锋而上，其余的巫师念经，据说锋利的刀刃会把作祟的病魔吓跑。

丧礼之一 A funeral
一根七、八尺高的柱子，下端插在墩座中，上端有很多支叉，每个支叉各点一盏油灯，最高处点一支蜡烛。随着法师的经咒声，长子缓缓推转灯柱，其他家人跟随其后。

说明：传统中国祭祀文化之一。

人的传统观念里，凡人死后，绝大部分成为鬼，有一部分会成为神。要成为神，需要满足几个条件：生前的义行、死后的显灵、王朝的敕封。生前的义行与死后的显灵都不难做到，但不是成神的绝对标准。至于王朝的敕封，这里涉及正统的观念，一般认为，神需要接受天帝在地上的代理人——皇帝的认证才能列入祀典，在接受了封爵、庙号后才成为神。是否被列入国家祀典，就成了区别正神（也就是经过国家认证的神）和淫祀（未经国家认证的、民间自行祭拜的神）的标志。此外，从清代所绘《众仙图》的神祇图像可知，在民间流传的这类图像中，佛教、道教甚至儒家的各种崇拜对象，可以“和平共处”。民间大多数信仰者“唯灵则信”，各种不同的菩萨和神仙都是可以同时崇拜的，哪一个更灵就信仰哪一个。如果这些神明都能应验，那民众也可以统统都相信。

说明：清代所绘《众仙图》。

古人以为祭祀祖先，可以获得祖先庇护，但祖先就算没为后代做什么事，子孙也不能去拜其他家的祖先，甚至如果不祭祀祖先，可能会受到惩罚，因为子孙是有义务供奉祖先的。祖先是否庇荫后代却是祖先自己的选择。讽刺的是，子孙做了坏事，祖先却往往会睁一只眼，闭一只眼，不会处罚做了坏事的子孙。子孙繁衍，是古代中国民众相当重视的一个方面，所以道教的碧霞元君和王母、佛教的观音、儒家的孔子、民间信仰中的妈祖，都曾经承担过这种责任。民间崇拜的送子娘娘，在这一信仰中，体现着对于子孙和生命延续的向往。清代高密年画《五子夺魁》，前面男孩手中的盔，象征着“魁”，五子当然反映了多子孙的期望，夺魁则象征了民众中普遍的更高理想。清代年画中的有子有余（鱼），可说是汉族社会一种普遍理想。

对古代中国社会民众来说，鬼是会带来灾祸的存在。一般来说，人是不

说明：清代高密年画《五子夺魁》。

想和鬼打交道的，人要是祭祀鬼，多半是为了打发他们，避免被卷入灾祸之中。

鬼与祖先、神明之间决定性的差异到底是什么呢？若按照祭祀稳定性来说，差别是鬼可能带来灾祸而受人畏惧且无法得到稳定的祭祀。祭祀有什么重要的呢？简单来说，人死后的一切吃穿花用全部来自生者的祭祀，没受到祭祀便只能沦为孤魂野鬼，等待一年一度的中元普度才能吃上一顿饭。鬼要怎么得到祭祀？最直接的一条路就是拥有可以祭祀他的后代。这一点对古代中国男子来说是相对容易的，所以这也是中国民间故事中女鬼远多于男鬼的原因。在汉人传统观念里，男女未婚不幸身亡，死后的身份、地位完全不同。已婚男性的妻子生不出小孩，或是去世了，男子可以不受到道德指责地再娶一个妻子，甚至不需要任何理由就可以娶上好几个妾，增加拥有后代的可能性。未婚男性死后仍被视为家族一分子，可接受家族后人香火供奉，也可以让兄弟或其他同姓的家族亲戚过继一个孩子，让这个孩子来祭祀，就算家族下一代只有一个男孩，也可以让他同时祭祀所有男性长辈，不会产生什么问题。但女子在传统家族中通常被视为外人，因此未婚而死的女子，就会落入无人供奉、“死无所属”的尴尬境地。

为什么会这样呢？在过去的社会中，未婚而亡的女性的神主牌不能被放在自己家中的神明厅内，只有结婚才能让女性得到被祭祀的可能性。在入赘的情况下，女性生的小孩要同时祭祀父母双方祖先。如果嫁给别人当正妻，只要丈夫有人祭祀，妻子就会一起被祭祀。如果身份是妾，那就麻烦了，妾是不会和丈夫一起被祭祀的，唯一被祭祀的可能性就是妾生下了男孩，这个男孩长大以后，另外分家。最惨的是已婚被休者，就算过去是正妻、就算自己生的男孩平安长大了，但离婚之后，这些都不算了，得想办法再次结婚，从头来过。然而，女性被休之后，再嫁不易，往往只能依赖娘家，孤独终老。对此，离异妇女娘家或单身女子的家属可能会用几种方式处理这些苦命女人的后事：将其牌位或骨灰送到斋堂、佛寺等地寄存；或送到“姑娘庙”，与其他处境类似的姑娘（孤娘）“住”在一起，犹如女生宿舍，并由菜姑、僧侣或庙方人员负责祭祀，以安顿亡魂。

姑娘庙的建立原因五花八门，有的是因活人受到女鬼托梦求祀或心理作祟而起，有的是人死后显灵造福乡民，有的是人生前有功于桑梓。许多姑娘庙的建庙原因很难考据，大多是道听途说，但因庙中神灵灵验的传闻而逐渐扩大，这与一般正庙不同，多少带有神秘色彩或迷信谣言。例如，传闻单身男子最好不要自行参拜，因为姑娘庙所奉祀的“姑娘”可能有“嫁夫”的念头，若“姑娘”相中男子，可能会“捉夫”，因而作祟。也有传闻说，“姑娘”生性矜持严肃，在庙宇内不可乱开玩笑，否则可能遭受“姑娘”的责难。在这么多姑娘庙里，较具盛名的是石碇姑娘庙，位于台湾省新北市石碇区。庙内正堂奉祀的“姑娘”主神是魏扁，称为“仙姑”。该庙已有百年历史，有不少人家把家中未婚而逝的女儿牌位送至此地，现偏堂陪祀百余尊牌位。除此之外，姑娘庙的习俗也影响了东南亚华人社会。例如在新加坡乌敏岛东部有拿督姑娘庙，供奉一名在新加坡枉死的德国少女。

如果未婚女性过世时已达适婚年龄，并想要被祭祀的话，除了斋堂、佛寺、姑娘庙外，还有一种出路就是“冥婚”，由女方家属替死去的女性办理婚事。冥婚的对象有时为活人，有时为死人，依情况而定。一般情况下，冥婚的机会必须由女鬼自己争取，通过作祟或托梦，请家人代为寻夫。另外也有命理的缘故，有“双妻命”的男子会刻意娶一位冥妻来应命，或女性相信自己命中注定当二太太，故要求对象先娶冥妻再结婚，以

说明：姑娘庙犹如“女生宿舍”，并由菜姑、僧侣或庙方人员负责祭祀。

符应命理，一死一活的两位女性则成为“姐妹”。当然也有出于感情因素的考量。若未婚男女感情甚好或已有婚约，却于意外中双双过世，双方家长也可能让两人完成结婚仪式，合穴而葬。完成冥婚后，这个女鬼就往成为“祖先”的道路前进了一大步。如果她嫁的这个对象原本就已经有妻有子是最好的，因为在冥婚时男方所签的契约书保证了儿子要从生母的名下过继到冥妻名下，只要这个男孩平安长大，冥妻就不用担心祭祀问题。如果这个丈夫还没结婚，但已有打算结婚的对象，那也很好，冥妻占的是正妻位置，她的丈夫生下来的孩子也必须祭祀冥妻。如果这个丈夫还没有结婚对象，那也没有问题，因为接受冥婚的男子能从女方家属得到大量金钱，有钱自然就好结婚多了。

冥婚是迷信的、落后的、不光彩的事情，那究竟是什么样的动机推动着活人去促成冥婚？对女鬼的家人来说，大概是能够求个心安，并不必担心再被作祟。对冥婚对象来说，一方面是不用担心再被作祟，另一方面是答应冥婚后从冥妻家人那边得到钱财。对原生家庭来说，女性是一种可以与另外一个家庭或家族建立关系的资源。冥婚是让未婚而死的女儿同样可以达成这种效益的手段，而对冥婚对象来说，能和冥妻的原生家庭搭上关系也不无好处。冥婚是让未能达成父权社会所要求的为人妻、为人母的女鬼回归正常社会秩序的手段。死亡并不是女性义务的终结，女鬼还是得结婚、想方设法得到小孩，顺服于当时的社会秩序。不论是姑娘庙还是冥婚习俗，都显示女性在传统观念中附属于男性的地位，以现代观点来看不免受人议论，但从功能主义视角分析，对失去亲人的家属来说，替死去的女儿办理冥婚，或送至姑娘庙祭拜，或许也是一种抚慰伤痛的方式。

二 传统中国宗教观的大传统与小传统

从中国文化自身特点出发，有作为“道”的中国文化大传统和作为“术”的中国文化小传统之划分。如果说前者是指以儒家学说为核心的文化体系的话，那后者为涵括中医、武术、气功、养生、堪舆乃至烹饪等方面的技术体系。正是从这一新的划分出发，才使中国文化大小传统之间以“辩证的滑转”取代了各执一端，并产生了一种全新的大小文化传统之观念。同样的，人们的信仰世界也分为大传统与小传统，大传统是官方认可的宗教体系，小传统则是官方未认证或视为邪教、大肆查缉的民间信仰。

	官方宗教	民间信仰
政治关系	官方认证	官方未认证
经典修习	有书面的经典，且教义符合统治者所需	依靠人脉或口耳相传，没有书面的宗教经典，且教义不一定符合统治者所需
内部秩序	教会形式有一套严格的等级秩序	教会形式没有规范，或未形成严格的等级秩序
神祉显灵	神力依据，并成为信仰者的精神信仰资源	今生赎罪与来世救赎为精神信仰资源

说明：官方宗教与民间信仰之差异。

禅宗是佛教中国化产生的宗派，特重自由的领悟，不重教理，自称“教外别传”。禅宗以菩提达摩为祖师，下传慧可、僧璨、道信、弘忍，弘忍之后分成南宗慧能、北宗神秀二派。北宗强调渐修，南宗主顿悟。中唐以后，南宗成为禅宗的正统，并形成沩仰、曹洞、云门、法眼、临

※唐末五代已形成：临济、曹洞、沩仰、云门、法眼五宗

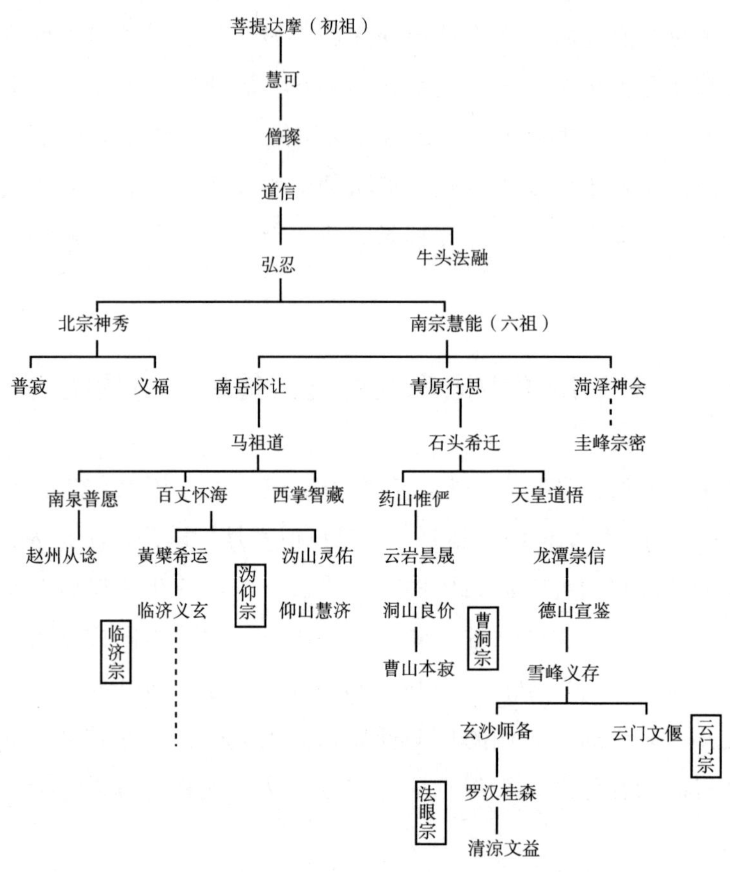

说明：禅宗谱系派流。

济五家，但宋朝仅存曹洞、临济二脉。其中临济、曹洞两宗流传时间最长。临济宗在宋代形成黄龙、杨岐两派，合称“五家七宗”。慧能所著的《六祖坛经》是禅宗最重要的经典。作为禅宗代表经典的《六祖坛经》，主张心性本净、佛性本有，觉悟不假外求，舍离文字义解，直彻心源。认为一切般若智慧，皆从自性而生，不从外入，若识自性，“一闻言下大悟，顿见真如本性”，提出了“即身成佛”的顿悟思想，并认定“即心即佛”，不假修成，由此本心流露无不解脱，是无妨看它作性的，自然合泊而成为随缘任运的生活。禅宗的顿悟思想，对后世中国产生了深远影响。

道教是中国的本土宗教，以“道”为最高信仰，信仰黄老，以道家、神仙家的修炼理论及方法为中心，用老子道德思想告谕、教化众生，追求天人合一、宇宙和谐、天下太平，教导人们通过修道积德实现安乐幸福、长生久视、得道成仙。道教神仙是对道教信奉的神和仙的统称。神是道的化身（如三清）或自然界中神秘力量的化身（如雷神），仙是通过道家修炼具有神通变化而能利济世间的得道之士。东汉时以老子为道祖，之后，神谱往上增加，老子位阶逐渐降低，三清（上清、玄清、太清）成了至尊。道教依据修行的重点可分为五派：积善道派、符箓道派、经典道派、占验道派、丹鼎道派。积善道派与经典道派都是靠自身修习，而符箓道派、占验道派、丹鼎道派则须靠外力帮助。限于篇幅，仅介绍符箓道派。道教中有各式各样的符箓，常见的有护身符、天师符等。符箓很神秘，多数人都只是通过影视剧了解到符箓的一些皮毛。直接的感官认识是在黄色的符纸上画上神秘的红色符文。至于这些符箓的作用，小可以稳固男女之间的感情，大可以请天神下凡保家卫国。这些当然是表象的认识。

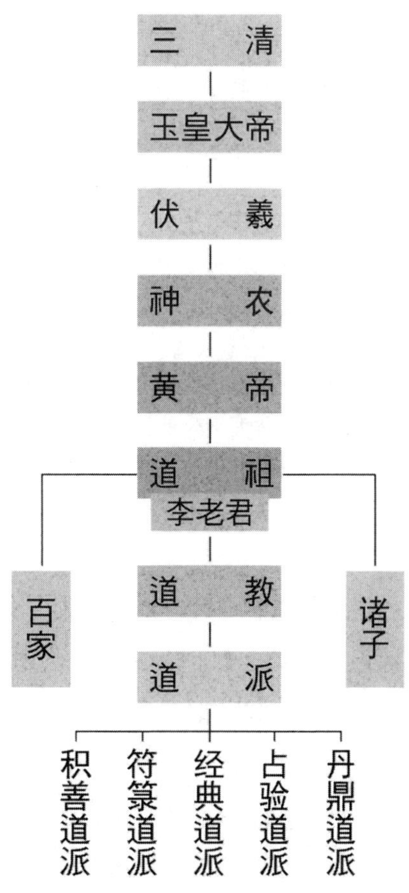

说明：道教派流。

符箓被称为“道士四宝”之一，其实是由符和箓两部分组成的。符指符文，按照道教的说法，符文因“五色流精而成文”，可以“混化万真，总御神灵”。符箓之所以威力强大，正是因为符文能够沟通神人。箓则只是单纯记录天上神仙天官及其佐吏的名字。符箓派认为有了神灵的加持，符箓的威力自然强大无比。很多青铜纹饰在符箓中都有传承，青铜纹饰中有云纹、

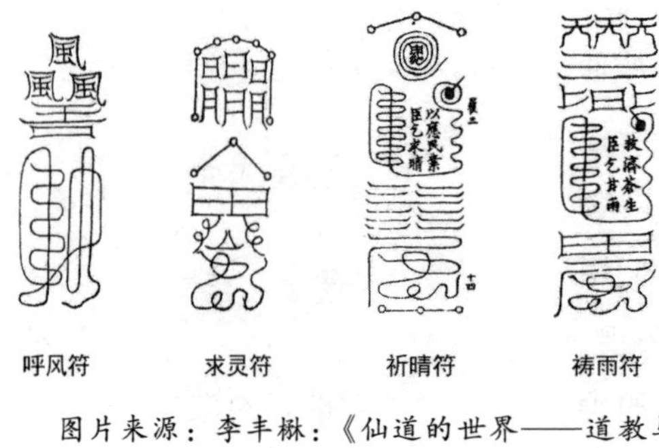

图片来源：李丰楙：《仙道的世界——道教与中国文化》，蓝吉富、刘增贵主编《中国文化新论·宗教礼俗篇——敬天与亲人》，联经出版事业股份有限公司，1987，第246页。

说明：道教符箓举例，这些符箓名称虽是呼风祷雨，却不具有神奇灵力，只能安抚迷信百姓。

雷纹、龙纹、凤鸟纹等，而符箓中也有云篆、雷纹、龙章、凤纹等。云篆是道教符文的主要书写形式。有道士称符箓本来是通过借助云物星辰等的力量，来实现沟通神灵或驱疫劾鬼等功用的。《云笈七签》记载，符箓具有以祛邪伪、辅助正真，召会群灵、制御生民，保持劫运、安镇五方等作用。从这些功用来看，道教符箓的功能无所不包，但实际上，道士在不同场合会使用不同的符箓。总有一种特别的符箓可针对一个特定的场景，也有功能覆盖面广的通用型符箓。至于传说中的“六丁六甲符”之类的符箓，可以请动天神下凡助阵，达到保家卫国的目的，无疑是出自妄人的臆造，绝不可轻信。[①] 此外，按照中国传统道教体系，要当名道士可不简单，不但要勤奋练书法、画符、走功步、学道教历史，还要赤脚通过“爬刀梯”等考核项目，背着剑、印、令登上天坛后，再请示玉皇大帝。通过种种考验，展现惊人的体力跟耐力！“爬刀梯”的诀窍是将脚打横踩刀梯，是加大脚底与刀刃间的接触面积。再加上登梯的速度缓慢，借由较长的接触时间来减小作用力。因此，只要掌握上述诀窍，相信大家都能识破赤脚“爬刀梯”的把戏。

堪舆学又称风水学，其核心便是“天人合一”，起源于春秋时代，并在秦汉时开始与民间方术联系起来，和五术的命、卜、相皆有所关联，而看相、算命、卜卦、测字是民间流传的道术，故此，风水学在后来的发展中与道教有所关联。与道教相关的堪舆术，主要是探求建筑的地址、方位、布局，寻求一种天道自然与人类命运的协调关系，其注意力不是放在人类行为

① 李丰楙：《仙道的世界——道教与中国文化》，蓝吉富、刘增贵主编《中国文化新论·宗教礼俗篇——敬天与亲人》，联经出版事业股份有限公司，1987，第246页。

说明：法师爬刀梯进阶箓考，由 102 把刀与 6 把剑组成 108 阶刀梯。

如何制约环境上，而是注重人类对环境的感应，并指导人如何按这些感应来解决建筑的选址乃至建造问题。堪舆学基本上分为峦头派与理气派，并在这两大派别的基础上，衍生出多种流派。各流派理论繁杂，各有千秋，限于篇幅，只介绍峦头派与理气派。峦头派为杨筠松所传，其核心理论是以地理形势为判断标准，并重视“龙、砂、水、向、穴”五字，即所谓“觅龙、察砂、观水、点穴、立向”，用以确定阳宅阴穴的位置。理气派的核心内容是九宫飞星理论，以九星的运转来决定生气状态。唯有如此，人才能与住屋、与整个自然环境融为一体，从而获取心理上的平衡，达到天时、地利、人

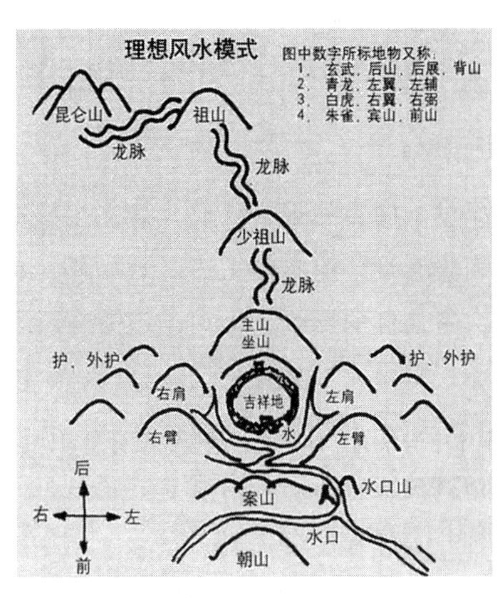

说明：“龙”是山脉、城址或建筑依托的主山，环卫主山的诸山被称为“砂”，而察砂觅龙为堪舆学的形法概念之一。

和，建筑也由此得到了勃勃生机。峦头派主张的理论及其实践，具有直观外在的形状与人体感受，更易为人们所接受，明清时期峦头派比理气派更为流行。

三　中元节的形成及发展

说明：受佛教“盂兰盆”救济饿鬼的概念影响，若干地区在中元节举办大型普度法会。

每年的农历七月十五中元节，俗称“七月半”，又称“鬼节”，是中国传统节日。中元节的来历是什么？又是怎样发展的呢？

农历七月有两个重要节日，就是“七夕”和“七月半”。在古代，农历七月乃吉祥月、孝亲月。七月半是民间初秋庆贺丰收、酬谢大地的节日，当农作物成熟之际，民间按例要祭拜先祖，用新稻米等祭供，向祖先报告秋成，其文化核心是敬祖尽孝。可以说，七月半源于祖先崇拜，原本是上古时代中国民间的祭祖节，后受东汉时期道教三官大帝信仰的影响，七月半改称中元节。佛教传入中国后，道教受佛教影响，将中元节也赋予了地官大帝生日的说法。祭祀风气也是受到佛教“盂兰盆”的影响，佛教举办“盂兰盆”法会，以救度饿鬼。民间纷纷仿效，结合儒家孝亲观念，借回向功德，以报先人之恩，所以中元节亦称“盂兰盆节”。

经过长期的历史发展，七月半祭祖融合了儒、释、道三家思想，逐渐成为中国传统三大祭祀节日之一——中元节。成书于宋代的《东京梦华录》卷八《中元节》曾记载了北宋国都开封的中元节盛况：

> 七月十五日中元节，先数日，市井卖冥器靴鞋、幞头帽子、金犀假带、五彩衣服，以纸糊架子盘游出卖，潘楼并州东西瓦子亦如七夕，要

闹处亦卖果食种生花果之类，及印卖尊胜目连经。又以竹竿斫成三脚，高三五尺，上织灯窝之状，谓之盂兰盆。挂搭衣服冥钱在上焚之，构肆乐人，自过七夕，便搬《目连救母》杂剧。道至十五日止，观者增倍，中元前一日，则卖练叶。享祀时铺衬桌面，又卖麻谷窠儿，亦是系在桌子脚上，乃告祖先秋成之意……十五日供养祖先素食，才明即卖穄米饭，巡门叫卖，亦告成意也……城外有新坟者，即往拜扫，禁中亦出车马诣道者院谒坟。本院官给祠部十道，设大会，焚钱山，祭军阵亡殁，设孤魂道场。

古代官方与民间对于中元节十分重视，不仅因为要祭祀先祖、普度游魂与军殇，还有庆祝秋收的意思，因此节庆的热闹气氛便由七夕那天开始一直持续到中元节当天才结束。“鬼节”是后来的说法，可能从道教中元普度开鬼门关的思想演变而来，后人将鬼节逐渐演变成三天、七天、十五天。

农历七月又称“巧月”或“瓜月”，本来是一年里最吉祥的月份，但朱元璋的占有欲很强，他想独享这段吉时，甚至自己死后也要在七月下葬，而普通庶民是不能跟皇族共享吉时的，所以朝廷派人散播谣言、混淆视听，民间逐渐流传七月为“鬼月”的说法。其实这种说法是没有根据的道听途说，而中国传统文献并无所谓的“鬼月”说法。由于中国古时候多数人相信有鬼神存在，传说凡是正常死的人，都可以投胎转世，而那些罪孽深重、意外横死的人，死后变成“大庙不收、小庙不留”的孤魂野鬼。为了让这些孤魂野鬼也能享受祭祀，古代中国社会便有在七月设醮普度的习俗。传说在每年农历七月初一，地府便会打开鬼门，放出饿鬼，一直到七月三十才关上鬼门。民间在七月的第一天、第二天、第十五天和最后一天都要进行拜祭。人们认为，为这些鬼魂举行普度，一方面可以使他们早日脱离地狱之苦，另一方面希望他们不再骚扰世间活人，后来演变成“放火灯”“敬好兄弟”的习俗。所以每年七月除了举行普度外，还在路旁多烧些冥纸。

中国大多数地区并无“鬼月”的说法，而“鬼门开”很可能是东南沿

说明：各地的中元节祭祀仪式，形式多样，但都表达了中华民族慎终追远、纪念祖先的传统。

海部分地区汉人社会的观念，演变成今日华人移民社会的共同习俗，于是在中国台湾、中国香港、新加坡、马来西亚、泰国等地都有中元节的祭祀活动，热闹程度有如春节新年，新加坡更是几乎每晚都有艺人参加的歌台演出，形成特殊的文化庆典。这些地区的百姓，其祖先多是从中国内地移民的底层民众，他们背井离乡、远渡重洋，生存环境艰难，多遭意外或族群械斗，许多年轻气盛的未婚男子客死异乡，没有人祭祀，所以这些地区的中元节祭祀活动更为盛大，以普度死难者，也成立了许多庙宇，如“大众爷”“万善公”“有应公”“百姓爷”“义民庙”等无主祭祠，感念先人开荒创业之不易。

在农历七月十五这一天，闽台地区会举行放水灯的活动，替水府孤魂照路祈求亡魂早日投胎转世。各个宗族的艺阁、阵头、乐阵游行到夜深，约在子时（晚间 11 时至凌晨 1 时）到达海边放水灯入海，祭祀亡魂、迎亡灵孤魂到阳间享祭、祈求保佑子孙平安。抢孤活动也是中元节重大的庆典，具有施食孤魂之意。除了福建、台湾地区有中元节庆典，香港百姓通常称七月十五为“盂兰节”。香港百姓于农历七月十四在家中祭祖，并在各个街角空地烧街衣祭孤魂野鬼。香港周边离岛的坪洲最是香港中元建醮的胜地，当日的仪式有走龙船、放水灯、百天席、争夺祭品和化大士王（也称鬼王，管束监督鬼魂的观音大士）等活动。在香港的其他地区街坊，也普遍有庆赞盂兰胜会的祭典活动。

除了上述的祭祖、普度等传统习俗之外，在新加坡华人地区还有“七月歌台”这种特别的表演活动，以娱乐鬼魂。这种歌台娱乐并非新创的大众娱乐，最早可追溯到宋朝的习俗。很多记载指出，杭州当时有一处地方，在七月中元节时连续上演《目连救母》戏曲一个月。戏曲文化传承下来后，由华人带到不同国家和地区，结合当地文化，举办绚丽多彩的声艺表演。总之，中元节的意义本在于长养关怀他人乃至救度鬼道众生的慈悲心，并借着祭祀仪式，让人懂得慎终追远的感恩之情及诸恶莫作的因果概念，有其深远的教化意义。然而，现在的中元节往往流于形式，失去了先人的初心，违背了“慎终追远，民德归厚”的美意，实在可惜。

四　城隍信仰与明清社会教化功能

说明：城隍神想像图。

城隍，起源于古代的水庸神祭祀，水庸神为《周官》八神之一。“城”原指挖土筑的高墙，“隍”原指没有水的护城壕。古人认为与人们生活、生产安全密切相关的事物，都有神在，于是城和隍被神化为城市的保护神。道教把城隍纳入自己的神仙体系，称其为剪除凶恶、保国护邦之神，并管领阴间的亡魂。三国以后，民间已有了城隍祠，最早的城隍庙为三国吴赤乌二年（239）建的芜湖城隍庙。《搜神记》中说蒋子文逝后显灵为南京土地神，后被封为南京的城隍。清初孙承泽的《梦余录》也说慕容俨、梁武王有祭城隍表文。唐朝的时候城隍信仰深入州县，民间祈雨求晴、祈福却灾都要求城隍，也就是在这个时候道教将城隍纳入信仰体系。很多文人雅士，如杜甫、韩愈、张九龄、杜牧、李商隐等人都撰有祭祀城隍的诗文。此时，人们对城隍立祀的认知也出现变化：从最初欲寻求可以守护城池的英雄人物神，转为奉祀某种具有守护城池职能的神祇。

说明：城隍庙。

宋代以后，城隍开始人格化，人们多将去世后的英雄或名臣奉为城隍神，如苏州祀战国时春申君黄歇，上海祀秦裕伯，北京祀杨椒山，杭州祀周新、文天祥，会稽祀庞王，南宁、桂林祀苏缄等。城隍神被完整纳入道教神仙体系中，成为山川神灵之首。据说明太祖朱元璋出生在土地庙里，他对土地庙及土地的“上司”城隍极为崇敬。所以在明朝时期，城隍信仰被提升，得到了国家祀典尊崇，城隍被分为王、公、侯、伯四个等级。城隍信仰的发展，出现若干新趋向，如纳入地方官府祀典，出现行政都邑守护神的形象、神格官僚化特征，以及和地方官对等而治、节制境内山川的神格等。城隍的神格出现日益专业化、官僚化的特征，且淡化了这些地区信仰和地方的联系，神祇的面目也转趋模糊。

此时的城隍神不仅受到朝廷的重视成为圣王，还开始担任起善恶惩赏的角色，类似民间所说的“司法官”。人们在信仰城隍的过程中，自然受到其角色教化的作用，从善弃恶。从上层的角度来说，统治者将“良”“忠”的价值观念浸入城隍神格之中，影响人们的道德规范、价值取向，对臣子起到劝诫、警醒之作用，对普通百姓起到安稳民心、政心之功效，甚至能缓解民众心理冲突。从下层角度讲，由“良吏”到“鬼雄”，能反映老百姓善恶有报的心理追求；由“鬼雄”到“城隍”，则体现了普通民众对于生前死后公平正义的美好寄托。以上原因，更加巩固了“良吏—鬼雄—城隍”的发展及运转模式，城隍神又成为统治阶层驭官牧民的一种方式，成为皇权更加集中的一种手段，城隍祭祀也成为国家祀典。

祭拜城隍分为三次，也就是一年之中城隍要出巡三次，届时人们要牵马、抬轿，让城隍老爷出巡。城隍爷出巡时一般是骑马，回巡时一般坐轿，所以在居庸关城隍庙山门殿里有城隍老爷的马和马夫、轿和轿夫。城隍出巡日子第一次是在清明节前后，叫收鬼；第二次是在七月十五，叫拷鬼；第三次是在十月初一或十月十五下元节，叫放鬼。届时各庙要举行隆重的法事仪式，一般以度亡法事为主。清末民初以来，上海城隍庙和周边的园林、市场以及老街里巷融合在一起，成了一个区域的代名词。它代表了上海的历史与传统，是上海地域文化的一个载体。多年来由庙市发展形成的庙会文化，几乎囊括了宗教、商业、民俗等民众物质、精神生活的各个层面，被誉为上海旅游的名片。

说明：上海城隍庙会。

根据滨岛敦俊《明清江南农村社会与民间信仰》，可知清代江南地区很多市镇都出现了镇城隍庙，这也是时势使然：当农村聚落发展为城市聚落、中心地时，本地居民自然会产生一种愿望，要求拥有与城市相匹配的宗教设施。于是，他们冒着触犯国家禁令的风险，也要拥有自己的城隍神。可以说，江南市镇出现城隍祭祀是17世纪后半期的新发现，反映出工商业市镇的发展，也反映了这些市镇欲将自己归列到城市行列之中、受皇帝的垂直行政支配，追求官本位的心态。根据《华北农村惯行调查》可知城隍神与土地神有上下级关系，土地神成为乡村的区域行政神，农业保护神的性质减弱。例如在江南市镇城隍庙（上位庙）与乡村土地庙（下位庙）之间还形成了明确的阶层关系。正如“解钱粮”“朝集”等用语所示的那样，这是一种模拟的从属关系。值得注意的是，城隍与土地都属于与土有关系的神灵，但城隍爷神职更广，他不但护佑一方水土的安宁，而且世上官员善恶都归他管，同时他还管理十殿阎罗王和阴司黑白无常、牛头马面等，比土地爷的神职更大。

说明：城隍信仰与地狱审判。

洪武三年（1370）六月颁布的神号改正诏和禁淫祠制，就是改革祭祀制度的诏令。根据这种制度安排，只有天子有资格祭天；另外，各行政区域按级别，祭祀特定对象。在州县层面，以祭祀城隍神为中心；在乡村层面，从里社坛、乡厉坛到最基础的各户祖先及灶神的祭祀被许可。所谓“厉”，就是一群身份不详、来历不明、死因不清、无人奉祀的孤魂野鬼。对“乡厉、邑厉、郡厉”的祭祀，在中国历史上作为国家制度规定下来。依照清代礼制，

说明：清代地方设厉坛，以祭祀厉鬼。

说明：地狱行刑诸相。

从中央到地方各级政府必须设置厉坛，由官吏率同百姓定期“祭厉”，祭厉坛的时间分春祭清明日、秋祭七月十五、冬祭十月初一。明清以来，报应论话语在民间广泛流传，并非仅由民间人士所推动，官府也常常参与其中。官方对城隍信仰的利用和强化，便是其典型做法。关于城隍神负责执行冥报的民间信仰，不但通过各府州县祭祀时的反复展演不断灌输给普罗大众，还通过宝卷、绢画、卷轴、壁画、插图等，展示血腥恐怖的地狱行刑诸相的画面，威吓民众。

五四运动时，城隍信仰被批为封建迷信而停止了发展。直至今日，随着传统文化的复兴，这些留下来的民俗文化再次以更加科学的方式，进入人们的视野。纵观城隍神的演变历史，我们不难发现，城隍的出现与城市的形成是同步的，甚至可以说“一座城隍庙，半部城市史”。由城隍文化衍生出来的经千百年传承的城隍庙会、城隍巡游、祭城隍等文化形式，与民间信俗相融合，保存了丰富的历史信息，具有丰富的文化内涵，是传统文化与现代生活交融的综合文化体系。城隍信仰作为道教组成部分，不仅在中国传承，近代以来也由华侨华人带到海外，尤其是东南亚地区，慰藉了漂泊在外的华侨华人的心灵。

说明：上海城隍庙。

五　从罗教到青帮的转变

明代成化至正德（1465~1521）年间，在北直隶密云卫的穷乡僻壤孕育并产生了一支影响当世和后世的民间教派——罗教（或称罗祖教、无为教）。罗教的问世是中国民间宗教发展史上的一件大事，以此为转机，一场新兴的民间宗教运动蓬勃兴起。罗教创教祖师罗梦鸿（1442~1527），或称罗孟洪，道号无为居士，有的史料称其为罗清、罗因，后世门徒则称为罗祖。

罗梦鸿，祖籍山东莱州府即墨县，家境贫寒，世代隶军籍。他 3 岁丧母，7 岁丧父，由叔婶培育成人。青年时到北直隶密云卫当一名戍军，从此在穷山僻壤的边塞萌发了对宗教的狂热追求。苦难是宗教的土壤。罗梦鸿为了探究人生的真谛，竟不顾一切地把“军丁退了，让子孙顶当”，自己一心一意地进行宗教修行。为此，他参师访友，诵经念佛，在山洞中面壁打坐，四方云游，昼夜参究，一刻不停，经过 13 年时间，终于“悟道成真”，省悟出“无为大道”。根据罗梦鸿的弟子记载，罗梦鸿悟道通神，具有武功文略神奇本领，曾协助明朝政府平定叛乱，但皇帝却不给任何嘉奖，反以妖异惑众罪名将其打入天牢。在牢中，罗梦鸿含冤受辱，受尽各种酷刑，但“身陷囹圄而心怀天下”，决心把自己体悟出来的教义真理写成经典，“意欲流通天下，普渡群迷”。这时有太监张永，皈依了罗教，鼎力协助。罗梦鸿命张永赶赴五台山，把他的两位徒弟福恩和福报请到牢中。由罗祖口授，两位徒弟依言笔录，这才写就传世的《五部六册经》。罗梦鸿又在张永等人的协助下，脱离了监牢，并亲自觐见了正德皇帝，验证了他的神异功能。皇帝大喜，封罗梦鸿为“无为宗师”。

像一切创教神话一样，通过这些夸大溢美之词，拨开层层神奇迷雾，我们可以从中找出罗梦鸿实实在在的生活轨迹。罗梦鸿曾因传播无为教受到明朝政府的种种迫害，或即真的坐过牢。罗梦鸿受到太监（如张永）和官吏（如魏国公、党尚书）的信奉和协助。《五部六册经》并不是罗梦鸿本人编撰的，而是由其本人口述、徒弟（有文化的佛徒福恩、福报）笔录整理而

说明：儒释道三教合一宗教观。

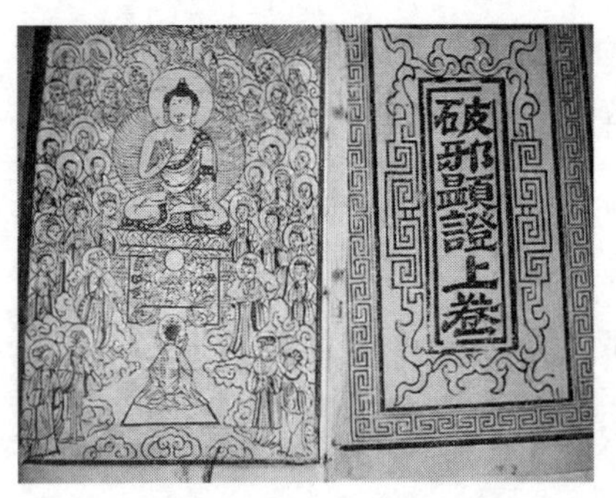

说明：罗教五部经第三部《破邪显正钥匙卷》上下两卷二十四品。

成。罗教有五部经典，成书于明正德四年（1509），世称《五部六册经》，即《苦功悟道卷》、《叹世无为卷》、《破邪显正钥匙卷》（2册）、《正信除疑无修证自在宝卷》、《巍巍不动泰山深根结果宝卷》。这五部宝卷阐述的罗教思想，引起了中外学者广泛的兴趣。罗教的思想深刻动人，且浅显易懂，不仅对其他民间宗教影响甚巨，而且冲击着正统佛教的世袭领地，在明清时代中国的宗教界掀起了一场无声的风暴。

经过嘉靖朝长时间的佞道之后，万历朝又转而佞佛。特别是神宗皇帝的生母李太后，不仅狂热地崇信佛教，而且对民间信仰的“杂神”也多有信奉，修庙拜佛成为社会时尚，各地纷纷趋奉，诸种民间教派蜂起，印经造卷也最为活跃。在明代后期，罗教在河北、山东、山西、河南等省迅速传布开来，并沿着纵贯南北的大运河，传播到江苏、浙江、福建和江西等地区。由于该教简便易行，又无出家绝嗣之虞，受到广大农民的狂热信奉。在不少地方（如山东）甚至视罗教为佛教，到了但知有《五部六册经》而不知有佛教经藏的地步，教势显然已超过了正统的佛教和道教。罗教之所以能传流不衰、影响广泛，除了有比较完整的经典、简易速成的教义外，在传承关系和组织系统方面灵活，也是重要原因。从罗梦鸿创立罗教开始，就一直绵延不断地向四面八方传布，其组织系统大致有以下四支。一是罗氏家族依照血统世代相传。二是外姓弟子衣钵授受，祖祖相承。三是通过大运河运粮军工，由北向南传播，是为“青帮”的前身。四是在浙、闽、赣等省形成江南的斋教。

《五部六册经》的思想内容，实质是一种佛、道、儒三教融合或杂糅的产物，而以佛教色彩较为突出，多次引用六祖《坛经》，奉之如圭臬，俨然以六祖嫡传法脉自居。具体来说，罗梦鸿是把三教经典中的古奥艰深语言通俗化，转变成群众的口头语言；把三教玄妙的哲学思想世俗化，转变成老百姓容易接受的“道理”，然后用一种群众喜闻乐见的宗教文学形式——宝卷——表达出来。在《五部六册经》中，罗梦鸿竭力标榜他参悟出来的“无为大道”，对世传佛教进行了大胆的批评。例如，认为出家为僧尼，既不符合人道，亦无益悟道，反而障道背法。孝养父母、居家生子、报国忠君、不违纲常，是罗教十分重视的教义。在《五部六册经》中先后数次提到的“十报恩”，核心就是要报答天、地、君、亲、师的恩情。罗梦鸿的大胆创造，填补了广大下层群众渴望有符合其口味的宗教经典的欲求。罗梦鸿在宝卷中还贬斥了社会上流行的正统宗教的颓风陋习，独树一帜，自认是佛教唯一正宗真传。罗梦鸿这一创教活动，恰好与明代佛道世俗化倾向及三教合一的社会思潮相吻合，因此取得了一定的成功。为了适应群众的信仰心理和传统习惯，也使下层传教者有所依持，罗梦鸿不得不运用所谓的“譬法”，暗地里推出“真空家乡”——天宫和最高女神——“无生老母”来。罗教将前门摒弃掉的天堂、神祇，再从后门偷偷地请回来，成为后来被众多民间宗教连在一起的所谓“八字真言”。许多邪教也以“无生老母”为崇拜对象，明清两代的几百种民间秘密宗教，绝大多数都直接或间接地奉“无生老母”为最高神。

清代罗教结社在闽浙、两江等地最兴盛，其中浙江庆元和永嘉是罗教圣地，并由福建传到台湾，沿长江传入四川，四川亦有支派。18 世纪，罗教发展达到顶峰，罗教信徒在各处建立斋堂，结社名称各异，在福建称龙华会和老官斋，在江西称大成教和三乘教，在安徽称三乘会，也有称金童教、观音教、大乘门，都奉祀罗祖，也有斋堂摆上“天地亲君师”牌位让信徒膜拜。清代前期，翁岩、钱坚、潘清三人把罗教传遍大运河流域的士兵与水手

说明：《五部六册经》的思想纷杂。

说明：“无生老母”像。

中，罗教成为华东和华南运河、河流沿岸地区最流行的教派。罗教信徒不限漕运水手，还有城市工匠和农民，他们在家吃素修行，有罗梦鸿的《五部六册经》及其他多种经书。清朝大力镇压罗教，但发展到 19 世纪时，罗教已遍布中国大部分地区，且与白莲教有合流现象。来自漕运水手的罗教组织，形成青帮，同样拜祭“天地亲君师”牌位。

说明：民国时期的青帮领袖。

青帮源于罗教，又在其发展过程中逐渐脱离了罗教。罗教的传播与演变还直接对清中期以来中国的帮会产生了不可低估的影响，可以说没有罗教，就没有影响近代社会的青帮。青帮始建于雍正五至七年（1727～1729），是清初以来流行最广、影响最深远的民间秘密结社之一，也是晚清民国时期民间三大帮会组织［青帮、洪门、哥老会（也称袍哥）］之一。漕运水手构成了这支罗教教派的主体，从而使之逐渐演变成漕运水手的行帮会社，而这种行帮会社又由于自身难以克服的弱点，在近代社会的急剧变动中沉沦为以流氓无产者为主体的寄生社会集团。在从罗教向水手行帮会社再向青帮的演变过程中，宗教的意识和作用越来越小，仅存留了某种对罗教创始人罗祖的偶像崇拜，宗教教义和宗教仪式被青帮的帮规、暗语、秘籍取代；罗教的庵堂、行帮的老堂船则演变成青帮的香堂和老窝子，成为贩私、劫掳和各类犯罪活动的据点。青帮结社的初衷全在于保卫自身的利益，与官方作斗争。徒众昔皆以漕运为业，故称粮船帮。大江南北，入帮者颇众。青帮组织是拜师入帮，会众以师徒相称，崇尚“师徒如父子”。青帮组织比洪门更严密、规矩更复杂。咸丰四年，因太平天国运动，漕运没落，大批青帮弟子进入上海，从事各种行业。为了抱团取暖、互相救济，上海工人多参与会党组织，其中隶属于青帮的比重最大。由于上海的特殊性，租界和革命党经常需要借助青帮的力量，以维持秩序，或协助地下党秘密行动。因此，青帮的势力也愈加强大，很多革命党和洪门会员也投入青帮，例如同盟会的陈其美、蒋介石都是青帮人士。在日本军队占领上海时期，特务头子戴笠也利用青帮势力，帮忙搜集日军情报，借以打击汉奸，阻挡日军侵华的脚步。

六　从天地会到洪门：清代秘密会党的变化

《鹿鼎记》是金庸先生创作的最后一部长篇武侠小说，小说及影视改编作品都涉及天地会这一秘密结社，并冠以“反清复明”的名号。不论是改编的影视作品，还是原著小说，在剧情中天地会都被塑造成一个打着“反清复明”旗号的民间秘密结社，天地会总舵主陈近南更是有“为人不识陈近南，就称英雄也枉然”之称，可称得上是天下一等一的大英雄。然而，在真实的历史中，天地会“反清复明”的传说是清末革命党人在反清的斗争中构建出来的，天地会的起源与民族矛盾并无关系。

说明：电影《鹿鼎记》对白点出天地会宣传反清复明的本质。

一并孥獲提解究辦適福康安調任兩
拉納蒞閩後會同臣徐嗣曾檢閱全卷
核查天地會節經查明起於提喜該犯
開僧名提喜又名涂喜又號洪二和尚
口訣既以五點二十一為暗號而悖
膽敢嵌入洪字以致臺灣逆匪造作
等字皆緣此而起該犯又編出木立斗
為三十二年起會之根情節甚為可

说明：清代福建查剿天地会洪二和尚。

在关于天地会的诸多研究中，有人认为天地会建立于康熙年间，是在台湾郑氏政权的支持下建立的一个反清组织，也有人直接指出陈近南（陈永华）为天地会的创立人。这种观点最早是清末的革命党人提出来的，如陶成章在《教会源流考》一书中考证天地会的起源，他认为：“志士仁人，不忍中原之涂炭，又结秘密团体，求光复祖国，而洪门之会设也。何谓洪门？因明太祖年号洪武，故取以为名。指天为父，指地为母，故又名天地会。始倡者郑成功，继述而修整之者，则陈近南也。”这一观点得到了一部分学者的认可，而支持他们论断的主要材料，是一段出自 19 世纪前期天地会《会簿》中的记载，一般学界称为《西鲁故事》。《西鲁故事》

有过好几个版本，但大致的情节都差不多，主要内容是康熙年间有西鲁番入侵中原，清朝无人能敌。朝廷遂发出榜文，征集天下英雄豪杰。少林寺僧人闻讯即前往征讨西鲁，他们未用朝廷兵将，一举打败西鲁，得胜回朝，谢绝了皇帝的封赏，仍回寺清修。后遭奸臣诬陷，清兵将少林寺焚毁，劫余五僧遇朱洪竹、陈近南等人，与万云龙一同结拜，是为天地会之缘起。[①] 这种观点有一部分学者赞同，但也有不少学者提出反对意见，主要是因为其使用的材料不足。

对于天地会的起源问题，实际上在清朝的实录、档案中有大量的材料可资使用，这种情况下再去根据一个“故事”进行推断，得出的结论实在是不怎么立得住。从乾隆年间的天地会相关档案可以看出，清政府当时已经把天地会的起源调查得比较清楚了。天地会由洪二和尚（名万提喜，俗名涂喜）在乾隆二十六年（1761）创立于福建漳州漳浦县。万提喜参照了其他秘密组织的结会仪式、联络暗号等内容，创造了天地会特有的三指口诀，如“三指按住胸膛”“接烟递茶俱用三指”等。万提喜以高溪观音庙为中心传布天地会，先后收了卢茂、陈彪等几个徒弟。乾隆三十三年（1768），万提喜曾指使卢茂等人密谋起事，但很快就被扑灭。这次起事的诉求只是寻常的反抗压迫等，并没有“反清复明”的内容。之后万提喜和天地会的活动转入低潮，一直到乾隆四十四年（1779）万提喜病逝。万提喜病逝之后，陈彪重新开始传教活动，并传与严烟，由后者将天地会引入台湾，传与林爽文。之后乾隆五十一年（1786）爆发了林爽文起义，这场起义是台湾最大规模的农民起义，与天地会有着莫大的关系。这也就是前述清政府彻查天地会来源的原因。[②]

在人口远多于耕地面积的情况下，许多原本以农业为生的农民丧失了安身立命的土地，不得已转向其他行业，这是天地会诞生的重要促成因素。大量贫民的出现、政府救济功能的缺失、中国固有的“江湖”观念的存在等种种因素，使得大量社会边缘人物不得不在固有的关系之外，开辟新的发展路

① 秦宝琦：《天地会起源新论》，《历史档案》2007 年第 3 期。

② 李恭忠：《蒙冤叙事与下层抗争：天地会起源传说新论》，《南京大学学报》2016 年第 5 期。

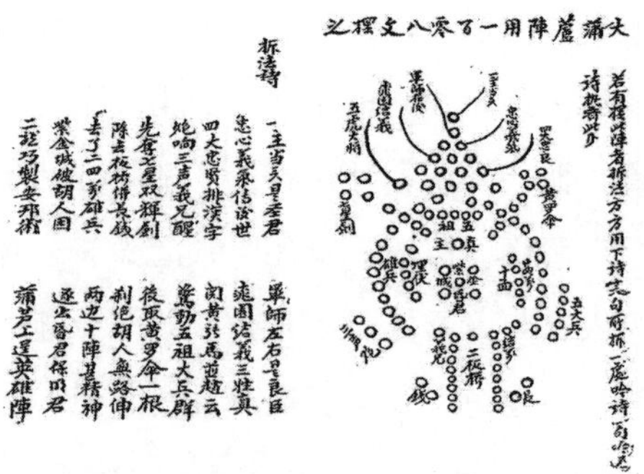

说明：清代天地会的密语。

说明：天地会的令牌。

说明：台湾天地会林爽文起义。

径与关系网络，而秘密会党即成为他们的不二选择，以天地会为首的种种秘密组织应运而生。天地会的创立实际上是底层民众的一种抱团自保行为，和民族矛盾没有什么关系，也不存在“反清复明”的目标。天地会在发展过程中，逐渐由原先的防御自卫型团体组织，转向以暴力手段如抢劫杀人等为收入来源的秘密组织。天地会的一切活动都是秘密进行的，其组织也大多建立在深山老林当中，很少有在城市里公开活动的。不光彩的手段与非法性，使得天地会一直是朝廷眼中的“反贼”。从乾隆年间开始，天地会逐渐成了清政府面临的一大社会问题，一直大力进剿天地会，尤其是台湾林爽文起义之后进剿得更彻底。晚清许多农民起义里常能窥见天地会活动的痕迹，如咸丰年间的小刀会起义。太平天国起初也有天地会的参与，其分支洪门也存续至今。

说明：天地会的海外发展。

随着清政府的围剿越发严厉，本就边缘化的天地会成员就更难存活下去，天地会为改变自身边缘化而发动的种种武装运动，都以失败告终。嘉庆以后，为了逃避清政府的打压与追捕，许多天地会成员不得不前往南洋，谋求新的出路与未来。此时的南洋大部分地区已经成为西方国家的殖民地，西方列强在这里设立殖民政府，建立了大量的种植园以攫取利益，可以说这里的环境和社会结构与中国是完全不同的，正是在这种崭新的环境下，天地会获得了意外的新发展。在殖民政府的统治之下，东南亚社会十分混乱，到处是陷阱，但也到处充满机遇，一些天地会成员就借助组织的力量，组织华人与其他国家的劳动力进行竞争，积极争取当地的矿场、种植园与土地。许多会党首领凭借高超的本领，摇身一变成为当地的种植园主、矿场主与贸易商人。在一切向钱看的殖民社会，有钱就是成功的标志，因此许多会党首领因掌握着巨额财富而成为当地华人群体的领袖。

天地会的存在，无疑为身处东南亚的许多华人提供了安身立命的组织。天地会作为具有暴力性质的秘密会党，在清朝统治下的中国是反动的象征，却在殖民者统治下的东南亚成为权威的代表。在当时华人饱受歧视且没有法律保护的历史大背景下，秘密会党就化身成华人的保护组织。例如在 1869 年的吉隆坡，会党领袖叶亚来之所以能够继任吉隆坡的“甲必丹”（华人领

说明：华人领袖叶亚来。

袖）职务，很大程度上就在于他掌握着一支能打仗的会党力量，得以保护乡亲，也能稳定社会秩序，毕竟在混乱局势下的东南亚，没什么比拳头更能服众了。在殖民者的操纵下，在南洋的天地会香主与会众，回家乡诱骗同村、同族的破产农民下南洋淘金。因为是以身抵债，所以又被叫作“卖猪仔”。猪仔被运到南洋交于雇主后，帮会按人头收取佣金。“猪仔”贸易获利丰厚，19 世纪初期，一个“猪仔”的成本不过 12 块，售价却是成本的一倍以上。到了 19 世纪中后期，“猪仔”的成本为 30 块，售价却涨到了 125 块，利润高达三倍多。巨额的利润让南洋帮会与广州、厦门、汕头、澳门等地的帮会结成联号分号，同时也让招募“猪仔”变得更加不择手段，逐渐从诱骗，发展到拐卖，甚至是抢掠人口。大部分航程，“猪仔”的死亡率接近令人咋舌的四成，个别时候竟有七成。在一些记载里，绝望的“猪仔”找机会偷来火种，在舱内放起大火，索性与船主同归于尽。1877 年，英国殖民者在马来半岛颁布《华人移民法令》，帮会参与的“猪仔”贸易逐渐减少。帮会虽然自甘堕落，沦为“猪仔”贸易的执行者，但西方殖民者才是幕后元凶。

说明：东南亚种植园的华工。

说明：天地会与“猪仔”贸易。

洪门的源流，人人言殊，从来不一致，因为它化名繁多（有红帮、三点会、三合会、三河会、天地会、致公堂等），还有分支别名，不胜枚举。19世纪初，洪门开始传入美洲，普遍认为美国第一个洪门组织是1853年在旧金山成立的，并以“锄强扶弱、除暴安良、互助互济”为口号，迅速吸引海外华人加入。由于背井离乡，外部压力巨大，为了保护自身安全，加入会党的海外华人众多，如1890年加拿大致公堂有堂所20余座，会众达20000多人，几乎包括了当时在加拿大的全数华工。1903年美国华侨大约有10万人，“其挂名列籍于致公堂者，殆十而七八”，直到1907年美国华侨“列籍堂内者，占十之八九”。可以说，在很短的时间内，洪门组织便在美洲迅速发展起来，几乎是有华侨居住的地方就有洪门组织。1904年（光绪三十年），为联络海外华侨、促其赞助革命活动，孙文在檀香山加入致公堂，接受“洪棍”（洪门三把手，掌管执法）一职，然后在北美总堂大佬（会长）黄三德的支持下，重订美洲致公堂的章程为“驱除鞑虏，恢复中华，创立民国，平均地权”，实行会员总注册制，使其成为资产阶级性质的团体，筹款支援革命，成为革命活动的重要力量。1925年，美洲致公堂转型为中国致公党，旨在维护华侨的正当权益，并在抗日战争时期，号召党员抗日，发动华侨出钱出力，积极支持祖国抗战，可见海外华人身在异乡却心向祖国的赤子之心。

说明：1923 年 10 月在美国旧金山举行第三次洪门恳亲大会讨论了改堂为党成立中国致公党的问题，并决议在上海兴建五祖祠。

七　清代白莲教与川楚教乱

白莲教是唐、宋以来流传于民间的一种秘密宗教结社，源于佛教的净土宗。相传净土宗始祖东晋释慧远在庐山东林寺与刘遗民等结白莲社共同念佛，后世信徒以为楷模。北宋时期净土宗念佛结社盛行，多称白莲社或莲社。南宋绍兴年间，昆山（今江苏昆山）僧人茅子元（法名慈照）在净土宗结社的基础上，创建新教门，称白莲宗，即白莲教。与净土宗大致相同，白莲社崇奉阿弥陀佛，要求信徒念佛持戒（不杀生、不偷盗、不邪淫、不妄语、不饮酒），以期往生净土。当元末社会矛盾激化时，一些教徒组织起来，成为率先反元的力量。红巾起义领导人韩山童、刘福通、徐寿辉、邹普胜等人都是白莲教徒，他们以明王（即阿弥陀佛）出世和弥勒降世的谶言鼓动群众，产生很大影响。

白莲教教义认为世界上存在两种互相斗争的势力，叫作明暗两宗。明就是光明，代表善良和真理；暗就是黑暗，代表罪恶与不合理。在过去、现在和将来，明暗两股势力不断地进行斗争。弥勒佛降世后，光明就将最终战胜黑暗，这就是所谓“青阳”“红阳”“白阳”的“三际”。教徒们侍奉“无生老母”，信奉“真空家乡，无生老母”的八字真言。白莲教教首们宣传，人们如果信奉白莲教，就可以在弥勒佛的庇佑下，在大劫之年化险为夷进入云城，免遭劫难。待彻底摧毁旧制度、破坏旧秩序后，即可建立新的千年福的境界，那时人们就可以过安居乐业的好日子了。入清以后，白莲教又增加了许多支派，如老官斋、八卦教等，加上前代已有的支派，名目竟达百余种。与明代相比，清代白莲教教义更加芜杂，对“无生老母”的崇拜则有增无减。清初白莲教曾受“反清复明”思想影响，各派与清朝一般处于敌对状态。乾隆后期到嘉庆年间是白莲教的极盛时期，不仅活跃于北方诸省，在东北和南方各省也广泛传播，发展成为反清秘密组织，遭到清政府的多次血腥镇压。四川、湖北、陕西三省交界处，地形险峻、崇山峻岭，清政府在这些地方的统治比其他地方薄弱，这块地区逐渐成为流民聚集的地方。乾隆时期，大量失去土地的流民们只好来到这些地方开山种田，艰难度日。白莲教作为民间一个历史悠久的秘密组织，提倡互帮互助，特别是“穿衣吃饭不分你我”，于是在这些地方迅速发展。清政府始终将白莲教这类秘密组织视为邪教，不允许这类组织发展，一经发现就血腥镇压。乾隆、嘉庆年间，清政府残酷镇压白莲教，大肆捕杀白莲教徒，最终导致了白莲教起义。

说明：电影《黄飞鸿》中白莲教教徒对白莲救世的期望。

说明：白莲教教徒由破产农民、失业工人、流民、棚民及雇工组成。

说明：王聪儿起义。

嘉庆元年（1796），白莲教徒张正漠、聂人杰等人率教徒首先在湖北荆州地区举起义旗，全国各地的教徒一呼百应。四川、河南、甘肃等地的教徒也纷纷追随，举起义旗。他们统一以“官逼民反”为口号，号召全国各地教徒高举义旗，反对清朝统治。一些流民、贫民受到各地教徒的宣传，纷纷加入了起义的队伍里，起义军的声势越来越大。嘉庆皇帝这才真正害怕了，连忙命令全国各地的总督和巡抚，要求他们对义军进行镇压，大力剿匪，围追堵截起义军。这是嘉庆年间规模最大的一次起义，又称“川楚教乱”。与此同时，王聪儿在襄阳城因丈夫被杀而发起暴动。王聪儿的丈夫是当时白莲教襄阳地区总教师齐林。齐林本来定在正月十五率教徒起事，结果因走漏了风声被清军杀害。王聪儿继承了丈夫的遗志，召集襄阳城及周边的白莲教徒聚集，发动襄阳暴动，公然反抗清朝统治。王聪儿带领的起义军纪律严明，所以深得民心，许多贫民纷纷要求加入义军，她的队伍得以壮大，发展到40000多人的规模，成为各地白莲教起义军的核心力量。嘉庆三年（1798），清政府事先得到消息，在湖北设下埋伏，使王聪儿率领的起义军元气大伤，仅剩下10多位教徒。为避免落入清军之手，王聪儿与教徒们毅然跳入深谷。

嘉庆四年（1799），乾隆皇帝去世，嘉庆皇帝颙琰正式亲政，并采取了“坚壁清野”与“剿抚兼施”的策略，让百姓自修碉堡，再将百姓强行移居其中，又训练团练进行防守，从而切断白莲教军队的粮草与兵源。正所谓“兵马未动粮草先行”，缺少了百姓的支持，起义军没有了粮草来源，流动作战的优势再也发挥不出来了。此外，起义军并没有整合成一个有组织有纪律的整体，各路义军各自为政，容易被清军逐一击破，于是不得不进入深山老林中与清军继续作战，形势越来越糟糕。从性质上来说，川鄂陕五省白莲教乱是一次披着宗教外衣的农民阶级领导的起义。起义军主要由破产农民、失业工人、流民、棚民及雇工组成，领导阶级是分散经营的小生产者，但其因阶级的局限性，不可能提出彻底解放群众的政治纲领，很难取得广大人民群众长期的支持。清军“坚壁清野”的策略，切断了起义军与当地人民群

说明：清军切断起义军的粮草与兵源补充，并采取“随剿随抚，但治从逆，不治从教，剿抚并施”的办法，将教民与乱民区别对待，使若干教徒临阵投降，或被招抚归顺，从而能镇压白莲教起义。

众的联系，粮食和兵员得不到补充，军事行动难以为继，最终导致起义的失败。嘉庆九年（1804），波及四川、湖北、河南、陕西、甘肃等地的白莲教起义宣告失败，耗费了清朝数十万兵力，八旗、绿营正规军难堪大任，只能依靠地方团练，10多名提督、总兵等高级武官及副将以下400余名中级武官阵亡。清朝还为此投入超过2亿两白银，相当于清朝国库5年的财政收入，国库为之一空，严重影响了清朝的国家财政，标志着清朝逐渐走向衰落。

八　天理教事件与清朝文化政策的转变

唐宋以来，白莲教作为一种秘密宗教组织活跃于民间，在清代又发展成反清的秘密组织。天理教是白莲教在直隶地区的分支之一。天理教教首林清善于笼络人心，时常救济贫民，贫民们遂加入林清所属的天理教，使天理教一时人多势大。林清也积极结交各层人物，蛊惑许多太监也加入天理教，希望能求得来生幸福。当时大旱，许多贫民以树皮泥土为食，生活痛苦，人心浮动。见此，林清联系了河南、山东等地的天理教首领，约定嘉庆十八年（1813）九月十五三地同时起兵。三路之中，身在直隶的林清最为重要。林清的计划就是以宫内太监为内应，打开紫禁城大门，自己率教徒冲入紫禁城抓住嘉庆皇帝，控制皇宫，进而京师、直隶一股而下。可是，河南天理教秘密制造声势时，被清政府侦破，李文成提前行动，不能北上呼应林清。听说嘉庆皇帝在热河狩猎，带走了大批侍卫，紫禁城守备空虚，林清决定派200人藏身北京内城各处，分别进攻紫禁城的东华门和西华门，自己在宋家庄指挥。

说明：林清图像。

嘉庆十八年九月十五，太监刘得财带领一队天理教徒，准备进入东华门，却露出破绽，守军紧急关闭宫门，只有10多名教徒冲进宫里。太监杨进忠带领另一队教徒顺利由西华门进入紫禁城。在宫内官兵毫无防备的情况下，100多名教徒在紫禁城各处砍杀，守军死伤惨重，火器营官兵入宫平乱。这些进入紫禁城的天理教民，不清楚紫禁城各宫殿布局，只能靠太监领路，但太监趁机报复，耽误了不少时间，使这些天理教民未能攻占机要中枢或挟持后妃，只有40多名天理教徒直入隆宗门，与守军激战，以致隆宗门门匾上还留下天理教民攻击过的箭头痕迹。天理教徒攻打紫禁城时，嘉庆皇帝的皇子们正在上书房读书。听说有教民攻入皇宫，这些皇子并没有惊慌失措，而是立刻拿起武器，准备还击，保护后妃。率领皇子们作战的是皇二子绵宁（1782~1850，后改名为旻宁），也就是以后的道光皇帝。

说明：康熙三十年（1691），选满洲、蒙古八旗习火器之兵，组为火器营，专门操演火器，平时也练习弓箭、枪炮技术，担负北京内城的警戒任务。

绵宁排行第二，但因皇长子早夭，实为长兄。他获知皇宫被袭后，指挥若定，调集禁军反攻，稳定了混乱局面，更亲自持枪上阵，鼓舞士气。当时已有教民攀墙登殿，几乎进入养心殿。绵宁“发鸟铳殪之，再发再殪”，击毙两名攀墙的教民。在绵宁带领下，守军们在储秀宫、东长街一带布防，成功阻止了教民进一步祸乱内宫。镇国公景灏也调动火器营1000多人由神武门

说明：隆宗门始建于明朝永乐十八年（1420），是紫禁城内廷与外朝西路以及西苑的重要通路，明清两朝，非奏事待旨以及宣召，即便是王公大臣也不准私入。图片中的圆圈处是嘉庆十八年天理教进攻时留下的箭头痕迹。

说明：天理教攻城遗址。嘉庆十八年十二月十日，清军攻破滑县，擒获教徒 28000 多人，河南天理教教首李文成最终自焚而死。

入宫救援，迅速封锁大门，作为内应的太监与天理教民抵挡不住，四处窜逃。经过几天闭城搜捕，这些天理教民逐一被抓被杀，林清也在宋家庄被逮捕。嘉庆皇帝回宫后，亲自审问天理教民，凌迟处死林清，又派兵围剿李文成等人，并减免旱灾地区的赋税，给灾民提供粮食路费，安定人心。此外，嘉庆皇帝很肯定绵宁的表现，赞其“忠孝兼备”，封其为和硕智亲王。这也是绵宁能继任皇帝的主要原因之一。

平定天理教起义后，嘉庆皇帝一面“以剿办起事匪徒为正务”，一面特颁《遇变罪己诏》，痛感“总缘德凉愆积，唯自责耳”，并指出“当今大弊，在因、循、怠、玩四字”，必须返躬修省，改过正心，才能上答天慈，下释民怨。从《遇变罪己诏》可见，嘉庆皇帝痛感八旗禁军战斗力之弱、贪生怕死，于是要求官员必须赤心报国，不要尸位素餐，误国误民。刑部审讯林清时，林清对自身策划天理教民进攻紫禁城之事供认不讳，并指出“所习天理教经内有‘八月中秋，中秋八月，黄花满地，白阳出现’语句。本年应闰八月，则九月十五日，仍是闰中秋，故欲谋逆”。林清的供词，让嘉庆帝非常愤懑，并认为天理教事件的起因是官员们忽视了民众教化，无法端正社会风俗，才会有林清这样的凶狠之辈。因此，嘉庆帝决心昌明正学，以《朱子全书》化导诸生，讲明朱子之学，并谕令各地官员稽查销毁稗官小说，因为“斗狠淫邪之习，皆出于此，实为风俗人心之害”，更将童生复试必须默写的《圣谕广训》也推广到生员、贡生、监生的考试中，借以加强皇帝权威。值得注意的是，天理教事件影响了嘉庆、道光年间学术风气的转变。嘉庆前期，基本延续乾隆朝崇尚汉学考据的文化政策，让考据学进一步发展，成为考据学发展的黄金时期。天理教事件发生后，嘉庆皇帝强调理学对正人心的重要性，转而施行提倡理学、贬抑汉学的文化政策，崇尚汉学考据的乾嘉之学不再被提倡，清代学术风气为之一变。可以说，天理教事件后，嘉庆皇帝强调理学教化民众、端正人心的重要性，但提倡理学的效果并不明显，往往流于形式、浮于表面、敷衍以对，甚至在朝廷中造就诸多“假道学”之辈。不过，清朝后

说明：曾持枪率众抵御天理教民进犯紫禁城的皇二子绵宁，即后来的道光皇帝。

期提倡理学的文化政策长时间推行后，对许多年轻士人的影响很大，为咸丰朝培养出许多优秀人才，例如晚清中兴名臣曾国藩、胡林翼等人都是理学大家。

九　袍哥与清代四川社会文化

哥老会是清代中国三大秘密会党组织之一，起源于湖南、湖北地区，是长期活跃于长江流域的秘密结社组织。许多学者认为袍哥的前身是四川的哥老会，但袍哥来历众说纷纭，尚难以定论，比较可能出现袍哥组织的时间为清代中期。袍哥在四川地区逐渐发展，成为一股能量巨大的社会潜势力，在四川社会与中国近现代史上有独特的影响。

经典文献《海底》被奉为袍哥的“组织书”。坊间流传的《江湖紧要》《海底诠真》《江湖海底》等书，都是《海底》的不同版本。根据《海底》的内容，袍哥把自身组织的历史和郑成功连在一起，其政治用意和意识形态都很明显，就是强调袍哥是“反清复明”的组织。《海底》指出郑成功赶走荷兰人，在台湾创立“金台明远堂”，撰写《金台山实录》，并由军师陈近南将《金台山实录》携入大陆内地，借以组织汉族同胞一同“反清复明”。可是，路遇清兵检查，陈近南担心暴露行踪，所以将《金台山实录》丢在海内。后来，渔人捞得《金台山实录》，四川人郭永泰以重金购入此书，并根据此书内容，在永宁创立荩（尽）忠山，有会员4000多人，还仿照天地会的形式，所有会员称哥论弟、互相帮助，是为哥老会。哥老会也仿照《金台山实录》，另定会党规章、切口、仪注。书名《海底》的意思有三：一是从海底捞出来的奇书；二是江湖深似海，一入难回头；三是此书是混迹江湖的必读之书。

前文说过，明清时期对地方社会的控制，主要依靠地方士绅阶层，如乡绅等利用宗族权力与保甲制度，可以协助地方政府进行管理，也可以稳定地方社会的秩序。明末清初，张献忠等人在四川地区大肆屠杀，导致四川人口锐减。清初，清政府采用“湖广填四川”的策略，从两湖地区强制移民填充四川，避免土地荒芜，亦能缓解两湖地区的人口压力，直到雍正年间，四

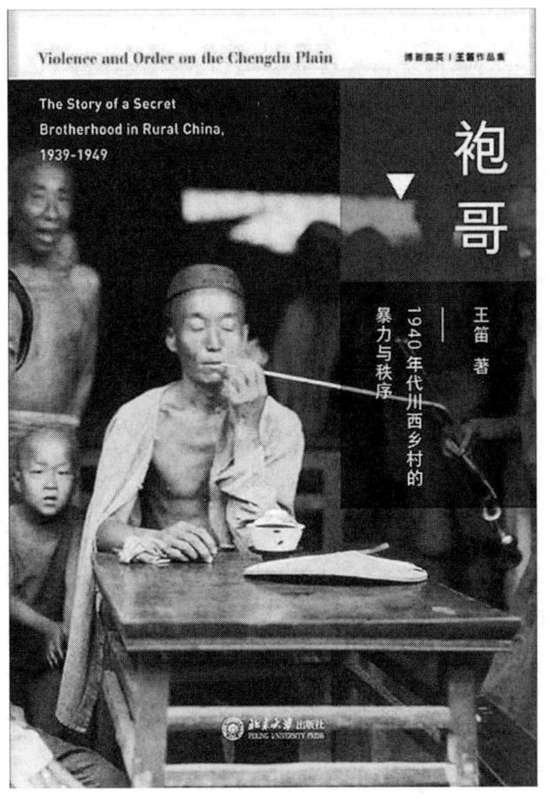

说明：《袍哥》书影。

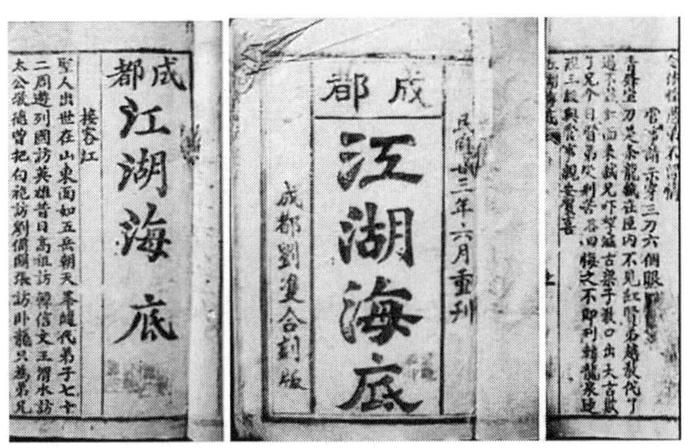

说明：《江湖海底》。

川地区才恢复生气，“蜀中元气既复，民数日增”。正因如此，四川地区的宗族势力与士绅力量十分薄弱，而移民涌进四川地区，免不了和四川当地人发生纠纷，生存压力较大，必须抱团取暖、互助合作，建立移民专属的互助网络，这给袍哥组织提供了可乘之机。辛亥革命发生后，清朝土崩瓦解，四川地区军阀混战，让袍哥势力坐大。因为官府帮不了，警察也帮不了，那就只能靠袍哥组织，于是四川许多民众参加袍哥，寻求保护。在这样的社会背景与文化氛围下，四川老百姓若遇到纠纷，往往不告官报警，而是去找茶馆的袍哥"吃讲茶"，请袍哥主持公道，代为斡旋。

茶馆是传统中国各行各业的情报站、三教九流的碰头点。在清末民初的成都，各家茶馆有着不同的顾客群体：做金银生意的老板爱去春熙路"饮涛"；纱布业的主场是下东大街的"闲居茶馆"；而待业教师想找份差事，就要去少城的"鹤鸣"。有时袍哥会摆出茶碗阵，茶桌上大多不放茶壶，只摆茶碗，袍哥相遇，不必动嘴，只看摆放茶碗的式样，便知来者用意，其中种种阵式、切口和玄机，呈现了秘密会党的仪式力量。根据王笛《茶馆：成都的公共生活和微观世界，1900~1950》，可知四川地方上有什么纠纷矛盾，时常依靠袍哥来调解，并通过在茶馆"吃讲茶"的活动来解决。茶馆会按人头上茶，先不收钱，等袍哥评完理，理亏的一方得付茶钱和给袍哥的礼钱。这种不通过统一、公开的法律准则进行的判决，难免有失公平。对普通人来说，即使袍哥的判决对他很不利，也很难为自己争取公平。不过，由于争执双方在茶馆这样的公共场所处理纠纷，等于将问题暴露在了民众的眼皮下，迫使调解者必须尽量保持公平，不然民众的舆论会对调解者的声誉不利，无形中发挥了监督作用。

四川袍哥的组织非常复杂，大致上分为内八堂和外八堂。所谓内八堂，即龙、盟、香、佐、陪、刑、执、礼；所谓外八堂，即牌把、圣贤、桓侯、管事、巡风、纪纲、挂牌、营门。他们各有职掌，不相混淆。比如，牌把是山主，桓侯管钱粮，巡风负责侦察，挂牌登记名册等。根据王笛《袍哥：1940年代川西乡村的暴力与秩序》的研究，可知袍哥有不同的分支和派别，称为"山堂"，比如说仁字堂、义字堂，他们喜欢用"仁义礼智信"这样带道德取向的名字。袍哥内部分成八等，从大爷、二爷、三爷，到老五、老六、老八、老九、老幺。没有第四和第七，因为他们认为四和七不吉利。大爷叫龙头大爷，又叫舵把子，主管一切。二爷是军师，三爷负责钱粮和接

说明：袍哥吃讲茶。

茶盖放在右侧：三天后我会离开，需要盘缠

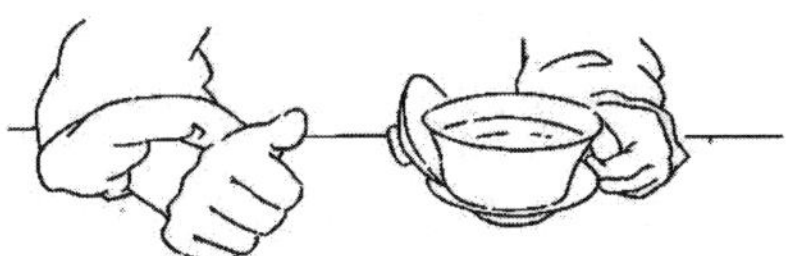

茶盖放在左侧：这事我无能为力

茶盖平放桌上：没事麻烦，纯来拜望

说明：茶碗阵暗号。袍哥的茶桌上大多不放茶壶，只摆茶碗。袍哥相遇，不必动嘴，只看摆放茶碗的式样，便知来者用意。

待。五爷又分为黑旗五爷和红旗五爷，黑旗五爷负责内务，红旗五爷负责外部。由于加入堂会的兄弟人多，什么三教九流的人都有，也就有了清水袍哥和浑水袍哥之分。清水袍哥拥有自己的事业，参与帮会是为了壮大自己的后

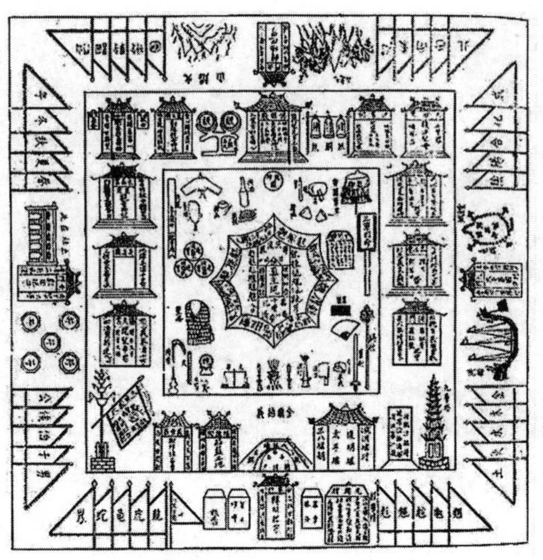

说明：袍哥秘密会社的公口布置，有旗帜、口号、牌位、隐语等。

援，通常是袍哥会控制乡村地方的重要骨干，并作为地方乡绅，在为自己牟利的同时完成一些政府的任务。浑水袍哥是无业者，通过加入帮会来牟利。比如，金堂镇地区的袍哥首领贺松以低廉的价格承包了屠宰税、市场税等，再以高价将包税权转卖出去，并私设关卡，向过往的商贩征收布匹税、糖税等。这是当时一个很糟糕的现象，当地政府即使拥有税务部门，仍不得不借助贺松这样的袍哥来收税，证明袍哥在地方基层的威望是高于政府的。又如，1946 年重庆选举第一届参议员时，参选者有五六十名都是袍哥成员，其他的参选者感觉前途无望，于是花费重金去请求袍哥退出选举，但袍哥始终“不为利所动”。其中不少袍哥进入了政府机构，成为政府官员依赖的维护乡村秩序的骨干。由此可见，袍哥在地方控制上是颇得民意的，这也可以看出袍哥与一般的黑恶势力帮派是有一定差别的。

根据日本学者平山周《中国秘密社会史》的研究，可知洪门隐语，多为明朝遗老中博学多能之士创制，也为江湖社会很多集团所吸收。许多四川方言表达就来自袍哥的切口黑话，如“落教”就是守规矩的意思，“扯把子”就是撒谎的意思。在四川下馆子去吃饭，付钱者称为“出血”，某个男人给女朋友花很多钱买东西，也会说“今天又大出血了”。其实很多人不知道“出血”也是袍哥隐语。手势和隐语一样，属于洪门两大灵魂之一。会员以手势辨敌我、辨认弟兄，意义重大。不同等级的袍哥，拜码头的姿势也不一样。老幺的手势放低，屁股要撅一边，而大爷级别就是双手交叉高举过头。袍哥以象征手法暗传帮会内部信息，如访友、求援、争斗、和解等暗号。对上暗号了，双方才可进入实质性的交流。袍哥各山堂互不统属，常常发生械斗、争权夺利，也因崇尚暴力、朝不保夕，所以袍哥很迷信超自然的力量，一般的袍哥成员往往带有护身符，祈祷自己能逢凶化吉。此外，袍哥严禁家世不清白之人、剃头匠、裁缝、小偷加入，并在内部建立了非常严密的奖惩制度。如果违反了规定，可能招来杀身之祸。例如“扑前刀”，即将三把尖刀埋在地上，刀尖朝上，犯错者须赤着上身向地下扑过去，三把尖刀从前胸进、后背出。所以袍哥内部有“三刀六个眼，自己找点点”的说法，就是命其自杀之意。

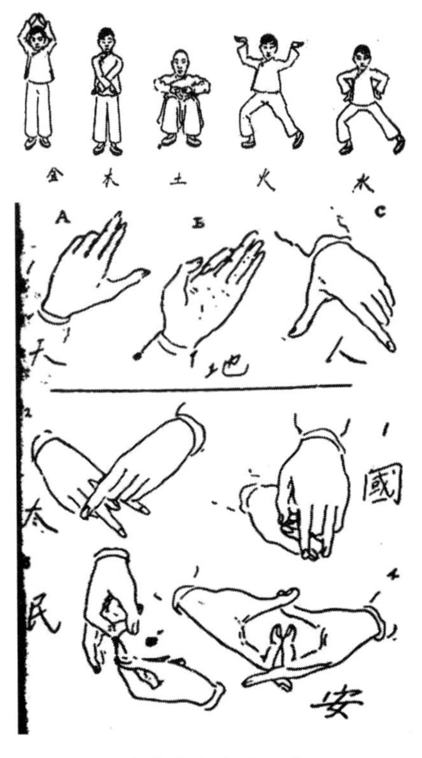

说明：袍哥手势与身体语言。

1911年9月，四川“保路运动”爆发。清军在成都枪杀数十名请愿民众，全城封锁消息。有人把这件血案写在木片上（俗称水电报），顺着河水，将消息传递出去，表示江湖告急，请求支援。木片漂到重庆后，在重庆的袍哥捡起木片，发现成都袍哥受官兵欺负了，立刻带着兄弟前往成都，引发动乱。清政府不得不调武汉新军前往四川镇压，却造成武汉空虚，使辛亥革命得以起事成功。由此可见，袍哥组织在四川地区扮演了非常重要的角色，并在无意间促成了辛亥革命的成功。辛亥革命以后，民国政府虽然建立，但各地军阀混战，地方各自为政。四川实行军阀防区制，迟至1935年才真正被纳入政府的控制之下。这种政治上的分立也给袍哥组织的发展创造了条件。政府虽不断禁止袍哥等组织，袍哥却蓬勃发展，其势力之大、人数之多、遍布之广，令人瞠目结舌，这在当时中国会党中是少有的特殊案例。即便政府控制了四川，但袍哥势力遍布四川，不但违法种植鸦片，也公然贩卖鸦片，获取巨额利益，遂能拥有大量枪枝，具有强大的武装力量，形成了袍哥和四川各级政府和军事力量共存的局面。

四川袍哥普遍地存在于四川社会各阶层，城市或乡村的各行各业均为袍哥渗透。只要到了四川境内，不管你是当官还是做生意，哪怕是当乞丐讨饭，都必须拜袍哥的码头。据不完全统计，全四川的袍哥人数最多时，将近300万人。成都有袍哥公口、分社、支社1000多个，重庆有500多个。重庆的袍哥人数占其全市人口的70%~80%，专职当袍哥的估计有10万人。据有关部门1949年的统计，全川人口中有袍哥身份者在70%以上，职业和半职业袍哥有170万人。由此可见，在社会秩序不稳定情况下，袍哥扮演双重角色，它可以是社会稳定的力量，例如在1920年代四川土匪横行时，袍哥为平定匪患做出了很大的贡献，但袍哥本身又是暴力团体，帮派林立，难免互相争夺地盘、为经济利益发生冲突，引发流血事件。像这种集慈善家和黑社会于一身的情况，真真实实地反映了袍哥复杂的社会背景和多重身份。袍哥经常和地方政治权力结合在一起，例如，四川军阀大多参加了袍哥组织，几乎都是袍哥的“舵把子”。此外，1930年代，重庆女袍哥火爆强悍，其成员主要是军政要人和上层社会的太太和小姐们，令人畏惧。女袍哥仿效男袍哥组织起来，拉关系、设堂口，女袍哥最鼎盛的时期竟达10000多人。比起男袍哥，女袍哥的暴力属性也不相上下。例如，1949年的夏天，在重庆黄桷垭竟有800名女袍哥为争地盘大打出手、混战街头，不但把一家茶馆砸得稀烂，还有人左膀被折断、伤重难愈，甚至有人就此失踪，生死未卜。

1937年抗日战争爆发，川军出川。在国难面前，四川的袍哥也极为活跃，例如，川军将领范绍增是袍哥“舵把子”，他变卖家产，动员几十万人捐款，购买飞机支援前线，更组织袍哥弟兄出川抗日，立下赫赫战功，甚至击毙了日军第十五师团长酒井中将，引起了日本军方的极大震撼。最让川军引以为傲的是1938年由“袍哥将军”王铭章领导的滕县保卫战。这支袍哥队伍不像现代军队这样纪律严明，非常不专业，但他们在战场上血性不减，杀敌绝不手软。他们在滕县坚守多日，3000多人血战到底、全数牺牲，王

说明：袍哥崇尚暴力，也相信超自然的力量，所以一般成员都将这种护身符带在身上。

铭章也以身殉国，奠定台儿庄大捷的基础，为中国对日抗战的历史留下了可歌可泣的篇章。

说明：滕县保卫战是川军抗日的重要战役。

第九章
晚清革命思潮与社会变化

一　内忧外患下的同治中兴

自16世纪开始，世界各地陆续建立起一系列形态各异、地域广阔的帝国，有西班牙、不列颠、莫卧儿、沙皇俄国、土耳其，还有清朝。20世纪中叶，前述大多数帝国都已经崩溃瓦解，甚至有的丧失了对周边缓冲地带的控制权，成为殖民地。自乾隆末年以后，清朝逐渐衰落，政治日渐腐败。嘉庆皇帝和道光皇帝能力不足，失去了早期君主锐意进取的精神，日趋保守和僵化。鸦片战争战败后，清朝不得不与英国、法国等缔结了不平等条约，被迫割地赔款、开放通商口岸，朝廷的威信一落千丈。不过，清朝虽割地赔款，在内忧外患的冲击下，仍基本保留了多民族国家的完整，为后世的中华民国和中华人民共和国在法理上保留了相当宝贵的领土主权。

清朝几乎没有昏庸的君主，但因皇帝只接受过传统教育，认知与视野不免局限在传统的儒家观念里。咸丰皇帝死后，慈禧太后与恭亲王发动辛酉政变，杀死咸丰皇帝指定的辅政大臣肃顺等人，改为由两宫太后垂帘听政、亲王辅政的体制。光绪十年（1884），慈禧太后发动“甲申易枢”，逐去恭亲王等人，进一步掌握大权，但因现代知识不足，耽溺享受，甚至挪用北洋海军军费修筑颐和园，间接造成北洋海军的落后。欧美列强对清朝的渗透入侵，实行的是“剥洋葱”策略，将绵延千年的东亚地缘秩序一层一层剥开，东亚朝贡体系也开始受到欧洲坚船利炮的冲击。外患方面，1879 年日本非法吞并琉球。1885 年中法签订《中法新约》，清政府承认法国对法属印度支那诸殖民地的权利，承认越南为法国的附属国。1895 年，中日签订《马关条约》，规定朝鲜独立，实际上标志着清朝朝贡体系彻底解体。内忧方面，自咸丰朝开始，陆续爆发太平天国、捻军、陕甘回民、云贵苗民起义。中国最富庶的地区落于太平天国之手，同时捻军纵横华北，回变摧残陕甘，清朝陷入比三藩之乱更可怕的内战中。依靠曾国藩、李鸿章等人建立的湘军和淮军，清朝最终平定各地起义。同治时期，清朝的国力有了一定程度的恢复和增强，出现了较安定的局面，史称“同治中兴”。

同治以来，清政府致力于恢复朝廷的威信，注重培养有真正治世才干的人，甄汰官吏，打击腐败，并重建地方行政体系，某种程度上得以应付西方的冲击。在长期的内忧外患中，清政府认识到工业的重要性，尝试建立近代工业，开办采矿业、铁路运输、电报通信等事业，还创办了轮船招商局、江南制造局、福州船政局，并重新整顿军事体系，重视士气和民众支持的团练，聘用外国顾问与外国军官，购买外国武器，利用新式武器镇压叛乱。1861 年初建立总理衙门作为近代外交机构，全面主持与西方各国的关系，合理运用国际法维护本国利益，避免了西方列强寻衅滋事，还能要求欧美诸国遵守条约，不得任性行事，而非法的人口买卖与苦力贸易也在一定范围内得到控制。

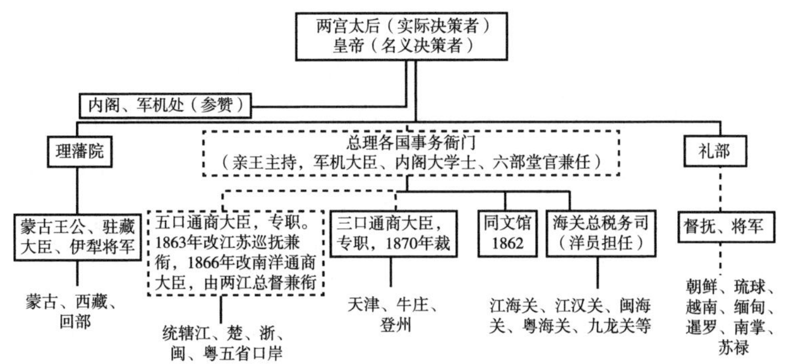

说明：1861 年以后清政府调整边疆和外交体制。

面对清政府的改变，欧美诸国也调整了对华政策。英国采取理性合作政策，避免动用武力，把中国当成文明国家对待，支持加强中央政府的权威。英国的利益依靠中央政府的存在，中国的衰弱是对外战争导致的，如果中央政府垮台会损害英国在华长期利益。美国采取感性合作政策，认为只要彻底满足中国，西方就能从中获利。英、美两国在思想上略微有差异，但在政策措施上几乎一致。法国采取谨慎赞助政策，既不相信中国，也不相信西方列强，并与其他列强及中国合作。俄国采取间接支持政策，表面看起来赞同其外交伙伴的合作政策，却通过武力和欺骗的双面手法，迫使中国割让大片领土，扩张领土、扩大特权。

说明："甲申易枢"后，恭亲王被迫下台，慈禧太后得掌大权。

"同治中兴"的主要推动者很多，在中央的是恭亲王奕訢、文祥和沈桂芬等人，在地方的代表人物是曾国藩、左宗棠、李鸿章等人。其中最具典范性的是曾国藩。从曾国藩留下的文集、家书及奏折中，可见曾国藩广泛论述了自身对公共事务的看法，包括军队改革、农业复兴、对外交往、工业化、教育、财税等方面。他的这些看法和思想，统统是儒家视角，使用的是儒家词汇，行动依照的是儒家标准。这不是他一个人的特点，而是中兴名臣们的共性。也就是说，"同治中兴"依托的思想资源，仍是儒家思想，这决定了中兴名臣们的局限，他们不敢也不能触动

说明：清朝官员与外国公使的交往。

根本的君主专制政体，仅试图利用西方资本主义的技艺，强化君主专制政体的清朝统治。例如，光绪十年（1884）的“甲申易枢”，无疑是一场政变，以恭亲王奕訢为首的军机处大臣被全部罢免，使慈禧太后权力日益强化，也让清朝推动的改革无法发挥最大成效，最终导致1894年中日甲午战争的失败。

说明：洋务运动的推动者。

二　1644~1894年满汉关系的变化

在传统帝国向现代民族国家转型的过程中，满汉两个族群是不断流变的，二者之间的关系也是不断流变的。满人经历了一个长期的“汉化”过程，汉人也经历了反向的“满化”过程，使满汉关系不再是文化差异，而在本质上成为一种社会差别，反映在他们的地位、生计、职业等方面。清代实行旗民分治政策，旗人不隶州县，不入民籍，由八旗系统单独管理。旗人作为“国家之根本”，得到了清朝的特殊庇护。顺治、康熙、雍正时期（1644~1735），大学士与六部、九卿等主要官员，基本上满汉各半，文书用满、蒙、汉三种文字书写，汉语成了满、蒙、汉三族的通用语言。尤其是孔孟之道成为满汉共同的思想信仰，清朝历代皇帝强调“中国而夷狄也，则夷狄之；夷狄而中国也，则中国之”，以期消弭夷夏之防，标志着“满汉一家”已基本实现，定下了清代满汉关系的基调，也成为清朝满汉一家政策的理论基础。在制度和法律层面，“旗”与“民”是清代社会人群的基本分野，二者在政治地位、行政隶属、法律管辖、权利义务、社会功能等方面泾渭分明，不允许有丝毫逾越。旗人享有种种优于民人的待遇，各类官书典志中“旗”与“民”对举的制度与条例比比皆是，旗民分治成为清代政治制度最突出的特点之一。下文以清代杭州驻防八旗为例，说明旗人与民人之区别待遇。

自古以来，杭州被誉为“东南形胜，三吴都会”。在清代，杭州是“不可无重兵驻防以资弹压”的“江海重地”，又是南北经济文化交流的关键点和天下财赋的重要来源地，因此成为清朝最先派驻八旗的城市之一。杭州驻防八旗有两大功能。一是监控文官，杭州将军及二把手都统有权直接上密折。每月初一和十五，浙江巡抚须率领其下属到旗营去拜见将军。二是控制杭州，驻防将军掌握着杭州各城门的钥匙。每个城门由驻军中不同旗属的士卒把守。当然，杭州驻防八旗也有些弊病：敲诈勒索百姓，如向行人索取过路费；把西湖当作养马场，让西湖臭不可闻，屎尿横流，卫生情形堪忧；发放“营债”（要求用房产和家人作为抵押的高利贷），扰乱杭州市场经济。对于驻防八旗官兵的这些恶劣行为，杭州官府难以管控，杭州将军也不愿意约束旗人，自然引发杭州百姓的不满。

杭州满城建成后的200余年间，从未遭遇兵火之事。旗人居于城中，

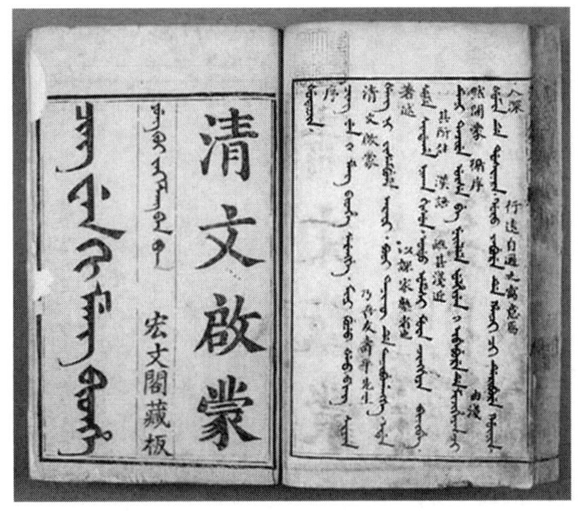

说明：《清文启蒙》内容全面，涉及语音、词汇、语法等各个方面，是清代流传广、版本多的满语教科书之一。清代官方用满文大量翻译编纂儒家经典，可见清帝推崇儒家思想的积极程度。

逐渐融入杭州社会。杭州旗人在地化的证据如下：不再要求旗人回葬北京，允许旗人死后就近埋葬，旗人遗孀可以留在杭州满城，不必回到北京；允许旗人在当地参加科举；旗人融入当地社会、接受当地文化，与杭州本地人一样，旗人也会在六月十九观音菩萨生日时去西湖西山的上天竺寺进香。但杭州终非永无兵革之祸的世外桃源。咸丰十一年，杭州满城首次遭遇了兵祸。太平天国将领李秀成为解南京危局，采用“围魏救赵”之计，曾两次进攻杭州城。驻防八旗与绿营满汉双方共抗太平军。由此可见，在清朝近三百年的统治时期，旗民之间虽有显著的差异与隔阂，但杭州旗民共同对抗太平军的事例，表明旗民之间的关系至少不像后来革命党人宣传的那样水火不容。

满汉之间存在多种差异。根据路康乐的研究，可知“满”的概念虽随着时间的流逝而发生变化，但始终与清朝历史、八旗组织交织在一起。因此，“满”的含义呈现三个递进层次：“一是满洲，分布在东北各地的女真人的后代；二是八旗满洲；三是旗人，包括了满洲八旗、蒙古八旗和汉军八旗以及包衣。”换言之，“满人就等于那些二十四旗的后代，被官方称为旗

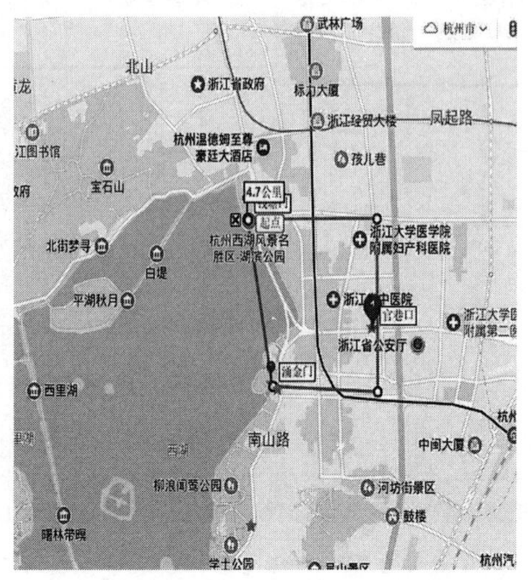

说明：图中梯形框框是清代杭州驻防八旗的满城范围。清代杭州满城看起来面积不大，但占当时杭州城内总面积的13%，也是今日杭州最为繁华的地段。

人，由汉人组成的非旗人被归为民”。尽管存在着内部区别，八旗对外是一个统一的整体。19世纪晚期，旗人开始被称为满人，尤其是甲午战争战败的刺激，让改革派最早提出了“满人问题”，指责“我国人日言为外人奴隶之耻而不知为满洲奴隶之耻，日言排外种而不知排满洲之外种”。很多革命党人也宣传“满人七宗罪”，并指责满人对汉人犯下许多罪行，借以证明革命的正当性。至此，旗人开始正式从一个职业身份向一个民族转变：由清朝世袭军事阶层，转变成革命党人口中的“满人”。

三　1895~1912年革命思潮的涌动

戊戌政变后，慈禧太后废止了维新派提出的改革措施，继而利用义和团打击外国列强，不料却引发八国联军侵华。孙中山成立的革命团体高举“驱逐鞑虏，恢复中华”之旗帜，积极发动反清革命。迫于内外压力，慈禧太后实施庚子新政，并着手解决改革派提出的“满汉问题”，裁减旗人特权。激烈的“反满”意识虽无法撼动清朝中枢，却让旗人们意识到“满汉问题”的重要性。

清朝统治的最后10年是一个剧变的时代。1901~1911年，清朝内部有变革的尝试，发起了“新政”和立宪运动；革命党暗中很活跃，致力于“驱除鞑虏、恢复中华”，接受革命排满学说的人也逐渐增多。资产阶级、小资产阶级知识分子开始公开倡言革命，而哥老会、洪门等各种带有民族主义性质的秘密会党在陶成章、欧榘甲等人的引导下，纷纷倒向革命派，“排满”口号就像一条绳索，把各种各样性质的反清团体连接在了一起，最终使清朝轰然倒塌。1907年7月6日，安徽巡抚满人恩铭被反满刺客徐锡麟刺杀。恩铭之死，凸显满汉关系的尖锐，引起满人官员的巨大不安和慈禧太后的重视。恩铭刺杀事件之后，直隶总督袁世凯随即上奏，其中就提到“满汉必须融化也”，军机大臣张之洞同时也上谕请求“化除满汉畛域”。汉人大吏之所以苦心孤诣地试图化解满汉矛盾，正是为了应对革命党人所煽动的一波又一波“反满”行动，一旦清朝废除八旗制度，取消旗人的特权地位，革命党人的“反满”宣传自然失去了现实基础。因此，1907年9月27日，慈禧太后发布谕旨，改革八旗制度，逐渐解散各地的驻防八旗，给旗兵分配土地以代替军饷，并消除满汉之间在社会生活上和法律上的差异，甚至废除“旗民不交产”禁令，切断旗人依赖清政府的经济供养。这些改革措施，引发旗人群体的不满情绪。

说明：徐锡麟刺杀恩铭。

★ 男子发式和官员服饰	
赞成剪发易服	反对剪发易服
革命派： 汉人屈服于满人统治的标志 改良派： 不符合现代世界潮流	满人守旧派： 有违祖宗礼法 汉族商人和制造业主： 发式或服饰改变会波及经济，产生破坏性影响

说明：剪发易服的争议。

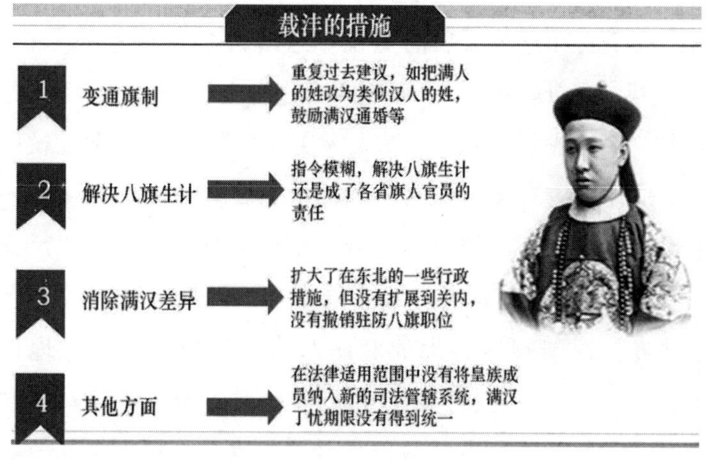

说明：摄政王载沣部分改革措施。

1908年光绪皇帝、慈禧太后相继去世后，作为宣统皇帝生父的摄政王载沣将改革之路走得更远。变通旗制、解决八旗生计，清政府不再供养旗人，为了消除满汉差异，还废除旗人在政治、司法、出仕等方面特权。不过，受限于专制皇权与保障皇族权益，载沣仍未将皇族纳入新的司法管理系统，满汉官员在特定职位与丁忧期限方面有所不同。清政府看似裁减旗人特权，但从慈禧太后1906年重组中央官僚机构之趋势，可知满洲贵族仍紧紧把控权力核心，甚至更为扩大。1907年底，满人在中央的13个尚书职位中占有绝对多数，达到9名，汉人只有4名。在1910年8月重组军机处后，满人与汉人的比例是3∶1。当时14名尚书，满人有10名，汉人只有4名。

至于剪辫易服的建议，清政府采取回避态度。

1911 年夏天，湘、鄂、粤、川等省爆发“保路运动”，四川尤为激烈，于是清政府调武汉新军入川平乱，武汉布防空虚，为革命党提供了良机。10 月 10 日晚，新军工程第八营的革命党人熊秉坤打响武昌起义的第一枪。汉阳、汉口的革命党人分别于 10 月 11 日夜、10 月 12 日攻占汉阳和汉口。起义军掌控武汉三镇后，湖北革命党人建立湖北军政府，并公开宣称其目标在于“兴汉灭满”之后，针对满人的流血事件时有发生。例如，当时武昌城里四大满姓家族（扎、包、铁、布）均被杀害，八旗会馆也被完全摧毁，旗人尸体堆积如山，惨不忍睹。

说明：1910 年 8 月重组军机处后，满人与汉人的比例是 3：1。14 名尚书中，满人有 10 名，而汉人只有 4 名。

说明：辛亥革命与反满暴行。

武昌起义胜利后短短两个月内，湖南、广东等 15 个省纷纷宣布脱离清政府独立，也陆续发生反满风潮，这种风潮极容易发展成针对满人的仇杀。这种倾向在武昌起义一开始时就表现得十分明显，并扩展到其他省份，造成很多不必要的流血事件。例如，西安革命军以“秦陇复汉军”的名义发布了一份简短的通告，称各省纷纷起义要求“排除满人”，并在通告中宣示要保护市民、商人、外国人，并尊汉民和回民为一家，但保护对象中没有满人，导致许多满人被杀。美国学者李约翰（John Gibbeert Reid）在《清帝逊位与列强》中引用英国外交文件（英国驻华公使朱尔典根据当地传教士报告发给外相格雷爵士的电报），指出“西安为革命党所占据，男女老少有一二万人的驻防旗营（满蒙八旗）实际上被全部消灭，8 名外国侨民也在混乱中被杀”，可见其惨烈程度。武昌起义后各地驻防八旗情形整理如下。宁夏、绥远驻防八旗击退革命军；荆州、西安、福州、杭州和伊犁驻防八旗抵抗革命军，爆发激烈冲突；太原、镇江、广州、南京和成都驻防八旗直接投降，未进行抵抗，和平移交政权。暴力发生时，也有很多汉人设法去保护那些无辜旗人，使他们能逃过一劫。为了证明革命的合法性，辛亥年间革命党人对各地旗人群体的杀戮，都被有意隐去。讽刺的是，无辜被杀的都是一般的旗人百姓，而大多数满人高官却安然无恙。

说明：革命军要求剪辫。

说明：五族共和的宣传广告。

辛亥革命推翻了中国几千年以来的君主专制制度，是近代以来中国社会矛盾激化和中国人民顽强斗争的必然结果。中华民国建立后，革命党人不再强调种族革命，而是强调五族共和，即以中华文化为认同中心，其历史根据为天下观。倡导“反满革命”的章太炎，在革命成功后话锋大变：“所谓民族革命者，本欲复我主权，勿令他人攘夺耳；非欲屠夷满族，使无孑遗，效昔日扬州十日之为也。”章太炎认为清朝既然大势已去，不必用极端的“种族灭绝”方式去对待满人，而是要将满人重新纳入中国与共和政体当中。

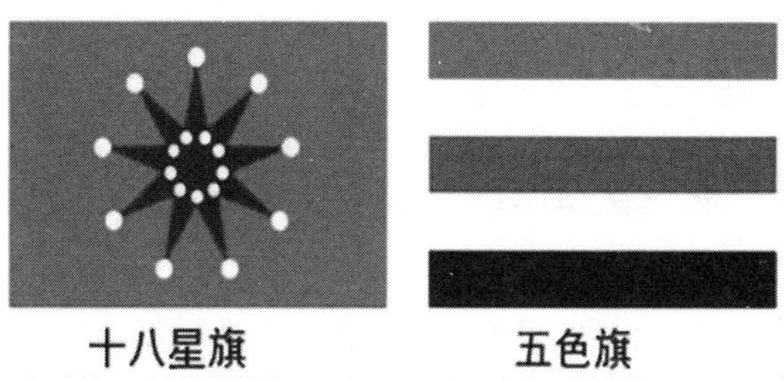

说明：旗帜的变化说明了民族观念从“驱除鞑虏”到“五族共和”、从“小民族主义”到“大民族主义”的转变。

1912年孙中山发布《中华民国临时大总统宣言书》，宣布汉满蒙回藏"五族共和"，反满革命的浪潮随之平息。1912年2月12日，宣统皇帝发布退位诏书，并保留相当优厚的皇室待遇，但一般旗人普遍缺乏谋生技能，他们也不愿意外出谋生，其命运如汪洋中的孤舟。因为失去八旗制度的保障，北京旗人的生活水平普遍大幅下降，很大一部分陷入贫困甚至赤贫状态。他们无力谋生，或卖儿卖女，或无家可归，在路边冻死、饿死，或充当炮灰，死于战场，或沦落底层，充当人力车夫、乞丐。民国时期，许多旗人为了生计，改姓更籍，掩饰旗人身份。旗人作为一种身份，已经不复存在。

说明：民国初年北京一户旗人家庭。

四　从立宪到革命：君主专制政体的终结

清政府在义和团运动与列强干涉后实施新政，派遣大臣前往海外考察宪政。慈禧太后根据清宗室载泽、戴鸿慈、徐世昌、端方和绍英五大臣的意见，于光绪三十二年（1906）下诏预备立宪，阐述"仿行宪政"的含义为"大权统于朝廷，庶政公诸舆论，以立国家万年有道之基"。翰林院庶吉士高桂馨认为改革的地方有三——兴学、理财、练兵，并指出中国圣贤所留下的经学，稍加变通之后，仍是超越全球的绝学。只要先定明法律以达内治修明，那么外交就简单得多，经学昌明，道德教育才有未来可期。他还强调财政稳定的重要性，因为法律和政治均与财政有相互依存的关系。监察御史赵炳麟则强调用人唯才的重要性。立宪必须在官民之间建立起高道德标准。要求强大的中央集权政府，加强对地方官的控制，只有地方官员不敢擅自私营，人民才有功德，立宪才能推行。许多官员都想象并期待一种君主有最后裁决的权威，而君主本身不负任何责任的立宪体制。许多热心维新事业、反对革命的地方士绅，都热烈响应预备立宪政策，纷纷成立预备立宪公会。这些热心参与者，皆是当时中国社会的精英分子，被称为“立宪派”。

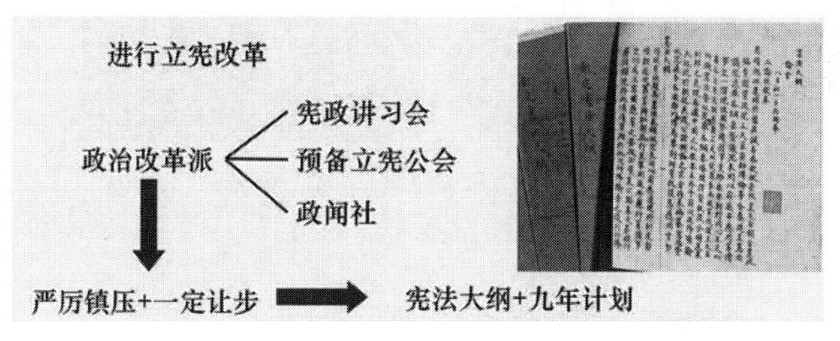

说明：立宪运动发展情形。

1905 年，日俄战争结束，君主立宪制的日本战胜了农奴制的俄国，让许多人认为“日本以立宪而胜，俄国以专制而败”，所以当 1906 年清政府预备立宪时，无论是一般士人还是官员，态度极为积极，希望尽快实行宪政，加快进行政治体制改革。立宪派人士主张“君民一体，呼吸相通”，标榜天下为民统治，皇帝与人民之间不再有差异和隔阂。例如，黑龙江巡抚程德全说“立宪一事，论内阁之担负责任则利于君，论国民之参与政权则利于民，论政体之齐一人心则利于国，独不利者官耳”。但统治者并不认为权力可以从皇帝下移到人民身上，只认为立宪是一种绕过官员达到君主与人民一体的方式。例如，贝子载泽认为“立宪政体，利于君，利于民，而独不便于庶官者也”。因此，当官者将受到从君主到人民的双重规训。时任清朝驻美钦差大臣张荫棠提醒清政府，立宪政体的优点即在法律规范的框架内联合君民上下，人民知道国家是君主与人民共有，爱国心便油然而生。考察宪政大臣达寿也指出，清政府若不顺应民意，必会导致暴动和革命。有些人着眼于主权不可分割，高喊“君民一体”，要求剪辫易服，借以融合不同族群，消除满汉之间的隔阂。整体来说，立宪的作用是政治的转型、统治权的合理化、规训秩序更新及促成国家的统一强盛。许多官员都提到了主权归属于君主。官员们也乐观地相信人民接受教育后，肯定能成为适合实行宪政的公民。

说明：清末立宪运动倡议者张謇（左）和汤寿潜（右）。

说明：清末各省地方士绅参与立宪运动的情形。

1908 年 8 月，《钦定宪法大纲》颁布，宣布“预备立宪”，以 9 年为期，9 年后正式立宪法、开国会。整份《钦定宪法大纲》有浓厚君权色彩，基本上体现了三权分立的原则，并规定臣民有言论、著作、出版、集会、结社、拥有财产、选举和被选举等方面权利，还放宽了对报刊及政党的限制。清朝推崇日本君主立宪的宪政体制，确保君主总揽大权，强调君权至上，“君上有统治国家之大权，凡立法、行政、司法，皆归总揽，而以议院协赞立法，以政府辅弼行政，以法院遵律司法”，“上自朝廷，下至臣庶，均守钦定宪法，以期永远率循，罔有逾越”。一个君主握有权力却不必负责任，这样的权力只会导制腐败。因此，梁启超认为君主立宪制度必须依据宪法，再用宪法限制君权的范围，这样既能避免专制政体的弊病，也不会生出共和政体的乱象。就政治而言，君主与人民之诉求应若合符节，君主应不负民望所托。少数触及君主立宪主题的奏折，都主张君主权力受到宪法限制，但这样的观点常以语义含混的方式表达，舒缓清朝的疑惧。所以在辛亥革命爆发后，清朝提出《宪法重大信条十九条》（简称《十九信条》），其中第三条便同意“皇帝之权，以宪法所规定者为限”，但这时已经太迟了，立宪派已转投革命，不愿再支持清皇室了。

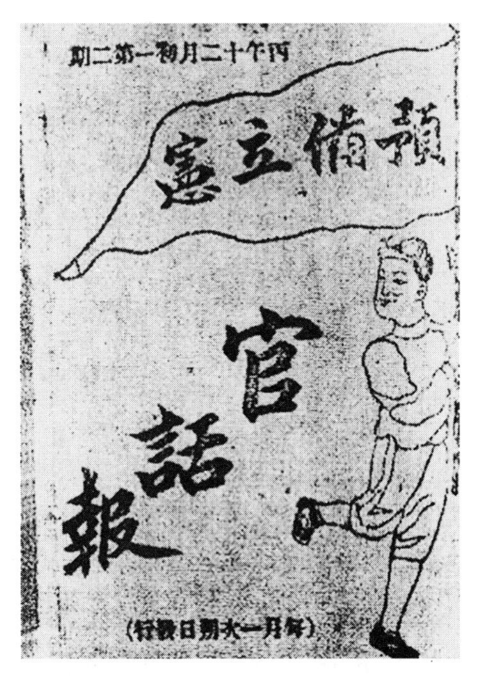

说明：《预备立宪官话报》在光绪三十二年十月（1906 年 11 月）创刊，月刊，由庄景仲经理，上海预备立宪社发行，其“专以开化风俗，改良社会，使人人有预备立宪之资格为宗旨”，鼓吹君主立宪

蓄留发辫、穿着满式服饰是清朝统治的基本国策。为推行预备立宪，载沣摄政后对辫服禁例有所放松，立宪派也将剪发作为推动宪政的重要手段，载涛、毓朗等人更积极提倡官民“剪发易服”。在载涛等人影响下，“剪发易服”舆论和社会自行剪发行动迅速发展，载沣也日益倾向将“剪发易服”付诸行动。可是，“剪发易服”问题加剧了清朝统治集团的分裂、斗争，使载沣等人和立宪派在推进改革与维护清朝统治之间陷入自相矛盾境地。随着清末国货运动酝酿、发展，立宪派从维护国家利益出发，在“剪发易服”问题上注重保留中式服装，避免保守派的阻力。随着 1909～1910 年朝野立

宪力量对“剪发易服”的提倡、推动和社会剪发行动的兴起，朝野双方不仅在推动宪政改革目标上达成一致，在改革具体策略上也出现了共同声音。《申报》也指出，当今为尚大同、主统一、实行世界政策之时代，实现世界大同就应谋求形式统一，但强国之道千端万绪，剪发只是其中之一。要真正实现强国，仅仅停留在表面的形式改革并不够，根本还在于效英、法、美、日等列强实行宪政改革。一些理想远大的官员认为，立宪可以将君主与人民合为一体。而对于另外一些官员而言，立宪至少能将政治公诸舆论，使君主做出更好的决策。立宪的思想革命逐渐走入人心，其中的矛盾之处也进一步促成了之后的辛亥革命。

本质上，清朝依然是一个维护满洲亲贵的国家，清朝历代皇帝，都是满臣汉臣各半，彼此钳制，但是欧美诸国入侵与太平天国起义，使得清朝皇帝不得不大量重用汉族士绅，就培养出了无数尾大不掉的汉族地方势力。在庚子国变中，汉族军阀更是公然抗命，不但拒绝支援朝廷，反而擅自和洋人签订“东南互保”条约，满人的统治岌岌可危，以至于要通过明目张胆地排挤汉人来实现。1909 年秋，各省咨议局正式开幕。感于清朝立宪预备太久、排汉日甚，1910 年 1 月，各省代表齐聚北京，请于一年内召开国会。从清朝贵族的角度来看，立宪成功以后，也就意味着他们手中的权力被削减了，所以清朝贵族频频组织起反抗行动。此外，清朝和西方列强的关系也会因为立宪成功而发生改变。立宪成功，意味着西方列强在中国得到的钱财和权力都会大打折扣，所以西方列强并不支持立宪运动。由于满洲贵族与西方列强的阻碍，绅民只能以一场民族革命的方式，开启中国现代化之路。正因为满人对特权地位丧失的担忧，西方列强也不支持立宪运动，中国的君主立宪逐渐化为泡影。由于请愿国会运动受到严重挫折，部分立宪派人士转而同情革命。1911 年 5 月 8 日，清朝颁布《内阁官制》和《内阁办事暂行章程》，设立责任内阁，任命声名狼藉的庆亲王奕劻为总理大臣内阁大臣 13 人中，满人有 8 人，汉人 5 人。8 名满人阁员中，皇族竟占 5 名。对此，反对者讽称此内阁为“皇族内阁”，许多立宪派人士深感痛心，不愿再支持清政府，转投革命党。1911 年辛亥革命爆发后，清政府不得不重新起用袁世凯，命其为总理大臣。在革命党人的军事威胁下，清政府在 11 月 8 日取消“皇族内阁”。袁世凯掌握清朝军政大权后，很快与中华民国临时政府谈判，并以清帝退位为条件，换取中华民国临时大总统的大位。1912 年 2 月 12 日，宣统皇帝溥仪宣布退位，清朝遂告覆灭。

五 历史记忆的多样性：以慈禧太后为例

记忆与历史不尽相同。除了生理上、心理上的制约外，每个人的记忆都受到社会环境的影响，而社会的集体记忆更是文化的产物，经长期积累而成，往往真假莫辨。与记忆的多变性不同，历史讲究客观可信，尽量拼凑信息的碎片，以还原真相。换言之，记忆是对往事的一种重演与回顾，而历史必须解释往事，产生历史意识，而这种叙述具有特定的功能，包括意识形态的控制、统治者对民众的规训及群体认同的塑造等。本节观察有关慈禧太后（叶赫那拉氏）的历史记忆与历史评价，借以说明记忆与历史之异同。通过对历史记忆的爬梳，可知历史学家利用史料考证与理性考证，能够呈现慈禧的功过是非，但无法取代那些存在于华人社会的负面集体记忆，甚至受到不同社会背景与意识形态的影响，慈禧太后被附加了多种离奇怪诞的形象，最终在华人社会的集体记忆中，慈禧太后的功劳已被忽略，被当作清朝衰亡的元凶之一。

说明：慈禧太后照片。

晚清时人对慈禧的评价有四种，分别是有才奈何女儿身、有德奈何被丑化、亡国愤怒的宣泄口、百年屈辱的“替罪羊”。熟悉晚清宫廷史事的黄浚（秋岳），听闻叶赫那拉氏入宫前，曾受教于文舒保，向其学习书画。叶赫那拉氏入宫后，随嫔妃们学习《圣训》、《实录》、儒家德行与礼仪之类，从而掌握了读书识字的技巧，所以在同治元年（1862）以后，母以子贵的叶赫那拉氏已能浏览由侍讲官编写的《治平宝鉴》，并阅读由军机处进呈的《实录》与《圣训》，具备了亲自批阅奏折的能力。历史学家吴相湘曾在故宫博物院发现内务府档册，其中有叶赫那拉氏手谕草稿。吴相湘指出，这份手稿虽书法凌乱、错别字不少，但条理分明、文句顺畅，并不难改正润饰。

咸丰十一年（1861），咸丰皇帝病逝于热河避暑山庄行宫。咸丰帝指定其与叶赫那拉氏之子载淳继承皇位，但因载淳年幼，遂任命怡亲王载垣，郑亲王端华，大学士肃顺，驸马景寿，军机大臣穆荫、匡源、杜翰、焦佑瀛八人为顾命大臣，赞襄一切政务，尽心辅弼载淳。肃顺办事果决，最得咸丰信任，是八名顾命大臣中的领导人物。为了避免皇权旁落，重演康熙朝鳌拜专横之事，咸丰皇帝临终时，赐给皇后一方“御赏”印，赐给皇子载淳一方“同道堂”印，由生母叶赫那拉氏保管，所有诏书须两印同盖方能有效。顾命大臣本不愿两宫太后插手政务，在叶赫那拉氏一再争执后，才答应奏章呈皇太后批阅、用印核可。虽说如此，若太后只能钤印谕旨却无法更改谕旨内容，那核可权只是徒具虚文，所以叶赫那拉氏并不满足，遂密令太监安德海回北京，向恭亲王奕訢传递消息，以图共同扳倒顾命大臣。

载淳即位后，尊咸丰帝皇后钮祜禄氏为慈安太后、尊生母懿贵妃为慈禧太后。回京途中，慈禧太后与恭亲王联手擒拿肃顺，押解回京，很快将其正法于菜市口。未几赐载垣与端华被自尽，其余顾命大臣尽皆免职，史称“辛酉政变”。“辛酉政变”是君权与相权的一次大冲突，使清朝体制发生重大改变，由大臣顾命变为“太后垂帘，亲王辅政”，内有两宫皇太后垂帘听政，外有恭亲王担任领班军机大臣，主持朝政，从而开始了“同治新政”。

恭亲王奕訢是有才干的人，又手握大权，最后却在政治斗争中败在慈禧太后的手下。两人的矛盾并不在于政策，而在于慈禧难忍议政王的“傲慢”，这正是政治上一山难容二虎的普遍现象。中法之战后，慈禧太后发动

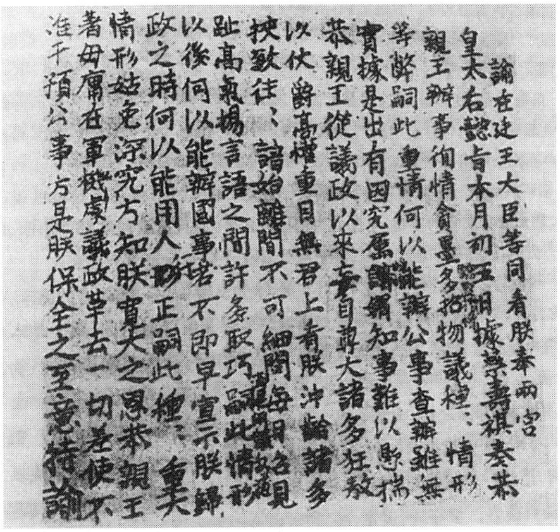
諭在廷王大臣等同看朕奉兩宮
皇太后懿旨本月初[illegible]據[illegible]壽祺奏恭
親王辦事徇情貪墨多招物議種種情形
等辭嗣此重情何以[illegible]公事查辦雖無
實據是出有因究屬[illegible]知事難以懸揣
恭親王從議政以來[illegible]自尊大諸多狂敖
以伏爵高權重目無君上看朕沖齡諸多
挾致往往諸始離間不可細問[illegible]見
趾高氣揚言語之間許多取巧[illegible]此情形
以後何以能辦國事若不即早宣示朕歸
政之時何以能用人行正嗣此種種重
情形姑免深究方知朕實大之恩恭親王
著毋庸在軍機處議政革去一切差使不
准干預公事方是朕保全之至意特諭

说明：慈禧亲书罢革恭亲王奕䜣的上谕。内务府档册中有慈禧手谕草稿，虽然书法凌乱、错别字不少，但并不难改正润饰，证明慈禧掌握文字的能力。

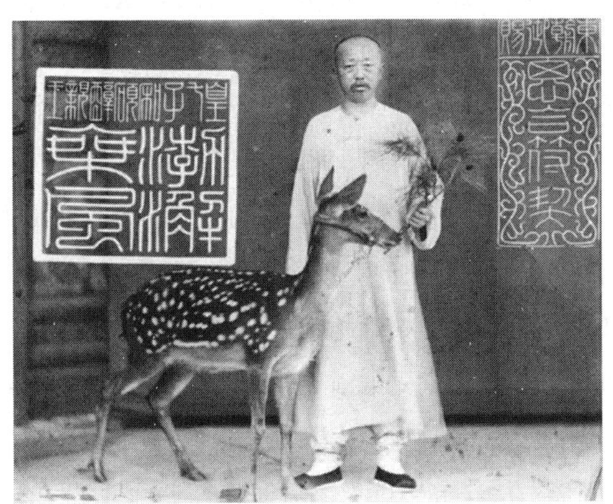

说明：光绪皇帝生父醇亲王奕譞。

“甲申易枢”，礼亲王世铎，户部尚书额勒和布、阎敬铭，刑部尚书张之万，工部侍郎孙毓汶组成新的军机处，随后又宣布“军机处遇有紧要事件，着会同醇亲王奕譞商办”，至此，以醇亲王奕譞为首的新的行政核心组成。恭亲王被投闲置散凡十年，直到 1894 年甲午战争后，又被起用为军机大臣，却暮气已深，无所作为。

戊戌变法失败后，康有为、梁启超潜逃日本，并在日本办报，展开保皇运动，其目的就是打倒慈禧太后的势力，以冀光绪皇帝能重握政柄，所以对慈禧的攻击尤其严厉。康有为力陈光绪皇帝之圣明与慈禧太后之腐败，并认为戊戌变法的失败主要是受到“西后之扼”，并强调慈禧执政无正当性，将太后干政等同“篡位”，更进一步从性别上加以讨伐，将慈禧掌权比照中国历史上的“女祸”。康有为致力诋毁慈禧，却伤害了清朝的声誉，至少在辛亥革命前，这些批评慈禧的言论对颠覆清朝起到了推动作用。戊戌政变时，章太炎遭牵连，先后避居中国台湾、日本，曾以“台湾旅客”笔名在《清议报》发表文章，呼应康梁否定慈禧太后的正当性。1900 年庚子事变后，章太炎决心剪辫，从事革命，不再认为康有为等待叶赫那拉氏老死、光绪复辟可以救中国等论点是可行的，遂以慈禧治下的整个清朝为敌，攻之不遗余力，鼓吹反满革命。

中华民国成立后，社会上仍有着不少前清遗老遗少怀念清朝的荣光，甚至组织宗社党，力图恢复清朝的统治。享誉国际学界的王国维也是其中之一。王国维，字静庵，号观堂，足称现代学术的开山大师，才华洋溢，为中国文化瑰宝留下了无尽的宝藏。可是，王国维效忠清室，与遗老们来往密切、声气相求，身在民国却怀念清朝，最后在颐和园投湖自尽，在民国时代堪称异数。值得注意的是，王国维在《颐和园词》歌咏的对象不是光绪皇帝，而是慈禧太后，赞其“东朝渊塞曾无匹，西宫才略称第一。恩泽何曾逮外家，咨谋往往闻温室”，“五十年间天下母，后来无继前无偶”，可见王国维对慈禧太后的尊敬之情，这也为我们提供了王氏记忆中的慈禧形象。王国维《颐和园词》意识形态与价值判断极为明显，从这首诗可见王国维对清朝的怀念，情感真挚，又能看出遗老们的心声，所以有些人认为《颐和园词》可视为晚清兴亡史的缩影。

大多数的外国人无法进入紫禁城，很难见到慈禧太后，只能远距离旁观紫禁城，幻想神秘的清宫秘闻。即使任职清朝海关总税务司 40 年的赫德（Robert Hart），也始终无法入宫觐见皇帝，直到其晚年，始得觐见慈禧太后。但因戊戌政变的负面影响，一般外国人视慈禧为保守腐败势力的代表，所以戊戌变法前后列强几皆同情主张变法的“帝党”，而不支持“后党”。在这样的氛围下，拜克豪斯捏造的赫德与慈禧太后的“爱情故事”很快就引发外国读者的注意。英国人拜克豪斯（Edmund Backhouse）毕业于牛津大学，曾有文名，留有两册回忆录。在他的回忆录里，最引人注意的片段是他幻想与慈禧太后恋爱偷情，并将这个虚构故事，写入有关慈禧及晚清史事的英文专书，在西方世界一直被奉为权威之作。因此，在当时外国人心目中或记忆里，慈禧太后被定型为一邪恶、残忍、贪婪、滥权的“龙后”。龙在西方是魔鬼的化身，“龙后”在洋人心目中就是“魔女”。后来，英国历史学家特雷费罗珀（H. R. Trevor-Roper）明知拜克豪斯的回忆录为“荒诞之淫书”，却将拜克豪斯的妄言，详细记录在《北京的隐士》这本书里，让这些荒诞记忆得以继续流传。鉴于拜氏丑化慈禧，美国传记作家施格里夫虽以《龙后》为书名，实欲为慈禧翻案，呈现年轻一代西方人对慈禧较为客观的历史记忆，却未能成功扭转西方世界对慈禧的负面印象。

说明：王国维《颐和园词》悼念慈禧太后：“东朝渊塞曾无匹，西宫才略称第一。恩泽何曾逮外家，咨谋往往闻温室”“五十年间天下母，后来无继前无偶”，可见王国维对慈禧太后的尊敬之情。

民国建立后，叶赫那拉氏在中国人的集体记忆里几乎都是负面形象，被视为祸国殃民、罪孽深重之人，甚至成为中国近百年遭受屈辱的替罪羊。当清朝日益衰败之际，当政的慈禧太后先后成为变法派与革命党攻击的主要目标，再加上新式报刊与电子媒体的推波助澜，慈禧的形象逐渐妖魔化，很难再客观评价其历史地位。慈禧太后七十大寿时，有一则流传甚广的讥嘲联语，义正词严而又嘻笑怒骂，痛斥太后丧权辱国：“今日到南苑，明日到北海，何日再到古长安？叹黎民膏血全枯，只为一人歌庆有；五十割琉球，六十割台湾，而今又割东三省！痛赤县邦圻益蹙，每逢万寿祝疆无”。此外，

“叶赫那拉氏向爱新觉罗氏复仇”的故事流传甚广，经久不衰，其故事大意是努尔哈赤灭掉叶赫族，统一女真诸部，奠定清朝发展的根基，但叶赫族首领发起诅咒、誓言复仇，最后由叶赫那拉氏完成叶赫先祖的诅咒，终于终结了清朝的王祚。坊间有关清宫的小说、电影、电视等作品，其中扮演慈禧太后的人物设定很多都是反派角色，势必会加深人们对慈禧太后的负面集体记忆。

说明：西方人想象中的慈禧。

由于不同人群对清朝抱有不同的理解，他们建构的慈禧太后历史形象也有所偏重。遗老们对前清太后的记忆、印象、评价虽未必完全一致，但由于怀念甚至想要恢复前朝的心态与意识形态相同，都会对长期维持清朝政权的慈禧太后，进行有意或无意以及不同程度的净化或美化，否则未免有失遗老的基本政治立场。在革命党人眼中，慈禧太后是清朝统治腐败落后的象征，

说明：慈禧太后的影视形象。

反满革命必须先否定慈禧太后的功绩，丑化其缺失。一般群众则认为清朝“成也太后，败也太后”，更注意到慈禧太后愚昧无知、专权独断、奢侈浪费的负面形象。反观历史学者对慈禧太后的评价，往往能基于同情的了解，肯定慈禧有政治手腕，也认可其恢复国内秩序、推动洋务运动的努力，却同样批判慈禧不明世界局势、弄权奢侈、未能平衡满汉冲突等弊病。慈禧太后的负面形象深入人心，甚至可以作为某种暗示，当作阻碍改革、保守落后的历史之鉴。

参考文献

（一）史料

1. （宋）孟元老：《东京梦华录》，中华书局，1985。
2. （明）沈德符：《历代笔记小说大观·万历野获编》，上海古籍出版社，2012。
3. （清）施鸿保：《闽杂记》，福建人民出版社，1985。
4. （清）福格：《听雨丛谈》，中华书局，1997。
5. （清）李斗：《扬州画舫录》，中华书局，1997。
6. （清）王家祯：《研堂见闻杂记》，北京图书馆出版社，2005。
7. （清）舞格：《清文启蒙》，北京大学出版社，2018。
8. （清）徐珂：《清稗类钞》，中华书局，1984。
9. （清）俞正燮：《癸巳存稿》，中华书局，1985。
10. （清）袁枚：《子不语》，河北人民出版社，1987。
11. （清）张岱：《陶庵梦忆》，江苏古籍出版社，2000。
12. （清）章学诚：《文史通义》，中华书局，1985。
13. 《卖胭脂》，北京古籍出版社，1991。
14. 故宫博物院明清档案部编《清末筹备立宪档案史料》，中华书局，1979。
15. 中国科学院图书馆选编《稀见中国地方志汇刊》，中国书店，2007。

（二）专著

1.〔德〕马克斯·韦伯：《儒教与道教》，洪天富译，江苏人民出版社，1993。

2.〔英〕方德万：《潮来潮去：海关与中国现代性的全球起源》，姚永超、蔡维屏译，山西人民出版社，2017。

3.〔法〕魏丕信：《18世纪中国的官僚制度与荒政》，徐建青译，江苏人民出版社，2003。

4.〔荷〕田海：《天地会的仪式与神话》，李恭忠译，商务印书馆，2018。

5.〔美〕裴士锋：《天国之秋》，黄中宪译，社会科学文献出版社，2014。

6.〔美〕芮玛丽：《同治中兴：中国保守主义的最后抵抗（1862～1874）》，房德邻等译，中国社会科学出版社，2002。

7.〔美〕艾尔曼：《从理学到朴学：中华帝国晚期思想与社会变化面面观》，赵刚译，江苏人民出版社，1995。

8.〔美〕安熙龙：《马上治天下》，陈晨译，中国人民大学出版社，2020。

9.〔美〕白德瑞：《爪牙》，尤陈俊、赖骏楠译，广西师范大学出版社，2021。

10.〔美〕曾小萍：《州县官的银两：18世纪中国的合理化财政改革》，董建中译，中国人民大学出版社，2005。

11.〔美〕费侠莉：《繁盛之阴：中国医学史中的性（960～1665）》，甄橙主译，江苏人民出版社，2006。

12.〔美〕费正清：《伟大的中国革命》，刘尊棋译，世界知识出版社，2000。

13.〔美〕弗兰克：《白银资本：重视经济全球化中的东方》，刘北成译，中央编译出版社，2001。

14.〔美〕高彦颐：《闺塾师：明末清初江南的才女文化》，李志生译，江苏人民出版社，2005。

15.〔美〕葛凯：《制造中国：消费文化与民族国家的创建》，黄振萍译，北京大学出版社，2007。

16.〔美〕韩瑞亚：《异类：狐狸与中华帝国晚期的叙事》，籍萌萌译，中西书局，2019。

17.〔美〕韩书瑞：《千年末世之乱：1813年八卦教起义》，陈仲丹译，江苏人民出版社，2010。

18. 〔美〕何伟亚：《怀柔远人：马嘎尔尼使华的中英礼仪冲突》，邓常春译，社会科学文献出版社，2002。

19. 〔美〕柯文：《在中国发现历史——中国中心观在美国的兴起》，林同奇译，中华书局，2002。

20. 〔美〕孔飞力：《叫魂——1768 年中国妖术大恐慌》，陈兼、刘昶译，生活·读书·新知三联书店，2014。

21. 〔美〕孔飞力：《中华帝国晚期的叛乱及其敌人：1796～1864 年的军事化和社会结构》，谢亮生、杨品泉、谢思纬译，中国社会科学出版社，1990。

22. 〔美〕李约翰：《清帝逊位与列强（1908～1912）》，孙瑞芹、陈泽宪译，中华书局，1982。

23. 〔美〕列文森：《儒教中国及其现代命运》，郑大华、任菁译，中国社会科学出版社，2000。

24. 〔美〕卢苇菁：《矢志不渝：明清时期的贞女现象》，秦立彦译，江苏人民出版社，2010。

25. 〔美〕路康乐：《满与汉：清末民初的族群关系与政治权力（1861～1928）》，王琴、刘润堂译，中国人民大学出版社，2010。

26. 〔美〕罗威廉：《言利：包世臣与 19 世纪的改革》，许存健译，社会科学文献出版社，2019。

27. 〔美〕马克梦：《天女临凡：从宋到清的后宫生活与帝国政事》，辛兆坤译，九州出版社，2021。

28. 〔美〕穆黛安：《华南海盗 1970～1810》，刘平译，商务印书馆，2019。

29. 〔美〕施坚雅：《中华帝国晚期的城市》，叶光庭等译，中华书局，2000。

30. 〔美〕史景迁：《曹寅与康熙：一个皇室宠臣的生涯揭秘》，陈引驰、郭茜、赵颖之、丁旻译，上海远东出版社，2005。

31. 〔美〕史景迁：《康熙：重构一位中国皇帝的内心世界》，温洽溢译，广西师范大学出版社，2011。

32. 〔美〕史景迁：《前朝梦忆》，温洽溢译，广西师范大学出版社，2011。

33. 〔美〕史景迁：《王氏之死》，李孝恺译，广西师范大学出版社，2011。

34. 〔美〕司马富：《清朝与中华传统文化》，张安琪、荆晨、康海源译，九州出版社，2022。

35. 〔美〕韦思谛编《中国大众宗教》，陈仲丹译，江苏人民出版社，2006。

36. 〔美〕魏斐德：《中华帝国的衰落》，梅静译，民主与建设出版社，2017。

37. 〔美〕魏斐德：《洪业：清朝开国史》，陈苏镇、薄小莹译，新星出版社，2017。

38. 〔美〕何炳棣：《明初以降人口及其相关问题 1368～1953》，葛剑雄译，生活·读书·新知三联书店，2000。

39. 〔美〕张勉治：《马背上的朝廷：巡幸与清朝统治的建构（1680～1785）》，董建中译，江苏人民出版社，2019。

40. 〔日〕岸本美绪：《清代中国的物价与经济波动》，刘迪瑞译，社会科学文献出版社，2010。

41. 〔日〕滨下武志：《近代中国的国际契机：朝贡贸易体系与近代亚洲经济圈》，朱荫贵、欧阳菲、虞和平译，中国社会科学出版社，1999。

42. 〔日〕平山周：《中国秘密社会史》，商务印书馆，2011。

43. 〔日〕上田信：《海与帝国：明清时代》，高莹莹译，广西师范大学出版社，2014。

44. 〔苏〕佩雷拉蒙夫、马尔提诺夫：《霸权的华夏帝国——朝贡制度下中国的世界观和外交策略》，林毅夫、林健一译，前卫出版社，2006。

45. 〔英〕赫德：《这些从秦国来——中国问题论集》，叶凤美译，天津古籍出版社，2005。

46. 曹新宇、宋军、鲍齐：《中国秘密社会·第三卷·清代教门》，福建人民出版社，2002。

47. 常建华：《清代的国家与社会研究》，人民出版社，2006。

48. 潮龙起：《移民、秩序与权势：美国华侨堂会史研究》，暨南大学出版社，2019。

49. 陈江明：《清代杭州八旗驻防史话》，杭州出版社，2015。

50. 陈亚平：《清代法律视野中的商人社会角色》，中国社会科学出版社，

2004。
51. 陈永明：《清代前期的政治认同与历史书写》，上海古籍出版社，2011。
52. 成崇德：《清代边疆民族研究》，故宫出版社，2015。
53. 戴逸主编《简明清史》，人民出版社，1984。
54. 邓建新：《钟九闹漕：变化社会中的政治文化叙事》，北京师范大学出版社，2010。
55. 定宜庄：《清代八旗驻防研究》，辽宁出版社，2003。
56. 杜家骥：《杜家骥讲清代制度》，天津古籍出版社，2014。
57. 范金民：《明清商事纠纷与商业诉讼》，南京大学出版社，2007。
58. 冯尔康：《生活在清朝的人们：清代社会生活图记》，中华书局，2005。
59. 傅衣凌：《明清社会经济史论文集》，人民出版社，1982。
60. 傅衣凌：《明清时代商人及商业资本》，人民出版社，1956。
61. 高明士：《天下秩序与文化圈的探索：以东亚古代的政治与教育为中心》，上海古籍出版社，2008。
62. 顾诚：《南明史》，中国青年出版社，2003。
63. 侯宜杰：《二十世纪初中国政治改革风潮：清末立宪运动史》，中国人民大学出版社，2009。
64. 胡恒：《皇权不下县？清代县辖政区与基层社会治理》，北京师范大学出版社，2015。
65. 胡铁球：《明清歇家研究》，上海古籍出版社，2015
66. 〔美〕黄仁宇：《十六世纪明代中国之财政与税收》，阿风、许文继、倪玉平、徐卫东译，生活·读书·新知三联书店，2001。
67. 黄兴涛：《重塑中华：近代中国“中华民族”观念研究》，北京师范大学出版社，2017。
68. 〔美〕黄宗智：《清代的法律、社会与文化：民法的表达与实践》，上海书店出版社，2001。
69. 金老佛编《三教九流江湖秘密规矩》，河北人民出版社，1990。
70. 金启孮：《北京郊区的满族》，内蒙古大学出版社，1989。
71. 金易、沈义羚：《宫女谈往录》，紫禁城出版社，1991。

72. 经君健：《清代社会的贱民等级》，中国人民大学出版社，2009。
73. 科大卫：《皇帝和祖宗：华南的国家与宗族》，卜永坚译，江苏人民出版社，2009。
74. 赖惠敏：《乾隆皇帝的荷包》，中华书局，2016。
75. 赖惠敏：《清代的皇权与世家》，北京大学出版社，2010。
76. 赖惠敏：《天潢贵胄：清皇族的阶层结构与经济生活》，辽宁民族出版社，2011。
77. 李文海、夏明方主编《天有凶年：清代灾荒与中国社会》，生活·读书·新知三联书店，2007。
78. 李文治、魏金玉、经君健：《明清时代的农业资本主义萌芽问题》，中国社会科学出版社，1983。
79. 李孝悌：《清末的下层社会启蒙运动：1901~1911》，河北教育出版社，2001。
80. 李孝悌编《中国的城市生活》，新星出版社，2006。
81. 梁嘉彬：《广东十三行考》，广东人民出版社，1999。
82. 梁其姿：《施善与教化：明清时期的慈善组织》，河北教育出版社，2001。
83. 梁启超：《清代学术概论》，朱维铮校订，上海古籍出版社，1998。
84. 梁启超：《中国近三百年学术史》，东方出版社，2003。
85. 林士铉：《清代蒙古与满洲政治文化》，丽文文化事业股份有限公司，2009。
86. 刘师亮：《汉留全史》，古亭书屋，1975。
87. 刘石吉：《明清时代江南市镇研究》，中国社会科技出版社，1987。
88. 刘小萌：《清代北京旗人社会》，中国社会科学出版社，2008。
89. 马国川：《告别皇帝的中国》，世界图书出版公司，2011。
90. 茅海建：《近代的尺度：两次鸦片战争军事与外交》，生活·读书·新知三联书店，2011。
91. 孟森：《清史讲义》，中华书局，2010。
92. 那思陆：《清代州县衙门审判制度》，中国政法大学出版社，2006。

93. 欧阳恩良、潮龙起：《中国秘密社会第四卷：清代会党》，福建人民出版社，2002。
94. 濮文起：《清代文化丛书——民间宗教与结社》，国际文化出版公司，1991。
95. 亓冰峰：《清末革命与君宪的论争》，《中研院近代史研究所专刊（19）》，1980。
96. 且志宇：《四川方言与文化》，中国国际广播出版社，2015。
97. 瞿同祖：《清代地方政府》，法律出版社，2003。
98. 瞿同祖：《中国法律与中国社会》，中华书局，1981。
99. 商衍鎏：《清代科举考试述录及有关著作》，百花文艺出版社，2004。
100. 尚小明：《学人游幕与清代学术》，社会科学文献出版社，1999。
101. 苏同炳：《明代驿递制度》，中华丛书编审委员会印行，1969。
102. 孙机：《华夏衣冠》，上海古籍出版社，2016。
103. 王笛：《茶馆：成都的公共生活和微观世界，1900～1950》，社会科学文献出版社，2010。
104. 王笛：《袍哥：1940 年代川西乡村的暴力与秩序》，北京大学出版社，2018。
105. 王尔敏：《明清时代庶民文化生活》，岳麓书社，2002。
106. 王汎森：《权力的毛细管作用：清代的思想、学术与心态》，北京大学出版社，2015。
107. 王汎森：《晚明清初思想十论》，复旦大学出版社，2004。
108. 王柯：《中国，从天下到民族国家》，中国政法大学出版社，2014。
109. 王一樵：《紫禁城里很有事——明清宫廷小人物的日常生活》，中信出版社，2018。
110. 王跃生：《清代中期婚姻冲突透析》，社会科学文献出版社，2003。
111. 王振忠：《明清徽商与淮扬社会变迁》，生活·读书·新知三联书店，2014。
112. 王钟翰：《清史杂考》，人民出版社，1957。
113. 卫建林：《明代宦官政治》，山西人民出版社，1991。
114. 巫仁恕：《奢侈的女人：明清时期江南妇女的消费文化》，商务印书馆，2016。
115. 伍跃：《中国的捐纳制度与社会》，江苏人民出版社，2013。
116. 谢正光：《清初之遗民与贰臣》，上海文艺出版社，2021。
117. 尤淑君：《宾礼到礼宾：外使觐见与晚清涉外体制的变化》，社会科学文献出版社，2013。
118. 余新忠：《清代卫生防疫机制及其近代演变》，北京师范大学出版社，2016。
119. 余英时：《论戴震与章学诚：清代中期学术思想史研究》，生活·读书·新知三联书店，2012。
120. 张超：《民国娼妓盛衰》，社会科学文献出版社，2009。
121. 张灏：《梁启超与中国思想的过渡（1890～1907）》，江苏人民出版社，1995。
122. 张宏杰：《饥饿的盛世：乾隆时代的得与失》，湖南人民出版社，2012。
123. 张朋园：《立宪派与辛亥革命》，吉林出版集团，2007。
124. 张瑞龙：《天理教事件与清中叶的政治、学术与社会》，中华书局，2014。
125. 张永江：《清代藩部研究：以政治变迁为中心》，黑龙江教育出版社，2001。
126. 张玉法：《清季的立宪团体》，北京大学出版社，2011。
127. 张仲礼：《中国绅士：关于其在19世纪中国社会中作用的研究》，上海社会科学院出版社，1991。
128. 张仲礼：《中国绅士的收入》，上海社会科学院出版社，2001。
129. 赵世瑜：《狂欢与日常——明清以来的庙会与民间社会》，生活·读书·新知三联书店，2002。
130. 赵园：《明清之际士大夫研究：士风与士论》，北京师范大学出版社，2014。
131. 郑钦仁主编《中国文化新论·制度篇——立国的宏规》，联经出版事业公司，1987。
132. 郑天挺：《清史简述》，中华书局，2005。

133. 郑天挺：《清史探微》，北京大学出版社，1999。
134. 朱金甫、张书才主编《清代典章制度辞典》，中国人民大学出版社，2011。
135. 庄吉发：《清朝奏折制度》，故宫出版社，2016。

（三）期刊论文

1. 〔韩〕韩成贤：《文治下的抗议：嘉庆四年苏州士人的集体抗议与皇帝的反应》，《中研院近代史研究所集刊》2012 年第 75 期。
2. 曹树基：《鼠疫流行与华北社会的变迁（1580～1644 年）》，《历史研究》1997 年第 1 期。
3. 潮龙起：《空间迁移与地位变迁—十九世纪闽粤天地会与马来半岛华人秘密会党的比较》，《清史研究》2006 年第 3 期。
4. 潮龙起：《清代会党的地域环境与清政府的社会控制》，《史学月刊》2004 年第 4 期。
5. 〔美〕何炳棣：《扬州盐商——十八世纪中国商业资本的研究》，巫仁恕译，《中国社会经济史研究》1999 年第 2 期。
6. 赖惠敏：《从宗教场所到庙会中心—清代北京藏传佛寺的演变及其与喀尔喀蒙古王公朝觐贸易的互动》，《中研院近代史研究所集刊》2011 年第 72 期。
7. 李冬蕾、梁惠娥：《唐代幞头形制变迁及其文化内涵》，《服装学报》2019 年第 5 期。
8. 李健民：《清嘉庆元年川楚白莲教起事原因的探讨》，《中研院近代史研究所集刊》1993 年第 22 期。
9. 李孝悌：《桃花扇底送南朝——断裂的逸乐》，《新史学》2006 年第 3 期。
10. 李忠明、张昳丽：《论明清易代与气候变化之关系》，《学海》2011 年第 5 期。
11. 林丽月：《万发俱齐：网巾与明代社会文化的几个面向》，《台大历史学报》第 33 期。
12. 肖秋玉：《北京俄罗斯旗人的历史与命运》，《南开学报》（哲学社会科学版）2017 年第 2 期。

13. 罗士杰：《地方宗教传统与“去中心化”的地方政治》，《中研院近代史研究所集刊》2012 年第 75 期。
14. 毛利平：《清代下层妇女与娘家的关系——以南部县档案为中心的研究》，《近代中国妇女史研究》2013 年第 21 期。
15. 邱仲麟：《庸人自扰——清代采选秀女的讹言与社会恐慌》，《清华学报》2014 年第 9 期。
16. 沈松侨：《振大汉之天声——民族英雄系谱与晚清的国族想象》，《中研院近代史研究所集刊》2000 年第 30 期。
17. 汪利平：《杭州旗人和他们的汉人邻居：一个清代城市中民族关系的个案》，《中国社会科学》2007 年第 6 期。
18. 汪荣祖：《记忆与历史：叶赫那拉氏个案论述》，《中研院近代史研究所集刊》2019 年第 64 期。
19. 杨思民：《论中元节的形成、发展及文化价值》，《贵州文史丛刊》1991 年第 2 期。
20. 叶高树：《“参汉酌金”：清朝统治中国成功原因的再思考》，《台湾师大历史学报》2006 年第 36 期。
21. 尤陈俊：《清代讼师贪利形象的多重建构》，《法学研究》2015 年第 5 期。
22. 尤淑君：《从汗国到帝国：金至清初宾礼制度的更定》，《故宫学术季刊》第 32 卷第 2 期。
23. 尤淑君：《清代“天下秩序观”的建立、解构及其转化》，《文化纵横》2016 年第 6 期。
24. 张德信：《明清议和与陈新甲之死》，《史学月刊》1993 年第 3 期。
25. 张孟珠：《杀人有理!？——从一桩兄弟相杀案看十八世纪中叶“杀奸勿论”的实践与局限》，《汉学研究》第 38 卷第 1 期。
26. 张瑞龙：《天理教事件消息的传播与士人议政风潮的兴起》，《汉学研究》第 31 卷第 2 期。
27. 郑永昌：《晚清天津民间医士的防疫与宣传活动》，《故宫学术季刊》第 36 卷第 3 期。

28. 周健：《陋规与清嘉道之际的地方财政—以嘉庆二十五年清查陋规事件为线索》，《中研院近代史研究所集刊》2012 年第 75 期。

29. 周琳：《征厘与垄断：〈巴县档案〉中的晚清重庆官立牙行》，《四川大学学报》（哲学社会科学版）2015 年第 4 期。

30. 竺可桢：《中国近五千年来气候变迁的初步研究》，《考古学报》1972 年第 1 期。

31. 祝平一：《药医不死病，佛渡有缘人：明清的医疗市场、医学知识与医病关系》，《中研院近代史研究所集刊》2010 年第 68 期。

（四）网络资料

1. 《传统服饰》，https：//mp. weixin. qq. com/s/f5DJf40UVNfD1-AvgjUDcw?。

2. 《狮城新闻》，https：//www. shicheng. news/v/XnlR9. amp。

3. 《中研院数位文化中心》，https：//digitalarchives. tw/Exhibition/4644/1. html。

4. 《何谓城隍信仰文化》，http：//www. mzb. com. cn/html/report/210732681-1. htm。

5. 《去过城隍庙，但你知道什么是城隍信仰吗?》，https：//baijiahao. baidu. com/s? id=1659789241246748269&wfr=spider&for=pc。

6. 《七月歌台潮起来》，https：//www. sohu. com/a/277973757_ 100012042。

7. 《朱元璋骗了你 600 年！农历七月才不是鬼月》，https：//www. sohu. com/a/358900323_ 120456220。

图书在版编目（CIP）数据

清此：清朝的社会与文化 / 尤淑君著 . --北京：社会科学文献出版社，2023.10
ISBN 978-7-5228-1157-4

Ⅰ.①清… Ⅱ.①尤… Ⅲ.①文化史-中国-清代
Ⅳ.①K249.03

中国版本图书馆 CIP 数据核字（2022）第 228798 号

清此
——清朝的社会与文化

著　　者 / 尤淑君

出 版 人 / 冀祥德
责任编辑 / 王　展
责任印制 / 王京美

出　　版 / 社会科学文献出版社（010）59367127
地址：北京市北三环中路甲 29 号院华龙大厦　邮编：100029
网址：www.ssap.com.cn
发　　行 / 社会科学文献出版社（010）59367028
印　　装 / 三河市龙林印务有限公司

规　　格 / 开　本：787mm × 1092mm　1/16
印　张：24　字　数：380 千字
版　　次 / 2023 年 10 月第 1 版　2023 年 10 月第 1 次印刷
书　　号 / ISBN 978-7-5228-1157-4
定　　价 / 88.00 元

读者服务电话：4008918866